湖北省公益学术著作出版专项资金
Hubei Special Funds for Academic and Public-Interest Publications

清代海洋活动编年
丛书主编 / 王颖

清代前期海洋活动编年

楼正豪　编

WUHAN UNIVERSITY PRESS
武汉大学出版社

图书在版编目(CIP)数据

清代前期海洋活动编年/楼正豪编.—武汉:武汉大学出版社,2022.5
清代海洋活动编年/王颖主编
湖北省公益学术著作出版专项资金项目
ISBN 978-7-307-21515-3

Ⅰ.清… Ⅱ.楼… Ⅲ.海洋—文化史—中国—清前期
Ⅳ.①K249.03 ②P7-05

中国版本图书馆 CIP 数据核字(2020)第 088467 号

责任编辑:宋丽娜 责任校对:汪欣怡 版式设计:马 佳

出版发行:**武汉大学出版社** (430072 武昌 珞珈山)
(电子邮箱:cbs22@whu.edu.cn 网址:www.wdp.com.cn)
印刷:武汉精一佳印刷有限公司
开本:720×1000 1/16 印张:29.25 字数:604 千字 插页:2
版次:2022 年 5 月第 1 版 2022 年 5 月第 1 次印刷
ISBN 978-7-307-21515-3 定价:142.00 元

总　序

作为一门新兴的学科，海洋史的概念一直较为模糊，在实践中也颇为混乱。一般情况下，我们所关注的是它的空间地域分界，而事实上对这一课题产生深远影响的还有时间范畴，以一个具体的地理标准，比如与海岸线的距离来圈定研究对象，不仅是一件极其困难的事情，同时也是非常危险的事情。我们站在一个全新的文明一步步崛起的历程中，同时也站在一个旧时代或旧观念逐渐受到冲击直至被突破的过程中。因此，大凡与海洋文明逐渐兴起这一历史进程产生关联的事件，无论是否发生在海滨，都会被纳入我们的视野。与此相适应，即使是发生在海滨的一些重要历史现象，由于只是内陆文明或旧观念的一种惯常性的延续，也可能被我们所忽视。

这种新文明的萌芽或旧观念的突破，在我们看来，大致表现在两个方面：一是对海洋的兴趣的发生，包括探索、征服与抗争等诸多方面；一是以海洋为渠道进入中土的外来文化所引起的摩擦与磨合。简而言之，我们更倾向把事件的性质而非事件发生的区域作为更为重要的条件，这是我们无意于对沿海地区、海岸地区与海洋区域作出严格区分的主要原因，次要的原因则在于这种区分可能会带来很多无法掌控的变数，使我们很难做到一以贯之。

在事件的选择上，惯常性也是一个非常重要的标准。在某些历史阶段，一些看起来似乎极其偶然的、零散的事件，因其所潜藏的新的转机自然会受到特别的关注，而在相关事件发生较为频繁的历史场合，波及范围的大小就成为筛选的重要因素。总之，我们所认定的"大事件"标准是动态的，是立足其成长性的。具体而言，在清前期与中期，一些在其他场合显得无足轻重的历史现象也可能被视为"大事件"，而在清晚期，对于大事件的限定就较为严苛，必须是重大而影响深远的历史事件。

因此，书中大量出现的以下现象不应该让我们感叹惊奇：新闻报纸的创办、研究学会的成立、新式学校的创建、内地矿山的开发、现代机器的引入、重要铁路的铺设、现代股票与银行的出现，甚至包括博彩业的兴起，这些看似与海洋生活没有直接关联的事件都一一被我们罗列出来。因为在我们看来，它们主要是"漂洋过海"而来，其所体现的不仅是来源渠道的不同，更主要的是展现了新的社会精神面貌。

对于一些具体案例而言，这样的处理违背了一致性原则——大多数读者已经养成了由始至终的阅读习惯，自觉不自觉会有一种阅读期待——但这终究与我们的体例不合。我们务必要强调的是，综合型的类书并非专门史的蓄积。我们所期待的，是永远屹立在浪头之上，和它一起奔向前方而忽略身后振耳的喧嚣声。至于沿海水师甚至内河水师的沿革变迁，以及船厂船坞的建设、外来船舶的购入，我们则自始至终保持了足够的重视——这些国人最直接探索海洋的活动，它们的意义到目前为止还没有得到充分的肯定。

最后要说明的是，本书的惯常性不仅体现在事件的选择上，更体现在视野的选择上，而后者尤其值得关注，这也正是我们一直把《清实录》作为建构编年核心的原因所在。随着清史研究的深入，众多尘封的细节被人们一一挖掘出来，毫无疑问，新近出现的研究成果应该会更接近历史真相，但我们叙述时依然围绕《清实录》来进行，这是因为我们需要一个一以贯之的视角。细节固然重要，但只有被纳入朝廷视野并为官方所评论的事件才更具有里程碑的意义。

凡　例

一、是书以清朝年号纪元，农历纪事，注明干支与公元，按照年、月、日的时间顺序排列清朝二百六十八年发生之事件，上起顺治元年（1644年）清军入关，下迄宣统三年（1911年）清帝退位。同一日发生之事件，集中到同一条目之下。

二、是书以海洋为线索，凡发生在清代海疆之政治、军事、文化、社会、外交以及自然灾害等重要事件，都尽可能加以罗列。

三、是书尽力考索事件发生之具体时日，凡无法质证时日者，概以"是月""是春"或"是年"等形式加以提示。

四、持续多日或数月之事件，一般罗列于上奏或朱批之日，再追溯其前因后果。同一事件只在同一处完整叙述，不分列于多处重复表述。

五、是书采信之文献，一般以清代官书《清实录》为主，同时有选择地利用方志、谱牒、稗史、笔记小说、文集、报刊以及人物传记等资料，包括外国政府相关历史文件，以及今人研究成果。

六、是书采用文献史料时，均注明其具体出处以备考核。凡加引号者，除斟酌给予标点外，一律属直接引用，保留原貌，包括时代特色鲜明的特殊用语如"谕""朕""奴才"等。不加引号而自行概述者，亦尽可能说明出处。凡不加注释者，一般出自《清实录》，其具体卷数可见上下则条目。

七、与海洋无关但于清朝影响甚大的重要事件，也简单加以注明，如清朝历代帝王的更替等。清朝历代帝王，以年号相称。

目　　录

顺治元年　甲申　公元 1644 年

十一月初五日己丑(1644 年 12 月 3 日)

朝鲜叛将、平安道都总兵官林庆业自石城岛奉表归诚。

十一日乙未(1644 年 12 月 9 日)

顺治帝下谕，勿禁朝鲜贡米船往来。①

顺治二年　乙酉　公元 1645 年

九月十三日辛酉(1645 年 10 月 31 日)

据奏报，故明新昌王潜遁海岛云台山，聚众作乱，攻陷兴化县，官兵进剿，破其巢穴，斩首三千级，获新昌王于淮安，斩之。

廿二日庚午(1645 年 11 月 9 日)

海寇田仰寇福山，江宁巡抚击败之。②

---

① 《清实录·世祖章皇帝实录》卷一一。
② 《清实录·世祖章皇帝实录》卷二○。

1

十二月十五日癸巳(1646年1月31日)

据疏报，马西禄、王大功缚献贼首酆报国、司邦基等，并带海船二十五只、兵丁五百余名诣江宁投诚。①

顺治三年　丙戌　公元 1646 年

十一月十六日戊午(1646年12月22日)

浙闽总督疏请钱塘一带紧要地方应设水师五千，以防海寇。
朝鲜国王李倧遣陪臣刘廷良等奉表，谢免贡米。②

顺治四年　丁亥　公元 1647 年

五月初二日壬寅(1647年6月4日)

据奏报，舟山沈廷扬等犯崇明，官军讨擒之。

十九日己未(1647年6月21日)

洪承畴疏报，故明推官陈子龙阴受伪鲁王部院职衔，结联太湖巨寇，潜通舟山余孽。章京索卜图计擒之，子龙投水死。

---

① 《清实录·世祖章皇帝实录》卷二二。
② 《清实录·世祖章皇帝实录》卷二九。

六月初八日丁丑(1647 年 7 月 9 日)

初琉球、安南、吕宋三国各遣使于明季进贡，留闽未还，大兵平闽，执送京师。顺治帝下令，赐三国贡使衣帽缎布，仍各给敕谕，遣赴本国。①

八月初九日丁丑(1647 年 9 月 7 日)

据奏报，佛朗西国人寓居濠镜澳，以其携来番岛货物与粤商互市，盖已有年，后深入省会，至于激变，遂行禁止。督臣以通商裕国为由，请应仍照明崇祯十三年禁其入省之例，只令商人载货下澳贸易可也。顺治帝从之。②

顺治五年　戊子　公元 1648 年

九月廿五日丙戌(1648 年 11 月 9 日)

增设浙江水师三千名。③

顺治六年　己丑　公元 1649 年

四月廿五日癸丑(1649 年 6 月 4 日)

据奏报，福建二府、一州、二十九县先为海寇占踞，官兵剿杀，俱已恢复。④

① 《清实录·世祖章皇帝实录》卷三二。
② 《清实录·世祖章皇帝实录》卷三三。
③ 《清实录·世祖章皇帝实录》卷四〇。
④ 《清实录·世祖章皇帝实录》卷四三。

顺治七年　庚寅　公元 1650 年

正月十一日乙丑(1650 年 2 月 11 日)

朝鲜国王奏言倭人形势，万分可虑。①

十一月十九日戊辰(1650 年 12 月 11 日)

舟山等处招抚使疏报，南明伪侯阮进等投诚，遣养子阮义入京朝见。

顺治八年　辛卯　公元 1651 年

九月初八日壬午(1651 年 10 月 21 日)

顺治帝赐琉球国王敕谕。

浙闽总督陈锦疏言，阮进、张名振等拥伪鲁王盘踞舟山，官兵进剿，克舟山城，张名振拥伪鲁王遁去。②

---

① 《清实录·世祖章皇帝实录》卷四七。
② 《清实录·世祖章皇帝实录》卷六〇。

顺治九年　壬辰　公元 1652 年

七月初七日丙子(1652 年 8 月 10 日)

浙闽总督陈锦统领将士征郑成功,至漳州灌口,为家丁刺死。①

九月十五日甲申(1652 年 10 月 17 日)

户部奏言,有商人二十八名往日本国贸易,回时遇飓风飘至朝鲜,被朝鲜国人执之。并货物俱解送前来,细讯商人,皆言明末前往贸易,非本朝私行飘海者。顺治帝下令,朝鲜送来二十八人并货物,全部发回原籍。②

十二月二十日戊午(1653 年 1 月 19 日)

暹罗国请换给敕印勘合,以便入贡。③

顺治十年　癸巳　公元 1653 年

三月初二日戊辰(1653 年 3 月 30 日)

顺治帝赐太常寺卿管钦天监事汤若望号通悬教师,加俸一倍,赐之敕谕。④

---

① 《清实录·世祖章皇帝实录》卷六六。
② 《清实录·世祖章皇帝实录》卷六八。
③ 《清实录·世祖章皇帝实录》卷七〇。
④ 《清实录·世祖章皇帝实录》卷七三。

闰六月廿五日戊子(1653 年 8 月 17 日)

琉球国中山王世子尚质遣使表贡方物,兼缴故明敕印。①

顺治十一年　甲午　公元 1654 年

正月廿二日癸丑(1654 年 3 月 10 日)

据奏报,海贼入犯崇明、内江、靖江、泰兴等地,官兵击败之。

廿四日乙卯(1654 年 3 月 12 日)

据奏报,海寇犯金山,夜窃大炮,复烧毁金山瓜州船只,顺流而遁。②

二月初八日己巳(1654 年 3 月 26 日)

有司倡议,应加强海禁。③

三月初七日丁酉(1654 年 4 月 23 日)

琉球国中山王世子尚质遣使进贡方物,并缴故明敕印,请颁新敕印。④

四月十三日壬申(1654 年 5 月 28 日)

官军击故明将张名振等于崇明,败之。⑤

---

① 《清实录·世祖章皇帝实录》卷七六。
② 《清实录·世祖章皇帝实录》卷八〇。
③ 《清实录·世祖章皇帝实录》卷八一。
④ 《清实录·世祖章皇帝实录》卷八二。
⑤ 《清实录·世祖章皇帝实录》卷八三。

十八日丁丑(1654 年 6 月 2 日)

顺治帝赐琉球国中山王世子尚质及其妃蟒缎、彩缎、闪缎、织锦、纱罗等物。

六月廿六日甲申(1654 年 8 月 8 日)

宴琉球国王舅马宗毅等于礼部。①

七月初一日戊子(1654 年 8 月 12 日)

封琉球国中山王世子尚质为中山王。②

十二月十九日乙亥(1655 年 1 月 26 日)

据奏报，郑成功袭入漳州，连陷各邑，复围泉州，势及兴化。③

顺治十二年　乙未　公元 1655 年

三月十五日庚子(1655 年 4 月 21 日)

福建巡抚佟国器获郑芝龙与其弟郑鸿逵、子郑成功交通私书，羁其使。④

十一月初七日丁亥(1655 年 12 月 4 日)

郑成功将陷舟山，宁波定海震动，乞调江宁满洲官兵星赴定海关，合师会剿。⑤

---

① 《清实录·世祖章皇帝实录》卷八四。
② 《清实录·世祖章皇帝实录》卷八五。
③ 《清实录·世祖章皇帝实录》卷八七。
④ 《清实录·世祖章皇帝实录》卷九〇。
⑤ 《清实录·世祖章皇帝实录》卷九五。

十二月廿四日甲戌（1656 年 1 月 20 日）

顺治帝命固山额真伊尔德为宁海大将军，统率将士征剿舟山贼寇。①

顺治十三年　丙申　公元 1656 年

正月二十日己亥（1656 年 2 月 14 日）

据奏报，舟山失守，郑成功犯台州，驻防副将叛变献城。②

六月十一日戊子（1656 年 8 月 1 日）

海外荷兰国甲必丹遣使赍表朝贡，并请贡道以便出入。

十六日癸巳（1656 年 8 月 6 日）

顺治帝敕谕浙江、福建、广东、江南、山东、天津各督抚镇曰，海逆郑成功等窜伏海隅，至今尚未剿灭，必有奸人暗通线索，贪图厚利，贸易往来，资以粮物，若不立法严禁，海氛何由廓清？自今以后，各该督抚镇，著申饬沿海一带文武各官，严禁商民船只私自出海。

七月初二日戊申（1656 年 8 月 21 日）

顺治帝下谕，念荷兰国道路险远，准五年一次来朝，贡道由广东入，不准海上贸易，应听在馆交易，照例严饬违禁等物。③

---

① 《清实录·世祖章皇帝实录》卷九六。
② 《清实录·世祖章皇帝实录》卷九七。
③ 《清实录·世祖章皇帝实录》卷一〇二。

八月十五日庚寅（1656 年 10 月 2 日）

宴喀尔喀部落土谢图汗贡使，暨吐鲁番、荷兰国贡使于礼部。

十八日癸巳（1656 年 10 月 5 日）

据奏报，郑成功数十万军，袭陷闽安镇，直薄省城。满汉官兵奋勇剿杀，溃败之。

廿九日甲辰（1656 年 10 月 16 日）

荷兰国贡使归国。

九月初一丙午（1656 年 10 月 18 日）

据奏报，郑成功将官王长树、毛光祚、沈尔序等拥兵登岸，侵犯大兰山等处，官军击败之。至两斗门，复迎战，又击败之。官军次宁波，乘舟趋定海县，分三路进发，又击败之，擒获甚多，遂复舟山。

十八日癸亥（1656 年 11 月 4 日）

郑成功将官顾忠来降。①

顺治十四年　丁酉　公元 1657 年

三月廿二日乙丑（1657 年 5 月 5 日）

顺治帝下谕浙江福建总督、巡抚、总兵官等，郑成功啸聚海滨，窃行狡诈，敢于上悖天道，下灭人伦，尔等不必迟回瞻顾，必灭之，以彰国法。

———————————

① 《清实录·世祖章皇帝实录》卷一〇三。

廿五日戊辰（1657 年 5 月 8 日）

初，上以浙闽总督屯泰、巡抚秦世祯玩误封疆职守，命吏部、都察院详察具奏。至是部、院议奏："浙闽总督原驻衢州，居中调度，乃屯泰移驻杭州，争居抚署。及舟山、台州等处相继失守，又不一至海上，亲视情形；秦世祯身任巡抚，不思早备密防，以致地方叛变。失事之后，又不能擒剿，均难辞贻误封疆之罪。屯泰应革去三等阿达哈哈番，秦世祯应革职为民。"从之。①

八月廿六日丙申（1657 年 10 月 3 日）

郑成功犯浙江台州府，分巡绍台道蔡琼枝、副将李必及府县等官俱降。②

顺治十五年　戊戌　公元 1658 年

五月十五日辛亥（1658 年 6 月 15 日）

据奏报，澄海游击刘进忠、知县祖之麟、典史江景云叛从郑成功，县城被陷。③

六月初十日丙子（1658 年 7 月 10 日）

官军败海寇于白沙。

八月廿七日壬辰（1658 年 9 月 24 日）

据奏报，八月初九、初十等日飓风大作，贼船飘散，官军瞭其所向，分兵迎

---

① 《清实录·世祖章皇帝实录》卷一〇八。
② 《清实录·世祖章皇帝实录》卷一一一。
③ 《清实录·世祖章皇帝实录》卷一一七。

剿，当阵生擒及投诚共九百余名。①

十一月初一日甲午(1658 年 11 月 25 日)

海寇屡犯洛阳内港等处。官军进剿，斩获无算。②

顺治十六年　己亥　公元 1659 年

二月初六日丁卯(1659 年 2 月 26 日)

海逆犯温州，官军击败之，获贼船九十五艘。③

六月廿三日壬子(1659 年 8 月 10 日)

海寇陷镇江府。④

七月廿一日庚辰(1659 年 9 月 7 日)

漕运总督亢得时闻海寇入犯江宁，出师高邮，自溺死。

八月十六日甲辰(1659 年 10 月 1 日)

据奏报，郑成功自江宁败遁南下，复犯崇明。官军击败之，俱南遁。⑤

---

① 《清实录·世祖章皇帝实录》卷一二〇。
② 《清实录·世祖章皇帝实录》卷一二一。
③ 《清实录·世祖章皇帝实录》卷一二三。
④ 《清实录·世祖章皇帝实录》卷一二六。
⑤ 《清实录·世祖章皇帝实录》卷一二七。

顺治十七年　庚子　公元 1660 年

正月初十日丙寅(1660 年 2 月 20 日)

　　增设山东登州营副将、青州营都司各一员。广东潮州水师营游击、中军守备各一员，千总二员，把总四员。①

三月十六日辛未(1660 年 4 月 25 日)

　　兵部以海寇失陷镇江，巡抚蒋国柱、提督管效忠等败绩遁走，分别定议奏上，得上旨，二人免死革职。②

五月初五日己未(1660 年 6 月 12 日)

　　琉球国王舅马宗毅，初奉其国王之命来贡，归至福州，以海氛未靖，留闽七年，至是病卒。顺治帝下命具礼以殓，并赐祭。③

七月廿四日丁丑(1660 年 8 月 29 日)

　　顺治帝下命靖南王耿继茂停赴广西，率领全标官兵并家口移驻福建，以防御郑成功。

廿九日壬午(1660 年 9 月 3 日)

　　顺治帝下命都统宗室罗托为安南将军，统领将士征剿郑成功。④

---

① 《清实录·世祖章皇帝实录》卷一三一。
② 《清实录·世祖章皇帝实录》卷一三三。
③ 《清实录·世祖章皇帝实录》卷一三五。
④ 《清实录·世祖章皇帝实录》卷一三八。

八月初七日庚寅（1660 年 9 月 11 日）

议政王等议奏，舟山乃本朝弃置空地，不惟运饷维艰，守亦无用。应令明安达礼率满兵回京，其同去绿旗官兵或令各归原汛，或令于沿海要地暂行戍守。①

九月初一日癸丑（1660 年 10 月 4 日）

安南国王黎维祺奉表来降，附贡方物。

十一日癸亥（1660 年 10 月 14 日）

因海氛未靖，迁同安之排头、海澄之方田沿海居民入十八堡及海澄内地。②

十二月十五日丙申（1661 年 1 月 15 日）

山西道御史余缙奏言："浙省三面环海，宁波一郡尤孤悬海隅，往时以舟山为外藩，设师镇守，俾贼不敢扬帆直指，策至善也……应设一忠勇之将，重其事权，随机措置。更徙内地之兵，增益营垒，以固疆圉。至杭、绍两境相对处，地名小门，其间江流狭隘，若于此严设防戍，安置炮台，令贼舟不能溯江入犯，则会城永无风鹤矣。"③

顺治十八年　辛丑　公元 1661 年

二月初九日己丑（1661 年 3 月 9 日）

免江南崇明县顺治十六、十七年旧欠钱粮，以被贼围城时，城内人民协力保

---

① 《清实录·世祖章皇帝实录》卷一三九。

② 《清实录·世祖章皇帝实录》卷一四〇。

③ 《清实录·世祖章皇帝实录》卷一四三。

守故也。①

八月十三日己未（1661 年 10 月 5 日）

顺治帝下谕户部，前因江南、浙江、福建、广东濒海地方逼近贼巢，海逆不时侵犯，以致生民不获宁宇。故尽令迁移内地，实为保全民生。今若不速给田地、居屋，小民何以资生？著该督抚详察酌给，务须亲身料理，安插得所，使小民尽沾实惠。不得但委属员草率了事，尔部即遵谕速行。②

十月初三日己酉（1661 年 11 月 24 日）

郑芝龙并其子郑世恩、郑世荫等照谋叛律，族诛。其弟郑芝豹，当郑成功变叛时即投诚来归，并其子俱免死。

十四日庚申（1661 年 12 月 5 日）

以浙江定海县舟山地方人民内徙，免其顺治九年至十二年未完额赋。③

康熙元年　壬寅　公元 1662 年

正月十五日己丑（1662 年 3 月 4 日）

平南王尚可喜疏言："许龙自投诚以来，屡建功绩。已奉谕旨，以总兵官用。查南洋与南澳相对，最为要地。请授许龙为潮州水师总兵官，驻扎南洋，以资弹压。"

---

① 《清实录·圣祖仁皇帝实录》卷一。
② 《清实录·圣祖仁皇帝实录》卷四。
③ 《清实录·圣祖仁皇帝实录》卷五。

四月初一日甲辰（1662 年 5 月 18 日）

东海居民因迁移而抛弃田地，豁免其钱粮。

初七日庚戌（1662 年 5 月 24 日）

福建总督李率泰疏报："定海小埕，贼众盘踞。臣密会靖藩，各调官兵，击走之。又万安所先经迁毁，续被伪镇杨宣等复垒新城。臣复密会提臣马得功，调发官兵夹剿。贼不能支，扬帆远遁。"

五月廿九日辛丑（1662 年 7 月 14 日）

擒郑成功之弟郑成赐于厦门。

六月廿四日乙丑（1662 年 8 月 7 日）

康熙帝谕兵部，京口水师船发往浙省定海，合浙省水师船，著设提督一员、总兵二员，驻扎定海。福建水师亦应设提督一员、总兵二员。

廿五日丙寅（1662 年 8 月 8 日）

据疏报，郑成功因其子郑锦为各镇拥立，不胜忿怒，骤发颠狂，于五月初八日咬指身死。

七月廿七日戊戌（1662 年 9 月 9 日）

升江南京口左路水师总兵官张杰为浙江水师提督，福建同安总兵官施琅为福建水师提督。①

十月初四日甲辰（1662 年 11 月 14 日）

礼部奏请赏琉球国使臣，其赏赐比前加一倍。

---

① 《清实录·圣祖仁皇帝实录》卷六。

十一月廿五日乙未(1663年1月4日)

据奏报,时疫流行,水土难调,海上新迁之民,死亡者八千五百余人。此外未经册报者,不知凡几。

康熙二年　癸卯　公元1663年

正月三十日己亥(1663年3月9日)

广东总督卢崇峻奏请大兵往来,封借商民船只。斥之。①

二月廿九日戊辰(1663年4月7日)

将边海投诚官兵,分插内地各营。

三月廿四日壬辰(1663年5月1日)

荷兰国遣使入贡,又遣军将统领兵船,至福建闽安镇,请助师讨台湾。康熙帝优赐之。②

五月十七日甲申(1663年6月22日)

因游氛未靖,暂移宁海州之黄岛等二十岛及蓬莱县之海洋岛居民于内地,酌量安插,免其输粮。③

---

① 《清实录·圣祖仁皇帝实录》卷七。
② 《清实录·圣祖仁皇帝实录》卷八。
③ 《清实录·圣祖仁皇帝实录》卷九。

十月初八日壬寅(1663 年 11 月 7 日)

耿继茂、施琅会荷兰师船剿海寇，克厦门，取浯屿、金门二岛，郑锦遁于台湾。①

十一月初三日丁卯(1663 年 12 月 2 日)

海寇五百余人由梁山侵犯海疆，官军大败之，杀贼一百六十余人，生擒九人。

十二月初一日甲午(1663 年 12 月 29 日)

据奏报，十月二十一日，官军统率大军渡海，攻克厦门。水师提督施琅会荷兰国夹板船，邀击之，乘胜取浯屿、金门二岛。

初三日丙申(1663 年 12 月 31 日)

据奏报，十月二十八日，郑锦等遣兵五千人突犯云霄，官兵击之，斩杀过半。

廿八日辛酉(1664 年 1 月 25 日)

安南国王嗣黎维禧遣陪臣表谢降敕褒奖恩，附贡方物。②

康熙三年　甲辰　公元 1664 年

正月十九日壬午(1664 年 2 月 15 日)

康熙帝赐安南国陪臣宴于礼部。

---

① 《清史稿》卷六，圣祖本纪，中华书局 2015 年版，第 169 页。
② 《清实录·圣祖仁皇帝实录》卷一〇。

二月廿一日甲寅(1664 年 3 月 18 日)

康熙帝下命优赏安南国王嗣黎维禧,以初次入贡故也。

三月初四日丙寅(1664 年 3 月 30 日)

据奏报,洪旭、黄廷等,拥郑锦残党逋踞铜山,所辖伪将张杰、吴盛等率领兵民渡海投诚,其众来追,意欲乘机入犯内地,官军尽破之。

四月十四日丙午(1664 年 5 月 9 日)

康熙帝下谕,祭安南国王黎维祺。以内秘书院编修吴光为正使,礼部司务朱志远为副使。①

六月初二日癸巳(1664 年 6 月 25 日)

登、青、莱三府属海岛居民已归内地,豁免其岛内地粮。

闰六月初二日壬戌(1664 年 7 月 24 日)

总兵官李长荣等,出洋会剿张煌言,击败其众五千余人。福建水师提督施琅告请终养。慰留之。

初三日癸亥(1664 年 7 月 25 日)

颁赐荷兰国王,以其助兵剿郑成功有功也。

七月初十日己亥(1664 年 8 月 30 日)

不准平南王收受暹罗国所馈礼物,严禁外国馈遗边藩督抚。
琉球国中山王尚质遣使臣吴国用谢顺治十一年敕封恩,附贡方物。

---

① 《清实录·圣祖仁皇帝实录》卷一一。

十八日丁未（1664 年 9 月 7 日）

以施琅为靖海将军，征台湾。

八月十五日甲戌（1664 年 10 月 4 日）

官军七月二十日擒张煌言及其亲信余党。

十月初三日辛酉（1664 年 11 月 20 日）

郑成功部下商人蓝英带货物投诚。

初八日丙寅（1664 年 11 月 25 日）

靖南王耿继茂疏报，荷兰国出海王于八月十六日带领番船十只、番兵千人抵闽安镇。约九月二十日至围头取齐，于十月初旬往澎湖攻郑成功老巢，候风便进取台湾。

初十日戊辰（1664 年 11 月 27 日）

张煌言被杀。

十二月十二日己巳（1665 年 1 月 27 日）

以擒张煌言功，加浙江水师提督张杰太子少保。①

康熙四年　乙巳　公元 1665 年

二月十五日壬申（1665 年 3 月 31 日）

暹罗国王遣陪臣航海具表进贡。

---

① 《清实录·圣祖仁皇帝实录》卷一三。

三月初九日乙未（1665年4月23日）

山东青、登、莱等处沿海居民向赖捕鱼为生，因禁海多有失业。康熙帝下谕令其捕鱼，以资民生，如有借端在海生事者，于定例外加等治罪。①

七月十八日壬寅（1665年8月28日）

以潮州、琼州、广州、海安等处水师归广东提督统辖。

八月十四日丁卯（1665年9月22日）

据奏报，蜑人窜据东涌海岛，官军擒贼首，杀其一百五十三人，招抚男妇八十五名口。

九月初十日癸巳（1665年10月18日）

琉球国中山王尚质遣使臣进庆贺登极礼物。②

十二月初九日庚申（1666年1月13日）

授张煌言下投诚伪左都督阮美、周家政以总兵官职衔。③

康熙五年　丙午　公元1666年

七月初二辛巳（1666年8月2日）

琉球国中山王尚质遣陪臣朝贡，并以前次贡舶漂失，补进金银器皿等物。康熙

---

① 《清实录·圣祖仁皇帝实录》卷一四。
② 《清实录·圣祖仁皇帝实录》卷一六。
③ 《清实录·圣祖仁皇帝实录》卷一七。

帝嘉其恭顺，命还之，自今非其国产勿以贡。①

九月十六日癸巳（1666 年 10 月 13 日）

据奏报，海寇驾船七十余只突犯甲子所港口，总兵官许龙败之。

十一月初五日辛巳（1666 年 11 月 30 日）

以郑锦部下投诚左都督杨富为浙江水师右路总兵官。②

康熙六年　丁未　公元 1667 年

四月初二日丙午（1667 年 4 月 24 日）

海上投诚郑世袭疏请给还伊父郑芝龙原产，查此田产虽已成为入官估价变卖之产，仍著给与郑世袭。③

五月十七日庚申（1667 年 7 月 7 日）

荷兰国王差陪臣进贡方物。④

十月初十日辛巳（1667 年 11 月 25 日）

恐福建、广东、江南三省地方官员借采买香料之名下海贸易，康熙帝下令不时严察。

十一月十二日壬子（1667 年 12 月 26 日）

先是湖广郴州等十一州县食盐取给广东连韶诸处，例不销引。后因粤商扳累，

---

① 《清实录·圣祖仁皇帝实录》卷一九。
② 《清实录·圣祖仁皇帝实录》卷二〇。
③ 《清实录·圣祖仁皇帝实录》卷二一。
④ 《清实录·圣祖仁皇帝实录》卷二二。

分引办课，楚民苦之。康熙帝下令仍如旧例，免楚民分销盐引。

十二月初五日乙亥（1668年1月18日）

边海防汛请以水师官兵每月更调，查一月一调，恐有奸民私货乘机夹带下海。康熙帝下令应一年一调，便于盘查。其云霄、诏安等处防守官兵，著六月一换。①

康熙七年　戊申　公元1668年

二月初二日辛未（1668年3月14日）

据奏报，魏韬啸聚潮阳海面。官军奋起搜剿，于康熙六年十月初三日大败之，敌首弃舟潜逃。

初六日乙亥（1668年3月18日）

康熙帝下命福建督抚重建柔远馆驿，以驻琉球国使。

三月廿九日丁卯（1668年5月9日）

兵部查外国之人，除进贡方物外，将货物在边界处所贸易者，《会典》并未开载。惟康熙二年准荷兰国贸易一次，康熙三年准暹罗国贸易一次，随于康熙五年永行停止。康熙帝下令嗣后非系贡期，概不准其贸易。②

五月十六日癸丑（1668年6月24日）

安南国王黎维禧遣陪臣表谢赐恤册封恩。③

---

① 《清实录·圣祖仁皇帝实录》卷二四。
② 《清实录·圣祖仁皇帝实录》卷二五。
③ 《清实录·圣祖仁皇帝实录》卷二六。

十一月初二日丁酉 (1668 年 12 月 5 日)

暹罗国王遣陪臣表贡方物。

十一月十三日戊申 (1668 年 12 月 16 日)

据奏报，广东、广西沿海迁民久失生业，今海口设兵防守，应速行安插，复其故业。康熙帝下令都统特晋等，与该藩总督、巡抚、提督会同，一面设兵防守，一面安插迁民，毋误农时，致民生失所。

十二月廿四日戊子 (1669 年 1 月 25 日)

据奏报，淮扬出水之处旧有闸口四座，所出之水由牛湾河入海。后因禁海填塞，以致水无所出，淹没田亩。康熙帝下令开通四闸，尽放积水，使居民不必迁移。①

康熙八年　己酉　公元 1669 年

二月十一日甲戌 (1669 年 3 月 12 日)

琉球国中山王尚质遣陪臣进贡。

三月十七日庚戌 (1669 年 4 月 17 日)

授西洋人南怀仁为钦天监监副。②

---

① 《清实录·圣祖仁皇帝实录》卷二七。
② 《清实录·圣祖仁皇帝实录》卷二八。

五月初十日壬寅（1669 年 6 月 8 日）

撤广东沿海贴防官兵。①

六月廿二日癸未（1669 年 7 月 19 日）

据奏报，广东都司刘世虎等驾舟巡海，遇风飘泊至广南国境内，广南国王差赵文炳等送刘世虎等归粤，并带来货物船只。刘世虎等带去之兵尚有十九名未回，应降二级。赵文炳虽奉广南国印文差遣，而实系中国之人，或留或遣，请康熙帝定夺。康熙帝下令，遣归广南国差赵文炳等，广南船货亦不必入官，仍给来使，为修理船只之用，刘世虎等风飘是实，著免罪。②

八月廿六日丙戌（1669 年 9 月 20 日）

赐原任掌钦天监事通政使司通政使汤若望祭葬如例。③

康熙九年　庚戌　公元 1670 年

六月廿九日甲寅（1670 年 8 月 14 日）

西洋国王遣使初次进贡。④

十月初三日丁亥（1670 年 11 月 15 日）

伪宁远将军林伯馨、伪都督施轰率伪官一百四十四员、兵一千六百九十名、船三十只，自台湾赴浙投诚。

---

① 《清实录·圣祖仁皇帝实录》卷二九。
② 《清实录·圣祖仁皇帝实录》卷三〇。
③ 《清实录·圣祖仁皇帝实录》卷三一。
④ 《清实录·圣祖仁皇帝实录》卷三三。

初八日壬辰（1670 年 11 月 20 日）

大西洋国正贡使道经山阳县病故，康熙帝命江南布政使致祭。

十一月初七日庚申（1670 年 12 月 18 日）

授台湾投诚伪官林伯馨、施轰为左都督。①

康熙十年　辛亥　公元 1671 年

八月初一日己卯（1671 年 9 月 3 日）

据奏报，郑成功一伙自撤水师之后，帆樯出没，侵犯靡常，甚至在各岛屿盖造房舍。官军今已搜剿六十余岛，斩溺敌众五千三百八十余人，擒敌三十八名，烧其木城七座、房宇二千九百二十余间。

三十日戊申（1671 年 10 月 2 日）

琉球国世子尚贞遣陪臣进贡。②

康熙十二年　癸丑　公元 1673 年

二月初五日乙巳（1673 年 3 月 22 日）

暹罗国王遣陪臣进贡方物，并请给银印以光属国。

---

① 《清实录·圣祖仁皇帝实录》卷三四。
② 《清实录·圣祖仁皇帝实录》卷三六。

四月十八日丁巳(1673 年 6 月 2 日)

遣官封暹罗国王，赐之诰命银印，令进贡陪臣赍回。①

康熙十三年　甲寅　公元 1674 年

正月廿一日丙戌(1674 年 2 月 26 日)

安南国王嗣遣使进呈方物，康熙帝下令所进方物著发还。

二月廿六日庚申(1674 年 4 月 1 日)

琉球国中山王世子尚贞遣陪臣进贡。②

四月廿五日己未(1674 年 5 月 30 日)

康熙帝下谕，遣发大兵驻防浙江及江宁京口诸处，饬令崇明镇将严加警备。③

十月廿九日己未(1674 年 11 月 26 日)

据奏报，刘进忠等盘踞潮州，以海寇为其应援。今海寇直薄城东，刘氏屡次出兵来犯我师。官兵三战三捷，斩获甚多。④

---

① 《清实录·圣祖仁皇帝实录》卷四二。
② 《清实录·圣祖仁皇帝实录》卷四六。
③ 《清实录·圣祖仁皇帝实录》卷四七。
④ 《清实录·圣祖仁皇帝实录》卷五〇。

康熙十五年　丙辰　公元 1676 年

二月初六日戊午(1676 年 3 月 19 日)

　　据奏报，刘进忠引海寇入犯，提督及平南大将军等皆退至惠州。康熙帝命大兵兼程前赴广东应援。①

十月十六日乙丑(1676 年 11 月 21 日)

　　耿精忠遣子显祚献伪印乞降，康熙帝命复其爵，从征海寇自效。②

十一月初八日丙戌(1676 年 12 月 12 日)

　　据奏报，郑锦遣伪将率兵三万余直逼福州，都统喇哈达等率满汉官兵大败敌众。

十二月初八日丙辰(1677 年 1 月 11 日)

　　据奏报，海寇侵犯广昌。康熙帝下令进兵，平定兴、泉、漳诸郡，或从汀州分兵夹攻，俱著相机进发。③

康熙十六年　丁巳　公元 1677 年

三月初三日己卯(1677 年 4 月 4 日)

　　据奏报，二月初九日，宁海将军喇哈达等统领大兵攻克泉州府，海寇溃遁。

---

① 《清实录·圣祖仁皇帝实录》卷五九。
② 《清实录·圣祖仁皇帝实录》卷六三。
③ 《清实录·圣祖仁皇帝实录》卷六四。

初四日庚辰（1677 年 4 月 5 日）

据奏报，宁海将军喇哈达大败郑锦于兴化、泉州，遂尔敌军弃漳州、海澄而遁。喇哈达等统率大兵于二月二十日抵漳州，遂复府城及海澄等十县，闽地悉平。①

六月初十日乙卯（1677 年 7 月 9 日）

据奏报，海寇踞舟山造船，官军自黄岩赴定海，驾船出关，于螺头门掟齿洋击沉敌船一十三只，获船八只，生擒伪副将一名。②

七月初四日己卯（1677 年 8 月 2 日）

江南海州云台山自从禁海，迁移居民，地方废弃。康熙帝下令改复为内地，向有徐渎盐场及村庄膏腴田亩，应加意招徕灶户人民，复其旧业。其东海营原设守备把总等员亦应复设。

廿五日庚子（1677 年 8 月 23 日）

据奏报，刘国轩占踞惠州，负固不服，先从陆路窥新安，已被官兵杀败。③

十二月初三日乙巳（1677 年 12 月 26 日）

据奏报，海寇五千余人围泉州府属小营地方。官军击败贼众，水陆共杀贼三千余人，生擒百余人。

初九日辛亥（1678 年 1 月 1 日）

海寇犯钦州，游击刘士贵击败之。④

---

① 《清实录·圣祖仁皇帝实录》卷六六。
② 《清实录·圣祖仁皇帝实录》卷六七。
③ 《清实录·圣祖仁皇帝实录》卷六八。
④ 《清实录·圣祖仁皇帝实录》卷七〇。

康熙十七年　戊午　公元 1678 年

二月十五日丙辰（1678 年 3 月 7 日）

康熙帝下谕，广东潮阳诸处，海寇船只不时出没，因令靖南王耿精忠、将军赖塔、提督王可臣等镇守潮惠滨海之地。今既命尚之信或亲往、或遣兵随宜应援广西，若遇广东有警，耿精忠、赖塔等可即行剿御。

二十日辛酉（1678 年 3 月 12 日）

据奏报，伪水师总督林英等犯泉州界，提督段应举遣朱起龙等率兵扑剿，大败之于日湖等处。

三月初二日癸酉（1678 年 3 月 24 日）

据奏报，海澄为漳、泉门户，今海寇登岸，据有玉州等寨，复分路侵犯石码江东桥诸处。康熙帝下令大将军康亲王速增遣大兵，与郎廷相、黄芳世协力固守漳州、海澄诸处，剿灭海寇。

初六日丁丑（1678 年 3 月 28 日）

海寇犯石门，黄芳世击败之。

十二日癸未（1678 年 4 月 3 日）

大将军康亲王疏言，前令其分发兵守潮州，今海寇侵犯海澄诸处，大兵不便分遣。康熙帝下谕，平南王尚之信已停赴广西，令其兼顾潮、惠。而靖南王耿精忠、将军赖塔仍镇守潮、惠诸处。大将军康亲王速遣官兵，剿灭侵犯海澄贼寇，不必应援广东。

闰三月十六日丙辰（1678 年 5 月 6 日）

康熙帝下谕，海寇盘踞厦门诸处，勾连山贼，煽惑地方，皆由闽地濒海居民为之藉也。应如顺治十八年立界之例，将界外百姓迁移内地，仍申严海禁，绝其交通。但穷苦之民一旦迁徙，必弃其田舍，难以为生。可将本年地丁额赋、差徭杂项尽行豁除。①

四月初一日庚午（1678 年 5 月 20 日）

海寇蔡寅陷平和，进逼潮州。②

康熙帝下谕，今浙江平靖，可于杭、台、衢三府满洲、蒙古、汉军兵内选六百名，令副都统雅塔理率赴福建。到日听康亲王调遣，并檄将军喇哈达、赖塔、靖南王耿精忠等交相计议，剿灭漳、潮间贼寇。

十二日辛巳（1678 年 5 月 31 日）

据奏报，副都统胡图、海澄公黄芳世等率领满汉官兵，于闰三月初十、十一日连破漳州海寇，阵斩伪提督总兵等，焚毁贼营，获伪印扎船只器械无算。

廿一日庚寅（1678 年 6 月 9 日）

据奏报，海寇环围海澄，官兵失利于湾腰树，敌势益张。闻海澄城中粮已匮乏，敌复日犯漳州。康熙帝下令，江南舟师调发岳州诸处，镇守潮州官兵及刘进忠所部官兵又调往广西梧州，署副都统孟安等已率兵往援漳州，副都统雅塔理亦已率浙江大兵前赴福建。此三省之兵，既随在分遣，不可复行调发。大将军康亲王等宜将雅塔理率往之兵，并黄芳世、郎廷相标下增设之兵随宜调遣，务急解海澄之围，扑灭犯漳贼寇。

五月初一日庚子（1678 年 6 月 19 日）

康熙帝下谕，海澄被围日久，势在危急，将军赖塔可率兵速往救援。潮州亦属

---

① 《清实录·圣祖仁皇帝实录》卷七二。
② 《清史稿》卷六，圣祖本纪，中华书局 2015 年版，第 197 页。

要地，康亲王更檄倭申巴图鲁等严加固守。但海寇势甚猖獗，不可不增发官兵。浙江既有将军总督巡抚总兵官，足以固圉。应选绿旗精兵三千，令提督石调声统之，速往应援。①

六月初一日庚午 (1678 年 7 月 19 日)

康熙帝下谕，福建所有之兵汛守沿海，讫于潮州，势分力弱，而解海澄之急又属最要，令平南王尚之信即率官兵，驰赴潮州镇守。其在潮州满兵及靖南王并其所属官兵，令赴将军赖塔、喇哈达所，并力剿贼，以援海澄。

初六日乙亥 (1678 年 7 月 24 日)

据奏报，惠州甲子港有海寇船只出没，总兵官苗之秀亲督官兵于五月二十六日与敌战三昼夜，沉敌船一百余只，阵斩及淹没者二千余人，生擒二十余人。又臭红肉等于五月初三夜突犯潮州、团山等处，总兵官马三奇、夸兰大护喇等分路堵剿，斩敌七百余级。

十八日丁亥 (1678 年 8 月 5 日)

据奏报，五月初五日夜半，海寇四路攻海澄。官兵力战，众寡不敌，致城外木栅、炮台俱陷。敌复从高阜瞰城中火攻不绝。康熙帝下令，总兵官黄蓝死守孤城，大将军康亲王其速檄将军赖塔、喇哈达等，赴援海澄。密遗书副都统伯穆赫林、总兵官黄蓝等，如有隙可乘，即率满汉官兵弃城突出，来会漳州大军。

廿三日壬辰 (1678 年 8 月 10 日)

据奏报，海寇环攻廉州。官军击败之，解廉州围。②

七月初六日甲辰 (1678 年 8 月 22 日)

康熙帝下谕，福建海寇猖獗，事势急迫，因令前赴江西署副都统岳尔多，仍率

① 《清实录·圣祖仁皇帝实录》卷七三。
② 《清实录·圣祖仁皇帝实录》卷七四。

兵赴福建。

二十日戊午（1678 年 9 月 5 日）

据奏报，副都统雅塔理弃同安退入泉州，敌遂直前围泉州。副都统纪尔他布、提督石调声退至兴化，惠安复陷。康熙帝下谕，海寇日以猖獗，同安、惠安相继失陷，泉州见被贼围，速宜调兵救援。可檄趣署副都统岳尔多疾驰以往，平南王尚之信所遣副都统尚之璋、广东提督侯袭爵等，抵潮州日，同总兵官马三奇固守潮州。著靖南王耿精忠、侍郎达都等，自潮州率满汉官兵驰赴福建，与喇哈达等协力剿除海寇，以解泉州之围。①

八月初二日庚午（1678 年 9 月 17 日）

西洋国主遣陪臣进表、贡狮子。

十五日癸未（1678 年 9 月 30 日）

据奏报，平和失陷，福建总督姚启圣会商海澄公黄芳泰，调遣参将吕孝德等进剿，大败海寇，恢复平和县城。②

九月十八日丙辰（1678 年 11 月 2 日）

赐西洋国使臣宴赉如例。

十九日丁巳（1678 年 11 月 3 日）

据奏报，官军进剿海寇，两路夹攻，恢复惠安县，解泉州围。又败敌于白鸽岭，复永春、德化等县。刘国轩等悉遁，又追败之于赤澳诸处，沉烧贼船六十余艘，剿杀六千余级。

---

① 《清实录·圣祖仁皇帝实录》卷七五。
② 《清实录·圣祖仁皇帝实录》卷七六。

廿八日丙寅（1678 年 11 月 12 日）

平南王尚之信疏言，剿除海寇亟须船艘，其如军需浩繁，势难营造。请暂开海禁，许商民造船，由广州至琼州，贸易自便，则得藉商船由广海海陵龙门一带进取，以收捣巢之功。康熙帝下谕，粤东虽已底定，郑成功仍踞厦门，宜申海禁以绝乱萌，故准旧界严行禁戢。今若复开海禁，令商民贸易自便，恐奸徒乘此与贼交通，侵扰边海人民亦未可定。海禁不可轻开，其鼓励地方官员捐助造船，以备征剿之用。

十月十五日壬午（1678 年 11 月 28 日）

福建总督姚启圣遣子姚仪率领官兵，败海寇于同安县地方，擒斩伪副将林钦等五员，恢复同安县城。

二十日丁亥（1678 年 12 月 3 日）

据奏报，刘国轩犯泉州，官兵击却之，敌退据长泰。姚启圣会同将军赖塔等，率满汉官兵进讨，九月十九日大败其于蜈蚣山，破其七营，斩伪总兵以下四千余级，恢复长泰县城。①

十一月初二日己亥（1678 年 12 月 15 日）

据奏报，海寇断江东桥等处，阻截援兵。泉州守制在籍翰林院侍读学士李光地遣人至官军中，为大兵乡导，由漳平县朝天岭小路入安溪县。李光地复遣人修通险道、接济军需，又躬迎大兵。康熙帝下令，李光地当闽地变乱之初，不肯从逆，具疏密陈机宜。今又遣人迎接大兵，备办粮米，深为可嘉，即升授学士。②

---

① 《清实录·圣祖仁皇帝实录》卷七七。
② 《清实录·圣祖仁皇帝实录》卷七八。

康熙十八年　己未　公元 1679 年

正月初七日癸卯(1679 年 2 月 17 日)

据奏报，康熙十七年十二月初三日，琼州水师副将王珍等率领水陆官兵，大破杨二等于山墩地方。

廿四日庚申(1679 年 3 月 6 日)

据奏报，广东潮州与闽省接壤，逼临大海，诸岛海寇窥伺汛兵单弱，请将潮州镇标中营官兵五百余及大埔营官兵六百、潮州水师总兵官一员，并左右二营官兵二千名，照旧复设，以资弹压。康熙帝允其请，以候补总兵官刘显芳为广东潮州水师总兵官。

二月初九日甲戌(1679 年 3 月 20 日)

先是，郑锦乘耿精忠叛，窃据漳、泉诸郡。后耿精忠降，诸郡以次收复，郑锦屡败，仍遁入海，而厦门、金门犹为所据。康熙帝欲乘胜荡平海寇，乃厚集舟师，规取厦门、金门二岛，以图彭湖(澎湖)、台湾。又以曩时征取厦门、金门，曾用荷兰国夹板船，特谕荷兰国王，令具夹板船二十艘，载劲兵协力攻取二岛。至是，奉命大将军和硕康亲王杰书等议奏，战舰水师未备，荷兰国舟师又不能预定来会时日，海寇见据海澄、厦门之固，势难急图。康熙帝下谕，征剿海寇，调发满洲绿旗官兵甚多，福建经制兵外，又增兵数万，授水陆提督为将军以统之，宜乘此兵力速行进讨。

初十日乙亥(1679 年 3 月 21 日)

福建总督姚启圣等启，进取厦门、金门，须发江浙巨舰二百艘，增闽省兵二万，迅调荷兰舟师来会，方可大举。进剿之期，必俟入秋北风起后，彼时战舰师旅，一切不误，自能奏功。康熙帝下谕，翦灭海寇，事綦重要，其令江南浙江总督、京口将军，发江浙战舰各百艘，于进剿期内送至福建，仍许福建增兵二万。大将军康亲王等，并檄荷兰国迅调舟师，务令如期而至。①

三月十五日庚戌（1679 年 4 月 25 日）

奉命大将军和硕康亲王杰书等疏言，已将征调舟师敕谕令荷兰国人赍往，因赶塘石碑洋诸地为海寇所阻，不得行，故未达而还。康熙帝下谕，顷因定海舟师少，已特增兵。今荷兰国人为寇所阻，何以不行扑灭，俾得前行。音问既未能通，舟师必不能如期而至。如此，则我兵遇有机会，可不俟荷兰舟师，即进剿。

廿四日己未（1679 年 5 月 4 日）

据奏报，潮州地方滨海，海寇船只出没，官军大败杨金目等于山头仔地方，斩首千余级，水溺者不计其数，沉烧其船二百余只。

四月初四日戊辰（1679 年 5 月 13 日）

湖广岳州水师总兵官万正色，条奏闽海情形、水陆战守机宜。②

五月十七日庚戌（1679 年 6 月 24 日）

据奏报，伪总统刘国轩等侵犯江东桥。官军迎击，敌败走太平寨。

六月廿四日丁亥（1679 年 7 月 31 日）

康熙帝下谕，巡视海疆，严禁奸民贸易。潜资寇粮乃平海机宜所关，马窖、鸥汀背、石井寨诸处俱沿海要地。其令广东总督巡抚提督等速拨官兵防御海寇，杜绝奸民私通粮糗。③

七月初八日庚子（1679 年 8 月 13 日）

康熙帝下令户部郎中布詹等巡察浙江，设立巡海官兵，详察内地私贩粮米出海

---

① 《清实录·圣祖仁皇帝实录》卷七九。

② 《清实录·圣祖仁皇帝实录》卷八〇。

③ 《清实录·圣祖仁皇帝实录》卷八一。

者，有犯禁者，即鞫审以闻，杜绝往来贩卖，海氛可靖矣。①

八月初一日癸亥（1679 年 9 月 5 日）

康熙帝下谕，攻击海寇营垒宜用火炮，内造西洋炮甚利，且轻便易运。可令湖广巡抚张朝珍以湖广所有西洋炮二十具，委官递送福建总督姚启圣军前，用资剿御。

廿八日庚寅（1679 年 10 月 2 日）

据奏报，琉球国王世子尚贞咨称康熙十三、十五两年正当贡期，闻闽省变乱，未曾入贡，今特进康熙十七年分所贡方物。至来年冬汛，再遣使补康熙十三、十五两年之贡。康熙帝下谕，免其补进康熙十三、十五两年贡物。

十月十八日己卯（1679 年 11 月 20 日）

据奏报，海寇盘踞井洲诸岛，官军水陆夹击，攻破井州岛，斩杀甚多。

廿二日癸未（1679 年 11 月 24 日）

据奏报，双头洞系浙、闽交界，陈起万等啸聚，官军于五月初九日水陆夹击之，大败贼众，杀伤无数。

廿三日甲申（1679 年 11 月 25 日）

康熙帝下谕，奉命大将军和硕康亲王杰书，福建海寇窃踞海澄，倚厦门、金门为营窟。荷兰国船若到，于八月内进攻海寇。倘荷兰国船衍期，当内徙边海人民，坚壁清野，以待其困。今因荷兰国船未至，故前议不行。近者福建绿旗兵丁较取厦、金门时，渐增数倍，即无满兵，止以绿旗兵丁剿灭贼寇，未为不足。见在福建满兵甚多，应即撤一半，以省粮饷，以苏民力。但耿精忠尚在闽中，虞有意外之变，故暂为停止。

---

① 《清实录·圣祖仁皇帝实录》卷八二。

十一月十九日庚戌（1679 年 12 月 21 日）

康熙帝准福建总督姚启圣以进攻厦门、金门等岛，拨兵一万四千名，赴福建水师提督万正色军前，听万正色统领，克期功破海寇。

廿八日己未（1679 年 12 月 30 日）

据奏报，靖南王耿精忠、平南将军都统赖塔等调遣官兵，败海寇于鳌头山。①

十二月初八日己巳（1680 年 1 月 9 日）

康熙帝下谕，江南总督阿席熙速选善用炮者二千人，送福建水师提督万正色军前。福建总督姚启圣等亦速遣士卒，修整舟舰。

初九日庚午（1680 年 1 月 10 日）

康熙帝召侍郎达都，问福建海寇形势。

二十日辛巳（1680 年 1 月 21 日）

先是，平南将军赖塔等疏请调发广东潮州、碣石两镇舟师，协力进剿。康熙帝允之。至是，广东提督侯袭爵疏言，潮、碣艚船止堪防守海港，难入巨洋，无可调遣。康熙帝下谕，潮、碣两镇战船难以出海，宜停其调发。提督万正色等不必待广东舟舰，即率水陆兵乘机进剿。侯袭爵仍分拨舟师，作进攻状，以分敌势。

康熙帝召见议政王大臣，谕总督姚启圣、提督万正色欲厚集水陆兵，破灭海寇，进取厦门、金门，事关重大。当日克金、厦二岛，曾用荷兰夹板船。今入海征剿，既乏坚固巨舰，荷兰舟师又不时至。战舰无多，遽以入海恐变出万一，未能得志，尔等其集议以闻。议政王大臣等奏，请敕下福建总督姚启圣，巡抚吴兴祚，提督杨捷、万正色，度兵力足以办贼，必无疏虞。果有确见，听其酌量而行，如少有疑虑，不可以前经具题，惮于更改，勉强从事。应令总督、巡抚、提督会商定议奏闻。②

---

① 《清实录·圣祖仁皇帝实录》卷八六。
② 《清实录·圣祖仁皇帝实录》卷八七。

康熙十九年　庚申　公元 1680 年

二月初一日辛酉(1680 年 3 月 1 日)

据奏报，谢昌、李积凤等不时侵掠沿海地方。康熙帝下令都统王国栋同副都统尚之璋、总兵官甯天祚等率藩下舟师，速图剿御。

初四日甲子(1680 年 3 月 4 日)

琉球国王嗣尚贞遣使进贡。①

三月十二日辛丑(1680 年 4 月 10 日)

万正色击海寇于平海卫，克之，进克湄州、南日、崇武诸卫。拉哈达击刘国轩，败之，遁厦门。伪将苏堪迎降，进平玉洲、石马、海澄、马州等十九寨，复偕吴兴祚取金门。②

十四日癸卯(1680 年 4 月 12 日)

据奏报，海中大定、小定地方，逼近厦门、金门，系官军必由之道。郑锦遣伪将军张志屯粮聚众，欲据此地，与官军相拒。满洲绿旗官军齐进大定地方，奋勇剿杀，敌不能支，皆逃往小定。官军尾追，敌众不得船者淹入海中。焚毁敌巢，迁回百姓，所有大定、小定地方悉行恢复。

十五日甲辰(1680 年 4 月 13 日)

据奏报，二月二十三日，官军水陆分进，规取玉洲，刘国轩向石马、海澄奔

① 《清实录·圣祖仁皇帝实录》卷八八。
② 《清史稿》卷六，圣祖本纪，中华书局 2015 年版，第 202 页。

窜。官军追剿甚急，刘国轩复走厦门。伪总兵苏堪等守海澄，随遣官谕以投诚，苏堪即开西门，迎接官兵入城。玉洲、石马、海澄等地方悉行恢复。

据奏报，水师提督万正色孤军独下，于二月二十三日同总兵赵得寿、黄大来，平南将军赖塔分统水陆官兵，七路进剿，攻破陈州、马州、湾腰山、观音山、展旗等寨一十九处，杀敌甚众。

十六日乙巳（1680 年 4 月 14 日）

据奏报，二月二十六日，官军径渡厦门，敌溃败。二十八日，进厦门城，安抚人民，即遣官兵进取金门。

廿五日甲寅（1680 年 4 月 23 日）

浙江总督李之芳密饬定海舟师，即行剿灭海寇。

四月廿九日戊子（1680 年 5 月 27 日）

福建水师提督万正色疏言，海澄、厦门、浯屿、金门、围头、海坛、平海、定海、烽火门、日湖、獭窟、永宁、铜山、南澳等十四处或孤悬海上，或滨海要冲，若以兵三万人设镇分防，不时巡缉，则敌不能肆犯，官军得以乘机灭寇矣。康熙帝下令兵部侍郎温代前往，会同尚书介山、侍郎吴努春及总督、巡抚、提督亲诣诸处，详阅定议。①

五月十八日丙午（1680 年 6 月 14 日）

平南将军赖塔等遣发官兵，追剿刘国轩等，于三月十二日克取铜山，焚毁贼巢。

六月初六日癸亥（1680 年 7 月 1 日）

康熙帝遣官赍敕往福建，封妈祖为"护国庇民妙灵昭应弘仁普济天妃"。

初十日丁卯（1680 年 7 月 5 日）

据奏报，刘天福率众投诚。

---

① 《清实录·圣祖仁皇帝实录》卷八九。

十一日戊辰（1680 年 7 月 6 日）

康熙帝召见黄岩总兵官林本直，命其扫平境内海寇。

十五日壬申（1680 年 7 月 10 日）

据奏报，台湾伪将军朱天贵率领伪官、兵丁、船只投诚。

十七日甲戌（1680 年 7 月 12 日）

据奏报，伪将军江机等通连海寇，为福建、江西、浙江三省之害已久。今福建巡抚吴兴祚等宣示招抚，江机等率领伪官一千一百三十八员、兵丁四万三千六百二十九名投诚，各分别归农补伍。

廿三日庚辰（1680 年 7 月 18 日）

据奏报，五月十二日，官军于大澳海面分兵三路与敌船三百余接战，敌败走。即乘夜穷追，十三日早至风头港，又有敌船数百，官军复击败之，生擒伪将军洪元懿，毁敌船二百余，斩贼二千余级，溺死者万余人。

廿五日壬午（1680 年 7 月 20 日）

福建投诚之人甚多，厦门、金门诸处新经恢复，人心未定。康熙帝下谕，留大兵一千二百人驻守福州，六百人驻守泉州，一千二百人驻守漳州，余兵先率入京。沿海绿旗官兵设防之外，孰宜先撤、孰宜镇守，令尚书介山，侍郎吴努春、温代等，会同总督、巡抚、提督议覆。①

九月初一日丙辰（1680 年 10 月 22 日）

据奏报，伪副将沈茂等率领伪官兵投诚。②

---

① 《清实录·圣祖仁皇帝实录》卷九〇。
② 《清实录·圣祖仁皇帝实录》卷九二。

十二月初二日丁亥（1681 年 1 月 21 日）

福建水师提督万正色以病乞休，慰留之。

廿二日丁未（1681 年 2 月 10 日）

以海上投诚总兵官朱天贵为浙江平阳总兵官。①

康熙二十年　辛酉　公元 1681 年

二月初七日辛卯（1681 年 3 月 26 日）

福建总督姚启圣、巡抚吴兴祚先后具疏，请开边界，俾沿海人民复业。康熙帝下谕，厦门、金门诸处已设官兵防守，如有奸民借此通贼者，仍令严行察缉。②

五月十四日丙寅（1681 年 6 月 29 日）

据奏报，杨二等攻犯琼州，据海口，攻陷澄迈、定安二县。总兵官蔡璋等于三月十五日督舟师渡琼，奋勇夹击。于十六日克复县所三城，杨二等势穷逃窜，擒斩伪总督周胜、伪总兵陈曾等，焚毁敌船一百余只，见获三十余只。

六月初七日戊子（1681 年 7 月 21 日）

据奏报，郑锦于正月二十七日死，其长子为众所杀，伪侍卫冯锡范立郑锦次子郑克塽。康熙帝下谕，郑锦既伏冥诛，宜乘机规定澎湖、台湾。总督姚启圣，巡抚吴兴祚，提督诺迈、万正色等，与将军喇哈达、侍郎吴努春将绿旗舟师分领前进，务期剿抚并用，底定海疆。

---

① 《清实录·圣祖仁皇帝实录》卷九三。
② 《清实录·圣祖仁皇帝实录》卷九四。

七月廿八日己卯（1681 年 9 月 10 日）

康熙帝下谕，以施琅为福建水师提督，规取台湾，改万正色为陆路提督。①

十月廿七日丙午（1681 年 12 月 6 日）

康熙帝下谕，总督姚启圣统辖福建全省兵马，同提督施琅进取彭湖（澎湖）、台湾。巡抚吴兴祚有刑名钱粮诸务，不必进剿。

十一月十三日壬戌（1681 年 12 月 22 日）

海岛海寇相继来归，浙省地方无事。康熙帝下谕，撤回巡察海口郎中布詹等，并停止更换差员。

十四日癸亥（1681 年 12 月 23 日）

琉球国中山王世子尚贞遣陪臣表贡方物，并疏言，父尚质于康熙七年十一月十七日卒，请赐袭封。

廿九日戊寅（1682 年 1 月 7 日）

福建总督姚启圣疏言，福州等府夏秋亢旱，米价日增，请于广东之潮州、浙江之平阳买米平粜。查海禁未开，恐有不肖之徒借端贩卖，应不准行。康熙帝下谕，闽省被灾，准其赴潮州等处买米接济，如有借端通海者，事觉将该督抚及押运官一并治罪。②

十二月十三日壬辰（1682 年 1 月 21 日）

康熙帝下谕，赐朝鲜、琉球国进贡使臣等银币有差。

廿二日辛丑（1682 年 1 月 30 日）

康熙帝下谕，琉球国中山王世子尚贞应照例袭封为中山王。③

---

① 《清实录·圣祖仁皇帝实录》卷九六。
② 《清实录·圣祖仁皇帝实录》卷九八。
③ 《清实录·圣祖仁皇帝实录》卷九九。

康熙二十一年　壬戌　公元 1682 年

四月十四日辛卯（1682 年 5 月 20 日）

命翰林院检讨汪楫为正使，内阁中书舍人林麟焻为副使，往封琉球国世子尚贞为琉球国中山王。

十七日甲午（1682 年 5 月 23 日）

先是，福建提督施琅奏，敌船久泊澎湖，悉力固守，当此冬春之际，飓风时发，我舟骤难过洋。请俟明年三四月间进兵，可获全胜。康熙帝允之。至是，施琅又奏，夏至南风盛发，不可进兵，请至十月大举。康熙帝命议政王大臣等集议，佥谓师期不便屡迁，应檄总督姚启圣、提督施琅克期于夏至后，进取台湾。康熙帝下谕，进剿海寇关系重大，总督姚启圣、提督施琅身在地方，务将海面形势、贼中情状审察确实。如有可破可剿之机，酌行剿抚，毋失机会。

五月廿一日戊辰（1682 年 6 月 26 日）

据奏报，总督姚启圣、提督施琅于五月初四日已帅师进取台湾。大兵启行之后，移福建将军、巡抚、陆路提督、总兵官等，固守金门、厦门及陆路诸隘口。

廿八日乙亥（1682 年 7 月 3 日）

据奏报，大兵进取台湾，以风大不得前。总督姚启圣尚驻铜山，提督施琅移泊云霄。康熙帝下谕，若目前风大未便进剿，即统官兵回汛，整饬舟师，相机再举。①

---

① 《清实录·圣祖仁皇帝实录》卷一〇二。

八月廿五日庚子（1682 年 9 月 26 日）

奉使琉球翰林院检讨汪楫、内阁中书舍人林麟焻陛辞，康熙帝赐琉球国王御书"中山世土"四大字。

廿七日壬寅（1682 年 9 月 28 日）

福建总督姚启圣疏言，闽省有绿旗兵，又有汉军甲兵进取台湾，防守地方业已足用，大兵似宜撤回。康熙帝命将军喇哈达等尽率福建大兵还京师。

九月廿二日丙寅（1682 年 10 月 22 日）

安南国王遣陪臣进岁贡方物。①

十一月初八日辛亥（1682 年 12 月 6 日）

康熙帝下谕，免安南国进白绢、降真香、白木香、中黑线香等物。②

康熙二十二年　癸亥　公元 1683 年

正月廿六日戊辰（1683 年 2 月 21 日）

康熙帝命翰林院侍读明图为正使，编修孙卓为副使，往封安南国王嗣黎维正为安南国王。

廿七日己巳（1683 年 2 月 22 日）

安南国王黎维禧故，因广西用兵未经遣祭。康熙帝遣翰林院侍读邬赫为正使，

---

① 《清实录·圣祖仁皇帝实录》卷一〇四。
② 《清实录·圣祖仁皇帝实录》卷一〇六。

礼部郎中周灿为副使，前往谕祭。

二月十二日甲申(1683 年 3 月 9 日)

福建提督施琅疏请调兴化、江东等处陆路官兵，同水师进剿澎湖、台湾。①

三月廿五日丁卯(1683 年 4 月 21 日)

康熙帝下谕，提督施琅进剿台湾，深入海岛，朱天贵及原带官兵仍留福建，在后策应，听施琅调遣。②

四月初五日丁丑(1683 年 5 月 1 日)

康熙帝赐安南国王黎维禛御书"忠孝守邦"四大字。

五月初七日戊申(1683 年 6 月 1 日)

升陕西西安城守副将孙惟统为浙江定海总兵官。

十六日丁巳(1683 年 6 月 10 日)

康熙帝下谕，裁去汀、漳二道，二府地方职掌事宜仍归巡海道兼理。

廿三日甲子(1683 年 6 月 17 日)

先是，福建总督姚启圣疏言，刘国轩遣伪官黄学赍书至，请照琉球、高丽等外国例，称臣进贡，不剃发登岸。康熙帝下谕，台湾贼皆闽人，不得与琉球、高丽比，令施琅速进兵。③

闰六月十八日戊午(1683 年 8 月 10 日)

福建总督姚启圣题报，提督施琅进剿台湾，克取澎湖。

---

① 《清实录·圣祖仁皇帝实录》卷一〇七。
② 《清实录·圣祖仁皇帝实录》卷一〇八。
③ 《清实录·圣祖仁皇帝实录》卷一〇九。

廿九日己巳（1683 年 8 月 21 日）

福建水师提督施琅题报，台湾刘国轩知臣等将乘南风进剿，倾巢而来，坚守澎湖。凡沿海之处、小船可以登岸者，尽筑短墙，安置腰铳。臣总统舟师于六月十六日进发，署右营游击蓝理等，以鸟船首先攻敌。时值潮水正发，前锋数船，被贼围困。臣亲驾船冲入，杀退贼船，兴化镇臣吴英继后夹攻，焚杀伪将军沈诚等头目七十余员，兵三千余名。十八日进取虎井、桶盘屿。二十二日遣总兵官陈蟒、魏明等，领船五十只为奇兵，直入鸡笼屿、四角山夹攻。又遣随征总兵官董义、康玉等，驾船五十只为疑兵，直入牛心湾牵制。又将大鸟船五十六只居中，分为八队，每队驾船七只，各作三叠，留船八十只为后援。臣指挥督率直进扑剿，贼船齐出迎战，总兵官林贤、朱天贵等继进夹击。自辰至申，我师奋不顾身，戮力杀贼，击沉大小敌船一百九十四只，焚杀伪官三百余员、兵一万二千有奇。刘国轩力不能支，乘快船从吼门潜遁，伪将军杨德等一百六十五员率兵四千八百余名，倒戈投降。是役也，以七日夜，破数十年盘踞之贼。各将士戮力用命，督臣姚启圣亲来厦门，饷运不匮。总兵官朱天贵、游击赵邦试阵亡。①

七月十四日癸未（1683 年 9 月 4 日）

康熙帝下谕，凡进剿台湾，军前所需兵饷米折、应用器械、修理船只、预备物料等各项钱粮，所关甚为紧要，差部院堂官一员前往，会同督抚，速为料理。不拘何项钱粮，尽见在者，准其动用，毋致贻误。

廿七日丙申（1683 年 9 月 17 日）

郑克塽遣伪官郑平英等，赍降表至提督施琅军前，总督姚启圣转奏，请颁敕招抚。康熙帝命撰敕，发姚启圣同施琅酌行。

八月廿九日戊辰（1683 年 10 月 19 日）

施琅疏报，师入台湾，郑克塽率其属刘国轩等迎降，台湾平。诏锡克塽、国轩封爵，封施琅靖海侯，将士擢赉有差。②

---

① 《清实录·圣祖仁皇帝实录》卷一一〇。
② 《清史稿》卷六，圣祖本纪，中华书局 2015 年版，第 212~213 页。

十月十九日丙辰(1683年12月6日)

广东广西总督吴兴祚疏言，广州七府沿海地亩请招民耕种。康熙帝下谕，前因海寇未靖，故令迁界。今若展界，令民耕种采捕，甚有益于沿海之民。其浙闽等处地方亦有此等事。有关部署著遣大臣一员，前往展立界限。应于何处起止、何地设兵防守，著详阅确议，勿误来春耕种之期。

二十日丁巳(1683年12月7日)

琉球国王嗣尚贞遣陪臣毛文祥等进贡。

廿六日癸亥(1683年12月13日)

治理历法南怀仁进盛京九十度表，康熙帝下令永远遵行。

廿八日乙丑(1683年12月15日)

康熙帝命福建提督施琅，将舟山等处伪总兵有兵丁、船只在海岛者，俱遣人招抚，聚集一处，务尽根株，毋贻后患。

康熙帝命吏部侍郎杜臻、内阁学士席柱往勘福建、广东海界。工部侍郎金世鉴、副都御史雅思哈往勘江南、浙江海界。①

十一月廿一日戊子(1684年1月7日)

以平定海寇，康熙帝亲往孝陵祭告。

廿六日癸巳(1684年1月12日)

福建水师提督施琅辞靖海侯世爵，康熙帝命其不必控辞。

十二月十三日庚戌(1684年1月29日)

以海寇荡平，康熙帝遣官告祭天地，太庙，社稷，福陵，昭陵，孝陵，仁孝皇

---

① 《清实录·圣祖仁皇帝实录》卷一一二。

后、孝昭皇后陵。①

康熙二十三年 甲子 公元1684年

正月廿一日丁亥（1684年3月6日）

康熙帝下谕，设台湾镇守官弁。

三月初五日辛未（1684年4月19日）

据奏报，海上乌洋、舟山伪将军房锡鹏、周云隆，伪都督阮继先，率伪官一百余员、兵四千一百余名投诚。

初六日壬申（1684年4月20日）

以福建投诚伪将军刘国轩为直隶天津总兵官。②

四月十四日己酉（1684年5月27日）

康熙帝下谕，台湾地方千余里，设一府三县，设巡道一员分辖。设总兵官一员、副将二员、兵八千，分为水陆八营。澎湖设副将一员、兵二千，分为二营，每营各设游守、千把等官。

十六日辛亥（1684年5月29日）

康熙帝下谕，浙江沿海地方，听百姓以装载五百石以下船只，往海上贸易捕鱼。预行禀明该地方官，登记名姓、取具保结、给发印票与船头烙号。其出入，令防守海口官员，验明印票、点明人数。至收税之处，交与该道，计货之贵贱，定税

---

① 《清实录·圣祖仁皇帝实录》卷一一三。
② 《清实录·圣祖仁皇帝实录》卷一一四。

之重轻，按季造册报部。至海口官兵，于温、台二府战船内，各拨二十只，平定台湾所获哨船，拨八十只，令其分泊，防守巡逻。

六月初五日己亥(1684 年 7 月 16 日)

户科给事中疏言，海洋贸易宜设立专官收税。应如所请。康熙帝下谕，海洋贸易，实有益于生民，但创收税课若不定例，恐为商贾累。当照关差例，差部院贤能司官前往，酌定则例。

十三日丁未(1684 年 7 月 24 日)

琉球请遣子弟入国子监读书。许之。

二十日甲寅(1684 年 7 月 31 日)

暹罗国王遣陪臣奉表进贡，又疏言，贡船到虎跳门，阻滞日久，每致损坏。乞谕粤省官吏准其放入河下，早得登岸，贸易采办，勿被拦阻。许之。①

八月十三日丙午(1684 年 9 月 21 日)

琉球国中山王尚贞遣陪臣王明佐等进贡，并谢册封恩。

九月初一日甲子(1684 年 10 月 9 日)

康熙帝下谕，向令开海贸易，谓于闽粤边海民生有益。若此二省民用充阜，财货流通，各省俱有裨益。且出海贸易非贫民所能，富商大贾，懋迁有无，薄征其税，不致累民。可充闽粤兵饷，以免腹里省分转输协济之劳，腹里省分钱粮有余，小民又获安养，故令开海贸易。今若照奉差郎中伊尔格图所奏，给与各关定例款项，于桥道渡口等处概行征税，何以异于原无税课之地，反增设一关科敛乎？此事恐致扰害民生。尔等传谕九卿詹事科道，会议具奏。

初五日戊辰(1684 年 10 月 13 日)

康熙帝御太和门视朝，琉球国、暹罗国使臣等行礼。

---

① 《清实录·圣祖仁皇帝实录》卷一一五。

十四日丁丑(1684 年 10 月 22 日)

康熙帝下谕,福建、广东新设关差,止将海上出入船载贸易货物征税。其海口内桥津地方贸易船、车等物,停其抽分,并将各关征税则例,给发监督酌量增减定例。①

十月廿五日丁巳(1684 年 12 月 1 日)

康熙帝下谕,今海外平定,台湾、澎湖设立官兵驻扎,直隶、山东、江南、浙江、福建、广东各省先定海禁处分之例,尽行停止。若有违禁将硝黄、军器等物,私载在船出洋贸易者,仍照律处分。

十一月初六日丁卯(1684 年 12 月 11 日)

康熙帝命伊桑阿、萨穆哈视察黄河入海口。并下谕,海口沙淤年久,遂至壅塞,今将水道疏通,始免水患,总有经费,亦所不惜。②

康熙二十四年　乙丑　公元 1685 年

四月初十日己亥(1685 年 5 月 12 日)

调福建兴化总兵官吴英为浙江舟山总兵官。

十九日戊申(1685 年 5 月 21 日)

福建总督王国安疏言,外国进贡船只,请抽税令其贸易。康熙帝下谕,外国进

---

① 《清实录·圣祖仁皇帝实录》卷一一六。
② 《清实录·圣祖仁皇帝实录》卷一一七。

贡船只若行抽税，殊失大体，且非朕柔远之意。①

九月廿八日乙酉(1685 年 10 月 25 日)

升浙江舟山总兵官吴英为四川提督。

十月初七日甲午(1685 年 11 月 3 日)

调福建福宁总兵官黄大来为浙江舟山总兵官。②

十一月十九日乙亥(1685 年 12 月 14 日)

琉球国中山王尚贞遣使进贡方物。③

康熙二十五年　丙寅　公元 1686 年

二月初三日丁亥(1686 年 2 月 24 日)

康熙帝下谕，粤东滨海小民藉盐资生，从前江西南、赣两府俱食粤盐，因康熙元年禁海以来，粤东路阻，改食淮盐。今粤省平定，循旧例，令南、赣两府仍食粤盐销引。

初十日甲午(1686 年 3 月 3 日)

减广东海关征收洋船额税十之二。④

①　《清实录·圣祖仁皇帝实录》卷一二〇。
②　《清实录·圣祖仁皇帝实录》卷一二二。
③　《清实录·圣祖仁皇帝实录》卷一二三。
④　《清实录·圣祖仁皇帝实录》卷一二四。

三月廿四日戊寅（1686 年 4 月 16 日）

以安南国进贡陪臣阮廷滚中途病故，康熙帝命地方官致祭如例。

四月初九日癸巳（1686 年 5 月 1 日）

康熙帝下谕，潮州水师官兵船只，先经裁并潮镇统辖，今值开洋贸易，恐海岛中宵小潜踪，乘机窃劫，将澄海协、达濠营水汛官兵船只改归南澳水师镇，就近统辖。①

六月初五日丁巳（1686 年 7 月 24 日）

督理闽海税务户部郎中胡什巴疏言，闽省商贾贸易向无土著之人，亦无丈船抽税之例，请照粤关一例丈船抽税。至贸易船只，原在某关印烙给照准出海口者，别关不得羁留，仍令各回本关。康熙帝下谕，凡收海税官员，因系创行设课，希图盈溢，将出入商民船只任意加征，以致病商累民，亦未可定。著严加申饬，务令恪遵定例，从公征收，无滥无苛，以副朕轸恤商民至意。所请不准行。

十二日甲子（1686 年 7 月 31 日）

荷兰国王遣使表贡方物。

十五日丁卯（1686 年 8 月 3 日）

康熙帝御太和门视朝，荷兰国使臣行礼。②

七月十四日丙申（1686 年 9 月 1 日）

康熙帝下谕，荷兰国王进贡限期为五年一次，贡船由福建入境。

十九日辛丑（1686 年 9 月 6 日）

安南国王遣使奉表谢册封，并进方物。

---

① 《清实录·圣祖仁皇帝实录》卷一二五。
② 《清实录·圣祖仁皇帝实录》卷一二六。

廿七日己酉(1686 年 9 月 14 日)

康熙帝赐荷兰国王敕谕。①

十二月初六日丙辰(1687 年 1 月 19 日)

康熙帝下谕,闻有运盛京粮米于山海关内者,又泛海贩粜于山东者多有之。粮米所系最为紧要,况今防戍官军人口众多,粮糈可以足用,不致缺乏耶? 未可必也。宜止其贩粜粮米,其下所司密咨移盛京将军、副都统、户部侍郎,以己意禁之。②

康熙二十六年　丁卯　公元 1687 年

四月廿八日乙亥(1687 年 6 月 7 日)

准福建台湾府乡试另编字号,额中一名。③

康熙二十七年　戊辰　公元 1688 年

二月初六日己酉(1688 年 3 月 7 日)

琉球国中山王尚贞遣使入贡,请以子弟梁成楫等三人入监读书。允之。④

---

① 《清实录·圣祖仁皇帝实录》卷一二七。
② 《清实录·圣祖仁皇帝实录》卷一二八。
③ 《清实录·圣祖仁皇帝实录》卷一三〇。
④ 《清实录·圣祖仁皇帝实录》卷一三三。

九月廿七日丙申（1688 年 10 月 20 日）

广东巡抚朱弘祚条奏粤省盐政。

十月初四日癸卯（1688 年 10 月 27 日）

琉球国中山王尚贞以蒙恩准陪臣子弟入监读书，遣使入谢，并贡方物。①

康熙二十八年　己巳　公元 1689 年

闰三月初十日丁未（1689 年 4 月 29 日）

康熙帝下谕，近闻江、浙、闽、广四省海关于大洋兴贩商船，遵照则例征取税课，原未累民。但将沿海地方采捕鱼虾及贸易小船，概行征税，小民不便。今应作何征收，俾商民均益，著九卿、詹事、科道会同确议以闻。

四月初二日戊辰（1689 年 5 月 20 日）

九卿遵旨议覆海关抽税事，一议，钱粮无多，应交地方官征收。又一议，交与地方官，则无专管之员，应仍差官收税。至海中船只，何者应免收税，惟候圣裁。康熙帝下谕，采捕鱼虾船只及民间日用之物，并糊口贸易，俱免其收税。嗣后，海关著各差一员。②

八月廿五日戊子（1689 年 10 月 7 日）

原任福建浙江总督王骘疏言，日本商船应令停泊定海山，遣官察验，方许贸易。康熙帝下谕，此事无益。朕南巡时，见沿途设有台座，问地方官及村庄耆老，

---

① 《清实录·圣祖仁皇帝实录》卷一三七。
② 《清实录·圣祖仁皇帝实录》卷一四〇。

据云明代备倭所筑。明朝末年，日本来贸易，大船停泊海口，乘小船直至湖州，原非为劫掠而来。乃被在内官兵杀尽，未曾放出一人，从此衅端滋长，设兵防备，遂无宁期。今我朝凡事皆详审熟计，务求至当，可蹈明末故辙乎？且善良之民屡遭水旱，迫于衣食，亦为盗矣。武备固宜预设，但专任之官得其治理，抚绥百姓时时留意，则乱自消弭。否则盗贼蜂起，为乱者将不知其所自来，不独日本也。①

十月初一日甲子(1689 年 11 月 12 日)

琉球国中山王尚贞遣陪臣毛起龙等进贡。

初七日庚午(1689 年 11 月 18 日)

康熙帝下谕，琉球国诚心进贡年久，该王具疏恳请增添人数，准加增至二百人。②

康熙二十九年　庚午　公元 1690 年

三月初四日乙未(1690 年 4 月 12 日)

康熙帝下谕，建造定海县城垣、学宫、仓库、监狱。③

九月廿一日戊申(1690 年 10 月 22 日)

据奏报，方云龙等聚集奸徒，在安南国新安岳山诸岛劫掠洋船，伪称将军，龙门副将叶昇帅兵进剿，俱已擒获。康熙帝下谕，擒获各犯俱系熟谙水性之人，著从宽免死，并伊妻子解送来京，发往黑龙江，充水手当差。④

---

① 《清实录·圣祖仁皇帝实录》卷一四一。
② 《清实录·圣祖仁皇帝实录》卷一四二。
③ 《清实录·圣祖仁皇帝实录》卷一四五。
④ 《清实录·圣祖仁皇帝实录》卷一四八。

康熙三十年　辛未　公元 1691 年

九月初二日癸丑(1691 年 10 月 22 日)

琉球国中山王尚贞遣陪臣赍表，进贡方物。

初五日丙辰(1691 年 10 月 25 日)

安南国王黎维正遣陪臣赍表，进贡方物。①

康熙三十二年　癸酉　公元 1693 年

九月初十日辛亥(1693 年 10 月 9 日)

据奏报，有日本国船只因风飘至阳江县地方，计十二人，请发回伊国。康熙帝下谕，外国之人、船只被风飘至广东，情殊可悯。著该督抚量给衣食，护送浙省，令其归国。

廿五日丙寅(1693 年 10 月 24 日)

琉球国中山王尚贞遣陪臣进贡方物，并请入监读书官生梁成楫等归国。②

---

① 《清实录·圣祖仁皇帝实录》卷一五三。
② 《清实录·圣祖仁皇帝实录》卷一六〇。

康熙三十三年　甲戌　公元 1694 年

四月廿三日庚寅（1694 年 5 月 16 日）

康熙帝下谕，出洋贸易船只，地方官印烙给以票照，许带军器出洋。一概禁止内地商人在外国打造船只，带有军器出入关口。既无印烙可据，又无票照可凭者，其暗带外国之人、偷买犯禁之物者严加治罪。

八月初四日己亥（1694 年 9 月 22 日）

山东巡抚疏言，登州等处米，请从天津运至盛京三岔口。康熙帝下谕，运米至盛京，实属善政。学士陶岱现在天津，此本著交陶岱，将天津现存米五万石从天津海口运至三岔口之处，会同地方官员议奏。①

康熙三十四年　乙亥　公元 1695 年

五月十一日壬申（1695 年 6 月 22 日）

康熙帝巡视新河及海口运道。

十七日戊寅（1695 年 6 月 28 日）

康熙帝阅视海口，命于其处立海神庙。②

---

① 《清实录·圣祖仁皇帝实录》卷一六四。
② 《清实录·圣祖仁皇帝实录》卷一六七。

九月十八日丁丑(1695年10月25日)

琉球国中山王尚贞遣陪臣进贡。①

康熙三十五年 丙子 公元1696年

二月初六日壬辰(1696年3月8日)

内阁学士陶岱往盛京赈济,并以天津海口运米至盛京事请训旨。康熙帝下谕,从天津海口运米,但以新造船与商船转运,尚恐船少,应遣人往福建将军督抚处劝谕走洋商船,使来贸易。至时用以运米,仍给以雇直,其装载货物但收正税,概免杂费。②

十二月廿九日辛亥(1697年1月21日)

康熙帝下谕,今岁自天津海运至盛京之米,已给散科尔沁贫乏之众。来岁仍当自天津运米至盛京,其转运船只不必用福建、浙江二省者,止用天津船挽输一次。③

康熙三十六年 丁丑 公元1697年

九月十二日己丑(1697年10月26日)

琉球国中山王尚贞遣陪臣进贡。

---

① 《清实录·圣祖仁皇帝实录》卷一六八。
② 《清实录·圣祖仁皇帝实录》卷一七一。
③ 《清实录·圣祖仁皇帝实录》卷一七八。

十月廿六日癸酉（1697年12月9日）

安南国王黎维正遣使进贡。①

是年，朝鲜以大饥告，康熙帝截河南漕米，由登州泛海，发盛京仓储，合水陆运致数万石，平粜赐赉。凋瘵尽起，举国忭庆。②

康熙三十七年　戊寅　公元1698年

四月十九日癸亥（1698年5月28日）

康熙帝下谕，广东海关收税人员搜检商船货物，概行征税，以致商船稀少，关税缺额。且海船亦有自外国来者，如此琐屑，甚觉非体。著减额税银三万二百八十五两。③

康熙三十八年　己卯　公元1699年

二月十二日壬子（1699年3月13日）

康熙帝下谕直隶巡抚李光地等，漳河与滹沱河故道原各自入海，今两水合流，所以其势汜滥。尔等往视，如漳河故道可寻，即可开通引入运河。如虑运河难容，

---

① 《清实录·圣祖仁皇帝实录》卷一八五。

② 《清实录·世宗宪皇帝实录》卷五五。

③ 《清实录·圣祖仁皇帝实录》卷一八八。

即于运道之东，别挑一河，使之赴海。①

九月初六日辛丑（1699 年 10 月 28 日）

琉球国中山王尚贞遣陪臣进表、贡方物。②

十一月初八日壬寅（1699 年 12 月 28 日）

康熙帝下谕，浙江鄞县沿海田地向藉塘闸御潮，今塘闸被潮冲倒，决去田地一千七十余亩，其额征银米永行豁免。③

康熙三十九年　庚辰　公元 1700 年

正月廿五日己未（1700 年 3 月 15 日）

朝鲜国王疏称，本国萨厄等船只，被风漂至琉球，琉球国将萨厄等解京师，奉康熙圣旨发回本国，今遣使进谢恩礼物。康熙帝下谕，朝鲜人民被风飘流，朕一体轸恤，令回本国，谢恩贡物不必收，嗣后因此等事奏谢，著停其进贡礼物。④

六月初三日甲子（1700 年 7 月 18 日）

张鹏翮报修浚海口工成，河流畅通，改拦黄壩为大通口，建海神庙。⑤

十月初七日丙寅（1700 年 11 月 17 日）

据奏报，红毛国英圭黎夹板船一只，被风飘至福建。据船长与商人等供，系伊

① 《清实录·圣祖仁皇帝实录》卷一九二。
② 《清实录·圣祖仁皇帝实录》卷一九五。
③ 《清实录·圣祖仁皇帝实录》卷一九六。
④ 《清实录·圣祖仁皇帝实录》卷一九七。
⑤ 《清实录·圣祖仁皇帝实录》卷一九九。

国护商哨船，请遣回本国。康熙帝下谕，英圭黎船只遭风飘来，甚为可悯。著该地方官善加抚恤，酌量捐资，给足衣食，即乘时发还，以副柔远之意。①

康熙四十年　辛巳　公元1701年

四月二十日丁丑(1701年5月27日)

升山东登州副将施世骠为浙江定海总兵官。②

十二月初六日戊午(1702年1月3日)

调福建福宁总兵官李友臣为台湾总兵官。③

康熙四十一年　壬午　公元1702年

九月初十日戊午(1702年10月30日)

据奏报，琉球国进贡来使遭风，船坏救出二人。康熙帝下谕，琉球国失水二人拯救复苏，著该地方官加意赡养，俟便船资给发还。此等船只损坏，人被溺伤，皆因修造不坚所致。嗣后琉球贡使回国时，该督抚须验视船只，务令坚固，以副矜恤远人之意。④

---

① 《清实录·圣祖仁皇帝实录》卷二〇一。
② 《清实录·圣祖仁皇帝实录》卷二〇四。
③ 《清实录·圣祖仁皇帝实录》卷二〇六。
④ 《清实录·圣祖仁皇帝实录》卷二〇九。

康熙四十二年　癸未　公元 1703 年

九月十三日丙辰(1703 年 10 月 23 日)

琉球国中山王尚贞遣陪臣进表，贡方物。

十五日戊午(1703 年 10 月 25 日)

康熙帝下谕，山东地方称有海贼坐鸟船二只行劫，朕思山东不能造鸟船，必从福建、浙江、江南造成而来。历年福建商船于六月内到天津，候十月北风始回，朕因欲明晰海道，令人坐商船前往，将地方所经之路，绘图以进，知之甚悉。今欲知海贼之源，但令往福建、浙江及江南崇明等处察访即得之。若在山东察访，必不能得。目下冬令将届，正值北风，海贼不能久留于直隶、山东，必已向浙、闽路去。俟明岁船只可行时，令有水师海船之省，入各海岛搜剿。①

康熙四十三年　甲申　公元 1704 年

正月廿一日辛酉(1704 年 2 月 25 日)

浙江福建总督疏报，擒获海寇徐荣等，供出伙众屯扎情形。康熙帝见差内阁学士常授前往招抚海寇，若抚之不来，当即兴师殄灭。

二月初四日甲戌(1704 年 3 月 9 日)

康熙帝封淮神为长源佑顺大淮之神，又安东县大通口海神庙、宿迁等县黄河金

---

① 《清实录·圣祖仁皇帝实录》卷二一三。

龙四大王庙、清河县清口淮神庙皆入春秋祀典。

三月三十日己巳（1704 年 5 月 3 日）

康熙帝命乾清门侍卫武格渡海，往普陀山进香，回时乘便往看天台山。①

九月初六日癸卯（1704 年 10 月 4 日）

刑部右侍郎常授招抚广东海贼阿保位等二百三十七名，就抚为兵。②

十二月十九日乙酉（1705 年 1 月 14 日）

朝鲜国王遣使护送漂到船只、人等来京。康熙帝下谕，朝鲜国王因中国商人王富等一百余人船只遭风漂至其国，即给与口粮食物，差官护送来京，又将商人王秋等四十人船只修补，给与口粮食物，待风发回，深为可嘉。

康熙帝下谕，直隶沿海旷地丰润，宝坻、天津等处洼地，可仿南方开为水田栽稻。准天津总兵官蓝理召募闽中农民二百余人，开垦一万余亩，召募江南等处无业之民安插天津，给与牛粮，将沿海弃地尽行开垦，限年起科。③

康熙四十四年　乙酉　公元 1705 年

四月初三日丙寅（1705 年 4 月 25 日）

调福建漳州总兵官王杰为台湾总兵官。④

---

① 《清实录·圣祖仁皇帝实录》卷二一五。
② 《清实录·圣祖仁皇帝实录》卷二一七。
③ 《清实录·圣祖仁皇帝实录》卷二一八。
④ 《清实录·圣祖仁皇帝实录》卷二二〇。

九月廿九日庚寅（1705 年 11 月 15 日）

琉球国中山王尚贞遣陪臣进贡。①

康熙四十五年　丙戌　公元 1706 年

六月十六日壬寅（1706 年 7 月 25 日）

升直隶天津总兵官蓝理为福建陆路提督。②

康熙四十六年　丁亥　公元 1707 年

二月十二日乙未（1707 年 3 月 15 日）

调福建汀州总兵官王元为台湾总兵官。③

三月廿五日戊寅（1707 年 4 月 27 日）

福建浙江总督请将出洋渔船照商船式样，改造双桅。因漂洋者，非两桅船则不能行。且渔船人户所倚为生者，非但捕鱼而已，亦仗此装载货物以贸易也，若准其照商船树立双桅，装载货物，甚便于民。康熙帝从之。④

---

① 《清实录·圣祖仁皇帝实录》卷二二二。
② 《清实录·圣祖仁皇帝实录》卷二二五。
③ 《清实录·圣祖仁皇帝实录》卷二二八。
④ 《清实录·圣祖仁皇帝实录》卷二二九。

十一月初五日癸丑(1707 年 11 月 28 日)

琉球国中山王尚贞遣陪臣进贡方物。

十一日己未(1707 年 12 月 4 日)

康熙帝下谕，福建内地之民，住居台湾者甚多，比来屡受灾祲，米谷不登。在土著之人犹可采捕为生，内地人民在彼者粮食缺少，既难以自存，欲归故土，又远隔大洋，诚为可悯。著行文该地方官，察明情愿复归本地者，或遇兵丁换班之船，或遇公务奉差之船，令其附载，带回原籍。①

康熙四十七年　　戊子　　公元 1708 年

正月廿二日庚午(1708 年 2 月 13 日)

据疏言，江浙米价腾贵，皆由内地之米为奸商贩往外洋所致，请申严海禁，暂彻海关，一概不许商船往来，庶私贩绝而米价平。康熙帝下谕，闻内地之米贩往外洋者甚多，条陈甚善，但未有禁之之法，其出海商船何必禁止？洋船行走俱有一定之路，当严守上海、乍浦及南通州等处海口，如查获私贩之米，姑免治罪，米俱入官，则贩米出洋者自少矣。

二月廿九日丙午(1708 年 3 月 20 日)

康熙帝诏暹罗使臣，其挈带土货，许随处贸易，免征其税。

闰三月十八日乙未(1708 年 5 月 8 日)

升浙江定海总兵官施世骠为广东提督，广东香山营副将吴郡为浙江定海总兵官。②

---

① 《清实录·圣祖仁皇帝实录》卷二三一。
② 《清实录·圣祖仁皇帝实录》卷二三二。

七月廿七日辛丑（1708 年 9 月 11 日）

暹罗国王遣陪臣奉表进贡。

八月三十日癸酉（1708 年 10 月 13 日）

调浙江温州总兵官崔相国为台湾总兵官。①

康熙四十八年　己丑　公元 1709 年

正月廿三日乙未（1709 年 3 月 4 日）

康熙帝下谕浙江定海总兵官吴郡，舟山在海中，所以防海寇者，不可不慎也。尔系福建人，殆必知之。近闻广东武官使兵丁貌为商人，出洋缉盗，误以商船为贼船，妄与交战者有之，此等缉盗之法殊未善也。②

五月二十日庚寅（1709 年 6 月 27 日）

据奏报，江海积盗赵五等纠合凶类，往来江浙洋面以及大江南北，肆行劫掠。赵五熟谙水性，难于洋面擒拿。今巡哨官兵尾至内地，先后擒获赵五等十七名盗犯，并贼船五只，所得军器甚多。康熙帝下谕，著该提督会同该督抚严审定拟，仍穷究余党，协力缉拿，务靖根株。

廿九日己亥（1709 年 7 月 6 日）

康熙帝下谕，江南洋汛与山东、浙江二省南北连界，令崇明、狼山两镇各统本标兵弁，巡哨出洋。其崇明镇兵应巡至浙江省交界地方，狼山总兵应巡至山东省交界地方。

---

① 《清实录·圣祖仁皇帝实录》卷二三三。
② 《清实录·圣祖仁皇帝实录》卷二三六。

七月初九日戊寅(1709 年 8 月 14 日)

浙省宁波、绍兴二府人稠地窄，连年薄收，米价腾贵，台州、温州二府上年丰熟，米价颇贱。浙江巡抚请将台州、温州之米从内洋贩运入宁波、绍兴，令沿海防汛官兵验照放行。康熙帝从之。①

十月廿五日壬戌(1709 年 11 月 26 日)

琉球国中山王尚贞遣陪臣进表，贡方物。②

康熙四十九年　庚寅　公元 1710 年

二月十四日己酉(1710 年 3 月 13 日)

安南国王黎维祯遣陪臣进贡。③

五月十二日丙子(1710 年 6 月 8 日)

据奏报，朝鲜国商人高道弼等被风坏船，飘至海州地方，已经救获，请候朝鲜国使来交付遣回。康熙帝下谕，若俟朝鲜使来为日迟久，著将高道弼等令高丽通事一人自部给文，驿送前去。④

九月二十日辛亥(1710 年 11 月 10 日)

据奏报，锦州边海之处有洋贼二百余人上岸抢劫，防御官兵杀死洋贼三十六

① 《清实录·圣祖仁皇帝实录》卷二三八。
② 《清实录·圣祖仁皇帝实录》卷二三九。
③ 《清实录·圣祖仁皇帝实录》卷二四一。
④ 《清实录·圣祖仁皇帝实录》卷二四二。

人，擒获一人。询知贼首郑尽心系浙江宁波府人，见今冬季正遇北风，余贼败遁者必乘风自东南方去。一至山东、江南又必行劫，恐山东、江南兵不能追杀。舟师出大洋中不遇南风即难回汛，略有疏虞，关系非小。此番之贼原欲劫粮，因巡哨兵弁奋力杀之，故皆败走。总之，洋贼惟仗行劫，若地方官实心防御，使洋贼不得行劫，则船中无粮，必自饥饿而死矣。①

康熙五十年　辛卯　公元 1711 年

正月廿六日乙卯（1711 年 3 月 14 日）

康熙帝下谕，吏部、兵部给事中王懿奏请禁止海洋商贾，不知海洋盗劫与内地江湖盗案无异。该管地方文武官能加意稽察、尽力搜缉，匪类自无所容，岂可因海洋偶有失事，遂禁绝商贾贸易？王懿所奏无益。

二月十九日戊寅（1711 年 4 月 6 日）

康熙帝下谕，奉天所属锦州、铁山，离山东所属隍城岛只半日程途，嗣后令山东之防海水师官兵巡哨至锦州、铁山，又拣选盛京满洲兵一千，教习鸟枪为火器营。

三月初七日丙申（1711 年 4 月 24 日）

据奏报，缉获海贼余国梁，系郑尽心之党，请发往广东，令其指拿逸贼八十三等。又据奏报，缉获海贼郑尽心，请解京质审。康熙帝下谕，令刑部派出司官二员，一带余国梁至广东，令其指拿逸贼八十三等。一令至福建，将郑尽心解京。

---

① 《清实录·圣祖仁皇帝实录》卷二四三。

五月廿一日己酉 (1711 年 7 月 6 日)

福建海贼郑尽心、浙江海贼蔡元良、山东海贼张景龙等俱拟即行正法。①

十一月初六日辛卯 (1711 年 12 月 15 日)

琉球国中山王世孙尚益遣陪臣进贡。

十二月十一日乙丑 (1712 年 1 月 18 日)

据奏报，福建海贼郑五显先逃安溪，后逃漳平，入山藏匿，因招抚而投诚。②

康熙五十一年　壬辰　公元 1712 年

二月初四日丁巳 (1712 年 3 月 10 日)

福建浙江总督范时崇条奏，沿海捕渔船只，只许用双橹，不许越省行走，交地方文武钤束。康熙帝下谕，此事不可行。捕渔船户并入水师营分辖，则兵弁侵欺之矣。盗贼岂能尽除，窃发何地无之？只视有益于民者行之，不当以法迫之也。

八月廿七日戊寅 (1712 年 9 月 27 日)

康熙帝下谕，朝鲜国王奏请，严禁中国渔船前往伊国境内海洋捕鱼。曩者附近朝鲜海洋潜行捕鱼船只，曾经申饬盛京将军及沿海地方官员，严加巡察缉拿，而今尚有八九船只违禁潜出外洋，竟至朝鲜边界捕鱼，是即贼寇也。嗣后如有此等捕鱼船只潜至朝鲜海面者，许即行剿缉。③

---

① 《清实录·圣祖仁皇帝实录》卷二四六。
② 《清实录·圣祖仁皇帝实录》卷二四八。
③ 《清实录·圣祖仁皇帝实录》卷二五〇。

九月十七日丁酉(1712 年 10 月 16 日)

调广东提督施世骠为福建水师提督。

廿六日丙午(1712 年 10 月 25 日)

据奏报,拒杀官兵、焚毁战船之黄岩海寇今已擒获取供。康熙帝下谕,严饬沿海管辖大吏并文武各官,于沿海口隘及内地所属,稽查访缉,则贼在外洋可以俘获,贼归内地可尽根株。

十月初七日丁巳(1712 年 11 月 5 日)

康熙帝下谕,今年浙江等处海贼,沿途劫夺客商船只、杀伤官兵,直至盛京,殊属可恶。现今正当北风之时,海贼俱焚毁船只,各回本省家中,应趁此时严加查拿。著派兵部、刑部贤能,满汉司官各一员,差往浙江、福建、广东,会同该督抚逐户严行搜查。如查拿郑尽心,务期必获方好。这逐户搜缉民虽略受辛苦,盗贼一靖,于民大有裨益。①

十一月初六日乙酉(1712 年 12 月 3 日)

福建巡抚觉罗满保会同浙闽总督范时崇,列款纠参革职原任福建提督蓝理贪婪酷虐,流毒士民。康熙帝下谕,蓝理应依议处斩,但在台湾、澎湖对敌之时,奋勇向前,著有劳绩,著从宽免死,调取来京入旗。

十二月十七日丙寅(1713 年 1 月 13 日)

先是,康熙帝命御史陈汝咸出洋招抚海贼陈尚义等,至是,陈汝咸折奏海贼陈尚义等皆已投顺。②

---

① 《清实录·圣祖仁皇帝实录》卷二五一。
② 《清实录·圣祖仁皇帝实录》卷二五二。

康熙五十二年　癸巳　公元 1713 年

二月初六日甲寅(1713 年 3 月 2 日)

康熙帝下谕,朕昨问投诚海贼陈尚义,伊等出洋行劫,遇西洋船只,惧其火器不敢逼近,惟遇东洋商船则掠取其银米,亦不尽取,以此商船仍往来不绝也。中国与西洋地方俱在赤道北四十度内,海洋行船,中国人多论更次,西洋人多论度数。自彼国南行八十度至大狼山,始复北行入广东界。又自西洋至中国有陆路可通,因隔鄂罗斯诸国,行人不便,故皆从水路而行。西北地方极大,其风土亦各不同,朕曾详悉访问是以周知也。①

闰五月初九日乙卯(1713 年 7 月 1 日)

御史陈汝咸招抚海寇陈尚义入见,询海上情势及洋船形质,康熙帝命于金州安置,置水师营。②

九月三十日甲戌(1713 年 11 月 17 日)

康熙帝下谕,盛京、锦州地方设立水师营,于防守海洋大有裨益。③

十一月廿一日乙丑(1714 年 1 月 7 日)

琉球国中山王尚贞遣陪臣进贡方物。④

---

①　《清实录·圣祖仁皇帝实录》卷二五三。
②　《清史稿》卷六,圣祖本纪,中华书局 2015 年版,第 284 页。
③　《清实录·圣祖仁皇帝实录》卷二五六。
④　《清实录·圣祖仁皇帝实录》卷二五七。

康熙五十三年　甲午　公元 1714 年

三月初三日甲辰（1714 年 4 月 16 日）

据疏请，商船、渔船与盗船一并在洋行走，难于识辨，以致盗氛未靖，商船被害。嗣后请将商船、渔船，前后各刻商、渔字样，两旁刻某省、某府州县第几号商船、渔船及船户某人，巡哨船只亦刻某营第几号哨船。并商、渔各船船户、舵工、水手、客商人等，各给腰牌，刻明姓名、年貌、籍贯，庶巡哨官兵易于稽查。至渔船出洋时，不许装载米酒，进口时亦不许装载货物，违者严加治罪。康熙帝从之。①

十月廿四日壬辰（1714 年 11 月 30 日）

据奏报，奉天战船年久船底朽烂，俱不堪用，请行拆造，所用木料、桅杆等物交与浙江巡抚采买解送。康熙帝下谕，盛京木料最多，停其浙江采买，惟桅木著于通州购之。②

十一月初四日壬寅（1714 年 12 月 10 日）

山东登州总兵官李雄疏称，分拨战船十只送锦州，并请分巡海汛等语。铁山、旧旅顺、新旅顺、海帽坨、蛇山、绍并头、双岛、虎坪岛、桶子沟、天桥厂、菊花岛等处，俱系盛京所属海汛。北隍城岛、南隍城岛、钦岛、砣矶岛、黑山岛、庙岛、长山岛、小竹岛、大竹岛、成山头、八家口之荣岛、小崆峒岛、崆峒岛、养马岛等处，俱系山东所属海汛。自铁山起九十里之内，令盛京官兵巡哨；自隍城岛起九十里之内，令山东官兵巡哨。并令盛京将军、山东总兵官定为界限。康熙帝从之。③

---

① 《清实录·圣祖仁皇帝实录》卷二五八。
② 《清实录·圣祖仁皇帝实录》卷二六〇。
③ 《清实录·圣祖仁皇帝实录》卷二六一。

康熙五十四年　乙未　公元 1715 年

三月廿七日癸亥(1715 年 4 月 30 日)

奉天将军前锋统领伯唐保住疏言，盛京、近海、锦州等处米运至直隶、山东发粜，请将直隶、山东船只拨往运送。康熙帝下谕，唐保住所奏及部议，俱非将此米留本处，限定数目，往来客商有愿买者粜之，即可完矣，何用拨船往运耶?①

十月初六日戊辰(1715 年 11 月 1 日)

升浙江定海总兵官吴升为浙江提督。

廿八日庚寅(1715 年 11 月 23 日)

升福建台湾副将张国为浙江定海总兵官。②

十一月初八日庚子(1715 年 12 月 3 日)

琉球国中山王世曾孙尚敬遣使进贡。③

康熙五十五年　丙申　公元 1716 年

正月廿一日壬子(1716 年 2 月 13 日)

安南国王黎维正遣陪臣进献岁贡方物。

---

① 《清实录·圣祖仁皇帝实录》卷二六二。
② 《清实录·圣祖仁皇帝实录》卷二六五。
③ 《清实录·圣祖仁皇帝实录》卷二六六。

二月十五日丙子(1716 年 3 月 8 日)

康熙帝下谕,免安南国进贡犀角、象牙等物。①

闰三月初三日癸亥(1716 年 4 月 24 日)

原任福建浙江总督范时崇疏言,商船出海,有在外洋被劫者。查外洋被劫者,惟责之分巡总捕等官,限一年缉获,限满不获,分别议处。但海洋缉贼较陆地倍难,嗣后无论内洋、外洋之贼,该管官能获一半者,免其处分。倘有以内洋失事捏称外洋者,守汛官及该管官俱照例议处。康熙帝从之。

四月十九日戊申(1716 年 6 月 8 日)

直隶巡抚疏言,顺天、永平二府去年被水歉收,见奉上旨发米赈济。但永平府属地多濒海,艰食尤甚。臣闻得山海关外米谷颇多,向因奉禁不敢入关,请暂开两月之禁,俾关外之民以谷易银,益见饶裕,关内之民以银易粟,得赖资生。康熙帝从之。②

十月二十日丙午(1716 年 12 月 3 日)

福建巡抚疏言,往台湾、澎湖贸易之船,不宜零星放出,必至二三十只,方许一同出洋。台履两汛,亦酌量船只多寡,拨哨船三四只护送。康熙帝从之。

廿五日辛亥(1716 年 12 月 8 日)

康熙帝下谕,朕访问海外,有吕宋、噶喇吧(今印尼雅加达)两处地方,噶喇吧乃红毛国泊船之所,吕宋乃西洋泊船之所。彼处藏匿盗贼甚多,内地之民希图获利,往往于船上载米带去,并卖船而回,甚至有留在彼处之人,不可不预为措置也。③

---

① 《清实录·圣祖仁皇帝实录》卷二六七。
② 《清实录·圣祖仁皇帝实录》卷二六八。
③ 《清实录·圣祖仁皇帝实录》卷二七〇。

康熙五十六年　丁酉　公元 1717 年

正月初十日乙丑(1717 年 2 月 20 日)

康熙帝下谕内阁学士星峨泰等，海船一年造若干，应令报明监督。于出洋时，将前报过造船人名与船只字号遂一查对，方不致隐匿。凡大船指称贸易，领票出洋，每另泊一处，用小船于各处偷买米石，载入大船，不知运往何所。乍浦地方有堤，一应货物必于此递运，他处大船不能出入，惟上海、崇明等口甚属紧要。

廿五日庚辰(1717 年 3 月 7 日)

康熙帝下谕，凡商船照旧东洋贸易外，其南洋吕宋、噶啰吧(今印度尼西亚一带)等处，不许商船前往贸易，于南澳等地方截住。令广东、福建沿海一带水师各营巡查，违禁者严拿治罪。其外国夹板船照旧准来贸易，令地方文武官严加防范。嗣后，洋船初造时，报明海关监督地方官亲验印烙，取船户甘结，并将船只丈尺，客商姓名货物往某处贸易，填给船单，令沿海口岸文武官照单严查，按月册报督抚存案。每日各人准带食米一升并余米一升以防风阻。如有越额之米查出入官，船户、商人一并治罪。至于小船偷载米粮，剥运大船者，严拿治罪。如将船卖与外国者，造船与卖船之人皆立斩。所去之人留在外国，将知情同去之人枷号三月。该督行文外国，将留下之人令其解回立斩。沿海文武官，如遇私卖船只、多带米粮、偷越禁地等事隐匿不报，从重治罪。并行文山东、江南、浙江将军、督抚、提镇，各严行禁止。①

四月十四日戊戌(1717 年 5 月 24 日)

广东碣石总兵官疏言，天主一教设自西洋，今各省设堂招集匪类，此辈居心叵

① 《清实录·圣祖仁皇帝实录》卷二七一。

测。目下广州城设立教堂，内外布满，加以同类洋船丛集，安知不交通生事？乞敕早为禁绝，毋使滋蔓。查康熙八年会议天主教一事，奉旨：天主教，除南怀仁等照常自行外，其直隶各省立堂入教，著严行晓谕禁止。但年久法弛，应令八旗、直隶各省并奉天等处，再行严禁。康熙帝从之。①

康熙五十七年　戊戌　公元 1718 年

二月初五日甲申(1718 年 3 月 6 日)

福建浙江总督疏言，请于福建、浙江港口修葺旧有炮台城寨，而于紧要处所，增设炮台、添拨弁兵、修造营房，以固海疆，俱应如所请。康熙帝从之。

福建浙江总督疏言，海洋大弊全在船只之混淆、米粮之接济。商贩行私偷越，奸民贪利窃留。海洋出入，商渔杂沓，出入应盘查。并严禁渔船装载货物、接渡人口。至于台湾、厦门各省本省往来之船，俱从各处直走外洋，不由厦门出入。凡往台湾之船，必令到厦门盘验，一体护送，由澎而台。其从台湾回者，亦令盘验护送。由澎到厦，凡往来台湾之人，必令地方官给照，方许渡载，单身游民无照者不许偷渡。如有犯者，官兵、民人分别严加治罪，船只入官。如有哨船私载者，将该管官一体参奏处分。康熙帝从之。

初八日丁亥(1718 年 3 月 9 日)

原任碣石总兵官陈昴条奏，臣详察海上日本、暹罗、广南、噶啰吧、吕宋诸国形势。东海惟日本为大，其次则琉球，西则暹罗为最，东南番族最多，如文莱等数十国，尽皆小邦，惟噶啰吧、吕宋最强。噶罗吧为红毛市泊之所，吕宋为西洋市泊之所。而红毛一种奸宄莫测，其中有英圭黎、干丝蜡（由吕宋辖属）、和兰西、荷兰，大小西洋各国名目虽殊、气类则一，惟有和兰西一族凶狠异常。且澳门一种是其同派，熟悉广省情形。请敕督抚关差诸臣设法防备，或于未入港之先，查取其火炮，方许进口。每年不许多船并集，只许轮流贸易。臣查外国彝商，利与中国贸

① 《清实录·圣祖仁皇帝实录》卷二七二。

易，而彝商慑服有素，数十年来沿习相安，应听其照常贸易。请于彝船一到之时，令沿海文武官弁昼夜防卫，使其慑服，无致失所。至于西洋人立堂设教，仍照康熙五十六年九卿原议禁止。康熙帝下谕，依议。西洋人之处，著俟数年，候旨再行禁止。

十一日庚寅(1718 年 3 月 12 日)

广东广西总督疏言，请于粤东沿海泊船上岸之处，修筑炮台、城垣，添设汛地，建造营房，分拨官兵，以靖海洋。康熙帝从之。

十九日戊戌(1718 年 3 月 20 日)

康熙帝下谕，澳门彝船往南洋贸易，及内地商船往安南贸易，不在禁例。但如有澳门彝人夹带中国之人并内地商人，偷往别国贸易者，查出照例治罪。如该管官盘查不实，从重治罪。

廿一日庚子(1718 年 3 月 22 日)

琉球国中山王世子尚敬遣陪臣讣告故曾祖尚贞、故父尚益丧，并请袭封，进表、贡方物。

廿三日壬寅(1718 年 3 月 24 日)

升福建台湾总兵官姚堂为广东提督。

廿四日癸卯(1718 年 3 月 25 日)

调江南苏松水师总兵官欧阳凯为福建台湾总兵官。[1]

四月十二日庚寅(1718 年 5 月 11 日)

康熙帝下谕，粤东沿海要地以广、惠、潮三府为重，而三府之内惠、潮尤甚，

---

[1] 《清实录·圣祖仁皇帝实录》卷二七七。

外洋战船宜添拨，内河哨船宜匀设，水师要汛宜添兵，滨海要地宜驻官。

十五日癸巳(1718 年 5 月 14 日)

康熙帝下谕，广东雷州府海康、遂溪二县有洋田万顷逼近海潮，其海堤因年久失修以致海潮泛溢，令该抚修筑坚固。①

五月十一日己未(1718 年 6 月 9 日)

福建浙江总督疏言，台湾一郡有极冲口岸九处，应修筑炮台十一座。旧有红毛城一座，现在补筑城垣，其余等处亦现在修葺。有次冲口岸十五处，应修筑炮台一十八座。再查澎湖地方，实为台湾门户、金厦藩篱，有极冲口岸四处，内如妈祖澳原有新城一座，现在修葺，其余等处应筑炮台七座。有次冲口岸五处，应筑炮台三座。酌量派拨官兵、建造营房、巡防分守，以固海疆。康熙帝从之。

福建浙江总督疏言，福建台湾北路之淡水、鸡笼地方，实为贩洋要路，并未安兵屯驻。请于台湾各营额兵内酌量抽调兵五百名、战船六只，设立淡水营。于台镇标中营拨千总一员，台协左营拨把总一员，为淡水营千把，每半年轮流，分防鸡笼。康熙帝从之。

廿三日辛未(1718 年 6 月 21 日)

广东广西总督疏言，柔佛等国(今马来西亚一带)番人唎哈等五十三名、噶啰吧番人吧甘等三名，乘船被风飘至新安等县。随令各地方官给与口粮，养赡抚恤。但查南洋柔佛等国俱系应禁地方，无内地商船到彼，闽粤二省又无彼国船只前来。原船已遭风击碎，是唎哈等永无还乡之日，请给内地船一只令难番附合驾归，嗣后如有飘至内地，难番验其原船可修，即与修整发遣，如已破坏难修，又无便船可附者，酌量给发。康熙帝从之。

六月初三日庚辰(1718 年 6 月 30 日)

康熙帝遣翰林院检讨海宝、编修徐葆光谕祭琉球国故中山王尚贞、尚益，并册封琉球故王曾孙尚敬为中山王。

---

① 《清实录·圣祖仁皇帝实录》卷二七八。

初六日癸未(1718 年 7 月 3 日)

江南江西总督疏言，松江府上海一邑，离海口仅五十余里。洋船水手人等良顽不一，更有居民渔户贸易小船往来不绝，或有偷运米粮送至洋船，俱未可定。请将提标右营官兵移驻上海，就近管辖。其原驻上海之黄浦营改为水师营。添设大沙船三只、哨船四只，专在海口巡查。康熙帝从之。

三十日丁未(1718 年 7 月 27 日)

福建浙江总督疏言，浙江嘉兴府属乍浦地方，为各处商渔船只聚泊之区，虽设有守备、千总，而文职止一巡检，不足以资弹压。请移嘉兴府同知驻扎乍浦，协同武职盘验船只，严拿奸匪。康熙帝从之。①

七月十八日乙丑(1718 年 8 月 14 日)

福建浙江总督疏言，各省往来台湾船只，经臣题明必令到厦门盘验护送，但查从前自台湾往各省贸易船只，俱从外洋直至停泊之处，赴本处海关输税。至于中途经过之所，不便一货两征。嗣后各省商船遵例来厦就验，除收泊厦港贸易者，照旧报税。如收泊江南、浙江各省贸易者，仍听其彼处海关报税。其中途经过之厦门关税，免其增添。康熙帝从之。②

十月廿四日戊辰(1718 年 12 月 15 日)

安南国王嗣黎维祹遣陪臣讣告故王黎维正丧，并请袭封，进表、贡方物。③

十二月廿二日乙丑(1719 年 2 月 10 日)

福建浙江总督疏言，闽、浙两省皆属沿海要区，各处炮台、城寨逼临海口，盐潮蒸湿，木植易致朽蠹，原与内地不同。嗣后闽、浙两省沿海炮台、城寨及营房、水哨船只应令道府、督率各州县官员不时查看、修整，遇新旧交代，如有损坏，勒

---

① 《清实录·圣祖仁皇帝实录》卷二七九。
② 《清实录·圣祖仁皇帝实录》卷二八〇。
③ 《清实录·圣祖仁皇帝实录》卷二八一。

令修葺。康熙帝从之。①

康熙五十八年　己亥　公元 1719 年

正月十九日壬辰(1719 年 3 月 9 日)

康熙帝下谕,福建浙江总督觉罗满保等拿获旅顺营脱逃海贼孙森等,系海贼郑尽心之党,免死发往黑龙江,又从发遣处拨到旅顺营当兵。贼犯仍不改恶,偷盗军器逃出,纠党在洋行劫、拒敌官兵,拟斩立决。

二月初九日壬子(1719 年 3 月 29 日)

康熙帝下谕,祭故安南国王黎维正,并封嗣子黎维祹为安南国王。②

五月十四日丙戌(1719 年 7 月 1 日)

康熙帝下谕,广东沿海险要地方所建各炮台,悉系踞高临险,海风潮气易于残缺,责成州县官不时查看,一有损坏,立即修整。③

十一月廿八日丙申(1720 年 1 月 7 日)

琉球国中山王尚敬遣陪臣进贡方物。

十二月初五日癸卯(1720 年 1 月 14 日)

琉球国贡使杨联桂于通州病故,予祭一次,置地营葬立石。

---

① 《清实录·圣祖仁皇帝实录》卷二八二。
② 《清实录·圣祖仁皇帝实录》卷二八三。
③ 《清实录·圣祖仁皇帝实录》卷二八四。

十二月初十日戊申（1720 年 1 月 19 日）

康熙帝下谕，山东省沿海炮台共一百座，内有逼近大洋者，亦有远隔大洋者。将不紧要炮台、兵丁撤回，添于紧要炮台之处，其不紧要炮台改为烟墩。①

康熙五十九年　庚子　公元 1720 年

六月廿三日戊午（1720 年 7 月 27 日）

康熙帝下谕，禁止山东、福建、浙江、江南、广东沿海各省出洋商船携带炮位军器，其原有之炮位军器，令该地方官查明收贮。

七月初五日庚午（1720 年 8 月 8 日）

福建浙江总督条奏浙省海塘事宜。

八月初六日庚子（1720 年 9 月 7 日）

琉球国中山王请令其陪臣子弟入国子监读书，康熙帝许之。②

十月初一日甲午（1720 年 10 月 31 日）

琉球国中山王尚敬遣陪臣进贡方物。③

---

① 《清实录·圣祖仁皇帝实录》卷二八六。
② 《清实录·圣祖仁皇帝实录》卷二八八。
③ 《清实录·圣祖仁皇帝实录》卷二八九。

康熙六十年　辛丑　公元 1721 年

六月初三日癸巳（1721 年 6 月 27 日）

福建浙江总督觉罗满保奏报，五月初六日，台湾奸民朱一贵等聚众倡乱，总兵官欧阳凯率兵往捕，为贼杀害。地方有司官俱奔赴澎湖，惟淡水营守备陈策率领兵民坚守淡水营地方，以待救援。臣闻报，即自福州前赴厦门办理军务。提督施世骠前赴澎湖，臣随令南澳总兵官蓝廷珍、参将林政等率领官兵赴澎，听候提臣调遣。康熙帝下谕，满保暂停进兵，其若即就抚，则原谅其罪，倘执迷不悟，则遣大兵围剿。台湾只一海岛，四面货物俱不能到，本地所产不敷所用，只赖闽省钱粮养赡耳。前海贼占据六十余年，犹且剿服，不遗余孽。今匪类数人亦何能为耶？改恶归正，仍皆朕之赤子，毋得执迷不悟，妄自取死。

十四日甲辰（1721 年 7 月 8 日）

康熙帝下谕，闻得米从海口出海者甚多，江南海口所出之米尚少。湖广、江西等处米，尽到浙江乍浦地方出海，虽经禁约不能尽止。福建地方正在需米之时，以派浙江兵二千往闽驻防。恐米价益贵，米到乍浦，价值必贱。交与浙江巡抚、提督，严禁私买，不许出海。动帑买米三万石，预备海船装载。提督派官兵护送押运，从海运至厦门收贮。自福宁州直至福州府，不过十数日之内即可达厦门，斯事甚属紧要。嗣后，出海米石交与江南浙江总督、巡抚、提督、总兵官严行禁止。其福建贩买米石，不必禁止。

廿五日乙卯（1721 年 7 月 19 日）

福建水师提督施世骠平台湾，擒朱一贵解京。康熙帝诏奖淡水营守备陈策固守功，超擢台湾总兵。①

---

① 《清史稿》卷八，圣祖本纪，中华书局 2015 年版，第 302 页。

七月初十日己亥(1721 年 9 月 1 日)

福建水师提督施世骠疏报,臣闻台湾地方匪类窃发,即率领舟师出洋。先抵澎湖,嗣于六月十六日抵台湾鹿耳门。官兵奋勇前进击,败贼兵,遂乘胜进港,克取安平。二十二日进攻台湾府治,贼众败遁,恢复台湾。贼首朱一贵等为大军所逼,逃匿诸罗县尾沟庄地方,被乡民擒献,解送军前。余贼闻风逃散。臣等一面派遣官兵四路搜缉,相机剿抚,一面安抚居民,令各安生业。①

九月初五日癸巳(1721 年 10 月 25 日)

康熙帝下谕,台湾新复,各营兵丁空缺,以随征之兵照数派出,暂留台湾防守,并贴防各紧要之地。②

十月初五日壬戌(1721 年 11 月 23 日)

福建浙江总督疏言,台湾等三县相距辽阔,又隔重洋,防汛额兵不免单薄,伏请添兵丁。康熙帝下谕,添兵无用也。

十二日己巳(1721 年 11 月 30 日)

升广东雷州副将金弘声为浙江定海总兵官。

廿二日己卯(1721 年 12 月 10 日)

安南国王黎维祹遣陪臣表谢册封,谕祭恩,并贡方物。
琉球国中山王尚敬遣陪臣进表、贡方物。

廿三日庚辰(1721 年 12 月 11 日)

福建巡抚疏言,前台湾匪类窃发,调遣官兵驻防进剿。正值需米之时,奉旨动

---

① 《清实录·圣祖仁皇帝实录》卷二九三。
② 《清实录·圣祖仁皇帝实录》卷二九四。

发帑金，自浙省乍浦买米三万石，由海运至厦门收贮。但厦门逼处海滨，地多潮湿，请将此米石于厦门收贮一万石，泉、漳二府各贮六千石，其余八千石运至福州省城收贮。康熙帝从之。

廿五日壬午(1721年12月13日)

广东巡抚疏言，暹罗国贡使船内有郭奕遂等一百五十六名，俱系内地福建、广东人。应将郭奕遂等暂准回至暹罗国，行咨国王，俟有便船，将伊等家口及此外或尚有汉人在彼地者，一并查送回籍。康熙帝从之。

十二月廿一日丁丑(1722年2月6日)

康熙帝下谕，每年派协领各一员、佐领防御等各八员，率领兵丁严拿贩卖私盐匪类。①

康熙六十一年　壬寅　公元1722年

二月廿三日戊寅(1722年4月8日)

刑部等衙门议覆，台湾叛犯朱一贵等，应照谋反律皆凌迟处死。朱一贵冒称明朝后人，为首倡乱，应将伊祖父、父、子、孙、兄弟同居之人，期亲伯、叔、父、兄弟之子并伊嫡族，以至幼子，毋许遗漏一人，皆斩立决。②

六月初九日壬戌(1722年7月21日)

康熙帝下谕，盛京地方屡岁贡丰收，米谷价值甚贱，民间或致滥费，著令盛京米粮不必禁粜，弛海禁，听其由海运贩卖。又谕曰，暹罗国人言其地米甚饶裕，价

---

① 《清实录·圣祖仁皇帝实录》卷二九五。
② 《清实录·圣祖仁皇帝实录》卷二九六。

值亦贱，二三钱银即可买稻米一石。朕谕以尔等米既甚多，可将米三十万石分运至福建、广东、宁波等处贩卖。此三十万石米系官运，不必取税。

七月廿二日乙巳(1722 年 9 月 2 日)

康熙帝御书"协顺灵川"匾额，命福建浙江总督觉罗满保悬于尖山江海潮神庙。①

十二月初十日辛酉(1723 年 1 月 16 日)

礼部议覆，据朝鲜国王解送山东采渔人杨三等十四人，被风飘至伊国，审无信票。又据奉天将军咨报，杨三等至凤凰城，始将信票交出，复被领催雅尔泰失去，应将杨三等交山东巡抚确查曾否给票，雅尔泰照例治罪。康熙帝下谕，朝鲜诚心笃敬，今将杨三等船只送回，伊等或实系风飘到彼，或借端欲为不法，俱未可定。嗣后飘风船只人口，验有票文并未生事者，照旧令其送回。若无票文，生事犯法者，著朝鲜国即照伊国法究治。②

雍正元年　癸卯　公元 1723 年

三月十四日癸巳(1723 年 4 月 18 日)

据奏报，琉球国进贡头号船内，贡使、表文及方物一半沉海，应准所到二号船返国，令补具表文、方物进呈。雍正帝下谕，琉球国进贡使臣所坐头号船内人员俱冲礁覆没，甚属可悯，所失表文、方物免其补进。二号船内所存方物，交与来使带回，仍准作进贡。③

---

① 《清实录·圣祖仁皇帝实录》卷二九八。
② 《清实录·世宗宪皇帝实录》卷二。
③ 《清实录·世宗宪皇帝实录》卷五。

八月十九日丙寅(1723 年 9 月 18 日)

兵部分别议叙福建官兵克复台湾功。①

九月十七日癸巳(1723 年 10 月 15 日)

雍正帝下谕,修筑海宁塘堤。

十九日乙未(1723 年 10 月 17 日)

升福建台湾总兵官蓝廷珍为福建水师提督。②

十一月十八日甲午(1723 年 12 月 15 日)

广西总督疏言,粤西地方边远商人资本无多,以致误课误盐,民忧淡食。请动藩库银六万两,令盐道委员办理,官军官销,行之三年可以酌减盐价。雍正帝从之。③

十二月十七日壬戌(1724 年 1 月 12 日)

浙闽总督疏奏,西洋人在各省起盖天主堂,潜住行教,人心渐被煽惑。请将各省西洋人,除送京效力外,余俱安插澳门。天主堂改为公所,误入其教者,严行禁饬。雍正帝下谕,西洋人乃外国之人,各省居住年久,今该督奏请搬移,恐地方之人妄行扰累。著行文各省督抚,伊等搬移时,或给与半年数月之限,令其搬移。其来京与安插澳门者,委官沿途照看送到,毋使劳苦。

廿一日丙寅(1724 年 1 月 16 日)

升福建台湾水师副将林亮为福建台湾总兵官。④

---

① 《清实录·世宗宪皇帝实录》卷一〇。
② 《清实录·世宗宪皇帝实录》卷一一。
③ 《清实录·世宗宪皇帝实录》卷一三。
④ 《清实录·世宗宪皇帝实录》卷一四。

雍正二年　甲辰　公元 1724 年

二月初三日丁未(1724 年 2 月 26 日)

台湾凤山县土官率领八社生番，倾心归化。①

三月十三日丁亥(1724 年 4 月 6 日)

琉球国王尚敬遣陪臣表贺登极，附贡方物，并遵旨遣学生入国子监读书。②

闰四月初七日庚辰(1724 年 5 月 29 日)

雍正帝下谕，停止江宁、浙江、福建驻防满洲兵丁查拿私盐，俱交地方官严缉。

廿二日乙未(1724 年 6 月 13 日)

雍正帝下谕，出洋巡哨船只最为紧要，旧例地方官承管修造，营员每多方勒索，不顾州县赔累。地方官惟知交结营员，嘱其收受，彼此俱挟私心，修造岂能坚固？以致出洋船只，易至朽坏重修。朕深知其弊，欲改归营员修造，使州县无赔累之苦，而于军政似实有裨益。尔等可会同速行确议具奏，若有不可行处，不可迎合强以为是。③

五月初九日辛亥(1724 年 6 月 29 日)

安南国王黎维裪遣陪臣贺登大宝，贡献方物并三年岁贡。④

---

① 《清实录·世宗宪皇帝实录》卷一六。
② 《清实录·世宗宪皇帝实录》卷一七。
③ 《清实录·世宗宪皇帝实录》卷一九。
④ 《清实录·世宗宪皇帝实录》卷二〇。

七月二十日辛酉(1724 年 9 月 7 日)

雍正帝下谕,江宁、杭州、荆州、京口、广州、福州等处驻防兵丁令学习水师。①

八月廿四日甲午(1724 年 10 月 10 日)

据奏报，七月十八、十九等日骤雨大风，海潮泛溢，冲决堤岸。沿海州县、近海村庄、居民田庐多被漂没。雍正帝下谕，著该督抚委遣大员，踏勘被灾小民，即动仓库钱粮，速行赈济。②

九月初四日甲辰(1724 年 10 月 20 日)

据奏报，七月十八、十九两日飓风迅发，海塘冲决，民庐倒坍，溺死者众。海外崇明一县被灾尤甚，已拨存留米一万石，又买米二千石平粜。其余州县量灾之轻重，发银散给。再查松江府属之海塘土堤、上海护塘冲决，均应急为抢筑，以防秋潮大汛。雍正帝从之。

十二日壬子(1724 年 10 月 28 日)

雍正帝下谕，嘉兴之乍浦与江南洋面交界，增设兵五百名，拨定海镇战船十只，以副巡防。

廿一日辛酉(1724 年 11 月 6 日)

雍正帝下谕，今岁七月中，飓风大作，海潮泛溢，江南、浙江沿海州县卫所，堤岸多被冲塌，居民田庐漂没。朕已令江浙地方官亟行赈济抚绥，毋使灾黎失所。尔督抚等，著即查明各处损坏塘工，作速兴工。至沿海失业居民，度日艰难，藉此佣役，俾日得工价，以资糊口。

廿二日壬戌(1724 年 11 月 7 日)

雍正帝下谕，今岁各省秋成大有，惟浙江、江南沿海地方因海潮泛溢，近海田

---

① 《清实录·世宗宪皇帝实录》卷二二。
② 《清实录·世宗宪皇帝实录》卷二三。

禾不无损坏。朕业经严饬各省督抚，发仓赈济。但苏、松、杭、嘉等府，人稠地狭，产米无多，今沿海被灾，恐将来米价腾贵，小民艰食。著动湖、广藩库银买米十万石，江西藩库银买米六万石，运交浙江巡抚平粜。动河南藩库银买米四万石，山东藩库银买米六万石，安庆藩库银买米五万石，运交苏州巡抚平粜。①

十月廿九日己亥（1724 年 12 月 14 日）

据奏报，暹罗国王入贡，稻种、果树等物应令进献，并运米来广货卖。其来船捎目九十六人本系汉人，今皆求免回籍。雍正帝下谕，暹罗国王不惮险远，进献稻种果树等物，最为恭顺。其运来米石，令地方官照粤省见在时价，速行发卖，不许行户任意低昂。其压船随带货物，一概免征税银。来船捎目徐宽等九十六名，虽系广东、福建、江西等省民人，然住居该国，历经数代，各有亲属，实难勒令迁归，免令回籍，仍在该国居住。②

十一月初九日己酉（1724 年 12 月 24 日）

雍正帝下谕怡亲王允祥，外藩人等来朝给以食物，及其归国颁以赏赐，俱有定制。朝鲜国守职恪顺，百年有余，今琉球来使，亦甚恭谨，伊等归国时，一切应赏之物，择其佳者给与，务使得沾实惠。嗣后除理藩院蒙古宾客外，朝鲜、鄂罗斯、暹罗、安南等国遣使来朝，所给食物，归时所颁赏赐，尔会同该部办理。

初十日庚戌（1724 年 12 月 25 日）

台湾生番兰郎等四社，输诚纳贡，愿附版籍。

十五日乙卯（1724 年 12 月 30 日）

雍正帝御太和殿视朝，琉球国使臣行礼谢恩。

十八日戊午（1725 年 1 月 2 日）

雍正帝宴琉球国王尚敬使臣于礼部。

---

① 《清实录·世宗宪皇帝实录》卷二四。
② 《清实录·世宗宪皇帝实录》卷二五。

廿五日乙丑(1725 年 1 月 9 日)

雍正帝下谕，暹罗国恭进谷种、果树，应加赏该国王及王妃缎纱等。①

十二月初四日癸酉(1725 年 1 月 17 日)

雍正帝下谕吏部尚书朱轼前往浙江，查勘江南海塘修筑工程。

初八日丁丑(1725 年 1 月 21 日)

安南国王黎维裪遣陪臣表贺登极，并贡方物。

廿一日庚寅(1725 年 2 月 3 日)

两广总督疏言，西洋人先后送到广东者，若尽送往澳门安插，滨海地窄难容，亦无便舟令其归国。应令其暂住省城之天主堂，其年壮愿回者，令其陆续附舟归国。年老有疾，不愿回西洋者，听其居住省城天主堂。不许各处行走、行教诵经。其外府之天主堂俱改为公所，素日误入其教者，俱令改易。雍正帝从之。②

雍正三年　乙巳　公元 1725 年

正月初一日庚子(1725 年 2 月 13 日)

安南国陪臣以次朝贺行礼。

廿八日丁卯(1725 年 3 月 12 日)

台湾陈阿难、益难等六社生番归化。③

---

① 《清实录·世宗宪皇帝实录》卷二六。
② 《清实录·世宗宪皇帝实录》卷二七。
③ 《清实录·世宗宪皇帝实录》卷二八。

二月初一日己巳(1725 年 3 月 14 日)

两广总督疏言,广东香山澳向有西洋人来贸易,居住纳租逾二百年。今户口日繁,总计男妇多至三千五百六十七名。大小洋船近年每从外国造船回澳,共有二十五只,恐致日增。请将现在船数作为定额,除朽坏重修之外,不许添置。西洋人头目自彼处来更换者,许其存留,其无故前来之人,仍令随船归国,不许容留居住。雍正帝从之。①

三月初五日癸卯(1725 年 4 月 17 日)

雍正帝下谕,加封四海、四渎及天津之大沽海口、浙江之海潮、湖广之洞庭诸神字号,遣官致祭。

初十日戊申(1725 年 4 月 22 日)

雍正帝下谕,添福建台湾府新设彰化县儒学教谕一员,额取童生八名。

十九日丁巳(1725 年 5 月 1 日)

台湾山后七十四社生番,先后输诚归化,赍献土物、户册,愿附版图。②

五月十五日壬子(1725 年 6 月 25 日)

台湾生番巴荖远等四社、猫仔等十九社,输诚归化,各造报户口,愿附版籍。

十七日甲寅(1725 年 6 月 27 日)

雍正帝下谕,江南、浙江海塘,已差尚书朱轼会同江浙巡抚查勘,沿海黎庶,全赖坚筑海塘捍御潮汐,得以保全生聚。海塘应立限坚筑,毋得因循延缓。③

---

① 《清实录·世宗宪皇帝实录》卷二九。
② 《清实录·世宗宪皇帝实录》卷三〇。
③ 《清实录·世宗宪皇帝实录》卷三二。

七月初一日丙申（1725年8月8日）

雍正帝下谕，吴国上大夫伍员、唐武肃王钱镠、宋安济公张夏实为浙省江海保障之神，又明代绍兴府知府汤绍恩，创筑三江闸，有功绍郡。封伍员为英卫公，封钱镠为诚应武肃王，封张夏为静安公，封汤绍恩为宁江伯。①

九月廿七日辛酉（1725年11月1日）

琉球国中山王尚敬遣陪臣进贡方物。②

十月初九日癸酉（1725年11月13日）

雍正帝下谕西洋教化王伯纳地哆，教化王地处极远，特遣使臣赍章陈奏，感先帝之垂恩，祝朕躬之衍庆。使臣远来，朕已加礼优待，至于西洋寓居中国之人，朕以万物一体为怀，时时教以谨饬安静。果能慎守法度，行止无愆，朕自推爱抚恤。③

十二月初六日己巳（1726年1月8日）

雍正帝下谕，天津之海口为京师重镇，满洲兵丁令往天津驻扎，学习水师，于海防大有裨益。④

雍正四年　丙午　公元1726年

五月三十日辛酉（1726年6月29日）

浙江巡抚疏言，浙省为江闽咽喉，向设炮位甚少，请添设子母炮四十八位，分

---

① 《清实录·世宗宪皇帝实录》卷三三。
② 《清实录·世宗宪皇帝实录》卷三六。
③ 《清实录·世宗宪皇帝实录》卷三七。
④ 《清实录·世宗宪皇帝实录》卷三九。

给满汉驻防兵，拣选协领等员教习演放。雍正帝从之。①

六月初五日丙寅（1726 年 7 月 4 日）

西洋意达里亚国教化王伯纳地哆奏请援释放德里格，请将广东监禁之毕天祥、计有纲一体施恩释放。雍正帝下谕，德里格于康熙五十九年因传信不实，又妄行陈奏。我圣祖仁皇帝念系海外之人，从宽禁锢。及朕即位后，颁降恩诏，凡情罪可原者，悉与赦免，开以自新。德里格所犯与赦款相符，故得省释。彼时广东大吏未曾以毕天祥、计有纲之案入大赦册，今据王奏请，朕查二人所犯，非在不宥之条。朕今特降旨与广东大吏，将毕天祥、计有纲释放，以示朕中外一体，宽大矜全之至意。②

八月廿七日丙戌（1726 年 9 月 22 日）

杭州、嘉兴、绍兴三府属海塘，修筑告竣。③

十月初九日丁卯（1726 年 11 月 2 日）

调浙江定海总兵官张溥为湖广襄阳总兵官，福建台湾总兵官林亮为浙江定海总兵官，升福建台湾副将陈伦炯为福建台湾总兵官。

据奏报，苏禄国王遣使奉表、贡献方物，已抵闽界。雍正帝下谕，苏禄国远在海外，隔越重洋，从来未通职贡。今输诚向化，甚属可嘉。闽省起送来京之时，著沿途地方官护送照看，应用夫马食物，著从厚支给。

十五日癸酉（1726 年 11 月 8 日）

雍正帝下谕，江西协济闽省谷石，俟明年秋后补运。查闽省积贮最为紧要，而运道稍觉回远。令江苏安徽巡抚截留漕米十万石，从海运赴闽，至明岁秋收时，即以江西应运之米补还。

---

① 《清实录·世宗宪皇帝实录》卷四四。
② 《清实录·世宗宪皇帝实录》卷四五。
③ 《清实录·世宗宪皇帝实录》卷四七。

廿八日丙戌(1726 年 11 月 21 日)

琉球国中山王尚敬遣陪臣进表谢赐匾额，贡方物。①

十一月初四日壬辰(1726 年 11 月 27 日)

雍正帝召见琉球国使臣于乾清宫，颁赐该国王尚敬内府玉器、玻璃器皿、端砚、彩缎等物。

十一日己亥(1726 年 12 月 4 日)

据奏报，广东归善、博罗等十一县滨海被水，秋收歉薄。雍正帝下谕，令该抚将各县存仓谷石确查散给，其应征钱粮暂行缓征。②

雍正五年　丁未　公元 1727 年

三月十四日辛丑(1727 年 4 月 5 日)

福建总督疏言，闽省福、兴、泉、漳、汀五府，地狭人稠，自平定台湾以来，生齿日增，本地所产，不敷食用。惟开洋一途，藉贸易之赢余，佐耕耘之不足。从前暂议禁止，或虑盗米出洋。查外国皆产米之地，不藉资于中国，且洋盗多在沿海直洋，而商船皆在横洋，道路并不相同。又虑有逗漏消息之处，现今外国之船许至中国，广东之船许至外国，彼来此往，历年守法安静。又虑有私贩船料之事，外国船大，中国船小，所有板片桅柁，不足资彼处之用。应请复开洋禁，以惠商民。并令出洋之船，酌量带米回闽，实为便益。雍正帝从之。

---

① 《清实录·世宗宪皇帝实录》卷四九。
② 《清实录·世宗宪皇帝实录》卷五〇。

廿五日壬子（1727 年 4 月 16 日）

移福建台湾淡水营守备、千总、把总驻八里坌地方。①

闰三月十一日丁卯（1727 年 5 月 1 日）

雍正帝下谕，从前奉天将军噶尔弼奏，盛京海洋应添设水师营，分布三处，至凤凰城，讫于海塘，议政大臣已经议准。续据奉天府尹尹泰奏称，自山海关迤南，锦州、复州、盖州地方海洋，系进登州之海口，不比大海。旅顺口关现有水师营，今天津又设水师营，此二营水师，尽可轮班巡察。若又添设水师营，将来制造船只，修盖营房以及兵饷等项，所需钱粮浩繁，究于巡察无益。朕意以尹泰所奏为是，如添设水师营果于巡察有益，即多费钱粮，亦应举行。今既无益，又何用添设？从前朕降谕旨，将盛京谷石由海用船运至天津，盛京大臣奏称，盛京所有船只难以海运谷石，看来盛京所有船只未必照数全备，水手未必熟练。盛京添设水师营实属无益，应如尹泰所奏停止。②

四月廿五日辛亥（1727 年 6 月 14 日）

雍正帝下谕，太湖之水归海者，经刘河、白茆河居多，必径直深广，令水畅出，方能一劳永逸。图志所载二河形势数十里，一径直趋入海，无少曲折。因海口为潮沙埋塞，悉成平陆。今既开浚疏通，务必尽去新涨地亩，以复故道。

廿七日癸丑（1727 年 6 月 16 日）

西洋博尔都噶尔国王若望遣使进表、贡方物。③

六月十一日丙申（1727 年 7 月 29 日）

苏禄国王苏老丹臣母汉末母拉律林表言，臣僻居荒服，远隔神京，幸际昌期，末由趋觐。迩来天无烈风霆雨，海不扬波，知中国必有圣人。臣捧阅历朝纪事，原有觐光之例，是用遣使臣龚廷彩、阿石丹奉臣赤心，仰陈彤陛，敬献本国所产土

---

① 《清实录·世宗宪皇帝实录》卷五四。
② 《清实录·世宗宪皇帝实录》卷五五。
③ 《清实录·世宗宪皇帝实录》卷五六。

物，聊效野人负暄之意。雍正帝下谕，苏禄国隔越重洋，未通职贡。今该国王输诚向化，遣使远来，进贡方物，奏辞恳切，具见悃忱。东南海外诸国，琉球、荷兰、安南、暹罗初次奉表纳贡，颁敕谕一道，即令来使赍捧还国，其使臣赐宴颁赏，遣官伴送。今苏禄国初次奉表称臣纳贡，应照例行，以示嘉奖。

廿二日丁未（1727 年 8 月 9 日）

雍正帝下谕，昔年曾奉圣祖仁皇帝谕旨，海外噶喇吧乃红毛国泊船之所，吕宋乃西洋泊船之所，彼处藏匿贼盗甚多，内地之民希图获利，往往留在彼处，不可不预为措置。随经廷臣与闽广督抚议令，内地之人留在外洋者，准附洋船带回内地，奉旨准行在案，此乃圣祖仁皇帝绥靖海疆，且不忍令内地之民转徙异地，实仁育义正之盛心也。但数年以来，附洋船而回者甚少。朕思此辈多系不安本分之人，若听其去来任意，不论年月之久远，伊等益无顾忌，轻去其乡，而飘流外国者愈众矣。嗣后应定限期，若逾限不回，是其人甘心流移外方，无可悯惜，朕意不许令其复回内地。如此则贸易欲归之人，不敢稽迟在外矣。将此交与高其倬、杨文乾、常赉悉心酌议，并如何定限年月之处，一并详议具奏。寻福建总督高其倬遵旨议奏，康熙五十六年定例，入洋贸易人民三年之内准其回籍，其五十六年以后私去者，不得徇纵入口，久已遵行在案。又现住外洋之船，或去来人数不符，或年貌互异者，即系顶替私回，应严饬守口官于洋船回时，点对照票，细加稽查，如有情弊，将船户及汛口官员分别治罪。至闽、粤洋船出入，总在厦门、虎门守泊，嗣后别处口岸概行严禁。雍正帝下谕，康熙五十六年定例之时，随据福建等省奏报回籍者几及二千余人，是出洋之人，皆已陆续返棹，而存留彼地者，皆甘心异域及五十六年以后违禁私越者也。方今洋禁新开，禁约不可不严，以免内地民人贪冒飘流之渐，其从前逗留外洋之人不准回籍。①

八月初九日壬辰（1727 年 9 月 23 日）

升浙江瑞安副将林君升为浙江定海总兵官。②

九月廿七日庚辰（1727 年 11 月 10 日）

福建总督高其倬疏奏，台湾府所属四县，查得台湾一县之人原有家眷，其凤

---

① 《清实录·世宗宪皇帝实录》卷五八。
② 《清实录·世宗宪皇帝实录》卷六〇。

山、诸罗、彰化三县之人，系新经迁处，全无妻室，是以户口不滋，地多旷土。就臣浅昧之见，若令全不搬眷，固非民愿，若一概搬眷，岁增日益，又将有人满之患，均非长策。请嗣后住台人民其贸易雇工及无业之人，全无田地，一概不准搬眷往台。若实在耕食之人，令呈明地方官。查有垦种之田并有房庐者，即行给照，令其搬往安插至佃户之中，有住台经五年而业主又肯具结保留者，准其给照搬眷，其余一概不准等语。查台湾远隔重洋，实称要地，旧例闽粤人民往台垦种者，所有妻眷一概不许携带，止许只身在台而全家仍住本籍。盖在台虽为游民，而在本籍则皆土著，今若令其搬眷成家，是使伊等弃内地现在之田庐，营台地新迁之产业。在民间徒滋烦扰，非国家向来立法之初意。雍正帝下谕，台湾人民携带家口应行与否，历来众论不一。朕令高其倬到闽后，详慎酌量定议具奏。今高其倬所奏亦胸无定见，而为此游移迁就之词。古人云：利不什，不变法。害不什，不变制。著仍照旧例行，待朕再加酌量。①

十月初六日戊子（1727 年 11 月 18 日）

雍正帝下谕，台湾远隔海洋，向来学政交与台湾道兼管。朕思道员管理地方之事又兼学政，未免稍繁，应将学政交与派往巡察之汉御史管理，永著为例。

十四日丙申（1727 年 11 月 26 日）

雍正帝下谕，满洲兵丁，弓马技勇均属优长，惟于水师向未练习，是以朕令天津地方设立水师营。今杭州驻防兵丁既在滨江沿海之地，亦当挑选壮丁，学习水师。②

十二月十八日己亥（1728 年 1 月 28 日）

雍正帝下谕，吴淞石塘，当日勘估时，于海潮纡缓之处，酌量修筑土塘。盖因工程浩大，节省钱粮起见。但东南财赋之区，灌溉田亩，保聚室庐，全赖海塘捍卫。朕思海势冲激，风涛旋转难定，土塘经历年久，未免可虞。不若一例改筑石塘，为百姓万年之利。③

① 《清实录·世宗宪皇帝实录》卷六一。
② 《清实录·世宗宪皇帝实录》卷六二。
③ 《清实录·世宗宪皇帝实录》卷六四。

雍正六年　戊申　公元 1728 年

二月初一日壬午(1728 年 3 月 11 日)

琉球国中山王尚敬遣使进表、贡方物。

十一日壬辰(1728 年 3 月 21 日)

福建巡抚疏言，暹罗国王诚心向化，遣该国夷商运载米石货物直达厦门，请听其在厦发卖，照例征税。嗣后暹罗运米商船来至福建、广东、浙江者，请照此一体遵行。雍正帝下谕，米谷不必上税，著为例。

十三日甲午(1728 年 3 月 23 日)

福建总督高其倬条奏闽省盐政事宜。①

四月三十日庚戌(1728 年 6 月 7 日)

浙江总督兼理两浙盐课事务李卫疏言，江南苏、松、常、镇四府，民间食盐定例行销浙引。至京口一带地方，接壤两淮，仅隔一江，私贩易于偷渡。是以从前镇江闸口，责成文武各员盘验搜查，但日久法弛，以致私贩潜滋，浙盐壅滞。请交江、常、镇道就近管理，督同镇江府海防同知、京口将军标下副将、镇江城守参将轮流分班经管。不论粮艘兵船差船，如有夹带私盐，许即严拿。其水陆一切私盐，并令查拿。倘有疏纵失察，照例纠参。仍严禁官弁兵役，毋得勒掯商民，需索进闸使费。倘该道员不能实力整顿，该督即行指参，照例议处。雍正帝下谕，盘查私盐，著该管官员实力奉行，并令江南巡察御史不时访察。②

---

① 《清实录·世宗宪皇帝实录》卷六六。
② 《清实录·世宗宪皇帝实录》卷六八。

七月初二日辛亥 (1728 年 8 月 7 日)

浙江总督李卫疏言，绍兴府属上虞县，沿海民田历年为潮汐侵削，坍没五千余亩，皆系业户赔纳钱粮，不胜其累。而上虞夏盖湖周遭一百余里，就中涨淤之地，已有私垦成田者，因令该县查丈已垦者，许民自首。未垦者，许民认业，共计田六千七百三十亩。请将坍田应征银五百六十余两，即行除额。其新垦田于雍正六年起科，庶额赋永清，公私两便。雍正帝从之。①

八月十七日乙未 (1728 年 9 月 20 日)

杭州将军鄂弥达等奏称，臣等遵旨议设浙江满洲水师营，查平湖县乍浦地方，系江浙海口要路，通达外洋诸国，且离杭州止有二百余里，易于照应。请挑选水师兵丁二千名，驻扎乍浦。杭州八旗满洲蒙古内，挑选余丁八百名。或于京城江南挑选八百名。再于浙省沿海水师各营兵丁内，选谙练水性船务者四百名，为捕盗、头舵水手之用。共合二千名之数，分为左右二营，轮班操演。雍正帝从之。②

九月初二日己酉 (1728 年 10 月 4 日)

雍正帝下谕，各省水师兵丁，惟福建最为熟练，令蓝廷珍拣选五十名发往浙江，照陕西兵丁赴浙之例，令其补充营伍，教习浙江水师。查湖北、湖南共有水师七营，向来操演亦未精熟，须得闽人为之教导。著照浙江之例，令蓝廷珍拣选熟练之兵丁五十名，发往湖广。

二十日丁卯 (1728 年 10 月 22 日)

浙江总督李卫遵旨议奏江南松江海塘事宜。③

十月初二日己卯 (1728 年 11 月 3 日)

福建总督高其倬遵旨议奏，洋船出入海口，必按定期限，方易稽查。嗣后每年

---

① 《清实录·世宗宪皇帝实录》卷七一。
② 《清实录·世宗宪皇帝实录》卷七二。
③ 《清实录·世宗宪皇帝实录》卷七三。

出口船只，应令于四月内造报。入口船只，于九月内造报。如入口之船有番账未清，不便即回者，准俟来年六七月间回港。有遭风飘泊他省者，准取具该地方官印结赍回。有舟行被溺无凭查据者，饬取飘回余人，或邻船客商等确供详核。倘故意迟延，并徇私捏报，即行分别究处。至每船应酌带米石，按国别亦有定额。出洋之船动经数月，油钉棕麻等物酌量许带，仍注明数目，以凭查验。雍正帝从之。①

十一月廿二日戊辰(1728 年 12 月 22 日)

添设钦天监西洋人监副一员。②

雍正七年　己酉　公元 1729 年

二月初二日丁丑(1729 年 3 月 1 日)

福建南澳总兵官许良彬疏言，南澳为闽粤要区，地悬海岛，产米有限，全赖于内地买运入澳，接济兵食。臣所辖亲标右营属于广东，已经督臣孔毓珣发银一千二百两，买谷二千石，备借给兵丁之用。左营属于福建，尚未举行。臣思两营兵丁，自应一体筹画，请将臣之俸金及随丁项下银两，捐买谷二千石，并建设仓廒，发交左营将备收贮。青黄不接，借给兵丁，散饷领银，仍令照数买补，概免利息，于兵丁大有裨益。雍正帝下谕，南澳远隔海岛，自应预筹积贮。今许良彬奏请捐俸买谷，伊所有俸金，原以供其食用，何能办理公事？著动支闽省藩库银一千二百两，买贮谷石，以备左营兵丁借给之用，一切经管盘查之处，悉照右营之例行。③

三月初五日己酉(1729 年 4 月 2 日)

广东总督孔毓珣疏言，琼州一郡，孤悬海外，海口所城，尤为扼要，商贾辐

---

① 《清实录·世宗宪皇帝实录》卷七四。
② 《清实录·世宗宪皇帝实录》卷七五。
③ 《清实录·世宗宪皇帝实录》卷七八。

辖，奸良易混。请将琼山县县丞移驻，就近稽察。雍正帝下谕，各省佐贰微员，有地方职掌紧要者，亦有新设、新移，正需料理者，必须于众员中拣选才具稍优、熟练事务之人，方可胜任。著各省督抚将佐贰紧要之缺，查明具奏，交与该部注册，遇有缺出，该督抚拣选题请调补。如本省乏员，或将别省见任之员题补，或请旨拣选，永著为例。

二十日甲子(1729 年 4 月 17 日)

天津满洲水师营都统疏言，天津州水师营满洲兵丁二千名，虽系水师，亦不可不熟习弓马。且驻防海口沿海一带，遇有追捕贼盗之事，若无马匹尤为不便。请恩准兵丁拴养马二百匹，给与喂养钱粮。雍正帝从之。

廿九日癸酉(1729 年 4 月 26 日)

雍正帝敕封浙江镇海县蛟门山龙神为"涵元昭泰镇海龙王之神"。①

四月初十日甲申(1729 年 5 月 7 日)

福建巡抚疏奏，琉球国中山王尚敬差耳目官进贡方物，据称荷蒙天恩，准停六年正贡。小国因未接到礼部咨文，所以办齐方物，至期虔申贡典。雍正帝下谕，朕以琉球历来恪守臣节，不失贡期，而地处重洋之外，使臣远涉风涛，是以令其以四年进贡方物，准作六年正贡。其六年应进表文，俟八年正贡，一并恭进。今该国王以未接部文，仍按期遣使，并非有违成例。且其船只已经进港，行李已经安顿馆驿，岂可以其不合例而却之？著照例准其入贡。②

五月十七日辛酉(1729 年 6 月 13 日)

浙江总督李卫疏言，内地商民船只向例禁止出洋，嗣因闽省产米，不敷食用，准督臣高其倬奏令该省与南洋贸易，他省仍行禁止。但查浙江洋面接连闽省，恐奸商趋利，冒险前往，而沿途洋汛以非闽船，反致稽查不及。请照闽省，

---

① 《清实录·世宗宪皇帝实录》卷七九。
② 《清实录·世宗宪皇帝实录》卷八〇。

准其一体贸易。其洋船向无买米装回之事，仍循旧例，毋庸与闽省相同。雍正帝从之。

廿八日壬申（1729 年 6 月 24 日）

雍正帝下谕广东督抚，闻粤东地方，四民之外另有一种名为蜑户，即猺蛮之类，以船为家，以捕鱼为业。通省河路俱有蜑船，生齿繁多，不可数计。粤民视蜑户为卑贱之流，不容登岸居住，蜑户亦不敢与平民抗衡，畏威隐忍，局踏舟中，终身不获安居之乐，深可悯恻。蜑户本属良民，无可轻贱摈弃之处，且彼输纳鱼课与齐民一体，安得因地方积习强为区别，而使之飘荡靡宁乎？著该督抚等转饬有司，通行晓谕，凡无力之蜑户，听其在船自便，不必强令登岸。如有力能建造房屋及搭棚栖身者，准其在于近水村庄居住，与齐民一同编列甲户，以便稽查，势豪土棍不得借端欺陵驱逐。并令有司劝谕蜑户开垦荒地，播种力田，共为务本之人，以副朕一视同仁之至意。①

六月初二日乙亥（1729 年 6 月 27 日）

雍正帝下谕，添设浙江台州府属之海门、前所、家子、三江口、新亭、章安、道头、江口汛等处炮台巡船。从浙江总督李卫请也。

十一日甲申（1729 年 7 月 6 日）

雍正帝下谕，裁广东惠州府碣石卫守备一员，添设惠州府海防军民同知一员，驻扎碣石卫。裁海丰县南丰、平安二驿驿丞各一员，添设巡检二员，分驻河田、汕尾地方。改东海窖驿丞一员为东海窖巡检，并归新设海防同知管辖，从调任广东总督孔毓珣请也。

廿七日庚子（1729 年 7 月 22 日）

广东总督疏言，暹罗载米船只因风飘泊广东，已饬各属加意抚恤，其捞回压舱货物，仍请准其输税发卖。雍正帝下谕，暹罗载米船只既遭风飘泊广东，其压舱货

---

① 《清实录·世宗宪皇帝实录》卷八一。

物著免其输税。①

七月廿一日甲子(1729 年 8 月 15 日)

雍正帝下谕,粤东三面距海,各省商民及外洋番贾携资置货,往来贸易者甚多,而海风飘发不常,货船或有覆溺。全赖营汛弁兵极力抢救,使被溺之人得全躯命,落水之物不致飘零。此国家设立汛防之本意,不专在于缉捕盗贼已也。乃沿海不肖之弁兵等利欲薰心,贪图财物,每于商船失风之时,利其所有,乘机抢夺,而救人之事姑置不问。似此居心行事,更甚于盗贼,其无耻残恶已极,岂国家兵弁忍为之事乎?广东、福建二省居多,而他省沿江滨海之营汛,亦所不免。此皆该地方督抚、提镇等,不能化导于平时,又不能稽查惩究于事后,以致不肖弁兵等,但有图财贪利之心,而无济困扶危之念也。嗣后若有此等,应作何严定从重治罪之条,使弁兵人等有所畏惧、儆戒。著沿海督抚各抒己见,议奏到时,九卿再行会同定议。

廿六日己巳(1729 年 8 月 20 日)

暹罗国王遣使赍奉表文、进贡方物。雍正帝下谕,减暹罗国贡物。②

八月初五日丁未(1729 年 9 月 27 日)

据奏报,吕宋夷船被风飘入闽、广地方。雍正帝下谕,吕宋被风夷船既已开往广东佛山,著广东督抚查照给与口粮,加意抚恤,听其候风回国。嗣后凡有外国船只,遭风飘入内地者,俱著该地方官查明缘由,悉心照料,动支公项,给与口粮,修补船只,俾得安全,回其本国。

十二日甲寅(1729 年 10 月 4 日)

雍正帝下谕,盛京旅顺地方,虽设有水师官兵,而俱不能谙练水师事务。著福建水师提督蓝廷珍,于千总内拣选数员,于兵丁内拣选数名熟谙水师者,令赴盛

---

① 《清实录·世宗宪皇帝实录》卷八二。
② 《清实录·世宗宪皇帝实录》卷八三。

京，教习旅顺水师官兵。①

十月初十日辛亥(1729年11月30日)

琉球国中山王尚敬遣陪臣表谢赐敕书，并贡方物。雍正帝下谕，著将六年进贡之物，准作八年正贡，若八年贡物已经遣使起程，即准作十年正贡。②

十一月三十日庚子(1730年1月18日)

据奏报，暹罗国进贡方物并请采买京弓铜线。雍正帝下谕，暹罗国远隔重洋，恭顺修职，其所请采买物件，著行令该抚采买赏给。③

十二月廿一日辛酉(1730年2月8日)

福建巡抚疏言，台湾府属应试生儒，原有另编字号取中之例。后因台地士子半系泉、漳二府之人，希冀多中，故有撤去另编字号之请。今冒籍者俱已改归本籍，海外诵读之士竞切观光。请仍照旧例另编字号，于闽省中额内取中一名，以示鼓励。雍正帝从之。④

雍正八年　庚戌　公元1730年

二月廿八日丁卯(1730年4月15日)

雍正帝下谕，内外洋面大小船只，令于蓬上书为某处某号，并船户姓名刊刻船尾，以别奸良，通行沿海各省督抚、提镇一体遵行。

---

① 《清实录·世宗宪皇帝实录》卷八五。
② 《清实录·世宗宪皇帝实录》卷八七。
③ 《清实录·世宗宪皇帝实录》卷八八。
④ 《清实录·世宗宪皇帝实录》卷八九。

廿九日戊辰(1730 年 4 月 16 日)

南掌国王遣使奉表朝贺,并请永定贡期。①

三月初九日丁丑(1730 年 4 月 25 日)

雍正帝下谕,自雍正八年为始,每于春冬,动拨台粟十六万六千余石运赴厦门,令福兴等府属厅县按积谷之数,派运入仓,易换旧存仓谷,平粜给兵。②

八月初七日癸卯(1730 年 9 月 18 日)

雍正帝下谕,广东地方山海交错,民猺杂处,贼盗易于潜踪。所恃以防范者,则有安设之塘汛,星罗棋布,络绎声援。无事则相为守望,一遇盗贼则协力擒拿,勿使遁逸。其水汛与陆汛不相比附者,则应各自管辖巡防。若陆汛设于江边,虽无舟楫,亦当与水汛为犄角之势,此设立防汛之本意也。③

十一月廿三日戊子(1731 年 1 月 1 日)

雍正帝下谕,增置福建督标水师营,驻福州南门外之南台,设游击一员、守备一员、千总二员、把总四员。拨督标三营内战守兵共九百名,为水师营兵。从福建总督请也。④

十二月初七日辛丑(1731 年 1 月 14 日)

安南国王黎维祹遣陪臣奉表谢恩、进贡方物。⑤

---

① 《清实录·世宗宪皇帝实录》卷九一。
② 《清实录·世宗宪皇帝实录》卷九二。
③ 《清实录·世宗宪皇帝实录》卷九七。
④ 《清实录·世宗宪皇帝实录》卷一〇〇。
⑤ 《清实录·世宗宪皇帝实录》卷一〇一。

雍正九年　辛亥　公元 1731 年

二月初七日庚子(1731 年 3 月 14 日)

福建总督刘世明等条奏台湾事宜。①

三月初二日乙丑(1731 年 4 月 8 日)

广东巡抚疏言，广省之琼州孤悬海岛，外与交趾连界，内与黎人错处，居民多藉鸟枪以为防御之具，似未便照内地一例收缴。请将民间现有鸟枪，令报明地方官注册，并令地方官严饬保甲，于十家牌内开明数目，一户止许藏枪一杆，其余交官收贮。如违禁多藏，察出照例治罪。至斗殴抢窃案内执有鸟枪者，本罪应拟绞监候，不可再行加等者，仍照例定拟外，其徒罪以下，俱于各本罪上加二等发落。如有将鸟枪资助盗贼者，与本盗一例同科。雍正帝从之。②

四月廿六日戊午(1731 年 5 月 31 日)

雍正帝下谕，闻天津一带民间渔船，专以贩鱼为业。每年谷雨以后、芒种以前是其捕取之时，亦犹三农之望秋成也。若此时稍有耽误，则有妨一年之生计矣。目今天津运往山东积贮米粮，皆雇觅渔船装载，然亦当听小民之情愿，勿以济山东百姓之储，而妨直隶民生之计。著直隶总督、天津总兵官速饬办理粮务人员，就近酌量，此时不可强雇渔舟，致令失业。此系积贮备用之米石，俟过芒种以后运送亦未为迟。其速将朕谕遍行传知。③

---

① 《清实录·世宗宪皇帝实录》卷一〇三。
② 《清实录·世宗宪皇帝实录》卷一〇四。
③ 《清实录·世宗宪皇帝实录》卷一〇五。

五月初一日癸亥（1731 年 6 月 5 日）

琉球国王尚敬遣陪臣奉表谢恩、进贡方物。①

六月廿八日己未（1731 年 7 月 31 日）

南掌国王遣陪臣奉表谢恩。②

七月廿六日丁亥（1731 年 8 月 28 日）

调福建海坛总兵官吕瑞麟为福建台湾总兵官，福建台湾总兵官王郡为广东潮州总兵官。③

八月廿八日戊午（1731 年 9 月 28 日）

广东总督疏言，琼州一镇孤悬海外，产米稀少。又龙门协兀立海中，遇风信不顺，商贩难渡，兵忧艰食。香山、虎门二协兵民稠集。广海一寨僻处海隅，商贩罕到，均应豫筹积贮之法。请将见存盐政节省及养廉余剩银两，买谷一万六百石，分贮各镇协营，遇青黄不接之时，借给兵丁，于秋收散饷时，照数买补，概免加息。雍正帝从之。④

十一月初六日乙丑（1731 年 12 月 4 日）

雍正帝下谕，于山东登州滨海重镇增添官兵、战船。

三十日己丑（1731 年 12 月 28 日）

琉球国中山王尚敬奏请，遵依旧典，嗣后仍二年一贡。雍正帝下谕，琉球地

---

① 《清实录·世宗宪皇帝实录》卷一〇六。
② 《清实录·世宗宪皇帝实录》卷一〇七。
③ 《清实录·世宗宪皇帝实录》卷一〇八。
④ 《清实录·世宗宪皇帝实录》卷一〇九。

处重洋之外，奉表修贡，远涉风涛。曾经降旨，将雍正八年贡物准作十年正贡。著仍遵前旨，若十年贡物已经遣使起程，即准作十二年正贡，十一年不必遣使前来。①

十二月初四日癸巳(1732 年 1 月 1 日)

广东布政使奏报，定例铁器不许出禁货卖，而洋船私带禁止尤严。粤东所产铁锅，每连约重二十斤。查雍正七、八、九年夷船出口，每船所买铁锅，少者自一百连，二三百连不等，多者至五百连，并有至一千连者。计算每年出洋之铁约一二万斤，诚有关系，应请照废铁之例，一体严禁。违者船户人等照例治罪，官役通同徇纵，照徇纵废铁例议处。嗣后，令海关监督，详加稽察。至商船煮食器具，铜锅、砂锅俱属可用，非必尽需铁锅，亦无不便外夷之处，于朝廷柔怀远人之德意，并无违碍。雍正帝下谕，铁斤不许出洋，例有明禁。广东夷船每年收买铁锅甚多，则与禁铁出洋之功令不符矣，嗣后稽察禁止。粤东既行查禁，则他省洋船出口之处，亦当一体遵行。②

雍正十年　壬子　公元 1732 年

三月初七日甲子(1732 年 4 月 1 日)

雍正帝敕封浙江海宁县海神为"宁民显佑浙海之神"。③

五月十八日甲戌(1732 年 6 月 10 日)

雍正帝下谕，福建台湾府彰化县经凶番扰害之后，百姓耕种未免失时。该县所

---

① 《清实录·世宗宪皇帝实录》卷一一二。
② 《清实录·世宗宪皇帝实录》卷一一三。
③ 《清实录·世宗宪皇帝实录》卷一一六。

有雍正八、九年分未完谷六千五百余石，著悉行豁免。①

闰五月廿五日庚戌（1732 年 7 月 16 日）

台湾北路西番滋事，官兵讨平之。②

八月二十日甲戌（1732 年 10 月 8 日）

调福建台湾总兵官吕瑞麟为福建金门总兵官，广东碣石总兵官苏明良为福建台湾总兵官。③

九月初八日壬辰（1732 年 10 月 26 日）

雍正帝下谕，今年江浙地方海潮骤长，沿海居民被水冲溢。朕已敕令该督抚等加意抚绥，毋使穷民失所。近闻江南南汇县下砂头二三场等处，灶户、盐丁被水者甚众。著将商捐义仓及嘉兴存贮米石动支赈恤，迅速料理，俾获宁居。④

十一月廿八日辛亥（1733 年 1 月 13 日）

江苏布政使白钟山条奏海疆事宜。⑤

十二月十五日戊辰（1733 年 1 月 30 日）

雍正帝下谕，江南苏、松等州县潮溢为灾，所产稻米颗粒不齐，留漕粮四十万石于明年平粜。⑥

---

① 《清实录·世宗宪皇帝实录》卷一一八。
② 《清实录·世宗宪皇帝实录》卷一一九。
③ 《清实录·世宗宪皇帝实录》卷一二二。
④ 《清实录·世宗宪皇帝实录》卷一二三。
⑤ 《清实录·世宗宪皇帝实录》卷一二五。
⑥ 《清实录·世宗宪皇帝实录》卷一二六。

雍正十一年　癸丑　公元 1733 年

正月初六日戊子 (1733 年 2 月 19 日)

雍正帝命查勘浙江海塘内大臣海望、浙江总督李卫察勘浙江海塘，修范公堤。①

三月初七日戊子 (1733 年 4 月 20 日)

雍正帝下谕，增添福清县驻扎官兵。②

四月初一日壬子 (1733 年 5 月 14 日)

查勘浙江海塘内大臣海望奉命奏言浙省江海情形。

十七日戊辰 (1733 年 5 月 30 日)

工部等衙门议覆内大臣海望等疏奏浙省修建海塘事宜。

廿六日丁丑 (1733 年 6 月 8 日)

添设两广盐运使司运判一员，驻广东合浦县石康地方。③

五月廿二日壬寅 (1733 年 7 月 3 日)

宁古塔将军杜赍奏称，海岛特门、奇图山等处绰敏等六姓仰慕皇仁，倾心归

---

① 《清史稿》卷六，世宗本纪，中华书局 2015 年版，第 284、334 页。
② 《清实录·世宗宪皇帝实录》卷一二九。
③ 《清实录·世宗宪皇帝实录》卷一三〇。

化，每年纳贡貂皮，请施恩赏，以示奖劝。雍正帝从之。①

六月初九日戊午（1733 年 7 月 19 日）

礼部议覆，苏禄国王臣毋汉末毋拉律林奏称，伊祖东王于明永乐年间来朝，归至山东德州病故。所有坟墓及其子孙，存留赒恤之处，经今三百余年，废坠已久，恳请修理给复。臣部行文山东巡抚饬查，今据巡抚岳浚咨报，前明永乐中，苏禄国东王巴都葛叭哈剌率眷来朝，受封归国，殁于德州地方，命有司营葬勒碑，赐谥恭定。长子都麻含归国袭封，次子安都禄、三子温哈喇留居德州守茔。今墓在州城迤北神道享亭，悉已坍颓。其子孙以其祖名，分为安、温二姓。今德州祀典，每岁额设银八两，为苏禄王祭祀之需等语。查苏禄国远隔重洋，感戴皇上德化，进表谢恩。为伊远祖坟墓子孙，恳请整理给复，情词恳切。应如所请，令山东巡抚转饬德州地方官，清查苏禄国王墓址，所有神道、享亭、牌坊等项，修葺整理。于安、温二族之中，遴取稍通文墨者各一人，为奉祀生，给与顶带，永以为例，并知照该国王可也。雍正帝从之。②

七月初七日丙戌（1733 年 8 月 16 日）

雍正帝下谕，闻上年秋月，江南沿海地方海潮泛溢，苏、松、常州近水居民偶值水患。其本地绅衿、士庶中，有雇觅船只救济者，有捐输银米煮赈者。今年夏间，时疫偶作，绅衿等复捐施方药、资助米粮。似此拯灾扶困之心，不愧古人任恤之谊，风俗淳厚，甚属可嘉。将捐助多者照例具题议叙，少者给与匾额，登记档册，免其差徭，并造册报部。③

八月初一日己酉（1733 年 9 月 8 日）

福建总督条奏台湾营制事宜。

廿九日丁丑（1733 年 10 月 6 日）

据奏报，台湾修造战船，例系匠役深入番社，采取木植，易生事端，嗣后请令

---

① 《清实录·世宗宪皇帝实录》卷一三一。

② 《清实录·世宗宪皇帝实录》卷一三二。

③ 《清实录·世宗宪皇帝实录》卷一三三。

番民自行采运，即在内地成造。雍正帝下谕，朕思番社产木既多，若番民赴官售卖，按数给与价值，使之获利又无骚扰，伊自乐从。但不预先妥议规条，难以期其必得，又恐通事人等从中作奸，更滋弊窦。目前且向内地修造，其番人自行售卖之处，著该督抚悉心定议、妥协办理。①

九月初四日壬午（1733 年 10 月 11 日）

添设福建台湾府学及台湾、凤山、诸罗、彰化四县学训导各一员。从福建巡抚请也。②

十一月十八日乙未（1733 年 12 月 23 日）

安南国王嗣黎维祜遣陪臣讣告故王黎维祹丧，并请袭封，表贡方物。③

十二月十一日戊午（1734 年 1 月 15 日）

雍正帝下谕，从前广东巡抚鄂弥达条奏，台湾地方僻处海中，向无城池，宜建筑城垣炮台，以资保障。经大学士等议，令福建督抚妥议具奏。今据郝玉麟等奏称，台湾建城，工费浩繁，请于现定城基之外，买备茨竹，栽植数层，根深蟠结，可资捍卫。再于茨竹围内造建城垣，工作亦易兴举等语。郝玉麟不过虑其地滨大海，土疏沙淤，工费浩繁，成功非易，故有茨竹藩篱之议。殊不知城垣之设，所以防外患，如必当建城，虽重费何惜？而台湾变乱，率自内生，非御外寇比，不但城可以不建，且建城实有所不可也。台郡门户曰鹿耳门，与府治近，号称天险。港容三舟，傍皆巨石，锋棱如剑戟，舟行失尺寸，顷刻沉没。内设炮台，可恃以为固，其法最善。从前平定郑克塽、朱一贵皆乘风潮，舟行入港。水高港平，众艘奔赴，无所阻碍。大兵一入，即获安平港之巨舟，贼无去路。而抚其府市人民，南北路商贾一闻官军至，络绎捆载而来，相依以自保，物力既充，军气自倍。贼进不能胜，退无可守，各鸟兽散，终无所逃遁，故旬日可以坐定。向使贼众有城可据，收府治人民财物以自固，大兵虽入，攻之不拔，坐守安平，旷日相持，克敌不易。盖重洋形势与内地异，此即明效大验，固未可更议建置也。若谓台湾筑城，即以御台湾外

---

① 《清实录·世宗宪皇帝实录》卷一三四。
② 《清实录·世宗宪皇帝实录》卷一三五。
③ 《清实录·世宗宪皇帝实录》卷一三七。

寇，是又不然。从前两征台湾，皆先整兵泊舟于澎湖之南风澳，以候风潮。风潮之便，岁不过一时，时不过数日。若盗贼窃发，或外番窥伺，泊舟澎湖，则夕至而朝捕之矣。至南北二路可通之地虽多，然如南路之蛲港、北路之八掌溪、海翁港、鹿仔港、甲西、二林、三林、中港、竹堑、篷山，惟小舟可入。其巨港大舟可入者，不过南路之打狗中港、北路之上淡水。其次则北路之笨港、咸水港，去府治较远，纵有外寇，亦不取道于此。备设炮台，派拨汛兵，朝夕巡视，自足以资控御。今郝玉麟等请于现定城基之外栽种茨竹，藉为藩篱，实因地制宜，甚有裨益。其淡水等处炮台务须建造，各属并应增修，不可惜费省工，或致潦草。应如何举行之处，著该督抚妥协定议具奏。①

雍正十二年　甲寅　公元 1734 年

正月廿三日庚子(1734 年 2 月 26 日)

琉球国中山王尚敬遣陪臣上表、进贡方物。②

二月初五日辛亥(1734 年 3 月 9 日)

添设山东登州镇成山卫汛，派千总、把总各一员，战守兵一百名，驻防养鱼池海口。从河东总督请也。

初六日壬子(1734 年 3 月 10 日)

雍正帝下谕，闻江南通州滨海地方，上年秋收稍歉，现今米价昂贵，盐场、灶户谋食维艰，将来青黄不接之时，尤不可不加赈恤。著署总河高斌即将通州盐义仓存贮之谷，酌拨数千石，委员分运各场，设厂煮赈。再行酌量拨运平粜，至各场灶户。有现在应征折价钱粮，著一概暂缓，至秋成之后，再行征收。

---

① 《清实录·世宗宪皇帝实录》卷一三八。
② 《清实录·世宗宪皇帝实录》卷一三九。

十八日甲子(1734 年 3 月 22 日)

福建水师提督王郡奏言,厦门一岛,地少人多,兵民食米应为筹画。查提督衙门,有营房、鱼池等项租银,每年可得五百余两,请买贮谷石。于米价昂贵时,照依原价借给,俟秋成后,买补还项。雍正帝下谕,著照所奏行。王郡身为提督,将任内应得之项筹济兵食,甚属可嘉。

十九日乙丑(1734 年 3 月 23 日)

雍正帝命翰林院侍读春山、兵科给事中李学裕敕封安南国王。①

五月十六日辛卯(1734 年 6 月 17 日)

吏部等衙门议覆福建总督郝玉麟疏奏酌核海疆情形。②

六月初八日壬子(1734 年 7 月 8 日)

改福建粮储道为分巡粮驿道,盐驿道为盐法道,专管盐政兼理福厂船工。从福建总督请也。③

九月廿二日甲午(1734 年 10 月 18 日)

据奏报,台湾府彰化县沙里兴社生番一百九十余名口,倾心归化,输诚纳赋。

廿九日辛丑(1734 年 10 月 25 日)

雍正帝下谕,各省盐政关系国计民生,所当加意整理,而两淮监务之积弊,更在他省之上。江西、河南有浙私、芦私之侵越,而湖广之川私、粤私为害更甚。现今虽于各处隘口设立巡官、巡役,而地方文武官弁,不肯实力奉行,一任兵役人等避难趋易,罔利营私。以致立法虽严,而邻私之肆行如故。即在江南督臣,亦不过

---

① 《清实录·世宗宪皇帝实录》卷一四〇。
② 《清实录·世宗宪皇帝实录》卷一四三。
③ 《清实录·世宗宪皇帝实录》卷一四四。

责成所属地方，至咨会邻省，即未必有呼辄应，此私贩之所以难禁也。年来，朕留心访闻甚确，用是特颁此旨，晓谕湖广等省督抚等，务失公心，视邻省之事为己事。严饬文武官弁，同心协力，家喻户晓，使川、粤、浙、芦之私盐，不敢越界横行，则两淮积引易销。于国计民生，均有裨益。①

雍正十三年　乙卯　公元 1735 年

三月廿四日甲午(1735 年 4 月 16 日)

雍正帝下谕，国家设立兵丁，原以充缉盗安民之寄，广东为滨海岩疆，武备尤宜勤练，不应少有废弛。查通省兵丁共计七万余名，不为不多。岁费俸饷将及二百万两，国家养之者不为不厚。乃近年以来，朕留心访察，粤省兵丁怯懦退缩者多，奋往用力者少。曾有客船被劫，盗止八人，汛弁兵丁一任事主喊救，闭门不出。又巡哨私盐，不能擒捕，屡被打伤，抢去器械。此朕访闻甚确者。同一广东之人，而为盗贼私枭者，则强悍无比，其食粮入伍者，转怯弱不堪。皆由将备选募时，多凭兵家子弟亲戚、夤缘充当。但取其应对熟娴，趋跄便捷，不但民间强壮勇敢之人无由入选，即余丁中之勇健而质朴者，亦弃而不录。以致营伍之中习尚虚文，全无实济，此乃戎政之最有关系者。著广东督抚、提镇等，严饬所属将弁，痛改从前陋习。嗣后募补，务取强健勇敢之人，时加训练，申明赏罚。如再有遇贼退怯等情，必重惩以示儆。其现在老弱之辈滥充营伍者，作何沙汰募补之法，著该督抚、提镇等，秉公妥议办理。傥仍蹈前辙，经朕访闻，必将督抚、提镇及大小将弁，分别严加议处，不少宽贷。②

闰四月初六日乙亥(1735 年 5 月 27 日)

以福建台湾总兵官苏明良署福建陆路提督，调福建海坛总兵官马骥为台湾总兵官。

---

① 《清实录·世宗宪皇帝实录》卷一四七。
② 《清实录·世宗宪皇帝实录》卷一五三。

十九日戊子（1735 年 6 月 9 日）

广东总督疏言，新宁县属广海寨地方，滨临大海，距县辽远，请移该县之望高司巡检驻扎其地，所有附近之上川岛、矬峒一都，应令管辖。再，上川之大萌湾、下川之大坦二处，与县寨俱隔大洋，并请添设陆路二汛，以资防守。雍正帝从之。①

五月十二日辛亥（1735 年 7 月 2 日）

福建巡抚疏言，台湾乡试士子，向系另编字号，额中举人一名。今台属五学人文日盛，请于闽省解额外，将台字号再加中一名，以示鼓励。雍正帝从之。②

六月初二日庚午（1735 年 7 月 21 日）

据奏报，闽粤南澳洋面岛屿歧杂，风信靡常。若归海坛、金门两镇分巡，则鞭长莫及。请以南澳左营、铜山洋汛，俱改归南澳镇巡查，呼应甚捷。并请将金门镇巡船两只，拨归南澳巡哨调度。雍正帝从之。

初九日丁丑（1735 年 7 月 28 日）

设福建台湾府属彰化县学廪生、增生各十名。从福建巡抚请也。

廿四日壬辰（1735 年 8 月 12 日）

福建提督奏报，吕宋国以麦收歉薄，今附洋船载谷二千石、银二千两、海参七百斤，来厦卖银籴麦，多则三千石，少则二千石。臣查五谷不许出洋，律有明禁。今吕宋以谷易麦，臣与督臣、抚臣现在商酌，请旨钦定。雍正帝下谕，国家之所以严禁五谷不许出洋者，乃杜奸商匪类私贩、私载，暗生事端之弊。若该国偶然缺少米粮，以实情奏闻于朕，朕尚酌量丰余以济之。今吕宋以麦收歉薄，载谷易麦，更为情理之当从者。著该督、抚等转饬有司，按照谷麦时价均平籴粜，不许内地之人

---

① 《清实录·世宗宪皇帝实录》卷一五五。
② 《清实录·世宗宪皇帝实录》卷一五六。

抑勒欺诈。俾番船载麦回国，以济其用。①

七月十九日丙辰(1735 年 9 月 5 日)

雍正帝下谕，命大学士朱轼往勘浙江海塘。

八月廿三日己丑(1735 年 10 月 8 日)

雍正帝下谕，命大学士嵇曾筠总理浙江海塘工程，江南总督赵弘恩暂署江南总河道事务。②

九月廿九日乙丑(1735 年 11 月 13 日)

广东潮州总兵官奏报，嘉应州潮阳县等处于八月十六日飓风陡作，沿海堤岸冲决，田禾被淹，城垣、庐舍、船只俱有损坏。雍正帝下谕，加意抚绥，毋令失所。

广东巡抚奏报雨水、粮价及查办潮阳等县被风情形，并新抚猺疆，均属宁贴。雍正帝下谕，潮阳等处被风船只、民房，可确查赈恤。新抚猺疆及澳门夷人，务令镇抚安贴，实力行之。

浙闽总督奏报修筑海塘情形。雍正帝下谕，海塘工程深厪皇考圣怀，特命大学士嵇曾筠前往总统料理，卿可就近寄信相商，协同经画，为一劳永逸之计。③

十月十三日戊寅(1735 年 11 月 26 日)

两广总督疏言，南澳孤悬海岛，界连闽、粤，兵、民杂处，请添设巡检一员，隶南澳同知管辖，铸给粤闽南澳巡检司印信。雍正帝从之。④

十二月初八日癸酉(1736 年 1 月 20 日)

浙江巡抚疏称，海宁县建筑东西海塘，取土应用，挑动民田地荡共十七顷六十

---

① 《清实录·世宗宪皇帝实录》卷一五七。
② 《清实录·高宗纯皇帝实录》卷一。
③ 《清实录·高宗纯皇帝实录》卷三。
④ 《清实录·高宗纯皇帝实录》卷四。

九亩有奇，应征银米，准其照数豁免。雍正帝从之。①

三十日乙未(1736年2月11日)

大学士总理浙江海塘事务嵇曾筠奏敬陈海塘章程事宜。②

乾隆元年　丙辰　公元1736年

正月二十日乙卯(1736年3月2日)

乾隆帝禁盐捕私扰。

廿四日己未(1736年3月6日)

南掌国王遣使表献岁贡方物。

廿九日甲子(1736年3月11日)

据奏报，台湾诸罗县于雍正十三年十二月十七日夜间地震，倾倒房屋，压伤民人三百余名。乾隆帝下谕赈恤灾民。

乾隆帝下谕，出洋商船桅木、铁箍应填明牌照，永为定规。③

二月初五日己巳(1736年3月16日)

以两淮盐运使尹会一署理两淮盐政，仍兼管运使事。

---

① 《清实录·高宗纯皇帝实录》卷八。
② 《清实录·高宗纯皇帝实录》卷九。
③ 《清实录·高宗纯皇帝实录》卷一一。

初六日庚午（1736 年 3 月 17 日）

朝鲜国王表谢护送难民徐厚丁等回国恩。①

二十日甲申（1736 年 3 月 31 日）

乾隆帝下谕，两浙盐务向来废弛，自李卫为浙江总督以来，留心整理，诸事妥协。及李卫离浙，程元章接任，其性办事迂懦，盐政渐不如前，是以皇考谕令布政使张若震暂行兼管。前据张若震奏称，藩司之职，经管通省钱粮，头绪繁多，难以兼顾盐务。且缉私全赖官弁协力，未免呼应不灵，恐误公事等语。张若震准解盐政之任，俾得专心于职守。大学士嵇曾筠现为浙江巡抚，著照从前李卫之例，改为浙江总督，兼管两浙盐政。其管辖地方、节制官弁等事，悉照李卫前例行。嵇曾筠既为浙江总督，郝玉麟著以闽浙总督衔，专管福建事务。朕闻浙省滨海之地，向来盐价，每斤不过数文，今加一倍，且有不止一倍者，小民甚为不便。其如何先贱今昂之故，大学士嵇曾筠可悉心体察、多方调剂，使之平减，俾商民均受其益。又闻官弁、兵役捕缉私盐之时，每遇大枭，不敢过问，往往纵之使去。至于肩挑背负之穷民，资以糊口者，则指为私贩，重加惩处，种种弊端不可悉数。前降谕旨甚明，尤当加意稽查，实心办理，以除弊窦。有应具题者，即行具题，有应折奏者，即行折奏。②

三月初一日乙未（1736 年 4 月 11 日）

乾隆帝下谕，免浙江绍兴府五县民修堤岸工程。

初二日丙申（1736 年 4 月 12 日）

直隶总督李卫奏报，天津私贩盐枭骚扰不法，现饬严究，立规晓谕，咨会盐臣料理安顿。乾隆帝下谕，向因各省盐务办理未妥，往往纵放大枭、拘拿小贩，以致滨海近场之穷民，藉肩贩以度日糊口者，皆遭不肖官吏兵役之拖累。是以降旨，特弛肩挑背负之禁。原以恤养贫民，济其匮乏，并非宽纵匪类，使之作奸犯科也。乃

①　《清实录·高宗纯皇帝实录》卷一二。
②　《清实录·高宗纯皇帝实录》卷一三。

天津一带无赖棍徒，纠合多人，公然以奉旨为名，肆行不法。李卫此奏，具见实心办事，著交部议叙。

十八日壬子(1736年4月28日)

广东总督疏称，龙门一协孤悬海外，为粤东西南门户，止有千把存营。请令现设中军都司兼管左营事务，添设右营都司一员，兼管右营事务。至修造战船，轮年赴厂。乾隆帝从之。

廿一日乙卯(1736年5月1日)

乾隆帝下谕，免广东归善、海丰、惠来、潮阳四县加增渔税及通省埠租。

廿九日癸亥(1736年5月9日)

闽浙总督衔专管福建事务疏称，鹿耳门为全台重地，请于台协三营游击内，分年拨防。其轮年游击，各与本营千总，每三月更换。又嗣后商船出口，责令地方官详查舵工、水手籍贯、年貌，严定处分。乾隆帝从之。

是月，闽浙总督衔专管福建事务奏称，海瀄安澜，贾舶辏集，皆由风神默佑。厦门商民愿捐资建立风神专祠奉祀。乾隆帝下谕，自应敬谨建立，即动用公项，官为建立亦可。①

五月廿四日丁巳(1736年7月2日)

暹罗国王遣使表谢赐匾，并贡方物。②

六月十一日甲戌(1736年7月19日)

户部议覆大学士管理浙江总督兼管两浙盐政嵇曾筠疏陈盐务六条。③

---

① 《清实录·高宗纯皇帝实录》卷一五。
② 《清实录·高宗纯皇帝实录》卷一九。
③ 《清实录·高宗纯皇帝实录》卷二〇。

十九日壬午(1736 年 7 月 27 日)

礼部议，暹罗国使臣呈请，该国造福送寺需用铜斤，欲赴粤采办七八百斤。查旧例，赏赐已有蟒缎、蟒纱等物，铜铁出洋，久经严禁。该国王所请应毋庸议。乾隆帝下谕，暹罗国远处海洋，抒诚纳贡。该国王称系造福送寺之用，部议照例禁止，固是。今特加恩赏给八百斤，后不为例。

是月，据江南苏松镇总兵奏，西密里也一国在噶尔旦之西，与大西洋等国毗连，请免其额外加一之税。乾隆帝下谕，此奏知道了，朕不过试看汝识见何如耳。国家抚绥四夷，自有大纲，非细微之事，可以用一时聪明者也。①

七月初七日己亥(1736 年 8 月 13 日)

工部议准署苏州巡抚顾琮等条奏海塘善后事宜六款。②

八月初二日癸亥(1736 年 9 月 6 日)

户部议覆两广总督酌议盐务，查粤东十府除南雄、韶州二府地不产盐，琼州孤悬海岛，遍地生盐，向未立埠招商销引。惟就灶丁征课，其居民皆就地买食，毋庸置议外，其广、肇等七府属乡村离州县甚远，贫难老少报验非易。应如该督等所题，将贴近灶场之贫难老少男妇，于境内负卖者，照例免其禁捕，毋庸报验给卖。其各州县小贩，亦听民自便。如有借称贫难，私贩窝囤等弊，即行查拿，按律究治，至巡盐船役一项亦应免裁革。仍饬各州县严查，令各商遴选守法之人充当，并将各巡丁姓名、年貌、籍贯造册呈县。遇有更换，报明注册。其粤西一省，向行东盐，销盐各埠。既向设汛捕巡丁，稽查私盐，应一体准照旧存留。乾隆帝从之。

初八日己巳(1736 年 9 月 12 日)

乾隆帝下谕，命减台湾丁银。③

---

① 《清实录·高宗纯皇帝实录》卷二一。
② 《清实录·高宗纯皇帝实录》卷二二。
③ 《清实录·高宗纯皇帝实录》卷二四。

廿四日乙酉（1736 年 9 月 28 日）

乾隆帝下谕，定浙盐增斤改引之法。①

十一月廿一日庚戌（1736 年 12 月 22 日）

据奏报，安南国王嗣遣使庆贺登极，请准其奉表来京。乾隆帝允行。②

十二月十二日辛未（1737 年 1 月 12 日）

礼部议覆广东巡抚疏言，暹罗国王遣使赍表入贡，其副贡一船照例先遣回国。今该国王因副贡船逾期未到，复令杨石等驾船来粤探贡，并带有槟榔、苏木等项压舱货物。查节次探贡船来，均有补进方物，是以压舱货物免税。今并无带进方物，其杂货应否免税，及探贡船内梢目水手，应否支给口粮等语。该国王以贡使未回，引领待命，复令人航海远来，情属恭顺，所有货物应停征税，梢目水手照例支给口粮。乾隆帝从之。③

乾隆二年　丁巳　公元 1737 年

正月十六日乙巳（1737 年 2 月 15 日）

乾隆帝下谕，广东高、雷、廉三府，素称产米之乡，即海南琼州一府，每年仰食斯地，官民隔海买运为常。闻今岁雨泽愆期，又兼飓风一次，秋成歉薄。且海南买运，倍于往时。虽经督抚拨运广州府属仓粮前往琼州接济，而公私采买尚多，以致米价渐昂。若至青黄不接之时，势必更加昂贵，小民谋食艰难。朕心深为轸念，著该部即速行文与总督鄂弥达，令其悉心筹画，应如何通融接济，以赡足民食之

---

① 《清实录·高宗纯皇帝实录》卷二五。
② 《清实录·高宗纯皇帝实录》卷三一。
③ 《清实录·高宗纯皇帝实录》卷三二。

处。一面办理，一面奏闻。

是月，据奏报，福建台湾北路中港生番滋扰。①

二月初八日丙寅 (1737 年 3 月 8 日)

安南国王黎维祜故，嗣子黎维祎遣陪臣进本告哀，附贡方物。②

十九日丁丑 (1737 年 3 月 19 日)

安南国王嗣子黎维祎遣陪臣表进雍正十年、十三年岁贡方物。

二十日戊寅 (1737 年 3 月 20 日)

以故安南国王黎维祜之弟黎维祎袭封安南国王。寻差翰林院侍读嵩寿、修撰陈俶往封。③

四月初五日癸亥 (1737 年 5 月 4 日)

予故疏球国贡使耳目官毛光润恤典，致祭如例。④

廿五日癸未 (1737 年 5 月 24 日)

乾隆帝下谕，除澎湖渔艇陋规。

廿七日乙酉 (1737 年 5 月 26 日)

南掌国王遣使进贡。

是月，刑部左侍郎刘统勋奏报浙省海塘工程。⑤

---

① 《清实录·高宗纯皇帝实录》卷三五。
② 《清实录·高宗纯皇帝实录》卷三六。
③ 《清实录·高宗纯皇帝实录》卷三七。
④ 《清实录·高宗纯皇帝实录》卷四〇。
⑤ 《清实录·高宗纯皇帝实录》卷四一。

五月十八日乙巳(1737 年 6 月 15 日)

调浙江定海镇总兵官林君升为福建汀州镇总兵官，以瑞安协副将黄有才为定海镇总兵官。

廿六日癸丑(1737 年 6 月 23 日)

工部议覆大学士总理浙江海塘兼管总督事务嵇曾筠奏海塘事宜。①

七月初十日丙申(1737 年 8 月 5 日)

兵部议准浙江温州总兵施世泽奏称，沿海小艇或夹带违禁货物，或暗通接济盗粮，请立法稽查。一应出海小艇，令地方官取结，印烙编号，给票查验。其新造小船与采捕售卖者，亦令一律报官办理。私造、私卖及偷越者，照违禁治罪。樵采船只，惟候风潮，战船游巡，往来莫定，必令赴战船挂号，势恐冒险不便，应照商渔船只之例，在中途守汛口址挂号一次，不必定地限期。乾隆帝从之。②

八月廿六日壬午(1737 年 9 月 20 日)

乾隆帝下谕，筑浙江鱼鳞大石塘。③

九月初九日甲午(1737 年 10 月 2 日)

乾隆帝下谕，海宁县修筑海塘取土挑，废民田地荡一十五顷四十五亩有奇，应征银米，照例开除。

十四日己亥(1737 年 10 月 7 日)

福州地方于八月十五夜台风忽作，省城兵屋、民房多被吹倒，沿河、沿海之商、民船只亦多撞损飘没。乾隆帝下谕，速行确查，安插赈济。④

① 《清实录·高宗纯皇帝实录》卷四三。
② 《清实录·高宗纯皇帝实录》卷四六。
③ 《清实录·高宗纯皇帝实录》卷四九。
④ 《清实录·高宗纯皇帝实录》卷五〇。

闰九月十五日庚午(1737 年 11 月 7 日)

乾隆帝下谕,闻今年夏秋间,有小琉球中山国装载粟米、棉花船二只,遭值飓风,飘至浙江定海、象山地方。随经大学士嵇曾筠等,查明人数,资给衣粮,将所存货物一一交还。其船只器具,修整完固,咨赴闽省,附伴归国。嗣后如有似此被风飘泊之人船,著该督抚、督率有司加意抚恤。①

十八日癸酉(1737 年 11 月 10 日)

乾隆帝下谕,浙江今岁收成颇称丰稔,惟温、台二府属,有海滨被水之县邑,谷价未免昂贵。已动拨省城义仓米谷,运往二郡分贮,以备将来平粜之用。

是月,闽浙总督衔专管福建事务疏报闽省之诏安、漳浦、海澄被旱情形,乾隆帝下谕,平粜赈恤。

是月,署理广东巡抚奏报,潮州一府山路崎岖,挽运不易,惟与闽省之台湾,航海数日可至。彼处产谷甚多,拟将潮属应买之谷,委员赴台采买。乾隆帝从之。②

十月二十日甲辰(1737 年 12 月 11 日)

乾隆帝下谕,命水师毋轻调陆路。

廿一日乙巳(1737 年 12 月 12 日)

大学士管浙江总督嵇曾筠疏报海宁县建筑石塘工竣。

廿六日庚戌(1737 年 12 月 17 日)

乾隆帝下谕,台澎战哨船只分案估修,以免稽误。又遭风船只,定限分别赔修补造。③

---

① 《清实录·高宗纯皇帝实录》卷五二。
② 《清实录·高宗纯皇帝实录》卷五三。
③ 《清实录·高宗纯皇帝实录》卷五五。

十一月十四日丁卯（1738 年 1 月 3 日）

实授黄有才为浙江定海镇总兵官。①

十二月十六日己亥（1738 年 2 月 4 日）

乾隆帝下谕，修筑浙江乐清县坍卸海堤。

十九日壬寅（1738 年 2 月 7 日）

琉球国王尚敬遣使表贡方物。

廿七日庚戌（1738 年 2 月 15 日）

乾隆帝下谕，命建台湾考棚。②

乾隆三年　戊午　公元 1738 年

二月三十日壬子（1738 年 4 月 18 日）

大学士总理浙江海塘并管总督事务疏请，抢修东西两工旧石塘及加镶翁家埠一带草塘。乾隆帝从之。③

三月廿六日戊寅（1738 年 5 月 14 日）

乾隆帝下谕，各省督抚膺封疆重寄，不可一日乏人。而濒海临边尤关紧要，常

① 《清实录·高宗纯皇帝实录》卷五六。
② 《清实录·高宗纯皇帝实录》卷五九。
③ 《清实录·高宗纯皇帝实录》卷六三。

见督抚等，或奉旨陛见，或升调他省，即将印篆交与藩臬护理，而不问其胜任与否，即便起程，此处尚未允协。嗣后督抚等升调他省者，应俟接任之人交代后，方可起程。其奏请陛见者，必将署印之人豫先奏明。若朕调来陛见者，朕临期酌量降旨，倘谕旨内有即赴新任，即速来京字样者，不在此例。①

四月廿八日庚戌（1738 年 6 月 15 日）

安南国嗣王黎维祎奏谢册封并谕祭恩。②

五月初二日癸丑（1738 年 6 月 18 日）

乾隆帝下谕，莱州府掖县东海神庙，请照川省江渎神之例，动正项春秋二祭。③

八月廿五日乙巳（1738 年 10 月 8 日）

乾隆帝下谕，奉天、山东沿海地方商贾，有愿从内洋贩米至直隶粜卖者，文武大员毋得禁止。但商贾米船放行之时，该地方官给与印票，其沿途巡海官弁亦时加查验，毋令私出外洋。米船既抵天津，卸米之后，直隶地方官给与回照。仍行文知照奉天、山东两省，俾米谷流通。④

九月十五日甲子（1738 年 10 月 27 日）

盛京户部侍郎奏称，奉天沿海州县米石，例不由海贩运，请严禁商船私行贩卖，庶谷价不致腾贵。乾隆帝从之。

安南国王黎维祎遣陪臣表贺皇上登极，附贡方物。

廿六日乙亥（1738 年 11 月 7 日）

大学士总理浙江海塘管理总督事务嵇曾筠奏言，秋汛安澜，海塘巩固，请祭告

---

① 《清实录·高宗纯皇帝实录》卷六五。
② 《清实录·高宗纯皇帝实录》卷六七。
③ 《清实录·高宗纯皇帝实录》卷六八。
④ 《清实录·高宗纯皇帝实录》卷七五。

海神，用昭祀典。

乾隆帝下谕，浙江海塘工程为杭、嘉、湖、苏、松、常、镇七郡生民之保障，工作易施，塘根坚固，仰荷神明默佑，理应恭祭海神，所有应行祀典礼仪。

是月，乾隆帝下谕，台属被旱城灾，现饬地方官加意赈恤。①

十月廿八日丁未（1738 年 12 月 9 日）

乾隆帝遣官祭浙江海神祠。②

十一月二十日戊辰（1738 年 12 月 30 日）

闽浙总督疏言，闽省霞浦县属之桐山地方，襟海环山，离县遥远，控制难周，请建立县治。乾隆帝从之，命县名曰福鼎。

廿八日丙子（1739 年 1 月 7 日）

乾隆帝下谕，近年以来，直隶地方收成歉薄，从前议开海运以资接济，续经奉天将军额尔图奏称，锦州等处，米谷加贵，请永禁海运，部议准行。比时朕降谕旨，今岁直隶收获平常，仍照朕旨行，明岁再照伊等所请行。朕闻秋冬收获之后，各商民携带资本，前赴海城、盖平等处采办杂粮，只因时届隆冬，海风劲烈，舟楫难行。已将所买粮石收贮各店，春融装运。该商民惟恐地方有司遵照明年停运之议，闭遏留难，甚为惶惧。朕思商民此粮购买在先，暂时存贮各店，不应在明年禁止之内。且奉天素称产米之乡，虽因贩运过多，价值视昔加贵，然较之直隶歉收之地，待粟而炊，其情形缓急，实相迳庭。著俟明年内地麦熟之后，再海运禁止。③

十二月初五日癸未（1739 年 1 月 14 日）

兵部议覆两江总督那苏图奏报沿海地方应行酌改添设一切事宜。

---

① 《清实录·高宗纯皇帝实录》卷七七。
② 《清实录·高宗纯皇帝实录》卷七九。
③ 《清实录·高宗纯皇帝实录》卷八一。

初十日戊子（1739 年 1 月 19 日）

乾隆帝下谕，加筑山阴县属之新城村等处塘堤。①

二十日戊戌（1739 年 1 月 29 日）

琉球国王尚敬遣陪臣表贺登极，并贡方物。②

乾隆四年　己未　公元 1739 年

二月十九日丙申（1739 年 3 月 28 日）

乾隆帝召琉球国使臣进见，赐其国王尚敬御书"永祚瀛壖"匾额。

廿一日戊戌（1739 年 3 月 30 日）

江南狼山镇总兵奏报，海船驾帆，上有头巾，旁有插花。商船近多制用，乘风驶行，盗艘易滋弊混，应请禁止。沿海各省督抚、提镇佥称，洋船头巾插花，借其风力迅行，遇有盗艘，可以立辨远捕。原与内河有别，若一概准用，恐不肖之徒恃有迅速致远之具，反可出洋为匪。外洋仍许制用，内河一例禁止。

是月，两江总督奏报，挑浚淮扬河道，兴建海口坝闸，工程甚巨。惟淮安泾河渔滨等河，暨扬属盐河，就近先为兴挑，且可使兴、泰、阜、盐一带贫民，际此青黄不接之时，俱获食力。乾隆帝从之。③

---

① 《清实录·高宗纯皇帝实录》卷八二。
② 《清实录·高宗纯皇帝实录》卷八三。
③ 《清实录·高宗纯皇帝实录》卷八七。

三月廿九日乙亥(1739 年 5 月 6 日)

调浙江定海镇总兵黄有才为温州镇总兵，以瑞安营副将裴鈫为定海镇总兵。①

四月廿三日己亥(1739 年 5 月 30 日)

乾隆帝下谕，上年直隶米价腾贵，曾降谕旨，准商贾等将奉天米石，由海洋贩运，以济畿辅民食，以一年为期。今弛禁之期已满，而京师雨泽未降，恐将来民间不无需米之处。闻奉天今年收成颇稔，著再宽一年之禁，商贾等有愿从海运者，听其自便。

乾隆帝下谕，数年以来，两浙盐价较前平减，仍当加意经理，勿令盐务废弛。查江南苏、松、常、镇四府及太仓州，皆边海邻场，为浙盐之门户，更为私盐之要区。该地方文武官弁，倘或巡缉懈弛，必致有妨引课而藉端滋扰，又必有累平民。著江南督抚、提镇诸臣，时饬所属官弁，实心稽查，善于办理，勿以为邻省之盐政而淡漠视之。

是月，乾隆帝下谕，缓禁海运，以济民食。

是月，浙江巡抚管理盐政卢焯奏陈盐务事宜。②

五月廿三日戊辰(1739 年 6 月 28 日)

乾隆帝下谕，海宁县塘工，向来潮水激塘，原土塘一律改筑石塘，动帑兴工。③

八月

是月，据奏报，琉球中山国民四十六人，在洋遇风飘至，受赏恤养赡，并拨项修理原船，令其随贡船归国。所存原船不能变价，仅堪折作柴薪之用，得价无几。恳免其归补，俾为还乡盘费。乾隆帝从之。

---

① 《清实录·高宗纯皇帝实录》卷八九。
② 《清实录·高宗纯皇帝实录》卷九一。
③ 《清实录·高宗纯皇帝实录》卷九三。

是月，乾隆帝下谕，吕宋国番民十四人，遭风飘入厦门港内，又吕宋国番民十八人，遭风飘入台湾淡水蓬山社，俱令安顿居住，给与食米、寒衣。①

九月十六日庚申(1739 年 10 月 18 日)

两广总督马尔泰题报，乾隆三年，安南国番邓兴等因在海洋地面驾船采钓，行驶之际，陡遇飓风猝起，势甚猛烈，时当仓卒。人力实无可施，虽极力救护，仅未至于覆溺而风狂浪大，不能择地收泊，任风吹驶。幸于乾隆三年五月初四日，将该番等船只，漂入文昌县清澜港口。又安南番令奉等因驾船装谷，于乾隆三年五月十三日，被风漂至崖州保平港。又暹罗国船商来广贸易，在香山洋面被风沉船。又安南国番因装货于三年七月初八日被风漂至大镬洋面。又外夷因运米，于三年二月二十八日被风漂至澳门海面。又吕宋国番因贸易被风坏船，于三年八月初八日漂至澳门海面。乾隆帝下谕，饬给口粮抚恤，发遣回国。②

十月十五日戊子(1739 年 11 月 15 日)

乾隆帝下谕，乾隆三年，直隶地方歉收，米价昂贵。朕降旨准商贾等将奉天米石，由海洋贩运，畿辅米价得以渐减。今年四月间，以弛禁一年之期将满，而直隶尚在需米之际，天津等处价值未平。又降旨宽限一年，民颇称便。朕思奉天乃根本之地，积贮盖藏固属紧要。若彼地谷米有余，听商贾海运，以接济京畿，亦裒多益寡之道，于民食甚有裨益。嗣后，奉天海洋运米赴天津等处之商船，听其流通，不必禁止。若遇奉天收成平常，米粮不足之年，该将军奏闻请旨，再申禁约。

据奏报，遣回琉球国飘风难夷男妇等一百九名口。③

十一月

巡视台湾御史奏报，台湾游民多系内地无赖，顶充水手，私渡来台，海口既难清辨，又无业安身。保甲之法行于台地更宜。乾隆帝下谕，所奏俱悉。④

---

①　《清实录·高宗纯皇帝实录》卷九九。
②　《清实录·高宗纯皇帝实录》卷一〇一。
③　《清实录·高宗纯皇帝实录》卷一〇二。
④　《清实录·高宗纯皇帝实录》卷一〇五。

乾隆五年　庚申　公元 1740 年

二月初一日壬申(1740 年 2 月 27 日)

琉球国中山王尚敬遣陪臣表进方物。

十三日甲申(1740 年 3 月 10 日)

乾隆帝命礼部郎中伴送琉球使臣归国。①

是月，浙江巡抚奏报，江海塘工一切修筑事宜将次告竣。②

三月廿五日丙寅(1740 年 4 月 21 日)

乾隆帝下谕，莆田县民人陈协顺自置商船出洋贸易，行至山东洋面，陡遭飓风，随浪飘流至朝鲜国楸子岛，幸遇岛民扶救得生。该国王给以薪米、衣服，又为修整船只，加给食米三十石，俾难民得以回籍。中国商民出洋遭风，朝鲜国王加意资助，俾获安全，甚属可嘉，著该部行文传旨嘉奖之。③

四月十五日乙酉(1740 年 5 月 10 日)

户部议覆署理江南总督郝玉麟等奏，赣榆一县黄豆杂粮，本地难以销售，必须船载至太仓州刘河地方，各省客商凑集，采买甚夥。但内河道远，运费浩繁，惟出青口对渡，直抵刘河，贩运较便。向来海禁甚严，今请弛海禁，官给印单为凭，自不至有私载偷漏情弊等因。豆石杂粮运往内地粜卖，与海防并无违碍，自可通融便

---

① 《清实录·高宗纯皇帝实录》卷一一〇。
② 《清实录·高宗纯皇帝实录》卷一一一。
③ 《清实录·高宗纯皇帝实录》卷一一三。

民。乾隆帝从之。①

十八日戊子(1740 年 5 月 13 日)

淮安滨海地方上年遭值水灾,乾隆帝下谕蠲赈兼施,加意抚恤。

廿四日甲午(1740 年 5 月 19 日)

兵部左侍郎奏报,奉天地方近年米价渐增,请照前禁止海贩。乾隆帝下谕,待朕缓缓酌量,目今畿辅又觉旱干也。

是月,有司奏办理海关事宜。

是月,据奏报,鹿邑县访获天一会邪教党羽数名,并缴到天主教书一本。乾隆帝下谕查奏。②

五月

据江南提督奏报,江省洋面上通浙闽,下达登莱,商船往来,不时遇飓撞礁,颠覆沉溺。嗣后凡遇失风漂没洋船,除本省商人船户,及力能还乡者,均请照邻省饥民之例,按计人数,一体饬地方官设法办理,资助还乡。乾隆帝下谕,待朕缓缓商酌。③

七月初八日丙子(1740 年 8 月 29 日)

免浙江仁和、海宁二县修筑海塘,挑废民田地荡无征额赋。④

是月,据奏报:"乾隆三年七月内,有暹罗国探贡船只来至香山县属洋面,遭风打坏,伤及人口。当即赈恤养赡,遣送归国。今有该国船商驾船载货来粤,赍有暹罗国王公文一件。随即拆阅,据称本国探贡船只遭风,蒙给银米,护送归国。兹

---

① 《清实录·高宗纯皇帝实录》卷一一四。
② 《清实录·高宗纯皇帝实录》卷一一五。
③ 《清实录·高宗纯皇帝实录》卷一一七。
④ 《清实录·高宗纯皇帝实录》卷一二二。

备银一千二百八十两，欲伸图报之忱，并备礼物。窃思国家柔远之恩，原无责报之意，随传番商，谕以毋庸办缴。其致送礼物，亦概为屏却。"乾隆帝下谕，办理甚是。①

八月初四日壬寅（1740 年 9 月 24 日）

乾隆帝下谕，奉天素称产米之乡，近关沿海各州县于秋收之后，照时价采买米石存贮。②

廿一日己未（1740 年 10 月 11 日）

乾隆帝下谕，东南沿海一带，如山东、江南、浙江、福建、广东、广西等省，俱设有战船，以为海防之备。今承平日久，官弁渐觉疏忽，朕闻船只数目，竟有报部之虚名。更有不肖官弁，令子弟亲属载贩外省，或赁与商人前往安南、日本贸易取利者。以朕所闻如此，虽未必各省皆然，然亦难保必无其事，可传谕该省督抚、提镇等，嗣后严行稽查，加意整顿，务令诸弊尽绝，以重海防。③

九月十三日辛巳（1740 年 11 月 2 日）

乾隆帝下谕，沿海关汛，阳藉稽查之名，阴行勒索之术，令各督抚、提镇，遇有此等情弊，即行查参。④

廿四日壬辰（1740 年 11 月 13 日）

据奏报，苏禄国王遣番丁将遭风商船送回内地，因奏请朝贡，情词恳切，应准其所请。乾隆帝下谕，苏禄国王倾心向化，奏请朝贡，俟使臣来时，地方官加意照看。

廿九日丁酉（1740 年 11 月 18 日）

乾隆帝下谕，给台湾换班兵盘费。

---

① 《清实录·高宗纯皇帝实录》卷一二三。
② 《清实录·高宗纯皇帝实录》卷一二四。
③ 《清实录·高宗纯皇帝实录》卷一二五。
④ 《清实录·高宗纯皇帝实录》卷一二六。

是月，河南巡抚奏报，现因豫省小民崇尚邪教，遍加体访。闻江南苏、松、常三府，太仓一州，并浙江之嘉兴府滨海地方，人多出洋捕鱼。内有潜通海岛强徒归入内地，煽惑聚党，请令各该督抚确查妥办。乾隆帝下谕，此奏甚是。①

乾隆六年　辛酉　公元 1741 年

四月初九日癸卯(1741 年 5 月 23 日)

浙省自宁邑之老盐仓迤西至仁邑之章家庵一带堤塘改建石工。②

廿九日癸亥(1741 年 6 月 12 日)

户部议准奉天将军额尔图题覆刑部侍郎常安奏请禁止海运一折，查奉天米价向属平贱，近年户口滋多，生齿日繁。又加各省贸易人众，本地所产仅足食用，边外蒙古、黑龙江船厂等处，收成偶歉，亦赖接济。若听水陆兼运，则粮价增昂，旗民必致艰食，请禁止海运。乾隆帝从之。③

五月十五日戊寅(1741 年 6 月 27 日)

乾隆帝下谕，免福建台湾逋赋。④

六月初八日辛丑(1741 年 7 月 20 日)

户部议覆苏州巡抚、浙江巡抚、广东巡抚、管理闽海关福州将军会奏，浙、闽、江苏三省皆因钱贵，请买滇铜开铸。查滇省铜斤，除供京局及本省川黔鼓铸

---

① 《清实录·高宗纯皇帝实录》卷一二七。
② 《清实录·高宗纯皇帝实录》卷一四〇。
③ 《清实录·高宗纯皇帝实录》卷一四一。
④ 《清史稿》卷十，高宗本纪，中华书局 2015 年版，第 284、367 页。

外，余剩无多。请于沿海各关，凡商船来自日本长崎岛者，应纳税银，悉令以铜代税银完纳等语。据查，海关铜税历来征银，若改征铜，事属创始，必须官无纷扰，商民便易，方可行之经久。今闽海既无铜进口，江浙海关铜数无几，与官商未便。江浙等省需用铜斤，现于洋商自本办回铜内，按数抽买，一应商贩船只，似应照旧征收。乾隆帝从之。①

廿八日辛酉(1741年8月9日)

赐恤故琉球国使臣蔡其栋致祭一次。②

七月初八日庚午(1741年8月18日)

据奏报，粤民流寓台属四邑，年久入籍，堪以应试者共有七百余名。请于岁科两试，将粤童另编新字号应试。四邑通校，共取进八名附入府学。俟应试数次后，取进人数渐多。再将廪增并出贡之处，题请定议。其乡试暂附闽省生员内，数科后数满百名，另编字号，取中一名。乾隆帝从之。③

九月初七日己巳(1741年10月16日)

乾隆帝下谕，添建江苏海防道衙署。④

十七日己卯(1741年10月26日)

据奏报，发遣安南、苏禄、巫来由等国被风难番归国。

二十日壬午(1741年10月29日)

据奏报，闽省咨将朝鲜国飘风难民文隆章等二十名，委员伴送至京。除金赤一名在途病故外，应令朝鲜通事一名，将文隆章等十九名伴送至朝鲜国交界地方，转

---

① 《清实录·高宗纯皇帝实录》卷一四四。
② 《清实录·高宗纯皇帝实录》卷一四五。
③ 《清实录·高宗纯皇帝实录》卷一四六。
④ 《清实录·高宗纯皇帝实录》卷一五〇。

交该国收领。所用车辆、护送官兵、沿途口粮食物照例拨给。乾隆帝从之。①

十一月初四日乙丑（1741 年 12 月 11 日）

南掌国王遣陪臣进乾隆五年贡象二只。②

十六日丁丑（1741 年 12 月 23 日）

九卿议覆贵州道监察御史奏称，铜之为用，在官则供鼓铸，在民则供器用。今鼓铸之铜，尽求之滇，器用取给洋铜。洋铜之来或多或寡，商多空匮，故铜价贵。铜价贵则私销之弊兴，此各省钱价所以不平也。请将滇厂新旧铜斤，按岁额需用外，每年免拨十分之一，售卖予民，以补洋铜之不足。至浙江海关，现在洋铜岁入几何，倘出贩无人，应设法召募。再从前停采洋铜，原因清厘积欠，事出权宜。洋产既停买收，官铜终缺储备。公帑久不出洋，商人必渐稀少，应听江、浙、云南三省大臣从容详度等语。查黄铜弛禁以来，民间需用铜器甚多，该御史请将滇铜酌拨售卖，固属便民之举。但现在滇厂每年获铜，额运各处鼓铸外，并无多余，应俟滇铜加旺，官铜有余，然后定议举行。至现在江浙海关，每岁俱有洋铜进口，官商分买，贾舶流通，但各商资本有限，出贩无多。应如所奏，令江浙督抚广为设法召募。乾隆帝从之。③

十二月初十日辛丑（1742 年 1 月 16 日）

赏南掌国贡使如例，筵宴二次。

十四日乙巳（1742 年 1 月 20 日）

乾隆帝下谕，今岁夏间，台湾地方因米价昂贵，曾借拨潮州仓谷六万石，运台接济平粜，俟闽省秋成丰足，买谷还粤。朕闻闽省目今谷价仍昂，尚须购买于邻省，若再买运还粤，恐一时艰于采买。著将借拨潮州仓谷六万石，免其买运还粤，其平粜谷价，即留闽买谷，以备仓储。至潮属因借拨闽省所缺谷数，著将该处收捐

---

① 《清实录·高宗纯皇帝实录》卷一五一。
② 《清实录·高宗纯皇帝实录》卷一五四。
③ 《清实录·高宗纯皇帝实录》卷一五五。

之项照数补足。①

二十日辛亥(1742 年 1 月 26 日)

琉球国中山王尚敬使陪臣表贡乾隆五年方物。②

乾隆七年　壬戌　公元 1742 年

二月初五日乙未(1742 年 3 月 11 日)

据江苏巡抚奏称，松、太海塘各工与前估各异，有宜停止者，有宜酌办者。乾隆帝从之。

初九日己亥(1742 年 3 月 15 日)

琉球国中山王遣使表进正贡。③

三月初一日庚申(1742 年 4 月 5 日)

乾隆帝召琉球国使臣等进见。

初三日壬戌(1742 年 4 月 7 日)

乾隆帝下谕，凡外国使臣在京，若遇禁止屠宰，其每日应得食物，著照常给与，嗣后永著为例。④

---

① 《清实录·高宗纯皇帝实录》卷一五六。
② 《清实录·高宗纯皇帝实录》卷一五七。
③ 《清实录·高宗纯皇帝实录》卷一六○。
④ 《清实录·高宗纯皇帝实录》卷一六二。

四月廿五日甲寅(1742 年 5 月 29 日)

乾隆帝下谕,督促浙江海塘改建石工。①

五月初七日乙丑(1742 年 6 月 9 日)

建江南宝山县海神庙。②

廿一日己卯(1742 年 6 月 23 日)

据礼部左侍郎张廷璐奏称,京师旧设有会同馆南、北二处,为各国贡使居住之所。设如朝鲜、琉球等国使臣,同时并集,临期未免周章。若借住寺庙,兵丁看守固属不便,于规制亦觉非体。请令内务府将空闲官房指定一二处,以备各国贡使届期分住。乾隆帝从之。

廿九日丁亥(1742 年 7 月 1 日)

乾隆帝下谕,据浙江提督奏称,江南商民徐维华等五十三人,被风飘入琉球国叶壁山地方。彼处官员捞救人货,供给养赡,该国王遣都通事阮为标护送福建交卸等语。中国商民被风飘入外洋,该琉球国王加意照看,养赡资送,不令失所,甚属可嘉,著该部行文传旨嘉奖之。③

七月初二日己未(1742 年 8 月 2 日)

乾隆帝下谕,浙江定海县地方,飘到日本国遭风难民二十人,照例给与米、盐、衣服,遣归本国。④

廿七日甲申(1742 年 8 月 27 日)

乾隆帝下谕,内地米谷偷载出洋,例有严禁。上年冬月,据奏称,崇明一县坐

---

① 《清实录·高宗纯皇帝实录》卷一六五。
② 《清实录·高宗纯皇帝实录》卷一六六。
③ 《清实录·高宗纯皇帝实录》卷一六七。
④ 《清实录·高宗纯皇帝实录》卷一七〇。

落海边，旧例准其采买邻近地方之米，及查考清册。竟有指称崇明多买，并不装运回崇发卖者。是其私贩下海，情弊显然。用是再颁谕旨，著沿海地方之督抚、提镇等，转饬文武官弁，申明禁约，实力奉行，务绝偷越之弊。倘或视为具文，仍有疏漏，经朕访闻，必于该督抚、提镇是问。①

八月初十日丙申（1742 年 9 月 8 日）

据奏报，龙门协孤悬海岛不产米谷，请将廉州府仓，并钦州、合浦、灵山三州县仓内，拨谷一万石，运至龙门协建仓收贮，接济兵民。乾隆帝从之。

十一日丁酉（1742 年 9 月 9 日）

据奏报，琼南四面环海，中有五指山，住居生熟黎人，性质愚蒙，不知读书，应照云贵、湖南苗童之例一体教导。于黎峒相近之区，崖、陵、昌、感、儋、万、定等七州县设学一十三所。选择品学兼优之贡生生员，每年给与修脯，令实心教诲。果有识字成诵者，量赏纸笔，能通文应试者，另编黎字号。每州县额取一名，一体乡试。②

廿八日甲寅（1742 年 9 月 26 日）

乾隆帝下谕，闽省为滨海之区，百姓多藉鱼盐之利以为生计。朕闻该省盐课内颇有苦累商民之处。盖有司于应征银两外，辄以杂费无出借端加派，习以为常。此巧取陋规不便于商民者，著该督抚一一确查，通行禁革。如有必不可少之杂费，即于项内存留若干，减去若干，不得仍前多索，永著为例。

是月，浙江巡抚常安覆奏江塘海塘为浙省要务。

是月，乾隆帝下谕，加意抚恤玉环一营，瑞安、平阳二县，因陡起飓风，沿海一带被水灾民。③

---

① 《清实录·高宗纯皇帝实录》卷一七一。
② 《清实录·高宗纯皇帝实录》卷一七二。
③ 《清实录·高宗纯皇帝实录》卷一七三。

九月廿八日甲申（1742年10月26日）

山东巡抚奏称，登、莱等府不通河道，洋面水势最险，东省船只从无一至彼者。若令江省放舟逾越大洋，至莱载谷，复航海至苏，挽运抵淮。不独风涛汹涌，抑且挽运迢遥。且今岁莱属被水，民食恐有不敷，未便以该处粮石，复行拨运。查东省临清、德州二处，现在存贮本年奉旨截留江西漕米十万石。该地俱属河滨，船只甚便，若由运河顺流而下，十余日间即可抵淮，运费复省。其利便之处，较外洋不啻百倍。乾隆帝从之。

是月，据奏报，有朝鲜遭风商船一只，查明林第兴等十一人，照例给与衣粮，遣回本国。

是月，闽浙总督奏称，臣拟于十月初旬，自福州起程，由温、台、绍等府阅看沿海形势、水陆营汛。俟到杭日，会同抚臣常安将柴塘改建石工，有无利益，确勘具奏。乾隆帝下谕，所奏俱悉。卿到浙与彼和衷详酌为之，亦不可存惜费省事之心也。

是月，浙江巡抚奏称，内米私贩下海，所关非细。臣留心查禁，密行缉拿，务期一无遗漏，致资洋匪。再闻闽省有匪徒纠众为非，恐党类蔓延，勾通浙民。严饬文武官弁，藉此巡查洋米，密察奸徒，加意防范。乾隆帝下谕，如是留心，实不愧封疆之寄也。

是月，据奏报，莱州府属被水歉收，粮价日昂，且地处海滨，不通江广。若任商贩米出海，必至民食维艰，更恐将来匮乏。自应暂时停止，留济本地，俟来岁丰收，仍听贩运。乾隆帝下谕，此不过属员为一邑一郡之说。汝等为封疆大吏，不可存此遏籴之心也。若果无米可贩，彼百姓自不贩运矣。何待汝等之禁乎？[1]

十月初五日庚寅（1742年11月1日）

两广总督公庆复奏称，广东地窄民稠，雍正五年援闽省之例，开趁南洋，阅久相安，兹以噶喇吧番目戕害汉人。署闽督策楞，恐番性贪残，并有扰及商船，请禁

---

[1]　《清实录·高宗纯皇帝实录》卷一七五。

南洋贸易，固为防微杜渐。但闻番目此举，伊地贺兰国王责其太过，欲将镇守噶喇吧番目更换。再三安慰商船，照旧生理，则该番并无扰及客商之意，请毋庸禁止南洋贸易。闽浙总督那苏图奏称，商船出洋者十之七八，其中有至暹罗、柔佛等国者，宜加分别。请将噶喇吧暂禁，其暹罗、柔佛等国，仍准往来。两江总督宗室德沛奏称，外番肆横，固当禁止，以俟革心。而议禁南洋，不能不弛禁诸国，且该番因禁止通商，必致穷乏。是以商船回棹，加意抚慰周旋，是番性虽残，亦知畏惧。况其所害者，原系彼地土生，实与番人无异。南洋商贩，仍听经营为便等语，查各督抚所议，或请毋庸禁止南洋，或请暂禁噶喇吧往来，虽所议不同，其意皆以仰体皇上怀柔至意，令海外远夷悔过自新，均沾德泽。应请将南洋一带诸番，仍准照旧通商。其洋船进口带米一节，既据江广闽浙督抚等查明，或经奏准听从商便，或食米余剩，粜卖多寡不一，或向无买米装回，应令各该督抚等遵照原议办理。闽浙总督那苏图奏称，外洋贸易，或至压冬又遇飓风，难以逆料，然亦不过三年内定可回棹。查海疆立法，自宜严密，但内地外洋，情形各别。今内地贸易，定以二年为限，其重洋风信难定，限期太促，恐有未便。应如所请，商船往贩诸番者，以三年为限。如逾期始归，即将舵水人等不许再行出洋。其外洋汛地，如有停泊洋船，查验船照已阅多年者，将该船勒令入口，交地方官查讯详报。乾隆帝从之。①

廿八日癸丑(1742 年 11 月 24 日)

闽浙总督奏称，近年台湾米贵，又遇偏灾。从前题定每年拨运金、厦、漳、泉米一十六万余石，递年压欠。积二十余万石，业经奏准，分三年运足，实缘内地需米孔殷，拨协必不可少。先实台仓，俟台仓既盈，再买运内地。将兵糈民食，无从措办，应仍照前拨运，毋庸更改。乾隆帝从之。

是月，江南苏松镇总兵奏报，海外汛兵，非同内地有保甲之稽。关津之诘，全藉巡哨船只防范，不可概行彻回。乾隆帝下谕，所奏俱悉，实力稽查可也。

是月，福建海坛镇总兵黄锡中奏阅视官兵情形。乾隆帝下谕，所奏俱悉。然闽省武备甚属废弛，兵丁不守法纪，汝应加意整饬可也。②

---

① 《清实录·高宗纯皇帝实录》卷一七六。
② 《清实录·高宗纯皇帝实录》卷一七七。

十一月十二日丁卯(1742 年 12 月 8 日)

浙江巡抚奏称,玉环山城垣于乾隆六年七月遭飓风,坍坏城身垛口城楼。该地孤悬海外,非同内地,城垣最关紧要,亟宜修整,以资捍卫,请动支玉环经费银兴修。乾隆帝从之。

是月,乾隆帝下谕,定海县羊山地方,孤悬海中,密迩大洋,产铁砂,严行禁止开采,以防偷贩出洋。

是月,福建巡抚刘于义奏报,台湾彰化县突有奸民二十余人,聚众竖旗,散扎为匪,诱胁愚民。而扎内又载有功封官字样,情罪重大,已经先后拿获,严行审办。乾隆帝下谕,所奏俱悉。此等风气,闽省往往有之,汝等最宜留心,又不可掩饰以图无事也。①

十二月十七日壬寅(1743 年 1 月 12 日)

闽浙总督那苏图奏称,浙江磐石营向设水师参将一员,雍正六年移驻玉环,该处另设陆路都司。查磐石面南一带尽属大洋,沿海悉系沙涂,船只往来,俱由磐石随潮而进,六十里直连郡城。该营止设小艇二只,仅可内港巡查,不能外洋历险。请以磐石地方添设之水师参将,玉环左营陆路守备改为水师,兼辖陆路。所需巡船,于玉环右营拨用,右营水师守备,移驻磐石,各海口悉归管辖。其巡查内地营汛,仍归陆路都司。磐石城内,旧有守备衙署,止须修葺,添盖营房三百余间。乾隆帝从之。

二十日乙巳(1743 年 1 月 15 日)

乾隆帝下谕,华家巷迤东至浦儿兜石塘交界,柴塘一千八百余丈,应于柴塘外面临水之处,间段用竹篓盛贮碎石层层排筑,形同坦水。既可外捍潮汐,又可内护塘基。候石篓根脚坚实,水去沙停,渐涨淤滩,再照原议建筑石塘。从闽浙总督那苏图之请。

---

① 《清实录·高宗纯皇帝实录》卷一七九。

廿六日辛亥（1743 年 1 月 21 日）

乾隆帝下谕，台湾地隔重洋，一方孤寄，实为数省藩篱，最为紧要。虽素称产米之区，迩来生齿倍繁，土不加辟，偶因雨泽愆期，米价即便昂贵。盖缘拨运四府及各营兵饷之外，内地采买既多，并商船所带，每年不下四五十万。又南北各港来台小船，巧借失风名色，私装米谷，透越内地。彼处概给失风船照，奸民恃为护符，运载遂无底止，且游手之徒乘机偷渡来台，莫可究诘。闻此项人等，俱从厦门所辖之曾厝垵、白石头、土担、南山边、刘武店，及金门所辖之料罗、金龟尾、安海、东石等处小口下船。一径放洋，不由鹿耳门入口，任风所之。但得片土，即将人口登岸，其船远棹而去，愚民多受其害。况台湾惟藉鹿耳为门户稽查出入，今任游匪潜行往来，海道便熟。将鹿耳一门，亦难恃其险要，殊非慎重海疆之意。朕所闻如此，著该督抚、提镇，严饬所属文武官弁，将以上各弊一一留心清查，并于汛口防范周密，不使稍有疏纵，庶民番不致缺食，港路亦可肃清。该部可即传谕知之。

是月，两江总督宗室德沛奏称，江南甫经灾伤，务须播种如期，庶于民食有济。其如古沟漫决之后，诸水尽归下河之兴、泰、盐城等处。疏导之法，惟有引之入海，乃海口范堤高于内地，既无束水长堤，使之遄行，计惟开挖堤岸，以资宣泄。但开挖过低，则海水倒灌堪虞，若留蔽海潮，则积水依然停潴。是泄之无路可通，涸之为期尚远。目前既不能种植，即明春补种，亦属悬拟。被水黎庶于明年三四月赈毕后，室既无粮，地复无产，一旦饥驱，岂能安分？除接赈外再无他法，恳将不能涸出补种处所，再于加赈后，酌定月分接赈。乾隆帝下谕，惟朕恩是赖，国帑是需，汝司封疆任经纶者何事？

是月，据奏报，崇明镇四面环海，产米鲜少。本年曾经提臣吴进义奏准，将余存息银购米存贮，借给该镇兵丁。查此项原系营中积贮，若照该地商民之例，令赴上江等处采买，往返需时，有误差操。若听在附近采买，诚恐奸商贿通弁兵人等夹带多买，致滋透漏。今酌议该镇采买兵米，每年不过一二次，如遇应买，即在长、元、吴、常、昭等县仓粮内，照数拨运。船到立即兑装开行，不许逗遛，其价值照该处市价扣收，印官买补还仓。乾隆帝从之。①

---

① 《清实录·高宗纯皇帝实录》卷一八一。

乾隆八年　癸亥　公元 1743 年

正月初二日丁巳（1743 年 1 月 27 日）

调福州将军策楞为广州将军，兼管粤海关事务。以镶白旗满洲都统新柱为福州将军，兼管闽海关事务。

十三日戊辰（1743 年 2 月 7 日）

乾隆帝下谕，前据浙闽总督那苏图等奏称，闽省需用米谷，恳请截留江浙漕米二十万石，运闽备用，部议未曾准行。在部臣持筹全局立议固属允当，但闽省产米无多，转输不易，那苏图为豫筹积贮起见，恐一时丰歉不齐，临期难于部署，复申前请。著照所奏，将浙江尾帮漕米截留十万石，运至闽省以裨益缓急。计漕臣奉到此旨之日，正浙省尾帮抵苏之时，查乾隆三年拨江广之米运往闽省，总兵陈伦炯曾将米石由长江换海舶出口海运，直抵闽省，此番亦应就近由海运闽更为便捷。该部即速行文漕运总督及江南督抚，并崇明总兵张天骏知之。①

二月初九日癸巳（1743 年 3 月 4 日）

户部议覆两江总督宗室德沛疏称，海州、赣榆二属漕粮，前任督臣庆复以地系滨海，土性不宜米谷，小民苦于购纳，题请折征解部。经部议，仍令民折官办，请嗣后于海州糟粮粳米，每石征银一两二钱，赣榆粟米，每石征银一两。遇时价过昂，另题请旨，或年丰价贱，征有赢余。核抵下年征额耗米一项，亦应照数征收等语，所奏纷繁，恐官吏捏报滋弊。应照议定江西泸溪县糟粮之例，各依时价采买，先动藩库银，及时购办兑运，随示谕里民如数归款。乾隆帝从之。②

---

① 《清实录·高宗纯皇帝实录》卷一八二。
② 《清实录·高宗纯皇帝实录》卷一八四。

三月廿一日乙亥（1743 年 4 月 15 日）

吏部左侍郎奏称，内地之米向例不容私贩外洋，而外洋往往倍价私籴，奸民趋利，仍有装载货船出口之弊。出洋者多，则内地见少，价贵妨民，势所必至。请敕沿海督抚严饬防海文武，查凡出口商船，无论货船、渔船，除食米外，不许稍有夹带，亦不得借端勒索。违者本人如律究治，文武各官立即参处。乾隆帝从之。

是月，据奏报，苏郡米价至三四月间恐致高昂，已饬司道于上年留漕米内，多为截留平粜。至禁米出洋严查，全在近海各口，饬文武员弁赴口查验。其洋贩食米，准计口按日，分别验放，不使溢额。并饬属于崇明等处，查以印票购买者，均不得多买滋弊。惟贫民一遇价昂，多以禁价遏粜二事为请，复恐禁价则商贩不前，遏粜则缓急莫济，均属难行，不便徇民所请。乾隆帝下谕，应如是权宜轻重而为之。

是月，浙闽总督那苏图奏报，查禁台地偷运偷渡，不专在台地之对岸，尤在台地之各口。臣饬属防范，惟自台返棹船只，查非捏报遭风，量给食米，并寄庄佃租，运回漳泉者，均报官给照，准其出口。其余商贾贩运及捏报遭风各船，一概禁止。各口小船，编号约束，止令照旧往来支海，以抵郡为率。如有偷越大洋，将守汛员弁重惩，仍严饬文武协力查禁。乾隆帝下谕，应时刻留心者。①

闰四月初三日丙辰（1743 年 5 月 26 日）

琉球国王尚敬遣使进表、贡方物。②

五月廿九日辛亥（1743 年 7 月 20 日）

苏禄国王遣陪臣进表、贡方物，奏请三年后复修职贡。乾隆帝下谕，所请三年复贡之处，恐该国道远，风信难期。著仍遵雍正五年所颁敕谕内，酌俟五年之外。③

---

① 《清实录·高宗纯皇帝实录》卷一八七。
② 《清实录·高宗纯皇帝实录》卷一九〇。
③ 《清实录·高宗纯皇帝实录》卷一九三。

六月初三日甲寅(1743 年 7 月 23 日)

乾隆帝下谕，南掌国贡象，旧例以五年为期，远道致贡，未免烦劳，著改为十年一贡。

十四日乙丑(1743 年 8 月 3 日)

乾隆帝下谕军机大臣，闻得天津水师营兵丁，平日并不以操练为事。自设驻防以来，迄今将届二十年，而于海面行舟之道，尚未谙悉。每逢春秋，战船停泊海岸，遇都统查阅日期，海口傍近地方苟且塞责，略为驾驶。俟都统查回后，即在船内饮酒赌钱，并不演习技艺，以致有名无实等语。著寄信常久、富清查明此事，据实奏闻。①

十七日戊辰(1743 年 8 月 6 日)

赏给苏禄国陪臣缎匹如例。

十八日己巳(1743 年 8 月 7 日)

给事中陈大玠奏称，闽省去岁薄收，督臣奏请截留浙漕十万石，海运至闽平粜。经御史沈廷芳奏，奸商泛海，购米逐利，凡产米之地，不许洋船夹带越漏。窃思沈廷芳系浙人，臣系闽人，浙闽之民皆我皇上赤子。今闽人全赖海运拨赈，且商船出入，原有行户保认官员稽查。请申明旧例，无庸禁止，以滋商民之累。乾隆帝下谕，此事著该部议奏。陈大玠只宜就事论事，疏中闽人、浙人之说，先分畛域，立言失体，著饬行。②

七月十九日己亥(1743 年 9 月 6 日)

南掌国王遣头目表谢赏赐缎匹恩。③

---

① 《清实录·高宗纯皇帝实录》卷一九四。
② 《清实录·高宗纯皇帝实录》卷一九五。
③ 《清实录·高宗纯皇帝实录》卷一九七。

八月初四日甲寅(1743 年 9 月 21 日)

乾隆帝下谕,据署广东总督策楞等奏,上年十一月内,嘆咭唎国巡哨船只遭风坏船,飘至澳门海面,并遣夷目撑驾三板小船,径至省城,恳求接济水米。沿途水塘汛弁,绝无盘诘稽查。后经督抚准令湾泊内海,接济口粮、采买木料、修理船只,俟风信便时,饬令出口。策楞随将海口毫无查察之副将王璋,并不早为揭报之总兵焦景竑题参。夫题参固当,然亦该省向来因循之所致也。马尔泰到任后,当亟力整顿之。至王安国,虽无节制总兵之责,但地方公务皆职守所关,必协力同心,诸凡商酌,于事乃克有济。若抚臣于海疆诸务,推诿武职而肩承不力,或镇臣玩视巡抚而呼应不灵,不但失和衷之道,且于地方公务必致贻误,岂朕委任之意?用是特降谕旨,著该部即行文该省督抚、镇臣等知之。

初八日戊午(1743 年 9 月 25 日)

巡视台湾御史奏称,台郡孤悬海外,情形与内地不同。向例额中举人二名、录送科举五百名,今定额止送二百名。应裁减过半,恐无以示鼓励,应如所请,于定额二百名外,择其文理清通者,酌量宽余录送,内地不可援以为例。乾隆帝从之。①

是月,广州将军暂署两广总督印务策楞奏称,安南国夷目带领兵船于七月初八、十、九等日,与桃山夷匪兆晓打仗,杀伤贼匪一千余人,获贼船一百余只。兆晓仍逃回桃山,桃山离钦州远隔一海,料不能远越重洋潜入内地,但边防不可不慎。现檄沿海各镇,督率营弁酌拨兵船,加谨巡哨。乾隆帝下谕,正宜如此办理。②

九月初五日甲申(1743 年 10 月 21 日)

乾隆帝下谕,朕轸念民艰,以米粮为民食根本,是以各关米税概行蠲免,其余货物照例征收。至于外洋商人,有航海运米至内地者,尤当格外加恩,方副朕怀远之意。上年九月间,暹罗商人运米至闽,朕曾降旨免征船货税银。闻今岁仍复带米来闽贸易,似此源源而来,其加恩之处,自当著为常例。著自乾隆八年为始,嗣后

---

① 《清实录·高宗纯皇帝实录》卷一九八。
② 《清实录·高宗纯皇帝实录》卷一九九。

凡遇外洋货船来闽、粤等省贸易，带米一万石以上者，著免其船货税银十分之五，带米五千石以上者，免其船货税银十分之三。其米听照市价公平发粜，若民间米多，不须籴买，即著官为收买，以补常社等仓，或散给沿海各标营兵粮之用。俾外洋商人得沾实惠，不致有粜卖之艰。该部即行文该督抚、将军，并宣谕该国王知之。①

是月，浙江巡抚常安奏报，浙省海宁县鱼鳞塘工告成。查海塘自雍正十一年起至乾隆八年止，各案工程共用银二百三十余万两，支销各款，现在清查。其历年效力人七十五员，拟一并送部引见，听候部议。

是月，乾隆帝下谕，台湾四县一厅被旱，分别赈恤。②

十月十六日乙丑（1743 年 12 月 1 日）

乾隆帝下谕，据直隶总督高斌奏称，直隶天津、河间等属，今年夏间被旱，业已蒙恩赈恤。第歉收之后，米价尚属昂贵。闻奉天米谷丰收，请弛海禁，俾商民贩运，米谷流通，接济天津等处民食等语。奉天一省，今年朕亲临幸，目睹收成丰稔，米价平贱，以之接济直隶，洵属寡多益寡。著照高斌所请，准其前往贩运。自奉旨之日至次年秋收为止，令该地方官给与商人印票，听奉天将军、府尹查验，收买之后给以回照。仍行文知会直隶总督，并令沿海官弁时加稽查，毋令私出外洋。庶需谷者得以糊口，而粜贩者又藉以获利，于奉天、直隶二省均有裨益，该部即行文该督抚、将军、府尹等知之。③

十一月初二日辛巳（1743 年 12 月 17 日）

乾隆帝下谕军机大臣，前因暹罗国商人连年带米来闽，朕曾降旨免征船货税银，并令嗣后凡外洋商民运米至内地者，酌量米石多寡，分别免税，著为常例。盖外洋果有余米运来内地贸易，于沿海各处民食，自不无裨益，加恩免税。所以嘉惠远商，亦为内地民食计也。第恐内地奸商，希图宽免货税之利，将来偷漏出洋，复借此夹带货物转载至口，捏称该国运来米石。向来贩米出洋例有严禁，惟在各该督

---

①　《清实录·高宗纯皇帝实录》卷二〇〇。

②　《清实录·高宗纯皇帝实录》卷二〇一。

③　《清实录·高宗纯皇帝实录》卷二〇三。

抚时饬地方员弁，于各口要隘实力巡查，严核出入，毋得稍有疏懈，庶几弊端可除，而沿海民人得实受外洋运米之益。可寄信与江南、浙江、福建、广东等省督抚知之。

十一日庚寅（1743 年 12 月 26 日）

安南国王黎维祎表谢赐祭及袭封恩，进贡方物。

原署两广总督策楞等疏称，广州一府，省会要区，东南紧接大洋。前已奏设香山、虎门二协，而文员未有专属，防范难周。又澳门番夷，亦宜严密弹压。请将肇庆府同知移驻前山寨，稽查出入海船，兼管澳夷，归广州府管辖。其原管捕务，归肇庆府通判兼理。又将香山县县丞移驻澳门，专司民番词讼，属该同知管辖。再照理猺同知之例，给与把总二员、兵丁一百名，在香山、虎门两协内各半抽拨。并酌拨巡缉船只，添建衙署营房，铸给印信。乾隆帝从之。①

廿二日辛丑（1744 年 1 月 6 日）

赈贷福建台湾、凤山、诸罗三县被旱灾民，并缓新旧额征。②

十二月初三日壬子（1744 年 1 月 17 日）

乾隆帝下谕，朕闻浙省温、台二洋，为鱼船采捕之所。从前玉环未经展复以前，凡鱼船在洋采捕者，汛兵需索陋规，无异私税。后因展复玉环，该地方官惟恐经费无出，遂将陋规改收涂税，以资经费之不足，此一时权宜之计也。而每年委微末员弁及丁役人等，往往借端苛索，上司查察难周，不无苦累。朕思滨海编氓以海为田，每岁出没于风涛之中，捕鱼以糊其口，生计淡薄，应加轸恤。况自玉环展复以来，地方所有钱粮，已敷公事之用，无庸更收涂税。著将此项永远革除，免致不肖官弁、丁役苛刻需索，扰累贫民。该部即行文该督抚知之。

奉天将军额尔图等议奏、御史明德条陈，奸商私囤粮石，藉边外蒙古人等进关贩卖之便，挽载运至临榆县属沿海有船地方，偷运入海，请设法查禁。查关内临榆、卢龙等州县，向资奉天米粮接济，是以旧例止禁海运，不禁陆运。兹既有奸商私囤，偷运他处，应交奉天府尹严查办理。嗣后如边外蒙古人等，进关粜卖米粮，

---

① 《清实录·高宗纯皇帝实录》卷二〇四。
② 《清实录·高宗纯皇帝实录》卷二〇五。

边门章京呈报西锦州副都统详查，给与印文，尚途查验。奉天旗民进关贩卖者，报明该地方官，查系本家余粮，亦呈报锦州副都统、锦州知府，行文沿途查验，准进关随到随卖，不许积贮。又山海关内沿海州县捕鱼船只，携带米粮往邻邑贩卖者，应饬天津宁河等处州县于给船票时，查明实系本地民人，装载米数，给票贩卖，回时文武衙门详查出入各数。倘有私越外洋，立即详究，或巨船可入大洋者，不得滥行给票。乾隆帝从之。

十四日癸亥(1744 年 1 月 28 日)

　　琉球国中山王尚敬遣使进表、贡方物。①

十七日丙寅(1744 年 1 月 31 日)

　　左都御史管广东巡抚王安国疏称，钦州滨临大海，与安南国地界犬牙相错。雍正十三年，将州判一员移驻东兴，并未颁给关防。查钦州州判，抚辑民夷，实为分疆要任。应请于本省州判内拣员调补，并铸给钦州分防东兴州判关防。乾隆帝从之。②

乾隆九年　甲子　公元 1744 年

正月廿八日丙午(1744 年 3 月 11 日)

　　礼部题准琉球国王遣使表进七年分贡物，留作九年正贡。乾隆帝从之。

　　是月，据奏报，闽省鼓铸钱文现在需铜，今有遭风商船愿将自本洋铜抽卖一半，以资鼓铸，请按数给值，以恤难商。乾隆帝下谕，著照所请行，咨部知之。③

---

① 《清实录·高宗纯皇帝实录》卷二〇六。
② 《清实录·高宗纯皇帝实录》卷二〇七。
③ 《清实录·高宗纯皇帝实录》卷二〇九。

二月十四日壬戌（1744 年 3 月 27 日）

免福建台湾、凤山、诸罗三县旱灾额赋有差，分别赈贷。①

是月，浙江巡抚常安奏报，查勘宁波府沿海地方，更坐战船，驾入海洋，抵镇海县，复由镇海抵定海。巡视海面，凡涉外洋之山，最易藏奸。虽膏腴沃衍之区，必须严行饬禁，毋许开垦、采捕、煎烧等类，以滋事端。乾隆帝下谕，所奏俱悉，汝如此勤于王事，冲冒风涛，不无劳顿否？②

三月廿九日丁未（1744 年 5 月 11 日）

御史李清芳奏请，奉天等处海禁不必限以七月，请俟丰收后再为酌量办理。乾隆帝下谕，奉天海禁，著照所请宽至今冬，余著议奏。

是月，据奏报，宝山县海塘石工告竣，但水势变迁靡有一定，自应随时查勘，相机防御。乾隆帝下谕，相机防御，甚为至当之论，勉为之。③

四月初十日丁巳（1744 年 5 月 21 日）

浙江温州凤凰洋大风，所有截留江苏漕粮运闽十万石，沉失五百五十石。督运之苏松水师总兵官胡贵奏报，愿按数捐赔。乾隆帝下谕，冒险成全此事已可嘉矣，岂有复令捐赔沉失米石之理？督抚自有定例，题请豁免也。④

是月，浙江巡抚常安奏覆，遵旨阅苏抚陈大受一折，查各省年岁有丰歉之分，地方产谷有多寡之别，藉商贩之流通，为闾阎之接济。兹陈大受因浙江温、处商贩，谓苏郡非产米之地，意为苏郡起见，未免过分彼此。臣以为温、处所籴苏郡之米，亦不过江、广、上、江聚集于苏郡者耳。既可聚集于苏郡，似无有但到苏郡，即行禁遏之理。况浙省衢、严之米，多为江南徽州贩运，即温、处少米之地，尚且

---

① 《清实录·高宗纯皇帝实录》卷二一〇。
② 《清实录·高宗纯皇帝实录》卷二一一。
③ 《清实录·高宗纯皇帝实录》卷二一三。
④ 《清实录·高宗纯皇帝实录》卷二一四。

有闽商贩运，浙省从无禁遏，不应温、处之与江苏，独有彼此之分也。若云海禁，查浙省乍浦海船出入，必由内河起剥过坝，与别省沿海内河直接大洋者不同，自乍至温，断难飞越。凡商运米船，先令地方官，查选土著，验明商本，取具印保各结，开明年貌、籍贯，通详给照，赴江买运。乍口官验符合，于照内填注钤印，移会经过汛防，查验放行。一面咨会给照地方官，米船进口，查验数目相符，然后销照。是浙省稽查之法，已为详备，而苏抚以为轻开海禁，殊不知倍常加谨也。总缘温在海滨，处在山内，民贫土瘠，即非歉岁，米亦无多。因查照乾隆二年大学士嵇曾筠奏准，招商给照，赴江省贩运，以济温、处民食。盖温、处地方，与江省之水道四通，商米云集，情形迴别，是以招商接济，以免临时周章。实以海洋之禁，惟在汛口查察之精严，不在内地商船之来往。况苏、浙谊属辅车，何必过分畛域？今奉旨特赐截漕。臣现已酌拨二万石分发温、处，既民食有可取给，已将招商之举饬停。乾隆帝下谕，汝谓陈大受有此疆彼界之心，是也。然以朕视汝，亦不可谓全无，总之汝等即为此而矛盾，亦尚系为民之事，出于不得已也，但以后丰年可不必。若实需谷孔亟，只可仍照此行耳。将此旨寄与陈大受观之。①

五月初三日庚辰(1744 年 6 月 13 日)

南掌国王表谢五年贡象一次改为十年恩，报闻。

初四日辛巳(1744 年 6 月 14 日)

乾隆帝下谕，乾隆七年十一月内，漳州城守营把总马庇，管带班兵赴台更换，在洋遭风折舵，飘至广东琼州府文昌县地方。彼时各兵借支盘费口粮银五百七十九两六钱，例应于各名下均摊扣追还项。朕念兵丁等于海洋遭风，备历艰险，情殊可悯，所有借支银两，此时难以扣抵，著加恩豁免，以示优恤。②

六月初十日丙辰(1744 年 7 月 19 日)

大学士鄂尔泰等议覆署两江总督尹继善奏江省商贾不便贩运米谷到闽一折，查米石出洋向有例禁，近因闽省米价昂贵，该抚周学健请暂准江省出口商船带运，给与照票赴闽，此亦一时权宜之计。不知东南海防利害攸关，开禁之后所恃

---

① 《清实录·高宗纯皇帝实录》卷二一五。
② 《清实录·高宗纯皇帝实录》卷二一六。

为稽查者，不过印照一端。其实帆樯迅驶，借运闽之名转售外洋，以博重利，印照岂能拦截？其间或捏报失风，或捏称沉溺，茫茫大海，何从究诘？又况怀诈小民，保无潜引洋面诸国，私通侦探，亦不可不防。至于闽省必须接济之处，业经乾隆四年户部覆准，原任闽督德沛等，照依江浙买江广米石之例。如遇歉岁，委员于米贱省分购买，海运接济。是海运有文武员弁督押稽查，非比商贩自去自来，易于滋弊。应如该督尹继善所奏，仍循定例，委员采买，毋庸招商，以弛海禁。乾隆帝从之。

十二日戊午(1744 年 7 月 21 日)

乾隆帝下谕，嗣后凡有海塘工程，俱用部颁官尺画一，而绝以少报多之弊。①

是月，据奏报，宝山县六月二十日飓风大作，海潮涌出塘面数尺，塘工有损伤处。②

七月十四日己丑(1744 年 8 月 21 日)

据奏报，太仓州属之宝山县地滨大海，潮汐汹涌，所有月浦土塘被潮冲刷。请建筑单路石坝，外加桩石坦坡，并接筑抄塘使与土塘联属，中设涵洞宣洩。乾隆帝从之。③

廿八日癸卯(1744 年 9 月 4 日)

乾隆帝下谕军机大臣，朕闻七月初三日起至七月初六日止，浙省连雨四日，杭州绕城江塘石条，水冲一二层，相近居民房屋倾倒。杭州府、嘉兴府、严州府、绍兴府属钱塘、仁和、海宁等处十数县，江海石塘土堤稍有损坏，房田亦被水冲，官船、民船伤损，人口亦有淹毙。再严州府属淳安县、绍兴府属山阴县，此二县被灾又稍重，此事常安并未奏闻，尔等可寄信询问，令其据实具奏。寻奏，七月初三、四、五等日风潮，杭州江塘眉土冲泼，当即填平，民屋并无倾倒，海盐、海宁石塘亦未损坏。惟老盐仓观音堂等处柴塘间有蹲挫，随昼夜抢修，克期告竣。嘉属所辖

① 《清实录·高宗纯皇帝实录》卷二一八。
② 《清实录·高宗纯皇帝实录》卷二一九。
③ 《清实录·高宗纯皇帝实录》卷二二〇。

乍浦城外天后宫一带，曾经进水，旋即消落，绍兴一属被水亦轻。独严州一属，山水陡发，人民田庐多有淹没，业经缮折，具奏报闻。

廿九日甲辰（1744 年 9 月 5 日）

蠲免福建台湾府属之台湾、诸罗、凤山等县乾隆八年秋旱成灾额赋。①

八月

据奏报，粤省地当濒海，倘遇盗贼窃发，惟赖舟师追捕。现甲兵之内，每见一经上船，即头晕呕吐，不能起立，皆平日未练所致。应照闽省驻防水师旗分一例办理，现详加筹画，酌定规条，加意训练。②

九月十一日乙酉（1744 年 10 月 16 日）

乾隆帝下谕军机大臣，据那苏图奏称，台湾孤悬海外，并无土著，所聚民人半属游惰。现在巡台御史熊学鹏倡议开辟荒地，招养穷民，以图生聚。但台郡为五省藩篱重地，所当防维者，不在生熟各番，专在各处游惰之辈，从前朱一贵、吴福生皆其明验。虽有旷土可耕，而封禁已久，万难开辟，若信奸民浮议，遽行召垦，恐游棍偷渡日多，利小而害大。臣因台属文武皆言此番欲开禁地，系抚臣周学健授意令熊学鹏、台湾道庄年查办，臣是以屡向抚臣切陈利害，抚臣亦以为是。今于抚臣入闽之时，复谆切丁宁，望其中止等语。台湾孤悬海外，聚处其地者多无藉之徒，惟宜静镇弹压，息事宁人，不应听奸匪之浮言，图目前之微利。遽议召垦，或致将来别生事端，甚有关系。朕意亦是如此。周学健与熊学鹏俱是江西人，想果授意于熊学鹏，令其查办耶，此事必不可行，可即传谕周学健知之。③

廿二日丙申（1744 年 10 月 27 日）

闽浙总督调任两广那苏图奏称，闽省沿海各营俱系题缺。漳浦外通大海，内连海澄云霄等处，实为边海要区，部选人员未能熟悉情形。请将游守各员改归题缺。

---

① 《清实录·高宗纯皇帝实录》卷二二一。
② 《清实录·高宗纯皇帝实录》卷二二三。
③ 《清实录·高宗纯皇帝实录》卷二二四。

乾隆帝从之。

是月，据奏报，闽省台郡于七月初旬风雨猛骤，鹿耳门外损坏商船、淹毙人口业经委勘外，其余晚禾秀发，可望丰收。内地漳泉一带于八月十六七日连得大雨，海潮上涌，城市村庄间有被水之处。近省地方七、八两月，未得十分透雨，节次遣弁查勘，均不至水旱成灾。乾隆帝下谕，其被水被旱处虽不成灾，亦应抚恤，毋致失所也。

是月，据奏报，据暹罗国头目称，从前暹邦需用铜器，因无匠作，特采买本地红铜，装载进广，觅匠制造。嗣因铜器例禁出洋，未蒙许载回国，伏恳俯准给还。查定例，铜器不许出口，原指贩运内地铜斤出洋者而言。暹罗自行买备进口倩工制造，与兴贩不同，请降旨恩准给还。乾隆帝下谕，所见是，然亦无庸特降谕旨。①

十月

据奏报，苏禄国王遣使者附商船来厦，赍有咨文。称该国贡使马光明等事竣未回，遣伊等探问消息。查该国王于乾隆八年遣使马光明等赴京进贡，事竣回闽。业饬配渡放洋，今迟至半载尚未回国，必有在洋遭风之事，俟确查踪迹，行文知照该国王。现将使者安顿抚恤。乾隆帝下谕，只可将此情告彼来使，令其回报伊国，复留彼在此无益。

是月，巡视台湾给事中等奏报，福、兴、泉、漳四府连岁歉收，经抚臣议拨银五万两来台，籴买谷十万石运送内地，其所拨之银尚未到台。臣先与道府按产谷处所多寡情形，预定派买数目，一面预备船只，酌定运送章程，使内地仓储不致久悬，台地船户商民亦无丝毫贻累。乾隆帝下谕，所奏俱悉。②

十二月

江南提督吴进义奏巡查沿海地方情形，乾隆帝下谕，勉力整饬营伍。③

---

① 《清实录·高宗纯皇帝实录》卷二二五。
② 《清实录·高宗纯皇帝实录》卷二二七。
③ 《清实录·高宗纯皇帝实录》卷二三一。

乾隆十年　乙丑　公元 1745 年

正月十六日戊子(1745 年 2 月 16 日)

乾隆帝命江南督抚轮阅海防。①

二月初三日乙巳(1745 年 3 月 5 日)

军机大臣议覆广州将军策楞、副都统安华奏报，广州驻防，请照闽省例，添设水师营。查粤东滨海，首重舟师，现在驻防披甲，皆未熟悉洋面情形，并有一经泛海，畏怯不能坐立者，何以责其哨捕？应如所请添设，仍令该将军会同该抚，将各事宜妥议具题。乾隆帝从之。

浙江巡抚兼管盐政疏称，崇明盐务，从前责成县丞巡查，今既设巡盐大使专缺，应悉归管理，仍听地方官统辖。乾隆帝从之。②

廿八日庚午(1745 年 3 月 30 日)

据奏报，台郡民番错壤，经福建布政使会同巡台给事中彻底清查，断以民地归民，番地归番，各相允服。其历任武职旗员庄产，实无侵占投献，致涉争控者，应如所请，照旧管业。并行令该督抚遵照谕旨，转饬台郡武员，毋得再行开垦，置立庄田。乾隆帝从之。③

三月初四日丙子(1745 年 4 月 5 日)

奉天将军达勒当阿奏报，内地撑船人等于去年五六月间，冒出朝鲜采猎。臣自奉文后，即密饬佐领等率兵前往搜拿，将草房窝铺烧毁。查此等人必系山东沿海偷

---

① 《清实录·高宗纯皇帝实录》卷二三三。
② 《清实录·高宗纯皇帝实录》卷二三四。
③ 《清实录·高宗纯皇帝实录》卷二三五。

渡，潜居江汉，恐春夏仍来旧处。随饬兴京、岫岩凤凰城、金州水师各官加紧巡防，凡登、莱进口船只取验船票。遇违例越境人，即拿解盛京刑部，如官兵疏防。①

四月十七日己未(1745 年 5 月 18 日)

据奏报，安南国难番七名，于乾隆八年驾藤步单桅船一只，往广义采玳瑁，被风飘至崖州望楼港。业经支给口粮，加意抚恤，今发遣回国。

二十日壬戌(1745 年 5 月 21 日)

乾隆帝饬沿海各省训练水师。

是月，浙江定海镇总兵奏报，定海镇孤悬海表，商渔辐辏，督察宜周，水师责任綦重，勉期称职。乾隆帝下谕，总兵之任，必训兵卫民，禁暴安良，斯为称职，况水师更易致废弛，宜加意实力为之。

是月，据奏报，本年二月，江南吴县商人游仲谋等，在洋遭风飘入琉球国境。该国王遣都通事蔡宏谟等护送入闽，足征恭顺。所有都通事及难商附带货税，为数无多，已饬闽安镇口委员一例免征。②

五月

江南提督奏报，整饬营伍，必亲阅方收实效，地方辽阔难周，似应分年巡察。苏松水师镇标四营，驻崇明县，于巡察苏松沿海各营时，就便渡海往阅水陆操演一次，作为一年。狼山镇驻江北通州，于巡查常镇沿江各营时，就便查阅狼山镇标三营，及镇属之扬州、泰州等营一次，作为一年。乾隆帝下谕，应如此整饬营伍。③

六月初五日丙午(1745 年 7 月 4 日)

调福建福州城守副将茹锐、台湾水师副将施必功来京引见。④

---

① 《清实录·高宗纯皇帝实录》卷二三六。
② 《清实录·高宗纯皇帝实录》卷二三九。
③ 《清实录·高宗纯皇帝实录》卷二四一。
④ 《清实录·高宗纯皇帝实录》卷二四二。

是月，据奏报，粤海关地方口岸繁多，差派稽税之人弊端百出，请于补放监督时，在现任将军副都统内特命一员，协同办理。乾隆帝下谕，已命人兼理，若另派一人恐其掣肘，至用旗员之处，于彼去时即商办矣。①

七月初一日辛未(1745 年 7 月 29 日)

前署广东巡抚策楞疏称，广州府为边海要地，各属捕务，向系佛山同知及广粮通判兼辖，今府属香山县之前山寨，添驻海防同知。所有香山、顺德、东莞、番禺等四县，均属相连，其捕务应改归海防同知就近管理。至南海、增城、龙门、从化、花县等五县捕务，归佛山同知兼辖。新安、新会、新宁、三水、清远等五县捕务，归广粮通判兼辖。凡盗案疏防及提比经捕，俱照各管地方查参办理。乾隆帝从之。②

是月，浙江巡抚常安奏称，臣本年六月巡查杭嘉海洋一路，至黄道关、乍浦口等处，见斥堠棋布，战舰排连。及配兵出哨，联络声援，法极周密。臣犹虑日久懈弛，复饬文武员弁实力防范。乾隆帝下谕，须时时体验行之。③

八月廿三日壬戌(1745 年 9 月 18 日)

据奏报，江南吴县商民八十二人，因在中洋遭风，飘至琉球国地方。彼处官员多方援救，安顿养赡。复遣通事蔡宏谟等护送来闽，足征远藩爱戴之忱。现在员役人等除照例安插廪给外，并请酌赏缎纱、布匹，其解送船只，亦为验勘修葺。乾隆帝从之。

是月，据奏报，海洋内岛屿甚多，巡哨必须周密。查下江之苏、松，均系边海要区，而崇明尤为全省门户。自崇明出高廖二嘴即为外洋，大羊山屹峙于中，其北则小羊山，为江、浙两省分辖之处。每年派拨弁兵，坐驾战船，春、秋两次出巡，立法已备。然出口之高廖二嘴，名曰汇头，距崇明三百余里，暗伏水中，极称危险。兼之风信不常，将弁畏难规避，未免停泊日多。请嗣后出哨船只，如遇有异常飓逆，自不得不守口停泊。倘风信本顺，而将弁任意偷安、巡查不力者，即行严参。再小羊山地方，江、浙两省商船、渔船尽泊于此，在山岙之下搭盖芦篷，其中

① 《清实录·高宗纯皇帝实录》卷二四三。
② 《清实录·高宗纯皇帝实录》卷二四四。
③ 《清实录·高宗纯皇帝实录》卷二四五。

奸良莫辨。而巡洋鸟船因船大身重，不能收泊岙内，惟寄碇半洋，遥望而返，稽查究未亲切。应另设小哨船二只，挑选弁兵，前往小羊山驻泊。常川在彼，弹压商、渔等船，遇抢夺情事，严拿解究。探知某山某岙有奸匪形迹，即密报巡哨将备，协力搜擒。俟秋底满哨，渔船进口，官兵一并彻回。乾隆帝下谕，立法固属周密，行之则仍须实力耳。

是月，据奏报，台属秋成丰稔，米价平减。现在闽省内地夏秋缺雨，民间恐致乏食。请饬台郡各属乘时采买谷石，以备仓贮。有应运内地者，即陆续拨运。但海道艰险，非熟知风信之人未敢轻蹈。而近年议海运者，每虑台湾米谷，有偷漏他处之弊。不知米船在台出口，及至厦门收口，俱系官为稽查，实无偷漏之患。乾隆帝下谕，所奏俱悉。不知惯作弊者，皆熟知风信之人也，此处尚宜酌量。①

九月

据奏报，浙属定海、象山、太平、黄岩四县沿海地亩间被潮漫，江山、嵊县二县高阜之处亦多缺雨，虽勘报歉收分数，未至成灾，例不蠲赈。然民食或未免拮据，请酌借籽种，并缓征钱粮。乾隆帝从之。

是月，山东巡抚喀尔吉善奏报，登州府属蓬莱县，报有松榆杨柳等木料漂流入境。臣闻高丽国地方，陡发大水，彼处艾江河档口木料，冲决四散，因饬该县捞获收管。并咨会奉天将军、府尹查明，果系高丽漂流木料，即咨明内部，行文该国差员赴领，以示柔远之意。乾隆帝从之。②

十一月二十日丁亥(1745 年 12 月 12 日)

据奏报，前任福建总督姚启圣肃清海岛，士民怀德，于福建洪山桥建祠崇祀，其祠宇年久损坍，请予修茸。乾隆帝从之。

是月，据奏报，台湾熟番假生番名焚掠，旋即擒获。乾隆帝下谕，平时疏纵之咎，不可辞其责，而即速缉获，并不掩饰之处稍足自赎其愆，然不可不慎也。③

---

① 《清实录·高宗纯皇帝实录》卷二四七。
② 《清实录·高宗纯皇帝实录》卷二四九。
③ 《清实录·高宗纯皇帝实录》卷二五三。

十二月初五日壬寅(1745 年 12 月 27 日)

兵部等部议覆奉天将军奏称酌定水师营巡查训练一切事宜。①

二十日丁巳(1746 年 1 月 11 日)

据奏报，查明浙属除向无城垣及现在坚固，并尚可缓修者外，其沿海近海之平湖、鄞县、慈溪、奉化、镇海、象山、山阴、会稽、临海、宁海、太平等十一县城垣紧要，应即修理。乾隆帝从之。②

乾隆十一年　丙寅　公元 1746 年

正月

广东巡抚准泰奏称，粤省逼近海洋，山多田少，全藉外洋内港商船，以资民间生计。但番众来广贸易者，亦间有生事之徒。臣酌立条示，于抚循之中加意防范，其行商通事人等果能尽心约束，分别奖赏。至沿海一带，东连福建，西界交夷，尤宜严饬文武员弁，慎密巡防。再廉州所属之钦州与安南接壤，该国近因奸臣窃柄，自相戕害。虽未敢侵犯内地，然亦应慎固边陲，并查察汉奸，毋许诱入彼地，教诱生事。其连界隘口，前经议设关栅，以时启闭，一切交易民番总归栅口出入，界限井然。兼有龙门协副将带兵弹压，廉州府同知移驻龙门稽查。乾隆帝下谕，一切实力为之。③

闰三月廿三日己未(1746 年 5 月 13 日)

乾隆帝下谕军机大臣，福建沿海一带，福、兴、漳、泉、福宁五府皆逼近海

---

①　《清实录·高宗纯皇帝实录》卷二五四。

②　《清实录·高宗纯皇帝实录》卷二五五。

③　《清实录·高宗纯皇帝实录》卷二五七。

洋，港澳繁多，可通海泊，不独厦门、闽安二口为船只出入门户也。朕闻各该处一应查缉，禁约之方奉行日久，未免废弛，保无有偷漏禁物及偷渡过水等弊。著传谕总督马尔泰、巡抚周学健转饬文武汛防，加意稽查，毋得疏纵，亦不得借端需索，致滋扰累。①

四月

据奏报，闽安海口商渔船只出入络绎，透漏米粮不特为省会民食漏卮，且非慎重海防之道。今酌定章程，实力查办，务使永除积弊：一、出口船只分定地方，切实查验；二、查验各口轮派文武监察，以杜贿放；三、南台江面派员巡查，船户牙行连环取保，以绝私买；四、船户食米与闽安口外村民食米定数给照，以杜影射；五、水道小港与陆路捷径，令该地文武一体堵截，以防透越。乾隆帝下谕，有治人，无治法，尚在实力行之。②

五月初七日壬寅(1746 年 6 月 25 日)

广东巡抚奏报，雷琼道驻扎琼州，与雷州隔越海洋，往来须候风汛。琼郡地广事繁，海峤民性蠢愚，黎岐杂处，抚循稍有未当，转滋惊扰。若令四季越海巡查，不特奔走不遑，且恐顾此失彼，请照台湾之例，每年巡查一次。至琼属崖州、感恩、陵水、昌化四州县，水土恶劣，瘴疠最甚，应令于每年冬月，道府挨年轮巡一次。其余非烟瘴地方，令该道府一年各巡一次。乾隆帝从之。③

是月，福建巡抚奏报，据福宁府知府禀报，该属福安县境内，崇奉天主教者甚多，竟有西洋夷人在彼传习。当即密遣臣标弁兵，会同该府镇等严密查拿。据获到夷人费若用、堂主陈廷柱等男妇各犯，并搜出画像经卷等件，严审办理。乾隆帝下谕，办理甚妥。④

六月初一日乙丑(1746 年 7 月 18 日)

乾隆帝下谕，浙省沿海州县各缺照山东之例，三年中教养实有成效，政绩卓越

---

① 《清实录·高宗纯皇帝实录》卷二六三。
② 《清实录·高宗纯皇帝实录》卷二六五。
③ 《清实录·高宗纯皇帝实录》卷二六六。
④ 《清实录·高宗纯皇帝实录》卷二六七。

可考者，方准题升。①

廿六日庚寅（1746 年 8 月 12 日）

乾隆帝下谕，现在福建福宁府属有西洋人倡行天主教，招致男女，礼拜诵经。又以番民诱骗愚氓，设立会长，创建教堂。种种不法，挟其左道，煽惑人心，甚为风俗之害。天主教久经严禁，福建如此，或有潜散各省亦未可知，可传谕各省督、抚等密饬该地方官严加访缉。如有以天主教引诱男妇，聚众诵经者，立即查拿，分别首从，按法惩治。其西洋人俱递解广东，勒限搭船回国，毋得容留滋事。倘地方官有不实心查拿，容留不报者，该督抚即行参处。

廿九日癸巳（1746 年 8 月 15 日）

乾隆帝下谕，据称报，奉天所属地方，六月初旬大雨连绵。承德等县山水骤发，禾稼被淹，夏麦歉收，现在设法赈恤等语。朕上年降旨，将奉天海禁展限一年，以接济畿辅民食。今直隶雨水均调，秋成可望，而奉天有被水情形。若将海禁俟九月限满之时方行停止，恐商贩众多，本地米价必致昂贵，有妨民食。可传谕达勒当阿、苏昌斟酌本地情形，应否即行停止之处，速行奏闻办理。寻达勒当阿、苏昌会奏，奉属自被水之后，粮价日增。若俟限满始停海禁，恐两月余源源贩运，米价益昂，有妨民食，似应即行停止。臣等酌议行文沿海地方，查商贩米粮已载船者，听其贩运。其囤积存贮者，令即在奉属照市价粜卖，于商民两有裨益。②

七月十六日庚戌（1746 年 9 月 1 日）

军机大臣议覆福建巡抚周学健奏称，福安县潜住夷人，以天主教招致男妇二千余人，书役等俱被蛊惑，请从严治罪等语。查天主教系西洋本国之教，遽绳以法，似于绥远之义未协。应令该抚将现获夷人概送澳门，勒限搭船回国。从教男妇，择其情罪重大，不可化诲者，按律究拟。若无知被诱，量予责释，毋致滋扰。乾隆帝从之。

---

① 《清实录·高宗纯皇帝实录》卷二六八。
② 《清实录·高宗纯皇帝实录》卷二六九。

廿五日己未（1746 年 9 月 10 日）

据奏报，琉球国难夷船只遭风漂流，照例抚恤安插。①

九月廿五日戊午（1746 年 11 月 8 日）

乾隆帝下谕，据福州将军兼管闽海关事务奏报，本年七月内有暹罗国商人方永利一船，载米四千三百石零，又蔡文浩一船，载米三千八百石零，并各带有苏木、铅锡等货，先后进口。查该番船所载米石，皆不足五千之数，所有船货税银，未便援例宽免等语。该番等航海运米远来，慕义可嘉，虽运米不足五千之数，著加恩免其船货税银十分之二，以示优恤。

是月，福建巡抚周学健奏，接奉军机大臣议覆臣前奏，请严治西洋天主邪教一折，令臣将现获夷人勒限回国，并分别量拟惩治。然臣观该国夷人，实非守分之徒，有难加以宽典者。查西洋人精心计利，独于行教中国一事，不惜巨费。现讯据白多禄等，并每年雇往澳门取银之民人缪上禹等，俱称澳门共有八堂，一堂经管一省。每年该国钱粮，运交吕宋会长，吕宋转运澳门各堂散给。又西洋风土原与中国相似，独行教中国之夷人去其父子、绝其嗜欲，终身为国王行教，甚至忘身触法，略无悔心。至中国民人一入其教，信奉终身不改。且有身为生监，而坚心背道者。又如男女情欲人不能禁，而归教之处女终身不嫁，细加察究，亦有幻术诡行。臣前于福安各堂内搜出番册一本，讯系册报番王之姓名，凡从教之人，已能诵经坚心归教者，即给以番名。每年赴澳门领银时，用番字册报国王，国王按册报人数多少加赏。现在福安从教男妇，计二千六百余人，夫以白多禄等数人行教。而福安一邑已如此之多，合各省计之，何能悉数？是其行教中国之心，固不可问。至以天朝士民，而册报番王，以邪教为招服人心之计，尤不可测。臣请将白多禄等按律定拟明正国典，以绝狡谋。乾隆帝下谕，未免言之过当，然照律定拟。

是月，广东巡抚准泰奏报，粤东西界接壤交夷，该夷境内有土目潘宏曜驻扎江坪地方。因年来交夷内讧，夷匪散处剿劫，内地商舶经由江坪一带洋面者，往往被其劫掠。即如东兴贴防汛兵，岁需粮米由龙门协拨运接济，必由该夷洋面。现据署藩司纳敏以兵粮关系甚重，议于运粮时，拨给拖风船二只，并带舟师加谨防护。臣与督臣批行遵照在案，是江坪洋面之不靖，实与内地兵民皆有关碍。查安南国王素称恭顺，谅此必由土目之奉行不善。臣现在行司确查被劫各案处所，果否系在夷

---

① 《清实录·高宗纯皇帝实录》卷二七一。

界，其贼徒有无汉奸在内，一面会檄该国王严饬查捕，即令该管文武及巡海舟师，严行巡缉。①

十二月廿六日丁亥(1747 年 2 月 5 日)

大学士等议覆福州将军新柱奏称，台郡远隔重洋，民番杂处，近有小船私由小港偷运米谷，至漳、泉、粤东等处，内地奸民乘其回棹，暗行过台。又厦门往台船只，名为横洋船，其舵水人等额配过多，有分贿兵役，顶冒偷渡过台，通行徇庇等语。查包揽偷渡过台，例禁綦严，应敕交该省督抚饬属再行申禁，设法查拿。乾隆帝从之。

是月，福建巡抚陈大受奏报，据苏禄国王遣番官赍谢恩表文，又该国王来咨，内称乾隆九年贡使马光明等事竣回国，在洋遇风，飘入吕宋所辖邦仔丝兰地方，被吕宋番目黄占拘禁，搬抢银物等情，经前抚臣周学健奏明在案。臣查苏禄国慕义向化，颇为恭顺，果因外番欺凌赴诉，自难恝置。兹讯据各供，该国回船遭风飘至吕宋，吕宋未悉其为返国贡使，故行搬取银货。迨该国王遣人往取，旋即放回。是吕宋詟服天朝声灵，尚知不敢肆行，至所领诏书据称少有破裂，或系在船安置失宜所致，其银货不全取回之处。据称国王因与吕宋邻邦，嘱令不必相争，是乃该国王睦邻之道，均无庸置议。至黄占生长番邦，现充番目，事隔外洋，无凭提质。况船载货物据称原无赈目，则黄占扣留若干，更无确凭。再查外番恭进表文，俱系各该国文字，到内地再为译出。今苏禄国所赍表系汉文、番文二道，讯之番官，又称不识番字，是否一样殊难悬定。窃思该国王因与吕宋邻邦，不肯相争，似未必又以黄占抢货之事上渎天听。设汉文一道，为马光明等捏造，与番文不同。若与施行，或启岛夷轻侮之意，长奸徒生事之渐。况抢货情由一经上达，势须究问，而事涉吕宋外洋，碍难办理。臣拟令布政使高山传集番官等，谕以此次表文番字、汉字各一道，与向例不符，且无能识番字译出之人，不敢陈奏，汉字表内所叙黄占搬抢货银一节，应该国王自行查办，不应于谢恩表内夹杂叙入，令将表文仍行赍回。并婉词咨覆该国王，至该番官等，远涉重洋来至内地，似应量加优恤。除饬令地方官加意安顿、拨给廪粮，并将所带货物，著铺户公平交易外，请动支公项，酌量从厚资给，配船令其回国。乾隆帝下谕，所见甚得体。②

---

① 《清实录·高宗纯皇帝实录》卷二七五。
② 《清实录·高宗纯皇帝实录》卷二八一。

乾隆十二年　丁卯　公元 1747 年

正月初十日庚子(1747 年 2 月 18 日)

乾隆帝下谕军机大臣，据陈大受奏苏禄国遣番官赍表谢恩，折内称马灿、陈荣均系内地船户水手，于乾隆五年前往苏禄，即于乾隆七年，马灿更名马光明，充为贡使，陈荣更名陈朝盛，充为通事入贡。而此次马光明复赍表谢恩，若辈影射滋事之处，内地似宜量为裁制等语。定例商人往外洋诸番贸易，迟至三年以外始归者，将商人、舵水人等勒还原籍，永远不许复出外洋，例禁甚严。今马灿等乃潜住苏禄，往来内地，不但如陈大受所称影射滋事等弊，且以内地民人为外番充作贡使，尤有关于国体。可传谕陈大受，令其知情事之轻重，留心筹办。仍将办理之处，具折奏闻。寻覆奏，苏禄国原咨搬抢银货一案，查明马光明向在吕宋逋欠番债，曾累番目黄占代赔，遂在苏禄夤充贡使，图至内地避债，兼得乘机索诈。至乾隆九年内，苏禄贡船回国，阻风吕宋地方，黄占回明该国王，将船中货物扣留抵欠。并访闻马光明在吕宋、苏禄生事之处甚多，应逐细根究。至该犯稔知定例不许在洋逗遛，二三年内必络绎来往，尤宜杜其根株。现密饬厦门地方官，遴选熟习番语之人作为通事，伴送该番回国。并令布政使高山咨明该国王，告以马光明、陈朝盛近因在内地犯事留审，与该国无涉，似为妥便。乾隆帝下谕，如此办理甚妥，马光明当重处以示警。

十二日壬寅(1747 年 2 月 20 日)

升任福建巡抚周学健奏称，闽省沿海贫民生计维艰，有十四岛绵延数百里，环绕于闽县、长乐、连江、罗源、霞浦、宁德、福鼎各界，其间可耕之地甚多。若一经开辟，数邑贫民皆得藉以谋生。向虑有洋盗哨聚，因加禁止，今海宇澄清，游巡络绎，应请一并弛禁，令殷实士民。乾隆帝下谕，事关海防必须审度形势，饬交该省督抚，再加查勘定议。

十三日癸卯(1747 年 2 月 21 日)

升任福建巡抚周学健奏称，臣周学健前请令漳、泉二府商民，给照赴台买运，部议未准，无非慎重海防之意。但由台达厦，水程仅十余更，中隔澎湖一岛，亦兵民聚居之所。台虽海外，与内地呼吸相通，较之江、浙远隔大洋，情形迥别。况江、浙、闽省往来贩洋之艘皆属巨舰，到处可往。若台、厦商船，梁头不过一丈以内，总在台、厦往来渡载，并不能越洋贩运。查漳、泉二府商人赴台贸谷，既不致透越外洋，自于民食有益。乾隆帝下谕，嗣后如遇台郡丰稔之年，应听漳、泉二府商贾及在台之漳、泉二府民人，自十月起至次年二月止，于地方官处请照买运。倘买运过多，台郡米谷昂贵，与台郡并非丰稔之年，仍令该道府等详报停止。如有夹带、影射、逗遛、私往等弊，不时严查，其应作何给照盘验关会之处，敕交该督、抚等，详悉妥议章程办理。①

二月廿六日丙戌(1747 年 4 月 5 日)

福建巡抚陈大受奏称，暹罗产米甚多，向来获利甚微，向例原准贸易，兴贩者少。今商人等探听暹罗木料甚贱，易于造船。自乾隆九年以来，买米造船运回者，源源接济，较该国商人自来者尤便。但无牌照可凭，稽查未为严密，且恐守口兵役，藉端索诈，致阻商民急公之念。应请给牌照，以便关津查验，其无米载回，只造船载货归者，应倍罚船税示儆。乾隆帝从之。②

三月廿一日辛亥(1747 年 4 月 30 日)

乾隆帝下谕，各省沿海口岸设立塘汛，更有哨船游巡，原以防偷渡及透漏禁物之弊。朕闻福建省巡查兵役，惟以需索为事，出入船只俱有规例，需索既遂。一切不查不问，该管官员所司何事，乃漫无觉察。一至于此，嗣后务须痛革陋弊，毋使仍蹈前辙。至于各省俱有口岸，闽省如此，谅他省未必不然。著各该管官员一体严行查察，实力革除，该部即遵谕行。

大学士等议驳御史赵青藜奏请暂弛奉天米禁，听商转运山东接济一折，与例不合。乾隆帝下谕，大学士等照例议驳固是。向来海禁綦严，原以防奸商透漏，接济奸匪之弊。但东省上年被水地方，目下赈济各项需用米石。倘奉天可以通商贩运

---

① 《清实录·高宗纯皇帝实录》卷二八二。
② 《清实录·高宗纯皇帝实录》卷二八五。

而稽查严密，不致偷越，自于灾地有益。著行文询问山东巡抚阿里衮、盛京将军达勒当阿是否可行。奉天米石可以运往若干，如何按数给照，拨运东省，如何验照稽查，俾商贩流通，不致透漏，而奉天米价又不至于腾贵。如果可行，一面办理，一面奏闻。此因东省偏灾，一时权宜之计，嗣后不得援以为例。该部速行寻阿里衮覆奏，海运为一时权宜之计，奉天米石是否足资拨运，必须咨商酌办。嗣接准部咨内议覆盛京将军达勒当阿具奏，奉属米价增昂，不能通融接济东省，奉旨俞允。现在截留漕粮，足资储备，其拨运奉天米石之处，应照部议停，下部知之。①

四月十四日癸酉（1747 年 5 月 22 日）

乾隆帝下谕，据开泰奏称，上年十一月内，有西洋人李世辅同直隶南宫县民蒋相臣、山西曲沃县民尹得志路过江省鄱阳县境，该县盘护讯供，曾在山、陕二省传教，又在京城海淀堂里住过。一面移咨山陕抚臣确查，一面移咨礼部查明来历，俟审明后递解广东，附回本国等语。李世辅游历山、陕授徒行教，其从前经由之澳门等关口，并未照例奏明，显系多事不法之人。此等奸徒，若押令回国，伊必捏造妄言，肆行传播，转为未便。其蒋相臣、尹得志等，既随从附和，此外必尚有党与。若押遣回籍，又得串通消息。不若将此三人即于江西省城永远牢固拘禁，则伊等狡狯伎俩举无所施，不致蔓延生事。可传谕巡抚开泰，将此案审明，遵旨办理，具折奏闻。②

六月十四日癸酉（1747 年 7 月 21 日）

闽浙总督奏称，台湾客民搬取家口，请定限一年，地方官查明，给照过台，逾限不准滥给。乾隆帝从之。③

七月廿三日辛亥（1747 年 8 月 28 日）

乾隆帝谕军机大臣，从前周学健来京时条奏，请开上下竿塘十四岛以兴民利。经军机处议交该督、抚查覆，旋据巡抚陈大受奏称，檄委员弁查勘。据称原呈请开之绅士，于各岛遍贴告条，招令佃渔诸人向其批字，方许垦地挂网，穷民惟恐失业，俟勘明请旨等语。此件尚在确勘，未经题覆准行，而绅士等贴示招人，看此情

① 《清实录·高宗纯皇帝实录》卷二八七。
② 《清实录·高宗纯皇帝实录》卷二八八。
③ 《清实录·高宗纯皇帝实录》卷二九二。

形，惟以包收众利为事，全无实在与民兴利之心。今朕又闻各岛田园无多，其愿垦者不过希冀海洋之利，徒使绅衿富豪逞其欺占，以图私利，于穷民非惟无益，而且有害。况各岛一开，未必不弛海禁，尤有关系。图一己之私，倡此兴利之说，以惑众听，此风为民上者，所当训迪禁遏之，何可滋长？著传谕该督、抚等速行查勘，定议题覆，照旧严禁，以息讼端。

廿四日壬子（1747 年 8 月 29 日）

乾隆帝下谕，福建布政使员缺，朕已降旨令永宁前往署理。永宁即著在京起身赴任，不必前来请训。著在京总理事务王大臣传谕永宁，闽省民风向未淳厚，如漳、泉俗悍民刁，最称难治。前此彰化之赖石戕害官长，近日上杭之罗日光抗租拒捕，其他如长泰之相验抗官、南靖之争地械斗，种种不法实多骄肆，各郡皆然，亟宜随时整顿。至于绅衿武断乡曲，遇事风生，如近日查办竿塘等岛，即遍贴告条，霸占渔利。此等弊俗，不可枚举。其台湾孤悬海外，闽粤流移、番民杂处、仇杀争竞、私载透漏等弊，俱宜实力革除、尽心化导、次第办理。俾士庶革薄从忠，渐成敦庞之俗，布政司有旬宣之责，所任綦重。应与督、抚同心协力，善为经理，以挽颓风，庶无负朕简用之意。①

八月初六日甲子（1747 年 9 月 10 日）

乾隆帝下谕，据安宁奏称，苏、松等属之崇明、宝山、上海、镇洋、常熟、昭文、南汇、江阴各县沿海沿江等处，于七月十四日夜飓风陡作，大雨倾注，海潮泛溢，田禾被淹，人民房屋亦有漂没冲坍，而崇明、宝山为最重，上海、镇洋似觉亦重。现在分别查办，其沿海未经报到之处，查明续奏等语。该处民人卒被风潮，非寻常水灾可比，朕心深为悯恻。著该督、抚等加意抚绥，实力查办。至绿旗兵丁因有粮饷，例不抚恤。但是日风潮昏夜骤至，兵丁庐舍、人口同被灾伤，殊可轸念。著加恩一体查恤，俾被灾兵民均沾实惠。

十五日癸酉（1747 年 9 月 19 日）

乾隆帝下谕，前据安宁奏报，苏、松等属海潮泛溢，人口、田庐间有漂没。朕已降旨，将被灾兵民加恩赈恤。今又据安宁续奏，现在灾地情形虽轻重不等，而小民猝被风潮，栖身无所，糊口无资，朕心深为轸念。此次被灾既重，非寻常水旱可

---

① 《清实录·高宗纯皇帝实录》卷二九五。

比，一应赈恤之事不可拘泥常例。该督、抚等，惟视灾地情形，竭力抚恤，督率有司，悉心查办，俾灾黎不致失所。并将上下两江明岁应运漕粮，截留二十万石，以备将来赈粜之用，该部遵谕速行。①

十九日丁丑（1747 年 9 月 23 日）

户部议覆奉天将军达勒当阿奏称，向例盛京各城旗仓米石，每年派令兵丁籴买，应行停止。旗民内有愿买者，仍照例不过三成，按各城时价卖给，所卖米价，于秋后采买还仓。但奉天丰稔年多，米粮价贱，旗民各有耕获之粮。如旗仓米石无人认买，不能出陈易新，减价粜卖，则原价亏缺，设致霉烂，势必著落城守尉、仓官等赔补。请于奉天丰收，可开海运之年，或天津、山东运船到来，将沿海各城仓米，按粜三之例，照时价粜卖。辽阳城相隔牛庄一百二十里，每年出陈易新，亦应入于海运项下办理。乾隆帝从之。②

九月初六日癸巳（1747 年 10 月 9 日）

乾隆帝下谕，本年七月十四日，苏、松等处猝被风潮，而崇明一邑受灾为尤重。朕前据安宁奏报，深为悯恻，即降旨谕令加意抚恤，并截留漕米以备接济。今续据安宁查报，崇明一邑坍塌房屋，漂没人民甚多。似此非常之灾，朕览奏彷徨轸恻，寝食为之不宁，惟有速筹补救，庶灾黎得获安全。现据安宁奏报，已拨运仓谷二十余万石，并弛海口之禁。俾商贩流通，米价不致甚贵，则米粮一项似可无虞。惟是房屋坍塌，灾民无栖身之所，况转瞬即届严冬，应速行给赏修葺，并于常例之外，量为加增，俾得从容措办。至于来春播种，关系綦重，亟应借给籽种，及时耕作，亦令该督抚董率有司，豫行经理。又思崇邑被灾既重，纵使赈恤多方，元气不能骤复，所有该县应征明年地丁钱粮，特沛殊恩，全行蠲免。至本年未完地丁，以及折征漕项，并历年带征、缓征银两，概予停缓。其绿旗兵丁，朕已加恩一体抚恤。但念伊等庐舍、人口同被灾伤，虽经安辑，未免拮据。著再加恩各赏给一月钱粮，以资用度。

初九日丙申（1747 年 10 月 12 日）

乾隆帝下谕，闽省请开海岛以广民业一案，兹据喀尔吉善、陈大受奏称，各岛

---

① 《清实录·高宗纯皇帝实录》卷二九六。
② 《清实录·高宗纯皇帝实录》卷二九七。

田园无几若议开辟，于民食终无所济，转于海防，大有未便。现在绅士不候查勘定议，先贴告条，招令渔佃诸人，向其批字，方许耕种。显欲包收重利，节次委员查勘，实在有损无益等语。从前议开岛屿，周学健原因民食起见，是以未详查而奏请，兹经该督、抚查出情形。实由绅士图利，借开垦之名，以为霸踞之地，既与民食毫无所补。著照旧严禁，永行停止。①

十月初四日辛酉(1747 年 11 月 6 日)

苏禄复遣番丁至福建，申理吕宋番目劫夺贡使事，乾隆帝下谕，岛夷互争，可听其自办，不必有所袒护。

廿一日戊寅(1747 年 11 月 23 日)

赈浙江海宁等十一县水灾。②

是月，据奏报，台湾府属台湾、凤山二县，凡高阜无水源之村庄田园，晚稻黄萎，通计三千余甲，实属无收。现在照例题报，并知会巡台御史督率该道府等妥办。其诸罗一县，水源灌溉之处居多，高阜田园，零星无几，不致成灾。彰化、淡水二处陆续得雨，并未受旱。乾隆帝下谕，台湾既受偏灾不比内地，宜加之意也。③

十一月十二日戊戌(1747 年 12 月 13 日)

乾隆帝下谕，直隶总督那苏图奏称，天津、静海二县，今岁偏灾较重，现在加恩普赈。但二县地处洼下，产米无多，又僻在海隅，商贩稀少，米无来路，不得不为明春豫筹调剂，请暂开奉天海运等语。著照所请，准其暂开一年，俟明岁秋收后停止，其如何给照采买、查验发粜，以杜偷漏之处，该督督率有司妥协办理，并谕盛京将军知之。④

---

① 《清实录·高宗纯皇帝实录》卷二九八。
② 《清实录·高宗纯皇帝实录》卷三〇一。
③ 《清实录·高宗纯皇帝实录》卷三〇一。
④ 《清实录·高宗纯皇帝实录》卷三〇二。

廿四日庚戌(1747 年 12 月 25 日)

赈江苏崇明等县灾民有差。①

十二月廿一日丁丑(1748 年 1 月 21 日)

军机大臣议覆闽浙总督喀尔吉善奏称,澳口汛有吕宋夹板船一只,欲往厦门贸易,不便拒绝。但恐内地奸商行保,或有诓骗滋事,随檄委兴泉道监看贸易。凡领夷本置货商人,定限交货,违限者即著落行保赔还,商人从重治罪。其夷商番梢等俱安顿公所,派委员弁领兵看守防船,如军器等贮库,俟明岁开行给发。复密札水师提督就近严察,应照所奏。至所称,吕宋为天主教教长,漳、泉风俗浇漓,此等夷船,终不宜使之源源而来。拟俟夷船回棹之日,善为慰遣,不使复来等语。查此等贸易,原系定例准行,今若不令复来,殊非向来通商之意。至于厦门一带,风俗浇漓,惟在责成地方官加意防范,慰遣之处可以不必。乾隆帝下谕,依议速行。②

乾隆十三年　戊辰　公元 1748 年

二月初九日癸亥(1748 年 3 月 7 日)

琉球国中山王尚敬遣使表进乾隆十一年正贡,并补进九年表文。③

三月初一日乙酉(1748 年 3 月 29 日)

乾隆帝下谕,据新柱奏称,吕宋夷商来闽,询及天主教内被诛之白多禄,欲将骨殖讨回。当经派管该弁谕以只宜安分经营,不必多事,彼亦点首唯唯,现在尚称安静等语。夷商私向该弁探问,其晓谕不过如此,既经晓谕之后,不再问及则已,

---

① 《清实录·高宗纯皇帝实录》卷三〇三。
② 《清实录·高宗纯皇帝实录》卷三〇五。
③ 《清实录·高宗纯皇帝实录》卷三〇八。

如或另有陈禀，应令喀尔吉善等，照前谕以白多禄谋为不法，在国宪所不容。尔等原为贸易而来，不应询问及此，明白晓示，使其不敢妄生浮论。至天主邪教，传自外番，煽惑愚民，所在多有，今虽少加惩创，不可不留心防范。即如案内白多禄被诛一节，乃系内地情事，吕宋远隔重洋，何以得知？看此情形，显有内地民人为之传递信息。可传谕喀尔吉善等，闽省为海疆要地，嗣后一切外番来往之处，俱应加意查察，毋得任其透漏。

初六日庚寅（1748 年 4 月 3 日）

免浙江海宁、余姚、永康、西安、松阳等五县潮灾田地，本年漕粮项银米及蠲剩旧欠漕项银。①

廿三日丁未（1748 年 4 月 20 日）

乾隆帝下谕军机大臣，奉天暂开海禁，运粮接济天津、静海二县一案。前经军机大臣定议，令那苏图核定五六万石数目，咨明该将军等稽查办理。如实不敷用，再行咨商该将军等，酌量加运。今据达勒当阿奏称，商贩闻开海禁，争买米石待运，以致谷价加倍昂贵。今酌量准买五六万石接济直隶外，仍出示严禁海运等语。看此情形，是海运一开，即不免于偷贩，自应即行禁止。但据奏五六万石之数，未知于天津、静海二处，果足敷用否？前据达勒当阿覆称，若再议增加，尚可运二万石。可传谕那苏图，令其将五六万石果否足用，及应行咨商加运之处，查明据实奏闻。再目下麦秋有望，将来足资接济，自可不必仍须海运，其现在情形如何，令该督一并详悉具奏。寻奏，现在天津等处粮价虽未能平，而不致甚昂者，因有奉天粮石之望，是以有粮之家不留余蓄。若闻禁海运，现又拨协山东仓贮，价必骤长，应令奉天将军酌量。如稍可通融，务买足八万之数。

四月初一日甲寅（1748 年 4 月 27 日）

乾隆帝下谕，奉天接济天津、静海，尚须加运粮二万石之处，既经那苏图咨商达勒当阿，应俟咨商到日，通融办理。至奉天海运，原有明禁，今运送接济，亦只在八万石数内，并非开通海禁，听商民任意购买也。今那苏图奏称，民间一闻禁止海运，粮价势必骤长，仍俟二麦登场，密咨停止海运等语。转似奉天运粮八万石，亦在禁止之内，又似二麦未登场以前，海运概不应禁止。所奏殊未明晰，可传谕伊

① 《清实录・高宗纯皇帝实录》卷三一〇。

仍照原旨办理。①

廿四日丁丑（1748 年 5 月 20 日）

加赈福建台湾、凤山二县十二年分旱灾饥民。

廿七日庚辰（1748 年 5 月 23 日）

乾隆帝下谕军机大臣，据福建水师提督张天骏奏称，洋面拿获贼匪郑掌等八名。郑掌系偷贩私盐，监禁越狱，复获问流，淮安安插，又两次在配逃回。今纠合林卓等七人，希图出洋为匪，咨明督抚饬审等语。郑掌屡次脱逃，复聚集多人，希图出洋为匪，其心叵测，与寻常在配逃回之流犯不同。可传谕喀尔吉善等，此案务须从严办理，将首从各犯逐一究审，并飞饬查拿党与，毋得稍有疏纵，草率完结。

是月，钦差大学士公讷亲奏阅看海塘。

是月，升任浙江巡抚顾琮覆奏浙省米贵缘由称，杭、嘉、绍、宁、台、温六府东际海，商渔出入，米谷随之。自外入者无多，自内出者难计，奸徒射利，每有透越，此致贵之由。伏思江楚米贵，贩运不前，并无调剂之术。邻省商旅往来，断无裹粮之理，海洋禁例，非不甚严。但必将积年贩米出洋奸棍，访获一二，置诸重法，庶可示儆。如果透漏无虞，则内地米谷自免消散。至常平积贮一事，惟在权其缓急轻重，歉岁宜停，丰年应补，常平本额，不可不存，续议加增，可以酌减。其高贾居奇，法宜惩儆，惟严禁囤积，俾使疏通。田多业户，盖藏颇裕，于青黄不接之时，出售亦为有益。乾隆帝下谕，此等岂汝之识见所能办？既经奏到，俟议。②

五月十六日己亥（1748 年 6 月 11 日）

乾隆帝下谕军机大臣，朕闻福建、厦门、港仔尾地方，因今岁米价昂贵，刁民纠众，抢掠米铺五家，每铺各抢去米二十余石。该处为水师提督驻扎之处，似此聚众抢夺，该提督张天骏何以不行奏闻？可传旨询问，并令该督、抚等查明据实具奏。

---

① 《清实录·高宗纯皇帝实录》卷三一二。
② 《清实录·高宗纯皇帝实录》卷三一三。

十九日壬寅（1748 年 6 月 14 日）

乾隆帝下谕，据喀尔吉善奏称，吕宋为天主教聚集之所，内地民人在彼甚多，商船往来，难免无传递信息之事。又本年二月间，吕宋夷船到厦，有携带书信至漳州府龙溪县严登家内者，其严登之子严廪、严谅现往吕宋未回等语。内地民人潜往外洋，例有严禁。今吕宋为天主教聚集之所，而内地民人竟因与同教，多潜彼地。现查有严廪、严谅果往吕宋未回。岂向来该地方官于各海口，竟未将民人透越之弊严行约束？抑或办理未善，致有疏漏。此等民人潜在彼地从教，且复书信往来，若非确查严禁，于海疆重地所关非细。可传谕喀尔吉善等，嗣后务将沿海各口私往吕宋之人，及内地所有吕宋吧黎往来踪迹，严密访查，通行禁止。并往来番舶，亦宜严饬属员，实力稽察，留心防范，毋致仍前疏忽。其严廪、严谅等查明之日即行奏闻。

廿五日戊申（1748 年 6 月 20 日）

乾隆帝下谕，余栋所奏四译馆序班请与升迁，译字肄业生准与考试一折，援引翻译算学之例上请，不思翻译算法，现在需材，以资实用。且各以本艺考取，考取后又各有专职，四译馆人员岂可与之并论？我朝设立理藩院以抚绥属国，其海外入贡表章，皆由各省通事翻译进呈，未尝用该馆肄业生，不过沿习旧规存而不废，以备体制。而余栋晓晓置词，远牵旁引，殊属不知分量。又称诸生中，殊有文理优通、字画端楷者，以限于不能进取，纷纷告归。夫该馆所肄者番书，自以各精所业为事，原不宜取文理字画，若论文理字画，自有学校科目在，又非该馆所职，此不过开一幸进之门耳。余栋于乾隆七年，即曾以此陈奏，经该部议驳，今复再行烦渎，并不为衙门职掌起见，而专为所属请升迁、请考试，所见甚为琐屑。著交部察议，提督四译馆以今视之，实为废冗闲曹，无所事事，尚不如裁之为便。如以为应设，以备体制，则不宜听其冷员虚廪，又不宜听其假名冒进。其该衙门应裁应设，著大学士会同该部定议具奏，如以为应设，则作何使其名实相副，整顿办理之处，一并议奏。寻议，四译馆不过传习各国译字，现在入贡诸国朝鲜、琉球、安南表章，本用汉文，无须翻译。苏禄、南掌文字，馆内原未肄习，与暹罗表章，率由各督抚令通事译录具题。至百夷及川、广、云、贵各省土官，今既改置州府，或仍设土官，皆隶版图，事由本省。回回、高昌、西番、西天等国，以及洮、岷、河州、乌思藏等处番僧，现统隶理藩院。高昌馆字与蒙古同，西天馆字与唐古忒同，是该馆并无承办事务，应归并礼部会同馆，于满汉郎中内拣选二人引见，候旨简用。一人兼理，三年更代，换给印信，其馆卿向加太常寺少卿衔，于义无取，应改为提督会同四译馆礼部郎中兼鸿胪寺少卿衔，仍照原衔食俸升转。再会同馆大使一人、朝鲜通官十四人、书吏八名、皂隶六名、馆夫十八名，照旧存留。其四译馆原设之卿一人、典务一人并裁。序班八人，酌留二人。合回回、高昌、西番、西天为一馆，曰西域馆。除蒙古、唐古忒毋庸置译字生外，将回回、西番译字生，酌留四人，合暹罗、缅甸、百夷八百，并苏禄、南掌为一馆，曰百夷馆。将暹罗、百夷译字生酌留四人，以备体制，馆概裁汰。再会同馆大使，向于各省杂职内推升，今应照从前四译馆典务之例，于序班内升用，由吏部论俸推补，序班员缺，于译字生内选补，译字生缺，于在京童生内选充，由馆呈部考补。再馆舍旧有三处，一在御河桥，一在安定门大街，一在正阳门外横街。原系豫备贡使，并非衙门，今设会同四译馆衙门，即以四译馆充设，无庸更建。乾隆帝从之。①

六月初八日辛酉（1748 年 7 月 3 日）

户部议覆大学士高斌奏称，山东登、莱、青三府，地无商贩，连年歉薄，米石不敷，请将奉天米石听商民籴买，由海运东售卖等语，系酌盈剂虚，为一时补救起见，应如所请。仍令东抚将运米若干之处酌定数目，知会奉天，并禁运他省。其二省临口州县验票稽查，令仍照旧例行。乾隆帝从之。②

十八日辛未（1748 年 7 月 13 日）

乾隆帝下谕军机大臣，海口渔船所带食米，向有夹带偷漏之弊理，应实力稽查。近因各省米价昂贵，推求弊窦，以此为说者甚多。朕思带米出口，虽未必远赴外洋，但偷漏日多则市粜日减，于内地民食深有妨碍。向来汛防弁兵人役视为具文，稽查不力，甚至得钱卖放，作弊营私。该管大员亦仅以通查塞责，殊非慎重海防，筹裕民食之道。可传谕沿海督抚、提镇，令其督率所属，严密稽查，实力奉行，无得稍有宽纵。③

七月初八日庚寅（1748 年 8 月 1 日）

福建巡抚潘思榘奏称，琉球国额贡硫磺一万二千六百斤外，夷目水手多带余

---

① 《清实录·高宗纯皇帝实录》卷三一五。
② 《清实录·高宗纯皇帝实录》卷三一六。
③ 《清实录·高宗纯皇帝实录》卷三一七。

磺，向有奸商代售。臣饬谕该夷使据实报出，官为收买。乾隆帝从之。①

廿一日癸卯(1748 年 8 月 14 日)

乾隆帝下谕，据福建巡抚潘思榘奏称，沿海弁兵澳甲人等，拿获偷渡人犯，每起或十余人或数十人，似宜量为奖赏。请于客头包揽赃银，奸梢载渡船只追变之日，即行赏给，以示鼓励等语。国家设立塘汛兵弁稽查匪类，是其分内应办之事。若著为赏例，恐兵弁人等非赏不行，转非责成之道。至客头赃银，奸梢船只追变之日，即或弁兵有需鼓励，用以给赏，亦应将作何查办，及分别等次酌赏，是否可以久行无碍之处，详悉筹及，今该抚折内并未声明。著传谕潘思榘，令其会同喀尔吉善悉心妥议，另行具折奏闻。寻奏，嗣后偷渡船只尚在沿海口岸，兵目澳保人等在本管汛界拿获，毋庸给赏。如在洋面游巡追获者，按获犯名数，十人以上赏银二两，每十名以上递加二两。若尚未出洋，而别汛兵目澳保盘获，减半给赏。其赏银俱于本案追变赃银船价内支给，余入官充公。仍将偷渡人犯审明于何处出口，将该汛之疏纵兵役一并究拟。其失察之该管员弁，照例查参，下军机大臣议行。②

闰七月初七日己未(1748 年 8 月 30 日)

乾隆帝下谕，据安宁审题西洋人王安多尼等，煽惑内地民人入教、窝顿奸淫一案，将王安多尼、谈方济二犯，照律拟绞监候。外夷奸棍潜入内地，诳诱愚民，恣行不法，原应严加惩处，但此等人犯，若明正典刑，转似于外夷民人，故为从重。若久禁图圄，又恐滋事，不如令其瘐毙，不动声色，而隐患可除。从前福建白多禄一案，将首犯正法外，其余拟斩监候之犯。现经如此办理，今王安多尼、谈方济二犯，亦应照福建之案速行完结。③

是月，浙江巡抚方观承奏报办理稽查海口带米出洋情形。乾隆帝下谕，览奏俱悉，实力妥为、要之以久，可也。④

---

① 《清实录·高宗纯皇帝实录》卷三一八。
② 《清实录·高宗纯皇帝实录》卷三一九。
③ 《清实录·高宗纯皇帝实录》卷三二〇。
④ 《清实录·高宗纯皇帝实录》卷三二一。

九月初二日癸丑（1748 年 10 月 23 日）

浙江巡抚方观承奏称，奸徒偷运米谷，潜出外洋，接济奸匪者，拟绞立决。至偷运杂粮麦豆，例无明文，请即照偷运米谷例办理。如审系止图渔利，并无接济奸匪情弊，计石数分别科断。为从及知情不首之船户，减等问拟。船货入官，其文武失察故纵处分，均照米石例办理。乾隆帝从之。

十一日壬戌（1748 年 11 月 1 日）

乾隆帝下谕，朕阅四译馆所存外裔番字诸书，虽分类音译名物，朕所识者，西番一种，已不无讹缺。因思象胥鞮译，职在周官，辒轩问奇，载于汉史。我朝声教四讫，文轨大同，既有成编，宜广为搜辑，加之核正悉准重考西番书例，分门别类，汇为全书。所有西天及西洋各书，于咸安宫就近查办，其暹罗、百夷、缅甸、八百、回回、高昌等书，著交与该国附近省分之督抚，令其采集补正。此外如海外诸夷并苗疆等处，有各成书体者，一并访录。亦照西番体例，将字音与字义用汉文注于本字之下，缮写进呈，交馆勘校，以昭同文盛治。著傅恒、陈大受、那延泰总理其事。①

十月初三日甲申（1748 年 11 月 23 日）

乾隆帝下谕军机大臣，岳浚所奏，办理澳门夷人哑吗嚧等致死李廷富、简亚二两命，问拟杖流，请照夷法安插地满一折。李廷富、简亚二既死无可证，所据仅夷犯一面之词。观其始初狡赖情形，必另有致死根由，且夷人来至内地，理宜小心恭顺，益知守法。乃连毙内地民人，已属强横，又复弃尸入海，希图灭迹，尤为凶狡，自应一命一抵。若仅照内地律例，拟以杖流，则夷人鸷戾之性，将来益无忌惮，办理殊属错误。况发回夷地，照彼国之法安插，其是否如此办理，何由得知？设彼国竟置之不问，则李廷富、简亚二两命，不几视同草菅乎？此案已传谕该部饬驳，另行究拟。如该犯尚未发回，著遵驳办理。倘已趁船起解，著一面声明缘由报部，一面晓谕夷人，以示警戒。嗣后如遇民夷重案，务按律定拟，庶使夷人共知畏罪奉法，不致恣横滋事，地方得以宁谧。

---

① 《清实录·高宗纯皇帝实录》卷三二四。

十四日乙未（1748 年 12 月 4 日）

闽浙总督喀尔吉善等奏称，闽省营伍需用铅，向系往楚采办。今楚省铅价倍昂，官价不敷。查南洋回棹商船，向有黑铅运厦发卖，请照官价抽买四万五千余斤，以供岁需。倘遇闽省配铸洋铜需用黑铅之年，亦一并向商抽买。乾隆帝从之。①

廿四日乙巳（1748 年 12 月 14 日）

原署江苏巡抚安宁奏称，西洋路西亚国人王安多尼、意大利亚国人谭方济各在江苏昭文县行教，往来江苏、安徽、浙江三省各属，煽惑男妇，事发拿获。将王安多尼、谭方济各照化外人犯罪律，拟绞。窝顿之昭文县民唐德光、常熟县民妇沈陶氏照左道惑人为从律，发边外为民。听从入教，混称会长之尤元长等，照违制律，杖枷。附教载送之唐兴周等，杖笞有差。失察之地方官，参处。除王安多尼、谭方济各及从犯唐德光，俱在监病故，毋庸议外，沈陶氏系妇人，照例收赎，余俱如所拟。乾隆帝从之。

是月，漕运总督宗室蕴著奏称，东海营切近东北洋面，南有凤凰城，北有墟沟城，距八十余里。雍正元年，将海州守备移驻墟沟城。雍正十年，改为都司，仍驻北城。乾隆十一年，因南城地面辽阔，烟户稠密，前署漕臣刘统勋令该都司水陆游巡。臣勘地形，南城防范固要，然酌选干员巡守，可免疏虞。北城地处海滨，居民稀少，逼近莺游门开海大洋，为海防重地，必得大员驻扎北城旧有衙署、仓廒药局。臣饬令该都司率额兵移驻，专力镇守巡逻。其南城地方，即令该营派勤干千把加意防范，并饬该都司不时亲巡查察。

是月，定海镇总兵陈鸣夏奏出洋巡迅情形。乾隆帝下谕，此等奏报，惟应据实，而查察亦应实力，但云地方宁静为粉饰之辞，何益乎？②

十一月初九日己未（1748 年 12 月 28 日）

大学士等议准浙江巡抚方观承奏称，酌议原任大学士公讷亲所奏海塘善后

---

① 《清实录·高宗纯皇帝实录》卷三二六。
② 《清实录·高宗纯皇帝实录》卷三二七。

事宜。①

十九日己巳(1749 年 1 月 7 日)

赈恤福建晋江、南安、惠安、同安、龙溪、诏安、台湾、凤山、彰化九县及同安县之金门县丞旱灾，晋江、惠安、同安、龙溪、诏安五县风潮灾饥民。②

十二月十九日己亥(1749 年 2 月 6 日)

安南国进贡陪臣阮世立故，遣官致祭如例。③

乾隆十四年　己巳　公元 1749 年

正月廿八日丁丑(1749 年 3 月 16 日)

南掌国王遣使进牙象。

是月，浙江巡抚方观承奏称，定海县普陀山前寺后寺，远隔大洋，进香男妇杂沓，远涉既多覆溺之虞。且恐挟带违禁之物，盗犯因之潜匿，严行示禁。④

二月

浙江巡抚方观承奏称，杭、嘉、绍、宁、台、温六郡襟江环海，田庐专恃堤塘。顺治五年，修创两塘，一劳永逸。动发太府金钱，何止千百余万？化险工为平土，易巨浸为新畬，非省志所能详。谨与吏民筹议，编纂为《两浙海塘通志》。⑤

---

① 《清实录·高宗纯皇帝实录》卷三二八。
② 《清实录·高宗纯皇帝实录》卷三二九。
③ 《清实录·高宗纯皇帝实录》卷三三一。
④ 《清实录·高宗纯皇帝实录》卷三三三。
⑤ 《清实录·高宗纯皇帝实录》卷三三五。

三月初五日癸丑（1749 年 4 月 21 日）

浙江巡抚方观承奏称，温州府为闽浙商贾丛集之地，烟户繁多，米粮不通外贩，易形绌乏。去冬粮少价昂，士民请通乍浦海运，臣以海禁所关，未便暂弛。查台州府黄岩、太平二县与温州相连。海道系内港，非外洋，不在禁内。路止三百余里，顺风乘潮，朝发夕至。查明殷实商民，给票买运，仍饬营汛稽查。乾隆帝下谕，览奏稍慰，仍应加意调剂。

初六日甲寅（1749 年 4 月 22 日）

乾隆帝下谕军机大臣，据硕色奏称，澳门番夷打死民人李廷富、简亚二一案尚未审结。夷目附搭洋艘，照伊本国夷例，押发地满地方，安插受罪，理应追回审究。但地满远隔重洋，势难即获，番夷殴死窃盗，罪不至死，可否邀恩照夷例完结，免其追拿等语。凡外夷久居内地，驭之之道，必当轻重适宜，恩威并济。如本无大故，而有意刻核搜求、招怨启衅，固为不可。若既干犯国宪，因恐其生事，姑息优容，夷人罔知礼法，由此益加骄纵，必致犯案渐多，是欲图省事而反以滋事也。今此案办理，已觉示弱外夷，但既经远扬，势难复行追获，只可就案完结。嗣后遇有此等案件，必须执法处置，使夷人知所敬畏，不宜稍为迁就。

十三日辛酉（1749 年 4 月 29 日）

湖广总督新柱奏称，米粮腾贵，其原不一。屯户原赍广贮，汉口盐船满载，借商贩之名居奇。然出售仍散在间阎，不致耗散。惟奸徒乘稽查不及，搬运出洋，暗中消耗，实为民食之害。应严禁屯户，毋许聚船贩运，并饬员弁于通洋口岸严查禁惩。①

十七日乙丑（1749 年 5 月 3 日）

乾隆帝下谕，琉球国前届贡使毛允仁等事竣回国，在洋遭风坏船。经该督喀尔吉善奏闻，朕已谕令修整。嗣据该贡使呈请，俟十三年贡船到闽，一同回国。此次贡使向永成等呈称，夷船修理做法与内地不同，情愿购备物料，自行修理等语。琉球素称恭顺，夷使毛允仁等因进贡回国，遭风坏船，宜加优恤。既据此次夷使向永

---

① 《清实录·高宗纯皇帝实录》卷三三六。

成等禀恳自行修理，所需工料、银两，著于司库存公银内赏给。俾得修理完竣，驾驶回国，示朕柔远之意。①

四月十四日辛卯（1749 年 5 月 29 日）

乾隆帝下谕，上年浙江巡抚方观承奏，偷运麦豆出洋请照偷运米谷之例，分别治罪，经部议准通行。昨据闽浙总督喀尔吉善等奏，闽省商贩豆麦，必由海口转入内河，若因严禁出洋，概行拦阻，则商贩不前，应请筹酌流通之法等语。今日又据奉天将军阿兰泰等奏，盛京地宜黄豆，向来所属余存之豆尽商贩运，今若一体禁止，则不能流通，商、民均无裨益，请仍照旧例办理等语。可见方观承前此之奏，外省不能一概遵行。严禁米谷出洋，原以杜嗜利之徒，偷运外洋，接济奸匪。若出口、入口均系内地，自宜彼此流通，岂可因噎废食、胶柱鼓瑟？惟在地方大吏，毋令阳奉阴违，致滋弊窦。其如何立法稽查，著该部一并妥协定议具奏。寻议，查闽省贩运麦豆，必由本港驶出海口，须立法稽查，应如该督等所奏。嗣后麦豆杂粮到关输税时，填注发卖地方，令守口官验单加戳放行。入口时，守口官暨税馆查验相符准卖，若出口迟久不到，入口并无粮石，除著落行铺追拘，并知照原籍地方官严拿里邻讯究。又奉省黄豆，应如该将军等所奏，各省到奉大船准带二百名，小船准带一百石，查照该省稽察海运米办理。倘额外多带，并夹带米谷，照例分别治罪，歇收随时禁止。乾隆帝下谕，依议速行。

户部等部议覆浙江巡抚方观承奏称，南洋地不产铜，现查浙海关出洋红黄铜货以准，江南、广东、福建各海口所出海，年不下十余万斤，积年所耗实多，应如所请。嗣后一应铜器、铜斤，俱严禁出洋，不许携售，并将各海口通禁。如图利私贩，为首者照奸民潜将铁货出洋货卖例。百斤以下者，杖一百，徒三年；百斤以上者，发边卫充军，为从及船户减等。货物船只入官，其不行搜查之关汛文武官弁，均照出洋渔船夹带硝磺等物，将汛口官员革职例革职。若止失察者，照内地商人贸易外国偷带禁物，守口官不行查出例，降一级调用。乾隆帝从之。②

廿八日乙巳（1749 年 6 月 12 日）

赈贷福建台湾、凤山、彰化三县乾隆十三年被灾贫民应输额赋，并予缓征。③

---

① 《清实录·高宗纯皇帝实录》卷三三七。
② 《清实录·高宗纯皇帝实录》卷三三八。
③ 《清实录·高宗纯皇帝实录》卷三三九。

五月十三日庚申(1749 年 6 月 27 日)

刑部等衙门议覆署两广总督岳浚奏称,广州府属澳门地方,有李廷富、简亚二两人潜入夷人家,被夷人哑吗嚧等捉获殴毙,乘夜弃尸入海等语。查外夷贸易内地,自宜遵守法纪,而哑吗嚧等敢于逞凶,应令该督缉获惩治。并该夷目有无贿纵,严审定拟。乾隆帝下谕,此案哑吗嚧等致死民人李廷富、简亚二,弃尸海中,虽据供因获窃殴毙,而夷人等复为之质证。安知非扶同祖徇,另有致死别情?乃该督硕色等,仅照律拟以杖流,且令彼国自行安插,经部两次驳诘,诚为允当。但念该夷目向来尚属守法,而逃回之哑吗嚧等,既远隔重洋,势难追获,姑从宽免其提缉,照该督等所议完结。嗣后遇有此等案件,务宜详细研鞠,执法惩究,不可徒事姑息,以长夷人骄纵之习,致滋事端。①

七月初十日丙辰(1749 年 8 月 22 日)

暹罗国王遣使赍表、进贡方物。乾隆帝下谕,赐暹罗国王御书匾额曰"炎服屏藩"。

十五日辛酉(1749 年 8 月 27 日)

乾隆帝下谕军机大臣,暹罗国使臣不必俟朕到京即令回国。再傅恒、陈大受所办西洋等国番书,暹罗国人现既在此,可将伊国之文字,交尚书王安国、向伊等询问明白改正,寄信与来保知之。②

廿四日庚午(1749 年 9 月 5 日)

乾隆帝下谕军机大臣,方观承奏称,浙省内地有将东洋钱搀杂行使之弊。现在示禁回棹商船,无得携带,铺户悉行交官销毁。违者,俱照行使废钱之例治罪等语。此在内地鼓铸充裕,市价平减,自应严行查禁,以崇国体。现今钱价昂贵,姑听其搀和流通,则钱文益多,于民用似为便易,亦属权宜可行。方观承之奏所谓知其一、不知其二,但既经如此办理,未便甫禁即弛,有碍政体。惟是外洋钱文,体

---

① 《清实录·高宗纯皇帝实录》卷三四〇。
② 《清实录·高宗纯皇帝实录》卷三四四。

质轻于内地，或有奸商将内地之钱销毁改铸，以图射利，此则殊有关系，不可不留心查察。若核算销毁工本，改铸亦无利可图，则应仍听民便，不必查究。著传谕喀尔吉善、永贵将有无此等情弊，并私铸钱文是否可以射利之处，密行覆奏，并谕方观承知之。寻奏，查以制钱销毁改铸，非特无利可图，且转有亏折，民间实无其事，但应遵不必查究之旨，无庸更为弛禁，于政体原无妨碍。

廿六日壬申（1749 年 9 月 7 日）

乾隆帝下谕，据广东巡抚岳浚奏，暹罗国王复遣使臣续贡黑熊、白猿、斗鸡、太和鸡等物，现在委员验明伴送进口等语，可谕大学士来保，令传该使臣面宣朕旨。谕以该国远在外洋，输诚入贡，素称恭顺，此次尔等来京之后，复遣使臣来献黑熊、白猿等物，诚意可嘉。巡抚代为奏闻，于行营批发，已准收受。著于常赏之外，再加恩赏大缎六匹、官用缎六匹，以示嘉奖。再传谕大学士来保，谕知礼部侍郎木和林、伍龄安，令其面谕使臣，回国时谕知该国王，此后天朝内地所有，如黑熊、太和鸡之类，可以不必充贡。或该国所有，为中国希有之禽兽，可于入贡之时随便进献，上呈御览以见该国王梯航向化之诚，以备中朝王会之一览。然不必多方购求，特遣贡使，以致劳尔远裔。此系皇帝谕旨，令使臣传谕该国王知之。①

八月十二日戊子（1749 年 9 月 23 日）

户部议准福建巡抚疏称，澎湖孤悬海岛，不产米谷，请于诸罗县仓，拨潮谷二千石运澎仓贮，青黄不接之时酌量碾粜。粜价仍发诸罗县照数买补，运费令该县先行垫给，于粜价内扣还。乾隆帝从之。②

十月十八日癸巳（1749 年 11 月 27 日）

乾隆帝下谕闽浙总督喀尔吉善署浙江巡抚永贵奏请临幸浙省，阅视海塘一折，前因江南督抚等奏请南巡，特命大学士九卿会议询谋金同，业经降旨俞允。江浙邻封接壤，均系圣祖屡经临幸之地，且海塘亦重务也。今既据该省士民感恩望幸，群情踊跃，合词代奏，宜允所请。于辛未春南巡，便道前至浙省，临视塘工，慰黎庶

---

① 《清实录·高宗纯皇帝实录》卷三四五。
② 《清实录·高宗纯皇帝实录》卷三四六。

瞻依之意。所至不烦供亿，勿事兴修，勿尚华靡，已详前旨，其共谕焉。

十九日甲午（1749 年 11 月 28 日）

赈贷浙江钱塘、余杭、海盐、平湖、安吉、武康、鄞县、慈溪、奉化、镇海、象山、定海、山阴、会稽、诸暨、余姚、上虞、嵊县、东阳、义乌、丽水、玉环等二十二州县厅，及鲍郎、海沙、芦沥、大嵩、清泉、鸣鹤、龙头、穿长、玉泉、曹娥、石堰、金山，并江苏横浦、浦东、袁浦、青村、下砂、下砂二三场等十八场本年水灾民灶。①

十一月

浙江巡抚永贵奏，浙江海塘各处工程，西自萧山县起，东至镇海县招宝山止，逐加勘视，无亟需兴举之工。惟镇海县城年久倾圮，经前抚臣常安请修，又经方观承奏准，先修北城一面，与塘工并力兼修。旧城即在塘上，势重难撼，工程愈固，今塘工告竣，城可随办，面饬乘此冬余兴修。乾隆帝下谕，览奏俱悉。②

乾隆十五年　庚午　公元 1750 年

正月

闽浙总督喀尔吉善、福建巡抚潘思榘奏称，台湾淡水等处，有不法匪徒陈盖等造言惑众。先经具折奏闻，兹复访闻陈盖及续获案犯何珠、王川、郑天喜等，于彰化县狱内捏造悖语，怂诱监犯，并约期越狱。旋经该县查讯供认，当即饬司提究。乾隆帝下谕，秉公执法为之。③

---

① 《清实录·高宗纯皇帝实录》卷三五一。
② 《清实录·高宗纯皇帝实录》卷三五三。
③ 《清实录·高宗纯皇帝实录》卷三五七。

二月十一日甲申(1750 年 3 月 18 日)

琉球国中山王尚敬遣官表进乾隆十三年分正贡方物至京。①

廿七日庚子(1750 年 4 月 3 日)

乾隆帝下谕军机大臣，台湾镇总兵李有用，奉请每年秋收后，带兵一千余名，赴相近番界等处打围扎营，演放枪炮，以布军威等语。台湾一镇远隔海洋，民番杂处。统兵弹压，全在实力巡防、严行整饬，不使惊扰番众，俾地方永远宁谧。至于行猎振旅，不过训练之一端，即使当行，亦只可该镇自行办理，何须专折请议，张大其事？况台地向无打围之事，恐兵丁蹂躏民地，生番亦生疑虑，且使各兵离汛远涉，于地方未必相宜。此事尚须酌量慎重，不可因经奏明，张皇滋扰，轻举多事，著即传谕李有用知之。②

四月十八日庚寅(1750 年 5 月 23 日)

乾隆帝下谕，予吕宋国在洋遭风难夷抚恤资送如例。③

五月初四日乙巳(1750 年 6 月 7 日)

刑部议准闽浙总督奏称，龙溪县民陈怡老于乾隆元年潜往外番噶喇吧贸易，并买番女为妾，生有子女。复谋充甲必丹，管汉番货物及房税等项。于乾隆十四年，辞退甲必丹，携番妾子女并番银番货，搭谢冬发船回籍，行至厦门盘获。陈怡老应照交结外国、互相买卖借贷、诓骗财物引惹边衅例，发边远充军。番妾子女金遣，银货追入官。谢冬发照例枷杖，船只入官。乾隆帝从之。④

是月，两广总督陈大受奏称，广东钦州龙门一带，界连安南国之白龙尾海面，内地商贩往来遇有失事，或不肖员弁规避处分，指称夷洋透卸。查接管卷内，有被

---

① 《清实录·高宗纯皇帝实录》卷三五八。
② 《清实录·高宗纯皇帝实录》卷三五九。
③ 《清实录·高宗纯皇帝实录》卷三六三。
④ 《清实录·高宗纯皇帝实录》卷三六四。

劫之案三件，俱经前督硕色讯系夷匪，照会安南国王，令其严饬获解。但洋面界限，终属渺茫，除札行提镇确查外，仍饬沿边文武员弁，督率兵役加谨巡哨，设计侦捕。乾隆帝下谕，所见是。①

六月初六日丁丑(1750 年 7 月 9 日)

乾隆帝下谕军机大臣，据黄有才折奏，海阳县乡农因水漫土堤，擅拆民房、殴辱千总一案，业经该督抚等节次奏闻，一面查拿究拟。朕思潮郡逼近海疆，民风素悍，今因堤岸被冲，辄相率伐树毁房，甚至肆殴营弁、扯碎衣服，目无法纪，至此已极。著传谕该督抚等严行究审，分别首从从重办理。固不得草率定案，致妄有干连。尤不得姑息养奸，致凶徒漏网。务期申明宪典，俾知惩创，以弭悍俗，以靖岩疆。②

七月初二日壬寅(1750 年 8 月 3 日)

户部等部议准闽浙总督喀尔吉善奏，请定台湾府属厅、县、生番地方界址。乾隆帝从之。③

廿五日乙丑(1750 年 8 月 26 日)

缅甸初次奉表称臣纳贡，乾隆帝准其来京。④

九月初五日甲辰(1750 年 10 月 4 日)

乾隆帝赏琉球国护送难商都通事口粮、缎匹。⑤

十月十七日丙戌(1750 年 11 月 15 日)

乾隆帝下谕，方观承奏称，今岁天津、静海等县被有偏灾，穷民已蒙赈恤。惟

---

① 《清实录·高宗纯皇帝实录》卷三六五。
② 《清实录·高宗纯皇帝实录》卷三六六。
③ 《清实录·高宗纯皇帝实录》卷三六八。
④ 《清实录·高宗纯皇帝实录》卷三六九。
⑤ 《清实录·高宗纯皇帝实录》卷三七二。

是天津素不产米，粮价渐昂，恐来春青黄不接之时，民食无资，请开海运一年，准令商民前往采买，运直接济等语。著照该督所请，准其暂为开禁，俾商民前往买运，以备赈粜之用。并令该督酌定数目，咨会奉天将军、府尹并山东巡抚，给票稽查。严禁奸商等借端偷买透漏，该部即遵谕行。

廿五日甲午（1750年11月23日）

乾隆帝下谕军机大臣，喀尔吉善折奏，台湾所属各厅县及漳州府属之龙溪、海澄、南靖、诏安等四县，于六月、八月间猝被风雨，溪水盛涨，田园房屋均有冲塌，人口亦有损伤。金、厦、台、澎等处连起飓风，船只多被漂击等语。著该抚潘思榘详勘被灾情形，就近督率该地方官实力抚绥，毋致失所。其地亩应免钱粮，房舍应给价值。及酌借籽种、修理船只各事宜，一面查明奏闻，一同面照例办理。①

十一月十二日辛亥（1750年12月10日）

乾隆帝下谕，前因天津、静海等县今岁被有偏灾，准方观承所奏，暂开奉天海运，以资接济。海运既开，则陆路商贩自应听其流通，岂可复行禁遏？乃近闻该将军等于关外设卡严查，陆运不通，是因海禁暂弛，而转增闭籴之令，大非朕一视同仁之意。著该将军等将新添卡路兵役彻回，俾商贩无阻。粮价渐平，庶于民食有益。该部即行文该将军等知之。②

十二月初十日己卯（1751年1月7日）

据奏报，西洋人郎世宁等于例禁之后，私典旗地，应彻回治罪。乾隆帝下谕，民人私典旗地，定例綦严，屡经饬禁。但念郎世宁等系西洋远人，内地禁例原未经通饬遵行。且伊等寄寓京师，亦藉此以资生计，所有定例后价典旗地，著加恩免其彻回治罪。其定例以前所典之地，亦著免其一例回赎。如原典之人，自行用价收赎，仍听其赎回。此朕加惠远人，恩施格外。今禁例既经申明，嗣后西洋人于此项地亩之外，再有私行典买旗地者，与受之人定行照例治罪，并此次恩免彻回之处，从重究治。郎世宁等既经宽免，所有出典之蔡永福等，并失察之该管各

---

① 《清实录·高宗纯皇帝实录》卷三七五。
② 《清实录·高宗纯皇帝实录》卷三七六。

官，均从宽免其治罪议处。至河游地亩，亦系郎世宁等价典之地，俱免圈彻。但蔡永福于认买公产之外，所有多得河游地亩典价，并非伊分内应得之项，著该部照例查办。

十一日庚辰(1751 年 1 月 8 日)

乾隆帝下谕，浙江海塘为捍卫民生要务，朕明春巡幸浙省，意欲亲临阅视。著尚书舒赫德于江南审讯事毕之日即赴浙江，会同该督抚等查看，豫备奏闻。

十二月十三日壬午(1751 年 1 月 10 日)

吏刑二部议覆福建按察使顾济美奏称，台湾一郡，例由地方官给照往来，不许偷渡。在台犯事，递逐回籍，无如各属每止奉行故事。应请嗣后内地人民，该管官确查来历，系素行良善，方准给照放行。至现在流寓之人犯，及徒罪以上，及生事不安本分者，一概押令过海。如有司阳奉阴违，不行递逐，容留案犯如止一二名者，依违令例议处，三名以上者罚俸一年，五名以上者降一级留任，至十名以上者，照奸棍不行查拿例，议以降调，均应如所请。乾隆帝从之。①

是月，署浙江巡抚永贵奏称，明春南巡，杭、嘉、湖等府运河之内，皆需豫为清跸。二、三月间系漕艘北上之时，若不催令攒行，必致壅积。经臣劝谕士民早为完纳，本月初已具报全完，漕船俱已陆续开行。又浙盐多行销苏、松等府，浙商赀本微薄，向例商船过掣后，课费一时不能完纳者，盐船每仍停泊，于沿途经行有碍。且亦民食攸关，不得不设法变通。臣饬将配掣之盐，概于今冬分别卖地，远者豫领十分之五，近者豫领十分之三，先行运往。惟是课费若令一并豫纳，恐力有不继。暂令先纳正课，即准领运，所有例输引杂公费，统于来年四月内，后运一半之盐全数扣完。乾隆帝下谕，诸凡甚妥，欣悦览之。②

---

① 《清实录·高宗纯皇帝实录》卷三七八。
② 《清实录·高宗纯皇帝实录》卷三七九。

乾隆十六年　辛未　公元1751年

正月二十日戊午(1751年2月15日)

乾隆帝下谕军机大臣，据总督方观承奏称，奉天暂开海禁业蒙恩准，臣遵即酌定米数，咨商盛京将军等，已经咨覆准买十万石，在宁远州钓鱼台海口籴运。随据商民呈请，愿赴锦县采买，应请听其自往，不必豫为申禁等语。著照所请，传谕将军阿兰泰，令其勿拘定钓鱼台一处海口。如果锦县易于赴买，即听其买运，毋庸禁阻，以从民便。①

二月廿四日壬辰(1751年3月21日)

户部等部议覆署浙江巡抚永贵奏称，行销浙盐之浙属温、台、宁波等府并江南之松江府，经前督李卫于雍正六年奏令文武官员收买余盐，立法未周，应更详定章程。乾隆帝从之。②

四月初三日庚午(1751年4月28日)

乾隆帝下谕军机大臣，据顾春奏称，登州各属营伍废弛，城守并堆铺，不但兵数单薄，军容亦属不整，海口炮台坍塌，战船汛兵仅派五名。向来惟知致力于出哨之时疏于防守，种种未妥，现在添派兵丁整饬，各水师战船停泊之处，各添建堆铺三间，以资防护弹压等语。此皆系什格从前不能整饬所致。朕此次经由东省，见什格人材平常，恐于登镇不甚相宜。曾降旨询问准泰，而伊称什格尚堪胜任，并未据实奏明。今如顾春之言，则什格之废弛已属显然。准泰身兼提督，所司何事乃毫无觉察，一至于此，殊属不合。所有估修炮台及添建堆房银两，著于准泰什格名下分赔，以示惩警，可即传谕准泰知之。③

---

① 《清实录·高宗纯皇帝实录》卷三八一。
② 《清实录·高宗纯皇帝实录》卷三八三。
③ 《清实录·高宗纯皇帝实录》卷三八六。

五月

　　据奏报，掖县、平度、昌邑、寿光、潍县、利津等六州县海潮陡涨，漫溢成灾，应行散给口粮，及倒塌房屋、淹毙人口，分别抚恤。其新旧钱粮，暂行停缓，能否补种秋粮，俟确勘酌议蠲赈。乾隆帝下谕，览奏俱悉，督饬属员实力妥协，令沾实惠可耳。①

闰五月十四日己卯 (1751 年 7 月 6 日)

　　乾隆帝下谕军机大臣等，潘思榘所奏，飘到琉球番船一折内称，该番是否实系送米伊国，抑系贩往别处，箱内均系何物，行令密查等语。外番船只如果系遭风飘泊到境，其情形踪迹不难立辨，自应照例安顿遣回，以昭抚恤，何用辗转饬查，失天朝怀柔远人之义？且地方官办事习套，所谓查察者，不过行一牌、具一禀，便塞责了事。而远人已不免疑忌，此乃奉行陋习，有名无实，深所不取。如实见其中不无情伪，则该督抚等又当实力严查，悉心筹办，非可徒以文移往返、因循故套也。嗣后遇有此等番船飘至内地，量其实系被风，即令宿顿驿馆乘便送归，不必多方饬查，以滋外夷疑畏。著传谕该督喀尔吉善、该抚潘思榘知之。②

廿二日丁亥 (1751 年 7 月 14 日)

　　乾隆帝下谕，新柱所奏稽查洋船出入，请颁谕旨，通饬沿海汛防，遵例查验等语。从来办理政务，惟在实力奉行，不在徒烦诫谕。洋船出入关系海防，向来立法稽查，定例綦密，地方文武各官果能悉心遵奉，何至有顶充偷渡之事？该将军所引陈怡老等各案，正因该督抚平日狃于因循懈弛，不能整顿之所致，其弊专在有令而不行，初非由于训饬之不先也。倘伊等痼习不悛，而惟欲朕屡颁谕旨，朕即不厌谆详，亦徒自觉其词费耳，于事何益？可传谕沿海各督抚，伊等既有海防之任，怠废职守，责有攸归。嗣后有仍前不遵定例，实力稽查者，经朕察出，定行从重治罪，慎之。③

---

① 《清实录·高宗纯皇帝实录》卷三八九。
② 《清实录·高宗纯皇帝实录》卷三九〇。
③ 《清实录·高宗纯皇帝实录》卷三九一。

六月初六日辛丑（1751 年 7 月 28 日）

乾隆帝下谕军机大臣，据方观承奏称，目前运河水长平槽三岔河一带，并有海潮倒漾，大清河东注之势不能迅畅，以致凤河下口亦有屯阻等语。今年雨水调匀，各处河流顺轨，三岔河一带何以海潮尚有倒漾，是必海口为淤沙壅滞，不能深通畅流之所致。此处于河道大有关系，亟宜留心经理。盖北河逦迤入海，挟沙而行，一路随行随积，与南河海口情形本自不同，况如去年秋冬之间，沿河地方尚有未经涸出地亩，夫水过白露，何致尚未归槽？可见下游入海之路不无淤垫，应行及时筹办。著传谕方观承令其亲身前往，悉心相度，有应行酌量办理之处，即速详查具奏。寻奏，由海河至大沽营，水深势涌，无淤浅处。惟自大沽至海口十里，海近而水转浅。因询沿海老民、渔户，熟谙之汛弁，佥称海口外有横沙一道，极为坚硬，谓之拦港沙，潮生则骤高数丈，潮落则沙上水余数尺，洋船乘潮始能出入。平时出口之水自津达海，地势愈下原无大碍，惟当夏秋之交，横沙内外，海水满盈，不免阻遏，白露后始能照常，故向有白露前海不收水之说。海港非内河可比，出入凭潮无法疏浚，实属人力难施，因详查沿海港口情形，而知南、北运减河之分涂归海，筹办本有成法。北运减河二道，一在务关厅属之王家务，由七里海入蓟运海河；一在杨村厅属之筐儿港，入塌河淀。南运减河二道，一在沧州捷地汛，入母猪港；一在青县兴济镇，亦入母猪港，并以歧口海港为归宿。当日开浚之意，既以除运河堤岸之险，更欲其分流散沙，使两运入三岔口之水稍减。庶大清子牙诸水得以宽然东注于三岔口，即去路稍缓，而来水不加多。三岔口已可容纳，凤河诸下口亦不虞阻遏。近年北运之王家务减河，坝门不常过水，筐儿港减河两堤，因上年水大，漫溢残缺。臣于本年三月请旨动项兴修，南运之捷地、兴济二减河，障水易于淤浅，堤岸亦多残缺。故捷地闸，只令二洞过水，兴济闸，只令三洞过水，向系如此办理。拟于运河水退之后，将四处减河，通勘应修应浚。俾水可多洩于三岔口众流汇处，似有釜底抽薪之益，即夏秋水满潮盈，而上游势分，可期安流无患。乾隆帝下谕，汪由敦今年留京，俟秋月令其前往同勘。①

廿五日庚申（1751 年 8 月 16 日）

乾隆帝御太和殿，受缅甸国使臣朝贺。

---

① 《清实录·高宗纯皇帝实录》卷三九二。

廿七日壬戌（1751 年 8 月 18 日）

乾隆帝下谕，据永贵折奏，杭、嘉、湖三府属县均得大雨沾濡，可冀有秋。惟浙东八府，自前月下旬，至今尚未得透雨。浙东各属商贩罕通，民间日食急需接济，江南、福建二省与温、台、宁、处四府接壤，恳令彼此通商，暂驰海禁等语。前因该省温、台等属需米平粜，即令拨运闽谷数万石，并于江省稍近州县常平仓谷，碾米运往接济，续又以浙省现资平粜，谕令楚省酌拨谷石，碾米协济，以备赈粜之用。今浙东府属雨泽愆期，该抚豫筹民食，请弛海禁，著照所请。江、闽二省运米商贩，赴浙属之温、台、宁、处四府，暂开海禁，仍令该抚饬属给予印票。沿途实力稽查，严禁奸商等借端偷买透漏。其浙省各关口，并著加恩免征米税，以示招徕，务俾商贩流通，米粮充裕，该部遵谕速行。

是月，据奏报，闽省环山滨海、地窄人稠，本地所产米谷每不敷民间日食，浙省所议通商、采买二事，均属难行。温、台一带积歉之后，又值旱灾，即弛禁招商，一时难望接济。惟有一面于台郡各厅县备贮项下陆续拨运，一面先于厦门厅仓并邻近之兴化、莆田各仓，先拨四万石，由厦门雇募商船，委员押赴温、台。其所拨台谷俟收买后，即就近归还厦门并兴化、莆田各仓。乾隆帝下谕，如所议行。①

七月十五日己卯（1751 年 9 月 4 日）

户部议覆御史欧堪善奏称，浙省偶遇偏灾，米价昂贵。前奉旨准抚臣暂弛海禁之请，但闻迩年来，外洋米价较内地倍昂，沿海地方时有商贩偷运，关隘弁役得贿私放，江楚闽越米价之贵，未必不由乎此。今海禁一弛，倘防范不周，徒饱欲壑，于民食仍无裨益。请饬江、闽文武大吏，酌量地方出海情形，以杜偷漏，应如所请。令该督抚严饬守口员弁于出口时验明关照，如无夹带等弊，加戳挂号放行。并知照浙抚，于入口时查验印票相符，即令前往温、台等处发卖。如领票装载迟久不到，及商船到口并无米石，即按律治罪，并令各该督抚将给过印票。及赴浙船只米数先行报部，一俟到浙日浙抚，亦将船米实数报部查核。倘守口员弁不能察出透漏等弊，以致出口印票船多、到浙船少，即将该地方文武大吏一并题参。并饬直隶、山东、江南、闽、广等省，一体严查防范。至该御史奏称一路派员押运、派兵护送，但官兵各有责任，势难兼顾。且恐不肖弁役或从中滋扰，通同作弊，转多未

---

① 《清实录·高宗纯皇帝实录》卷三九三。

便，应毋庸议。乾隆帝下谕，依议速行。①

是月，据奏报，闽省远控外番，南洋诸国商贩时相往来。近闻吕宋、噶喇叭等处彼此构衅，恐沿海一带声息相闻。贸易者或乘外夷多事，客艘夹带违禁物件，并奸徒混杂进口，尤宜密为防范。现因六月初旬，福州、福宁所属飓风大雨，人民间有淹没。乘此察勘之便，即与水陆提臣阅视海外情形，将一切海防事宜密商办理。乾隆帝下谕，至外番构衅乃蛮触常事，不过慎我边防而已。②

八月初五日戊戌(1751 年 9 月 23 日)

乾隆帝下谕，浙东数府今年被灾较重，朕多方筹画，一切协济、采买免税弛禁，已饬该督抚悉心经理。但念该省现在赈济平粜需米孔殷，非寻常偏灾可比，著将浙江应运漕粮内特行截留五十万石，以资振济之用。漕粮乃天庾正供，向来各省截留，至多不过以数万计，该督抚当念此次格外优恤，董率属员实力妥办，并晓谕百姓，循分待赈以承朕轸灾正俗之恩。

初十日癸卯(1751 年 9 月 28 日)

乾隆帝下谕军机大臣，朕阅潘思榘折，内称本年六月内收入厦口洋船二十只，带回米五千三百余石，又暹罗商船一只买回食米四千石等语。闽浙各处现在需米孔殷，外洋产米处所，商人既可随便带回，若使官为办理，多多益善，转运流通，岂不于民食更有裨益？但虑官办或致外夷多疑，即乘势居奇，多方勒索，必致价值日益昂贵，并使商船来往亦不能随便携带，转不若仍听商人自行买运，尚可资其缓急。著传谕喀尔吉善、潘思榘，令其会同酌量，就闽省情形，若无此虑，可即于暹罗等国产米之处，官为购运，或先行试买。看其嗣后可以源源接运，不致启番人勒索之弊。抑或应仍听商人陆续运带之处，一一详筹妥协，速行奏闻。寻奏，臣等体察情形，番邦幅员甚狭，米价虽贱，余米无多。且番情趋利如骛，闻中国遣官采买，必致居奇昂价，似应钦遵谕旨，仍听商人自行买运。至夷商运至内地粜卖者，乾隆八年已蒙恩旨，酌免货税，于怀柔招徕之典已属周详。其内地商人，如有运米至二千石以上者，随时酌奖。③

---

① 《清实录·高宗纯皇帝实录》卷三九四。
② 《清实录·高宗纯皇帝实录》卷三九五。
③ 《清实录·高宗纯皇帝实录》卷三九六。

九月十一日甲戌（1751 年 10 月 29 日）

户部议覆广东巡抚苏昌奏称，粤东滨临大海，涨出沙滩无碍水道者，向例听民报垦。至水口要津、支河港汊有关水利之区，倘拦筑为田，则水道阻塞急宜禁止。现南海、番禺、顺德、海阳、饶平、澄海各县，所有民间圈筑桩坝沙滩，除于水道无碍及不能挑浚者，听民照旧耕种。此外，无论已未成田并新涨浮沙，有妨宣洩处，应饬地方官晓谕严禁，毋得报垦升科，应如所请。乾隆帝从之。

十四日丁丑（1751 年 11 月 1 日）

乾隆帝下谕，据福建巡抚潘思榘奏称，琉球国使臣毛如苞等进贡二号船只在洋遭风，业经收回本岛。该国王将原船修葺完固，并将闽县遭风船户蒋长兴等、常熟县商民瞿张顺等留养三年，给予口粮，随船护送来闽等语。中山王尚敬素称恭顺，今进贡船只在洋遭风，堪为轸念。又将内地遭风商民留养三年，附送至闽，甚属可嘉。①

十八日辛巳（1751 年 11 月 5 日）

乾隆帝下谕，山东济南府等属，今岁夏秋被水成灾，业经加恩赈恤。更念该处被灾之后，粮价渐昂，所有各州县存仓谷石未必尽皆充裕。其沿海之登、青、莱等府，地属僻隅，转粟为难，尤当亟筹接济，以裕民食。奉天与该处一水可通，著照乾隆十三年之例，暂弛海禁，令招商前往购籴，运东粜卖。俾滨海穷黎，无虞艰食，其商船出入口岸，仍令该地方官照例给予印票，实力稽查，毋致透漏滋弊。该部遵谕速行。②

十一月

江苏巡抚庄有恭奏称，今岁浙省歉收，遵旨广开海禁。又准浙抚臣永贵咨浙商贩米数十石及数百石者，在苏州采买，均有浙省藩司及温、处、台、宁四府印照。查苏城两月之间，卖米二十三万九千零，有照者仅十之一。恐此数十万石米，或藉名浙贩透漏营私，于江、浙两省民食有妨。今咨明浙省督抚，嗣后各府商贩来苏，

---

① 《清实录·高宗纯皇帝实录》卷三九八。
② 《清实录·高宗纯皇帝实录》卷三九九。

均照温、处、台、宁之例，凭印照验放，江苏客商买米赴浙者亦如之。俟海运停止后亦停给照。①

十二月十五日丁未（1752 年 1 月 30 日）

乾隆帝下谕，据福建巡抚潘思榘奏称，台湾右营把总陈亦等在藩库请领冬季饷银，由澎湖放洋，忽遇飓风，飘至广东惠州府海丰县，饷银及在船弁兵幸无损失。所有在粤借支盘费、口粮等项，共银五百余两，循例于本营各兵名下扣还等语。该弁兵等管押饷船，在洋遭遇飓风，备历艰险，其不至覆溺者幸耳。且于饷银并无损失，所有在粤借支盘费、口粮等项银两，著加恩免其扣还，以示优恤。②

乾隆十七年　壬申　公元 1752 年

正月十五日丁丑（1752 年 2 月 29 日）

乾隆帝下谕军机大臣，上年山东登、青、莱等属偶遇偏灾，曾经降旨，照乾隆十三年之例暂弛海禁。令招商前往奉天购籴，运东粜卖，以资民食。原属权衡赢绌，酌盈济虚之道，但奉省前岁收成已觉歉薄，而上年各属，亦间有被水之处。商贩便于海运，赴买日多，若任其购籴，不加节制，则本地粮价势必转致昂贵。著传谕鄂容安，令其酌定赴奉买运米石数目，俾嗣后商人依数运贩，不得过多。庶于东省民食，既可以资接济，而奉属闾阎，亦不致有食贵之虞矣。寻复奏，招商海运本系一时权宜，为接济滨海穷黎之计，但恐商贩藉词多运，官役隐混需索，或别有透漏，更关紧要。当经行司详定规条，令该道印钤票照，加意稽察，并于原奏声明，俟麦熟奏请停止。倘奉属米粮不便多运，听该将军具奏酌办。今海疆米价颇昂，急待商运接济。因米船守冻，尚未来东，令臣酌定数目，随札司速行该道府，将应需数目豫为酌定。饬商依数贩运，并查各州县已给过商民票照若干，向后或应再给，或可早停，俟覆到核实另奏。③

---

① 《清实录·高宗纯皇帝实录》卷四〇三。
② 《清实录·高宗纯皇帝实录》卷四〇四。
③ 《清实录·高宗纯皇帝实录》卷四〇六。

四月十五日丙午(1752 年 5 月 28 日)

闽浙总督喀尔吉善等议覆御史欧阳正焕请开南田墺田亩一折称，此墺孤悬大海，直接外洋，距宁波府属之象山县并台州府属之宁海县洋面，自五六十里至数百里不等，内有三十余墺，外有平沙，总名南田。元季流民曾耕凿其闲，后为洋匪剽劫。又因地近日本，至明初即行封禁，迄今四百余年。民人屡请开墺，历任督抚委勘，利少害多，是以未允。臣等细加查访，实有应禁而不应开者，缘涂墺可垦之地，统计不及七十余顷，而山径硗田，必须筑塘蓄水，悬海坦沙。又须砌碉御咸，霖雨有沙压水冲之患，晴霁有旱干之虞，即雨旸时若，而风潮之激荡，咸气之薰蒸，收获难必。且外洋招垦多系无藉之徒，千百成群难保不为盗匪。若安营防守，不特官廨、营房饷糈杂费，该地赋税不敷十之一二。抑且门户错杂，沙涂平坦，设险尤难，并非舟山、玉环等处，有山溪之限者可比。况既经招垦，则日用米粮、硝磺盐铁，即应听其贩运，守口员弁无从分别，更难保奸宄之徒，必无出洋济匪之事。下军机大臣议，并传欧阳正焕阅询。寻奏，喀尔吉善等议覆一折，交该御史阅看，并询其是否确有所见。据称乾隆十五年，因奉差至浙，询及地方人稠田少情形，得闻南田墺可垦之土甚多，因复细访。南田现属象山，初不等海外弃地，国家承平，海疆宁靖，一经开垦，则居民所在更成土著。至于筑塘蓄水，本农功所不废，安营设汛，又国制之自然，苟虑法所难稽，则现在非无防守。且道涂平坦，即召民耕种，亦不至聚集为奸。窃以玉环、舟山等处，前督臣李卫奏请开垦，在雍正六、七年其未垦以前，固犹今之南田墺耳。惟地方官以身任事，自于民生有裨，今该督抚亦称宜禁而不宜开，则原非无阡陌之利。可知，正焕虽系得之传闻，亦经再三细访，初未敢冒昧陈奏，然实未身履其地等语。查该御史虽似有所见，而实未身履其地，方今生齿日繁，地无遗利。况南田近在内洋，与海疆无关，自可听民开垦。然自明初封禁，至今已阅四百余年，即前督臣李卫奏请开垦玉环、舟山二处，而此独未经讲求者，亦必确有不便之处。今喀尔吉善等既称细察形势，不应开垦。臣等愚见，似毋庸再行查办。①

廿六日丁巳(1752 年 6 月 8 日)

户部议覆盛京将军阿兰泰条奏奉天海运通仓豆石章程。乾隆帝从之。②

---

① 《清实录·高宗纯皇帝实录》卷四一二。
② 《清实录·高宗纯皇帝实录》卷四一三。

五月初五日乙丑(1752 年 6 月 16 日)

琉球国中山王尚敬遣使表进方物。①

六月十一日庚子(1752 年 7 月 21 日)

乾隆帝下谕军机大臣，申祺奏称，该抚等现在查审嘉兴贼犯陈世昌买食海粮一案。若仅据发觉之犯供出，陆续拘提究治，恐需时日。请密谕近海各省督抚、提镇，一面晓谕，令其出首贼党，并许自首，庶贼党不致漏网等语。此事不应如此办理。崇明本属江苏内地，一苇可杭。所供望海山及李老子、李二其地其人，具有证据，立即委员查办，何必如此辗转根求？前据雅尔哈善奏称密咨江南督抚，自必已经查办。著并传谕尹继善、庄有恭，令其迅速办理。看来此案不过捏词诓骗愚民钱财，未必实有海洋散饷之事。虽不可置之不问，但与罗田叛案有间。若办理过于张皇，徒足骇人听闻，出示招首未免挟仇滋事，总在得其确实要领，随宜妥办，勿徒张大其词也。将此传谕知之。寻庄有恭奏，前准浙抚雅尔哈善咨拿要犯，业于六月初查获李大、李二等，据供起意诓骗，并无李老子其人，沿海州县亦无买伊粮票者。随一面解浙，一面饬苏、松、太三府，晓谕被诱之人，许令自首，以净根株。恐僻壤愚民，未能晓然于此事之乌有也。奉到谕旨，惟有悉心体会，勿致办理张皇。②

廿四日癸丑(1752 年 8 月 3 日)

乾隆帝下谕，据福建巡抚陈宏谋奏称，同安县船户林顺泰商船于上年十一月内在洋遭风，失去篷桅，飘至琉球国宇天港地方。该番目遵依国王之令，代为修葺船只，资给口粮，俾得回棹。并称已报知国王，俟进贡时自有文书声说等语。琉球远隔重洋，该国王等素称恭顺，今番目遵伊王令，将内地遭风商船代为修葺，并资送回籍，诚款可嘉。

廿七日丙辰(1752 年 8 月 6 日)

乾隆帝下谕，庄有恭折奏拿获浙江造卖海票匪犯一案，内称饬行苏、松、太三

---

① 《清实录·高宗纯皇帝实录》卷四一四。
② 《清实录·高宗纯皇帝实录》卷四一六。

府州县，出示晓谕。凡有被诱买受海票者，许令据实自首，以净根株等语。此事当雅尔哈善奏到时，朕即谓不过愚民诓骗钱财，非罗田叛党及传钞伪稿之比。今李大等既经拿获押赴浙省质讯，按律治罪足矣。若复出示晓谕，概令买票者据实自首，无论被诱之人，必不甘心自首，且辗转搜求，未免张皇骇听，不应如此办理。凡自首之条，俱属有名无实，不过完案时以为余波耳，何足净尽根株耶？前经申祺奏及，朕明切晓谕令不必行，将此并传谕庄有恭知之。

是月，浙江巡抚奏称，今年春夏雨多，海潮汹涌，海宁县石塘外积沙闲被冲卸，速应补葺，以护塘根。乾隆帝下谕，所见颇得领要。①

七月廿六日甲申（1752 年 9 月 3 日）

乾隆帝下谕，向闻滨海地方有行使宽永钱文之处，乾隆十四年曾经方观承奏请查禁。朕以现在制钱昂贵，未令深究，且以为不过如市井所称翦边沙板之类，仍属本朝名号耳。乃近日浙省搜获贼犯海票一案，又有行使宽永钱之语，竟系宽永通宝字样。夫制钱国宝且铸纪元年号，即或私铸小钱，搀和行使，其罪止于私铸。若别有宽永通宝钱文，则其由来不可不严为查究。又闻江淮以南米市盐场行使尤多，每银一两所易制钱内，此项钱文几及其半。既铸成钱文，又入市行使，则必有开炉发卖之处，无难查办。著传谕尹继善、庄有恭，令其密饬干员确查来历，据实具奏浙、闽滨海郡县，一并令该督抚等密行查办，不可因从前之失于查察，遂尔稍存回护。并宜镇静办理，勿令胥役人等借端滋扰，声张多事。寻尹继善、庄有恭等奏，宽永钱文乃东洋倭地所铸，由内地商船带回。江苏之上海，浙江之宁波、乍浦等海口行使尤多。此钱本出外洋，并非内地有开炉发卖之处，但既系外国钱文，不应搀和行使。臣等现饬沿海各员弁严禁商船私带入口，其零星散布者官为收买，解局充铸。

是月，闽浙总督喀尔吉善等奏称，前奉旨令近边各省将附近番夷形貌衣饰，绘图呈览。查闽省界在东南，外夷番众甚多。臣等绘图进呈通计畲民二种、生熟社番十四种、琉球等国外夷十三种，种各有图，图各有说，凡风土嗜好，道里远近，无不具载。

是月，据奏报，闽省滨海各州县七月间风雨骤发，多被淹伤。内惟南安、同安二县，厦门、金门二岛被灾尤重，现在查明抚恤。乾隆帝下谕，其应抚恤者，实力

---

①　《清实录·高宗纯皇帝实录》卷四一七。

详查，俾沾实惠可也。①

八月初一日己丑(1752 年 9 月 8 日)

琉球国使臣在闽病故，赐恤如例。

十四日壬寅(1752 年 9 月 21 日)

乾隆帝下谕，据闽浙总督喀尔吉善奏称，泉州府属之晋江、南安、安溪、同安等县，厦门一厅于七月初八、初九等日，大雨飓风，水势涌涨。官民房屋俱有冲坍之处，厦门海口商渔、战哨各船，亦多撞击、漂没等语。晋江等处猝被风雨，海水汛溢，看来灾势颇重，朕心深为轸念。该督喀尔吉善已经前往查勘，著督率属员实心经理。所有应行抚恤事宜，一面办理，一面奏闻，其被灾稍轻之永福、罗源、永春、莆田等州县，并著委员确查，分别抚恤。务俾灾黎均无失所，该部遵谕速行。②

九月初四日辛酉(1752 年 10 月 10 日)

乾隆帝下谕军机大臣，尚书舒赫德奏，据钦天监监正刘松龄禀称，有西洋波尔都噶尔亚国遣使臣巴哲格来请安进贡等语。已照雍正七年之例，派内务府郎中官柱，同该监正刘松龄驰驿前往接取。可传谕该督阿里衮，俟官柱等到粤时，其该国使臣可酌量款以筵宴，所有沿途一切供应，并著量从丰厚，以示怀远之意。

初六日癸亥(1752 年 10 月 12 日)

乾隆帝下谕军机大臣，前据阿里衮奏称暹罗国贡使到粤，委员前往查验安顿，俟具覆到日，会同抚臣具题等语。今将及两月，何以尚未题到，可传旨询问。再现今西洋波尔都噶尔亚国使臣到粤，已循照旧例，派员会同西洋人前往接取。而暹罗等国贡使则向无自京差官接取之例，恐该使臣等同时入境。相形之下，似觉有所区别者。可并传谕该督抚等，令将二国使臣酌量先后，分起护送，其抵省进京，总不必令在一处可也。寻奏，暹罗国贡使到粤后，因进贡方物名色数目，及贡使商梢人等姓名，必待通事报明，方能造册。是以题报稍迟，至该使臣既不便与西洋波尔都噶尔亚国贡使同行，应令先起护送进京。

---

① 《清实录·高宗纯皇帝实录》卷四一九。
② 《清实录·高宗纯皇帝实录》卷四二〇。

初七日甲子(1752 年 10 月 13 日)

乾隆帝下谕，据喀尔吉善、李有用奏称，今秋厦门一带猝被飓风，各营战哨船击碎沉溺者共一十七只。内有在洋行驶者，亦有在港澳湾泊者，应照例分别办理等语。闽省此次风灾势甚猛烈，其击碎船只，非不能小心管驾者可比。若因湾泊港澳，遂令著赔，情实可悯。著加恩准其一体动拨钱粮，速行赶造补号，以资巡防。其军械器具，亦照例动支公粮，按数补配应用。该部即行文该督提等遵照办理。①

十月初七日甲午(1752 年 11 月 12 日)

乾隆帝下谕，据巡台御史立柱、钱琦奏称，出口船户徐得利、许得万、李长茂、陈郑全等船，先后在洋被劫，并安平协把总徐念带兵巡洋，被渔船舵水打伤兵丁等语。闽省为海疆重地，台湾一府孤悬海外，巡缉奸匪尤为要务。该督提等身任地方，自应严饬属员，加紧防范，今两月之中劫案累累，且至拒捕迎敌，打伤巡兵，可见地方文武之并不实心整顿。该督提等所司何事，现在曾否设法查拿，亦并无一字奏及，甚非委任封疆之意。著传谕喀尔吉善、李有用，令其查明具奏。

十二日己亥(1752 年 11 月 17 日)

乾隆帝下谕，阿里衮奏称，本港洋船载米回粤，请照外洋船只之例，一体减免货税等语。外洋货船随带米石，至闽粤等省贸易。前经降旨，万石以上，免其货税十分之五；五千石以上，免其货税十分之三。原因闽粤米价昂贵，以示招徕之意。若内地商人载回米石，伊等权衡子母，必有余利可图。若又降旨将船货照例减税，设一商所载，货可值数十万。而以带米五千石故，遂得概免货税十分之三。转滋偷漏隐匿情弊，殊非设关本意。至上年新柱在粤，因米价未平，出示晓谕，乃随时酌量办理之事，岂可援以为例耶？著传谕阿里衮知之。②

十一月初九日丙寅(1752 年 12 月 14 日)

乾隆帝下谕军机大臣苏昌覆奏暹罗国遣使进贡一折，二人所奏皆不明晰，此事前据阿里衮初报之后将及两月，尚未题到。又因适有西洋进贡之使，故降旨令其分

---

① 《清实录·高宗纯皇帝实录》卷四二二。
② 《清实录·高宗纯皇帝实录》卷四二四。

路行走，毋使相见。并询问该督抚，暹罗所贡系属何物。乃阿里衮、苏昌近经先后奏到，只称必须查明汇报，以致稽迟，究之所贡何物，总未奏明。此最易理会之旨，而尚如此疏漏，他事尚可问耶？今贡使既经起程进京，其贡物亦不必再行询问矣，可传谕申饬。①

十二月十九日乙巳（1753 年 1 月 22 日）

乾隆帝下谕，据陈宏谋奏称，能溪等县拿获民人崇奉西洋邪教，现在严究有无交通外国，并此外传教伙党，一并严拿务获，分别按拟等语。西洋人之崇奉天主教，自是该国习俗，闽、广濒海愚民多有习于其教者，究之尚与邪术煽诱有间。即如京师现有天主堂，亦何能遂至惑众？现在李阙娘、严恐等，既经获报到案，自应照例查办，若必概行查拿，则未免滋扰，且于整饬人心风俗之处，亦未见有益，当以不必深究为是。可传谕陈宏谋知之。

廿六日壬子（1753 年 1 月 29 日）

闽浙总督喀尔吉善等奏，台湾北路洋面向属禁地，不许商船前往停泊贸易，是以向来亦未专设水汛。今于秋夏间，据报船户徐得利、许得万、李长茂、陈郑全等先后被劫，因令把总徐念带领兵丁，扮商前往缉捕，在后陇洋面，适遇匪船，即行尾追。匪船飞石拒敌，打伤兵丁，兵船亦即开枪，打死匪船水手二人。匪船知系官兵扮商诱捕，亦即逃避。当经拿获舵水七名，讯供办理，查把总徐念扮商诱捕，期于必获。匪党误认兵船为商伙，辄敢拒敌。此次弁兵尚属奋勇追捕，实非怯懦被伤。现在饬属加紧防范，设法查拿。乾隆帝下谕，军机大臣前据巡台御史立柱等奏称，台湾出口船户徐得利等先后在洋被劫，并有安平协把总徐念带兵巡洋，被渔船舵水打伤兵丁之事。因所奏未甚明晰，是以降旨令该督提等查明具奏。今据喀尔吉善等覆奏情形，是其办理巡缉事宜已属妥协，其把总徐念带同兵丁巡缉匪党，期于必获。潜踪诱捕因致受伤，情节果属明确，其奋勇甚为可嘉。著该督提等查明在事弁兵，酌加奖赏。如徐念人材可用，将来有千总缺出，即行拔补，以示鼓励。②

---

① 《清实录·高宗纯皇帝实录》卷四二六。
② 《清实录·高宗纯皇帝实录》卷四二九。

乾隆十八年　癸酉　公元 1753 年

正月十八日甲戌（1753 年 2 月 20 日）

乾隆帝下谕军机大臣新柱奏到上年十二月漳州盘获匪船搜出军械伪扎伪印，亲自带兵前往防御查拿一折，前据该督喀尔吉善折奏，亦称讯据匪犯蔡明烈等供，系自诏安县白叶林湖来，欲挑往厦门大担海船里去等语。此等匪逆纠众制械，潜谋不轨，自必究讯确实、逐名搜捕、清除巢穴、断绝羽党，一切从严办理，方足安靖海疆。但伊等既肆逆谋，必多诡诈，其同伙名姓，住址及制造、窝藏器械地方，并装载船人数目，并现经拿获船只器械，的系来从何处，实欲运往何处，与接收地方、通同人众，均须详细明确，一一讯供查办。不可任其狡谲谎供，致有奸徒漏网之处。再据陈宏谋续报折内，虽称其首逆蔡卓然、军师冯珩已经拿获，而蔡卓然、冯珩是否的系首犯主谋之人，抑此外尚有造谋指使，未经供出之渠魁逆匪，必一一得其确情，勿致混供诬认，稍有隐遁。又其朱标照上，开写自浙江发字样，虽诡秘情形，未可遽信。然亦宜尽情推鞫，总以严密迅速完结为贵。仍遵前旨，统照江南英山之例办理。著传谕喀尔吉善、新柱、陈宏谋知之，并将近日情形作速详奏。①

二月廿一日丁未（1753 年 3 月 25 日）

乾隆帝下谕军机大臣，据礼部具奏，暹罗国进贡使臣现在已经到京，但西洋贡使计由粤起程，亦将次可到。两处使臣同时在京，一切料理赏赍事宜，或稍有参差，转属未便。著传谕大学士来保会同该部，俟朕于二十四日至南红门时，带领该使臣在彼接驾，令即于路旁瞻仰。其一应加恩赏赍之处，一面即行酌量办理，俾得迅速起程回国，可即传谕来保知之。

廿五日辛亥（1753 年 3 月 29 日）

礼部奏称，暹罗国王进贡表文内，恳赐人参、䍟牛、良马、象牙，并通微规

---

① 《清实录·高宗纯皇帝实录》卷四三一。

仪，内监臣等当即发还。并严饬该使臣，令于归国后，明切晓谕该国王，嗣后恪守规制，益励敬恭。其所进方物及一切筵宴赏赉，请旨遵行。乾隆帝下谕，所进方物照例收受，其筵宴赏赉，著加恩照上次之例行。

是月，广东巡抚苏昌奏称，粤东濒海依山，民多犷悍。逆匪王亮臣等纠众不法，虽经剿除，尤当密为防范。查保甲之法向来奉行故事，遂致陋弊种种。现拟通饬各属，逐户亲编，畸零户口，设法归甲。慎选保正甲长辰，申严连坐之条，定以举首赏格。至粤东山场险远，奸徒易于潜匿。如钦州属之十万山、新会县之古兜山、增城龙门之蓝汾山，俱绵亘数百里。应令州县官按季会同城守武员，亲行会哨申报，捏饰参处。又矿厂工丁多至数百人，应令将姓名、年籍备造循环清册，送官倒换稽查。至烧炭、种菇、种靛等项，虽系异籍民人搭寮居住，无异土著，亦应编成保甲，设立保正管束，并派就近佐杂闲员，不时赴山巡查。又广、惠、潮、肇、高、雷、廉、琼八府，海疆口岸甚多，拖风渔船久站洋面，难保无抢劫商旅之弊。应照保甲例，十船编为一甲，连环互保。地方官每月查点一次，站洋者严押船主保甲，克期寻归究处，徇隐一体连坐，为匪十船并治。以上次第兴举，不任阳奉阴违，亦不敢进锐退速。乾隆帝下谕，二语得要，仍应实力行之。①

四月初四日己丑（1753 年 5 月 6 日）

博尔都噶里雅遣使巴哲格、伯里多玛诺入贡，奉表言，臣父昔年，仰奉圣主圣祖皇帝、世宗皇帝，备极诚敬。臣父即世，臣嗣服以来，缵承父志，敬效虔恭。臣闻寓居中国西洋人等，仰蒙圣主施恩优眷，积有年所，臣不胜感激欢忭。谨遣一介使臣以申诚敬，因遣使巴哲格等代臣恭请圣主万安，并行庆贺。伏乞圣主自天施降诸福，以惠小邦。至寓居中国西洋人等，更乞鸿慈优待。再所遣使臣，明白自爱，臣国诸务，俱令料理，臣遣其至京，必能慰悦圣怀。其所陈奏，伏祈采纳。乾隆帝下谕，览王奏，并进方物，具见悃忱。②

十六日辛丑（1753 年 5 月 18 日）

乾隆帝幸长春园，赐博尔都噶里雅贡使宴。③

---

① 《清实录·高宗纯皇帝实录》卷四三三。
② 《清实录·高宗纯皇帝实录》卷四三六。
③ 《清实录·高宗纯皇帝实录》卷四三七。

五月初一日丙辰（1753 年 6 月 2 日）

乾隆帝下谕，钦天监满汉监副，著各裁去一员，添设西洋监副一员。嗣后汉监正缺出，著将汉监副及西洋左右监副，一并开列请旨。①

六月十五日己亥（1753 年 7 月 15 日）

乾隆帝下谕军机大臣，巡抚恒文奏，上年襄阳县盘获信从天主教之曹殿邦写寄万一举番字、经札、药方等物，及现在拿获假冒钦天监差役之唐县民人邸兰，究出曹应文代毕珠所写番字书札各情一折，内称伊等字迹，臣等既不认识，而此处亦无认识之人，恐有悖逆不法情弊，即应严加根究，何敢草率完结？现在访查有无伙党，并为匪确情，再行严审，所有西洋番字经札一并进呈等语。曹应文等写西洋番字，密相札寄，并假充差役，既经拿获，其有无别情，自应讯究。但京师现在亦无认识番字之人，若交与西洋人之在钦天监者，令其译汉，即札中果有不法情弊，伊等恐亦未必写出实情。且伊等在中国已久，尚属安分守法，想无煽诱为匪情事，一经查办，转致惊疑。看来此事只应在曹应文等究明缘由，可传谕恒文。该犯现在楚省，其所寄番字札中情由，俱可就近讯问，照例办理，在外究结可也。②

二十日甲辰（1753 年 7 月 20 日）

乾隆帝下谕军机大臣，御史沈景澜请严贩米出洋之禁一折，所奏亦非实在情形，外洋诸国决无仰食于中国之理。从前洋商船只尚有载回米石者，其渔船多带米石，或以资近岛居人及洋面匪船，是不可不禁耳。至台湾产米素裕，闽省之漳泉等泉，向来尚资台米接济，乃谓由内地带往，不更为倒置乎？各省米价之贵，不尽由于贩米出洋，而查禁之法，惟在实力奉行，不在多定禁例。著将此折钞寄沿海各督抚，令其阅看。并将各该省，现在如何查禁，是否仍有透漏，与内地米价究竟有无妨，各据实奏闻。

廿八日壬子（1753 年 7 月 28 日）

户部等部议覆闽浙总督喀尔吉善等奏称，台澎兵饷，向例两次赴省领运，重洋

---

① 《清实录·高宗纯皇帝实录》卷四三八。
② 《清实录·高宗纯皇帝实录》卷四四〇。

冒险堪虞，请于春季风色平和之时，将全年俸饷一次领运。台饷存贮府库仍照向例，派拨防守。澎湖饷存通判库内，应由澎协派员一、兵四十名常川防范，台府库贮，责成该道盘查。澎湖通判库贮，责成该道、府，遇有新任自厦赴台者，道经亲盘，均应如所请，自下年甲戌为始准全领运。乾隆帝从之。

是月，据奏报，永嘉县南龙外洋，有遭风番船一只、头目一人，查系吕宋国职官，应照例抚恤。现咨闽省，并派巡船护送至厦门，遇便附送归国。①

八月初八日庚寅(1753 年 9 月 4 日)

吏部等部议覆署两广总督班第条陈海疆守御、官制、分防事宜。乾隆帝从之。②

十月初九日庚寅(1753 年 11 月 3 日)

乾隆帝下谕，喀尔吉善等奏，苏禄国复遣使臣赍表文方物，来闽入贡，阅其咨末，情词狡谲等语。前因该国王遣使臣来闽，请示贡期，仪文草率，是以令其赍回国书。如果诚心向化，另行遣使来闽。今该国使臣复来，文词恭谨，输诚效顺之意已见，自应准其入贡。至所奏愿以疆土、人民、户口编入图籍之处，该国远隔重洋，原可无庸准其内附，但若因此又行驳回，令其远涉波涛，非国家柔远之道。此时且不必拒绝，第照例料理来京，俟使臣到后交与部臣定议，再降谕旨。③

十二月十三日癸巳(1754 年 1 月 5 日)

赈恤福建凤山、台湾二县本年旱灾饥民。④

廿九日己酉(1754 年 1 月 21 日)

钦差尚书刘统勋等覆奏称，查勘黄河入海巨套，据沿海兵民称，海口旧在云梯

① 《清实录·高宗纯皇帝实录》卷四四一。
② 《清实录·高宗纯皇帝实录》卷四四四。
③ 《清实录·高宗纯皇帝实录》卷四四八。
④ 《清实录·高宗纯皇帝实录》卷四五二。

关，近因海水渐退，河身两岸生淤，增长百余里。臣等查巨套均在七曲港之上，一巨一里，十巨仅十里。套则七八里、十里不等。十巨去海口甚远，河流通塞，与增巨无涉。即十套之下，河身数十里，分流入海亦无阻遏，无庸疏浚。①

乾隆十九年　甲戌　公元 1754 年

正月廿七日丁丑(1754 年 2 月 18 日)

琉球国中山王世子尚穆遣使奉表入贡。

三十日庚辰(1754 年 2 月 21 日)

兵部议闽浙总督喀尔吉善参奏浙江温州镇总兵施廷专，收受吕宋难番馈送，应照例革职。乾隆帝下谕，施廷专著革职。②

二月十八日戊戌(1754 年 3 月 11 日)

苏禄入贡，乾隆帝命广东督抚檄国王毋以内地商人充使。

廿九日己酉(1754 年 3 月 22 日)

乾隆帝下谕，前据班第等奏，广东滨海沙地因南海等县地大事繁，知县不及分身勘丈，请归驻扎澳门之海防同知管理。经部议覆准，今策楞来京，据奏南海番禺、东莞、顺德、新会、香山等六县沙地案件甚多，最难清理。若归澳门同知专管，则六县道里辽阔，不特地方官藉端推诿，吏胥乘机舞弊。且纷繁拮据，于该同知管理洋船事务，转恐有误等语。在班第等原奏，意在就简，但于该地情形，既有未便，自当随时筹酌，不可拘于成议。著将南海等六县沙地，仍归各该县照旧管

---

① 《清实录·高宗纯皇帝实录》卷四五三。
② 《清实录·高宗纯皇帝实录》卷四五五。

理，其改归澳门同知专管之处不必行。①

是月。据奏报，天津北仓在县北二十里，凡遇截留漕米并奉天等处采买，由海运津米，俱贮仓内，向归天津县管理。查此项存贮漕米非州县常平可比，天津县恐不足弹压，请嗣后责成天津道率同该县管理。乾隆帝下谕，如所议行。

四月廿六日乙巳（1754 年 5 月 17 日）

户部议准福建巡抚陈宏谋疏称，台湾兵米船户陈永盛等，外洋遭风漂没，人米无存，请照例豁免。乾隆帝从之。②

闰四月初五日甲寅（1754 年 5 月 26 日）

乾隆帝下谕军机大臣，今日鄂容安等及雅尔哈善奏折内，俱有拿获传播西洋邪教之案。西洋所奉天主教乃伊土旧习相沿，亦如僧尼、道士、回回，何处无此异端？然非内地邪教开堂聚众、散扎为匪者可比。若西洋人在广东澳门自行其教，本在所不禁，原不必如内地民人，一一绳之以法。如其潜匿各省州县村落煽惑愚民，或致男女杂沓，自当严为禁绝。今该督抚等既经查办，著传谕鄂容安、喀尔吉善、庄有恭，只可就案完结，毋致滋蔓。将江南现获之张若瑟、福建现获之冯大千等解回澳门安插。并谕令广东督抚，嗣后不时留心稽察，毋任潜往他省，教诱滋事可耳。③

廿九日戊寅（1754 年 6 月 19 日）

乾隆帝下谕，从前江西监禁之西洋人李世辅已阅九年，著加恩释放，交与该督抚等解往广东澳门安插。其跟随之蒋相臣、尹得志二人，著发回原籍，交地方官管束。

军机大臣议覆福建巡抚陈宏谋奏称，福州、漳、泉府地狭民稠，半藉海船为生计。查康熙五十六年定例，出洋之人勒限三年准回原籍，逾限不准复回。至雍正五年以后洋禁已开，似不应仍拘旧例。况出洋之人或因货物未清，守候愆期，不能依限回籍，情有可原，且此等人稽留外洋，保无滋事生衅。今请久稽番地人等，果因

---

① 《清实录·高宗纯皇帝实录》卷四五七。
② 《清实录·高宗纯皇帝实录》卷四六一。
③ 《清实录·高宗纯皇帝实录》卷四六二。

货物拖欠等事以致逾限不归，及本身已故，遗留妻妾子女愿归本籍者，无论例前例后，均准回籍等语。臣等酌量，似此办理，于洋面既无妨碍，而贸易良民不致屏之番地，事属可行。至所奏向后贩洋之人，仍定以三年为限，三年后不听再归等语。窃思海洋风信不常，帐目守候非易，此番定例之后或仍有逾限之人，既不忍悉行摈弃，势必又须筹办，转滋烦琐，请交该督抚妥定章程。俾此等出洋之人，得以均归故土，并请饬下广东督抚一体遵行。乾隆帝从之。①

六月

乾隆帝下谕，鄂容安等奏审办张若瑟等传行天主教一案。据称，应将张若瑟等照从前江西拿获夷人李世辅之例，暂行监禁。其会长季类斯等，指引夷人潜入内地滋事实为不法，恳敕下广东督抚查明办理等语。此案前经传谕该督抚等，令其就案完结，无致滋蔓。今据伊等奏到审拟情形，著照所拟，张若瑟等暂行监禁，至广东亦无可复行办理之处。著该督抚等明切晓谕季类斯等，禁戢夷人，不许潜入内地可耳，将此传谕知之。②

九月初十日丙戌（1754 年 10 月 25 日）

大学士公傅恒等议覆两广总督杨应琚等议，福建巡抚陈宏谋奏，内地贩洋人等定以三年为限，三年不归，不许再回原籍一折，据称现在开洋贸易之民源源不绝，如三年后不准回籍，则少逾时限，即不得返归故土。应仍令船户查明缘由，出具保结，准其搭船回籍等语。臣等酌议，请交各该督抚等，凡出洋贸易之人，无论年分远近，概准回籍。仍令于沿海地方出示晓谕，令其不必迟疑观望。至于责成船户、出具保结之处，应如所议办理。其自番地回籍携有赀货者，如地方官役借端索扰，该上司访参治罪。乾隆帝从之。③

十月初二日丁未（1754 年 11 月 15 日）

缓征福建台湾、凤山二县乾隆十八年旱灾额赋。④

---

① 《清实录·高宗纯皇帝实录》卷四六三。
② 《清实录·高宗纯皇帝实录》卷四六七。
③ 《清实录·高宗纯皇帝实录》卷四七二。
④ 《清实录·高宗纯皇帝实录》卷四七四。

十一月初三日戊寅(1754 年 12 月 16 日)

乾隆帝下谕,喀尔吉善等奏,台湾澎湖等处飓风顿作,沉失商渔船只,坍塌民房,田禾间有刮损,诸罗、彰化二县被灾较重等语。台湾地居海外,贫民猝被风灾,殊堪悯恻。著该督抚查明被灾户口,加意抚绥,所有本年应征地丁钱粮,照例分别蠲缓。乏食贫民酌借口粮,妥筹接济。其坍塌房间、击沉船只,查明给与修费及掩埋之资,仍督饬属员实心查办,务使灾黎均沾实惠。至应行拨运内地补仓米谷,并著暂停起运,留备赈恤之用。该部即遵谕行。

苏禄国王遣使贡方物。

十四日己丑(1754 年 12 月 27 日)

乾隆帝下谕,据杨应琚、鹤年所奏,哱囒哂国夷目枪伤嘆咕唎国水手身死一案,系外洋夷人互相争竞,自戕同类,不必以内地律法绳之,夷犯著交该夷船带回哱囒哂国。并将按律应拟绞抵之处,行知该夷酋,令其自行处治。该督抚仍严切晓谕各国夷船,嗣后毋再逞凶滋事,并不时委员弹压,俾其各知畏法,安分贸易可也。①

十八日癸巳(1754 年 12 月 31 日)

礼部以苏禄国奉表入贡,奏请赏赍。乾隆帝下谕,著照雍正五年之例加赏,其缎匹令该部豫备,玉器、磁器由内给发。

廿二日丁酉(1755 年 1 月 4 日)

乾隆帝下谕,闻得台湾米价甚贵,每石至二两三钱。台郡素为产米之乡,即内地之漳、泉诸郡,方且资其接济,价贵如此,该处民番杂居,风俗刁悍,一切弹压地方尤当豫为留心,毋致滋生事端。可传谕该督喀尔吉善,令将台郡米价现在有无平减,民番情形是否安贴,并应作何设法调剂,及如何抚绥弹压以裕民食,以安海疆之处,一面办理,一面作速据实奏闻。寻奏,查台郡商船,每岁带运粜济漳泉余米二十万石,又北路社船十只,带谷回厦粜卖,亦有数万石。又征收供粟运赴内地,支给各营兵谷八万余石。臣现将官谷停运,商船余米减半,社船禁止,以裕台

---

① 《清实录·高宗纯皇帝实录》卷四七六。

属储备。至现在台郡及凤山、诸罗、彰化等县米价，每石二两二钱及五钱不等，总由民间积谷之家不肯广粜，以致价未能平。至台地灾民，现在抚恤口粮，足资民食。惟该处青黄不接，转在隆冬，查各属现积谷四十万石，当批饬速于岁内开仓，分厂平粜。并密饬镇道大员董率稽查，节据禀覆。各邑被灾后，民番宁帖，实无滋事。乾隆帝下谕，览奏稍慰，台谷既不拨运，则漳、泉青黄不接之时亦宜一并虑及。①

乾隆二十年　乙亥　公元 1755 年

正月廿九日癸卯(1755 年 3 月 11 日)

安南国王黎维祎遣陪臣表贡方物。②

二月十七日辛酉(1755 年 3 月 29 日)

乾隆帝下谕，闽省赴台换班及班满彻回各兵度越海洋，间有遭风船坏飘至粤境，遇救得生者，于沿途州县告借盘费口粮，例应于月饷内扣还。朕轸念兵艰，屡降旨豁免，但系特恩未有成例，伊等往回洋面遇飓飘流，殊堪悯恻。嗣后此项被风兵丁，著查明离闽远近及受困重轻，分别酌量赏给月饷，著为定例，以示轸恤之意。该督即行详悉定议以闻。③

三月廿二日乙未(1755 年 5 月 2 日)

据两广总督杨应琚奏报，粤东沿海炮位甚关紧要，岁演两次。除正月仍委就近文武会看外，九月演期应令各镇臣于巡查营伍时，亲诣各炮台，率同文武演放，并查验火药、炮子等项。其抚标炮台二座，提标径辖大鹏等营之炮台，亦于九月内令抚提

---

① 《清实录·高宗纯皇帝实录》卷四七七。
② 《清实录·高宗纯皇帝实录》卷四八一。
③ 《清实录·高宗纯皇帝实录》卷四八三。

督演。如遇督臣在省，则抚标与督臣会演，仍于岁底汇报。乾隆帝下谕，允行。①

四月廿五日戊辰（1755 年 6 月 4 日）

琉球国世子尚穆遣使入贡请封，允之。②

五月初七日庚辰（1755 年 6 月 16 日）

乾隆帝下谕，以翰林院侍讲全魁充册封琉球国正使，编修周煌充副使。③

廿九日壬寅（1755 年 7 月 8 日）

乾隆帝下谕，浙江提督武进升奏，本年四月有往宁波贸易之红毛番船一只到港船，内番梢并小厮共四十名，系广东澳门人，俱无发辫，称三月二十四日在澳门开船等语。番人住居澳门，其留辫与否可置之勿论，若系广东内地民人，岂有不留发辫之理？岂并去发辫，即转为蓄发地步耶？澳门地方僻远，此等当留心查察，不可不防其渐著。传谕杨应琚，将此项不留发辫民人查明情节，据实具奏。如本系番人，即仍听其便，亦不必有意深求，致为滋扰。寻奏，澳门番民杂处，互相贸易，内地民人从无剃去发辫之事，其赴宁波贸易船内番梢等，虽附居澳门，查系番人，故未留发辫。④

六月廿三日乙丑（1755 年 7 月 31 日）

缓征福建台湾、诸罗、彰化等三县风灾额赋有差。

廿四日丙寅（1755 年 8 月 1 日）

乾隆帝下谕军机大臣，前据鄂容安等奏，拿获天主教西洋人张若瑟等诱人入教一案。经朕降旨，令该督等就案完结，将张若瑟等解回澳门安插。旋据鄂容安等奏，西洋人设为幻术，诱人入教，于风俗甚有关系。请将拿获之张若瑟等五名暂行

---

① 《清实录·高宗纯皇帝实录》卷四八五。
② 《清实录·高宗纯皇帝实录》卷四八七。
③ 《清实录·高宗纯皇帝实录》卷四八八。
④ 《清实录·高宗纯皇帝实录》卷四八九。

监禁，俾知儆惕等语。已降旨照拟完结，可传谕询问该督抚等，自张若瑟等犯案之后，现在该省有无此等西洋夷人潜入内地，煽诱行教之事。如并无此等情事，则张若瑟等自可仍照前旨，从宽解往澳门安插。著该督抚查明具奏。寻尹继善等奏，张若瑟五犯经前督臣鄂容安奏请监禁，已羁狱一年，现在江省并无此等煽诱行教之事，拟令将张若瑟五犯递解澳门安插管束。①

九月初一日壬申(1755 年 10 月 6 日)

免福建台湾、诸罗、彰化等三县上年被水额赋。②

十二月初五日甲辰(1756 年 1 月 6 日)

琉球国中山王世子尚穆遣陪臣表请袭封，乾隆帝命侍讲全魁充正使、编修周煌充副使，赍诏前往。③

乾隆二十一年　丙子　公元 1756 年

三月廿七日乙未(1756 年 4 月 26 日)

吏部议覆两广总督杨应琚奏报，海丰县汕尾地方濒海产盐，道通诸番，最为紧要口岸，应设专员管辖。查茂名县丞附府无地方职掌，应如所请，改为分驻汕尾县丞，以要缺注册，铸给关防，拨海丰县民壮四名供役。乾隆帝从之。

是月，江苏巡抚庄有恭奏报，沿海州县地僻米贩本少，米价昂至三两四五钱，已确访台湾上年丰收，米价平减。请照十六年浙省歉收，奉旨暂弛海禁，准令台湾商贩运江。于出口给印，收口验数，秋收停止。乾隆帝下谕，此事有许多不便处。江省非如浙省之界连闽省，而且浙省所通者不过福建之内地。今汝则思及台湾，海

---

① 《清实录·高宗纯皇帝实录》卷四九一。
② 《清实录·高宗纯皇帝实录》卷四九六。
③ 《清实录·高宗纯皇帝实录》卷五〇二。

面风信靡常，远不救近。无论海禁一开，诸弊丛生，且即今降旨谕部，部文到福建，督抚下行至台湾，则亦将及秋月。此必地方有此言，而汝以为救灾爱民之举，朕未有不行者，故为此奏耳。不知事当据理据实，慕虚名而为多损少益之事。初年或有好名之心，今则经事久而见理真，不为此矣。①

九月三十日乙未（1756 年 10 月 23 日）

暹罗国王遣使贡方物。②

闰九月初十日乙巳（1756 年 11 月 2 日）

乾隆帝下谕，据杨应琚奏，粤海关自六月以来共到洋船十四只，向来洋船至广东者甚多，今岁特为稀少。查前次喀尔吉善等两次奏有红毛船至宁波收口，曾经降旨饬禁，并令查明勾引之船、户牙行通事人等严加惩治。今思小人惟利是视，广省海关设有监督专员，而宁波税额较轻，稽查亦未能严密，恐将来赴浙之洋船日众，则宁波又多一洋人市集之所，日久虑生他弊。著喀尔吉善会同杨应琚照广省海关现行则例，再为酌量加重。俾至浙者获利甚微，庶商船仍俱归澳门一带，而小人不得勾串滋事，且于稽查亦便。其广东洋商至浙省勾引夷商者，亦著两省关会严加治罪。喀尔吉善、杨应琚著即遵谕行。③

十月

闽浙总督喀尔吉善奏称，红毛番船向收澳门，忽自上年来浙。臣遵旨与广督杨应琚商办，现将征收税课及稽查事宜比较则例，设立条约，并严禁勾引夷商从中渔利。乾隆帝下谕，浙省只有较粤省重定税例一法，彼不期禁而自不来矣，此非言利，宜知之。④

十一月廿一日甲寅（1757 年 1 月 10 日）

直隶总督方观承奏称，云南铜船在天津关口遭风，沉溺铜十万二千五百斤，查

---

① 《清实录·高宗纯皇帝实录》卷五〇九。
② 《清实录·高宗纯皇帝实录》卷五二一。
③ 《清实录·高宗纯皇帝实录》卷五二二。
④ 《清实录·高宗纯皇帝实录》卷五二五。

系船漏被沉，铜包并无遗失。现捞获八万五千八百斤，饬将数目逐一登记。如溢原报之数，即系夹带私铜报明入官。若捞获已完，适符所报之数，即不许船户人等再于原处私捞，嗣后俱照此办理。则借沉溺为偷漏之计者，无所施其狡狯。①

乾隆二十二年　丁丑　公元 1757 年

正月初八日庚子 (1757 年 2 月 25 日)

乾隆帝下谕，喀尔吉善等会奏浙海关更定洋船税则一折，已交部议奏矣。洋船向例，悉抵广东澳门收口，历久相安。浙省宁波虽有海关，与广省迥异，且浙民习俗易嚣，洋商错处必致滋事。若不立法杜绝，恐将来到浙者众，宁波又成一洋船市集之所。内地海疆关系紧要，原其致此之由皆因小人贪利、避重就轻，兼有奸牙勾串之故。但使浙省税额重于广东，令番商无利可图，自必仍归广东贸易。此不禁自除之道，初非藉以加赋也。前降谕旨甚明，喀尔吉善等俱未见及此，伊等身任封疆，皆当深体此意，并时加察访。如有奸民串通勾引，即行严拿治罪，若云劝谕开导，异其不来，则以法绳之。尚恐其捍法渔利，岂劝谕所能止耶？著将此传谕喀尔吉善知之。②

二月廿一日癸未 (1757 年 4 月 9 日)

乾隆帝遣官祭禹陵南镇之神、浙江海神。

廿二日甲申 (1757 年 4 月 10 日)

户部议准闽浙总督喀尔吉善、两广总督杨应琚会奏，外洋红毛等国番船，向俱收泊广东，近年收泊定海，运货宁波，请将粤海、浙海两关税则更定章程。嗣后除照例科征之比例、规例二项，彼此均无增减，无从议外，至正税一项，如向来由浙赴粤之货，今就浙置买，税饷脚费俱轻。而外洋进口之货，分发苏杭亦易，获利加

① 《清实录·高宗纯皇帝实录》卷五二七。
② 《清实录·高宗纯皇帝实录》卷五三〇。

多。请将浙海关征收外洋正税，照粤海关则例，酌议加征。其中有货物产自粤东，原无规避韶、赣等关税课者，概不议加。又粤海关估价一项，系按货物估计征收，如货本一两，征银四分九厘。但浙省货值有与粤省原例不符者，应照时值增估更定，其价同货物仍循其旧。至船只梁头之丈尺，及货物进口、出口之担头，悉照粤海关税则，不准减免。乾隆帝下谕，此折内所称若不更定章程，必致私扣暗加，课额有亏，与商无补等语，尚未深悉更定税额本意。向来洋船俱由广东收口经粤海关稽察征税，其浙省之宁波不过偶然一至。近年奸牙勾串渔利，洋船至宁波者甚多，将来番船云集，留住日久，将又成一粤省之澳门矣，于海疆重地民风土俗，均有关系。是以更定章程，视粤稍重，则洋商无所利而不来，以示限制，意并不在增税也，将此明白晓谕该督抚知之。①

三月初三日甲午（1757 年 4 月 20 日）

乾隆帝至杭州省城观潮楼阅水师。

十三日甲辰（1757 年 4 月 30 日）

据奏报，闽县天后庙宇因地处海滨，年久坍毁，请项修理。乾隆帝从之。

廿八日己未（1757 年 5 月 15 日）

乾隆帝下谕军机大臣，琉球国王咨称使臣全魁、周煌在洋遭风，该国王两次抚恤随封人等，共计银五万一千余两等语。全魁等出使海外，随从之人俱经照例赏赐，自足敷用。在洋面遇风或致损失有需资给，亦酌量动项办理。

乾隆帝下谕，据钟音奏称，苏商夏履端往洋办铜，遭风飘至闽省，其所带铜斤，请照商人高山辉前案照例给价等语。上年浙商高山辉铜船抵闽，情愿运局收买，曾准该抚所奏，此不过偶然遭风飘至，是以降旨允行。今苏商夏履端复蹈此辙，其中必有情弊。洋船收口于闽近而于苏远，水脚之费相去悬殊，若一概给以江苏官价，商人趋利若鹜，将来闽铜云集，洋船赴苏者少，势必铜价渐昂，适以滋弊。著传谕喀尔吉善，将此项收买铜斤，另为查办。

是月，两广总督杨应琚奏称，廉州府属龙门一协，孤悬海岛，实兵一千七百六十七名，既无田土可耕，亦无生业可务。向来兵米一石，例支折色七钱，嗣因

兵力拮据，济以潮州府属南澳租米三百余石，尚属不敷。今查有交商生息，并灶丁食盐羡余二项，岁可得银一千二百两，以之加给，计每石可加银二钱有零。报闻。①

四月廿一日壬午（1757 年 6 月 7 日）

乾隆帝下谕军机大臣，前据钟音奏，琉球国王咨称，使臣全魁、周煌在洋遭风，两次抚恤随封人等银两一事。彼时以天朝遣使册封，致令小国费至数万，似属非体。是以传谕喀尔吉善，将该国王用过银两发还。

廿九日庚寅（1757 年 6 月 15 日）

暹罗国王遣使进贡方物。②

五月十四日甲辰（1757 年 6 月 29 日）

礼部议覆册封琉球使臣侍讲全魁等奏称，在洋遭风，虔祷天后，俱获安全，请加封号，应如所请加封，定为"诚感咸孚天后"。并请于册封之年，别颁谕祭文二道，与海神并举，似未分晰，应定谕祭天后祈报文二道，于怡山天后宫举行。另颁祭南海龙神祈报文二道，于江岸望祭举行。乾隆帝从之。③

六月初一日辛酉（1757 年 7 月 16 日）

乾隆帝下谕，据马负书奏，安南番船飘泊永宁汛，现拨弁兵守护，并饬有司将船上军械暂贮县库，俟起身之日给还等语。外番船只往来海洋，所带防船军械本不足异，飘泊收口时拨兵照看，尚属事理应尔。乃必将船上军械收取贮库，此不过虑其生事耳。不知彼若生事，独不可于查收之前乎？是诚妇人孺子之见。实相沿旧例最为无耻，适足示怯，转令窃议中国所见浅小，贻笑番人，甚属非体。嗣后著概停查收，并通行传谕沿海各省督抚、提镇知之。④

---

① 《清实录·高宗纯皇帝实录》卷五三五。
② 《清实录·高宗纯皇帝实录》卷五三七。
③ 《清实录·高宗纯皇帝实录》卷五三八。
④ 《清实录·高宗纯皇帝实录》卷五四〇。

八月初八日丁卯（1757 年 9 月 20 日）

乾隆帝下谕军机大臣，据杨廷樟奏称，红毛番船一只来浙贸易，愿照新定则例输税等语。前因外番船只陆续到浙，恐定海又成一市集之所，是以令该督抚等酌增税额，俾牟利既微，不致纷纷辐凑，乃增税之后，番商犹复乐从。盖其所欲置办之物多系浙省所产，就近置买，较之粤东价减，且粤东牙侩狎习年久，把持留难，致番商不愿前赴，亦系实情。今番舶既已来浙，自不必强之回棹，惟多增税额，将来定海一关即照粤关之例，用内府司员补授宁台道，督理关务。约计该商等所获之利，在广在浙，轻重适均，则赴浙赴粤，皆可惟其所适。此非杨廷璋所能办理，该督杨应琚于粤关事例素所熟悉。著传谕杨应琚于抵闽后，料理一切就绪，即赴浙亲往该关察勘情形，并酌定则例，详悉定议，奏闻办理。①

九月十一日庚子（1757 年 10 月 23 日）

琉球国中山王尚穆遣陪臣赍表谢册封恩，并贡方物。②

十月初四日癸亥（1757 年 11 月 15 日）

琉球国中山王尚穆差使赍表谢封。③

是月，闽浙总督杨应琚奏报，臣奉谕旨赴浙，查办海关贸易事宜。伏查粤省现有洋行二十六家，遇有番人贸易，无不力图招致，办理维谨并无嫌隙。惟番商希图避重就轻，收泊宁波就近交易，便宜良多。若不设法限制，势必渐皆舍粤趋浙，再四筹度，不便听其两省贸易。现议浙关税则照粤关酌增，该番商无利可图，必归粤省，庶稽查较为严密。乾隆帝下谕，所见甚是，本意原在令其不来浙省而已，非为加钱粮起见也，且来浙者多则广东洋商失利，而百姓生计亦属有碍也。④

十一月初十日戊戌（1757 年 12 月 20 日）

乾隆帝下谕军机大臣，杨应琚所奏勘定浙海关征收洋船货物，酌补赣船关税及

---

① 《清实录·高宗纯皇帝实录》卷五四四。
② 《清实录·高宗纯皇帝实录》卷五四六。
③ 《清实录·高宗纯皇帝实录》卷五四八。
④ 《清实录·高宗纯皇帝实录》卷五四九。

梁头等款，并请用内府司员督理关税一折，已批该部议奏。及观另折所奏，所见甚是，前折竟不必交议。从前令浙省加定税则，原非为增添税额起见，不过以洋船意在图利，使其无利可图，则自归粤省收泊，乃不禁之禁耳。今浙省出洋之货，价值既贱于广东，而广东收口之路，稽查又加严密。即使补征关税梁头，而官办只能得其大概商人计析分毫，但予以可乘，终不能强其舍浙而就广也。粤省地窄人稠，沿海居民大半藉洋船谋生，不独洋行之二十六家而已。且虎门、黄埔处处设有官兵，较之宁波之可以扬帆直至者，形势亦异，自以仍令赴粤贸易为正。本年来船，虽已照上年则例办理，而明岁赴浙之船必当严行禁绝。但此等贸易细故，无烦重以纶音，可传谕杨应琚，令以己意晓谕番商。以该督前任广东总督时兼管关务，深悉尔等情形。凡番船至广，即严饬行户善为料理，并无与尔等不便之处，此该商等所素知。今经调任闽浙，在粤在浙均所管辖，原无分彼此，但此地向非洋船聚集之所，将来只许在广东收泊，交易不得再赴宁波。如或再来，必令原船返棹至广，不准入浙江海口。豫令粤关传谕该商等知悉，若可如此办理，该督即以此意为咨文，并将此旨加封寄示李侍尧，令行文该国番商，遍谕番商。嗣后口岸定于广东，不得再赴浙省，此于粤民生计，并赣韶等关均有裨益，而浙省海防亦得肃清。看来番船连年至浙，不但番商洪任等利于避重就轻，而宁波地方必有奸牙串诱，并当留心查察。如市侩设有洋行及图谋设立天主堂等，皆当严行禁逐，则番商无所依托，为可断其来路耳。如或有难行之处，该督亦即据实具奏，再将前折随奏交部议覆，可一并传谕知之。寻覆奏，臣已遵旨，晓谕番商洪任等回帆，并咨移李侍尧及札行宁波定海各官一体遵照，现在尚无设立洋行及天主堂等情弊。①

十二月十四日壬申 (1758 年 1 月 23 日)

赈恤福建台湾县旱灾贫民。②

十七日乙亥 (1758 年 1 月 26 日)

乾隆帝下谕，据马大用奏称，有吕宋番船一只来厦贸易等语。厦门虽原系海口，但是否向有此等番船收泊贸易，抑系如前此宁波海口之红毛船，舍粤东旧行而自赴浙中，冀开设新行者，原奏并未明晰。著传谕杨应琚查明，如系向来到厦番船，自可照例准其贸易，否则仍须令其回棹赴粤，不可因已到厦门，遂为迁就。寻奏，厦门向有吕宋番船收泊，应遵旨照例准其贸易。③

---

①　《清实录·高宗纯皇帝实录》卷五五〇。
②　《清实录·高宗纯皇帝实录》卷五五二。
③　《清实录·高宗纯皇帝实录》卷五五三。

乾隆二十三年　戊寅　公元1758年

二月十九日乙亥(1758年3月27日)

乾隆帝下谕军机大臣，据托恩多奏，常熟县民潘九和商同姚耿伪造海票，哄骗乡愚，即经查获，现在集犯严究等语。江浙滨海地方，向来曾有奸民捏造海票，诓人财物之事，俱经查拿究处。今据该抚奏，潘九和等尚敢愍不畏死，刻票刷印，诓取银钱。此等不法棍徒实为风俗人心之害，若不严加惩究，何以儆刁民而安良善？著传谕托恩多将此案严行究治，务绝根株，毋得稍有宽纵。①

三月

闽浙总督杨应琚奏酌定防范台湾事宜。乾隆帝从之。②

八月

两广总督李侍尧奏，前准调任督臣陈宏谋咨称，巡查海疆另雇民船，配兵出海，拿解冒充官差廖登韶等，现照例办理。查内河外海水师，向各按情形设缯艍橹桨等船，配兵驾驶，本属便捷。果奋勇追拿，匪人不难捕获。如必另雇民船代为驾驶，开销公费，转置额设船不用，不独使往来船只，官民莫办，或滋事端。且令兵安坐船中，日生玩愒，似于营伍有碍，未便踵行。乾隆帝从之。③

十二月初一日癸丑(1758年12月30日)

赈福建台湾、凤山、诸罗、彰化等四县风灾。④

---

① 《清实录·高宗纯皇帝实录》卷五五七。
② 《清实录·高宗纯皇帝实录》卷五五九。
③ 《清实录·高宗纯皇帝实录》卷五六九。
④ 《清实录·高宗纯皇帝实录》卷五七六。

乾隆二十四年　己卯　公元 1759 年

二月

总督衔管江苏巡抚陈宏谋奏称，松江、太仓、苏州所属各州县大半滨海，沿海筑有土塘、石塘以资捍卫，但每苦为风潮冲损，种柳种苇，均难抵御。沿海地方茅草俗名甘料，其根盘结足固塘基，其叶绵软足抵风浪。又枝杨长藤柔弱，种之易生，编绕为篱，稀疏绵软，亦足御浪。塘外向有余地五丈、十丈不等，业已豁除粮赋，可种二物，约二三年成丛。现檄地方官自金山县至常熟县海塘遍种，验明成活方准开销。乾隆帝下谕嘉奖。①

五月十五日甲午(1759 年 6 月 9 日)

琉球国王尚穆遣使臣表进戊寅年贡物，并请令陪臣子弟入国子监学习。乾隆帝从之。②

六月廿七日丙子(1759 年 7 月 21 日)

乾隆帝下谕军机大臣，据庄有恭奏，本年五月有红毛嘆咭唎夷商船只，欲开往宁波贸易。现饬文武员弁，严谕该商船仍回广东贸易，不许逗留等语。番舶向在粤东贸易，不许任意赴浙，屡行申禁。乃夷商既往广东，藉称生意平常，复欲赴宁波，为试探之计，自不可不严行约束，示之节制。谕李侍尧传集外商，示以禁约。③

闰六月初四日壬午(1759 年 7 月 27 日)

乾隆帝下谕，据官著等奏嘆咭唎商人以迩年在粤省贸易有负屈之处，列款呈

---

① 《清实录·高宗纯皇帝实录》卷五八一。
② 《清实录·高宗纯皇帝实录》卷五八六。
③ 《清实录·高宗纯皇帝实录》卷五八九。

诉该关监督李永标等因一折，已差给事中朝铨带同该夷商驰驿前往。并令福州将军新柱来粤，会同该督李侍尧秉公审讯矣。李侍尧在粤，历任将军总督皆兼管关务。然本任事务繁多，其一应权政，则系监督专司。从前阿里衮、杨应琚在任时，亦不过总持大纲，历任皆如此办理。今夷商控告李永标各款，在该督固不能辞其失察之咎，但其咎非有心自作，犹在可谅。若因而稍存回护之见，或于会勘时不虚心确审，则重自取戾，断非公罪可比，恐该督难以任受，想李侍尧断不出此也。再如采买货物原有官价，如监督仅以贱价节帑，为节省讨好之计，已属卑鄙器小者所为，若因官办克扣，而又从中夹带自办，全不酬价，且横滋需索，则情罪又迥不相同。况夷船到粤，内地本有各行商人接买，关差虽间有官买之事，亦应买之行商，与夷商何与？监督虽有短发赔累之苦，亦应先在粤商，何至该夷商拖累，不得归国？又历任管关之员，因何向俱相安，而至李永标遂哓哓多事乎？该督既系兼管，其中详细端委可平心确访，将所有情事据实逐一奏闻，毋得稍涉含混。若稍有为李永标之心，是自取罪戾也。

初八日丙戌（1759 年 7 月 31 日）

蠲免福建台湾、凤山、诸罗三县乾隆二十三年晚禾风灾额赋。①

十六日甲午（1759 年 8 月 8 日）

乾隆帝下谕军机大臣，据庄有恭奏东西海防柴石塘工豫备事宜一折，已批该部速议具奏矣。江溜海潮全势既趋北大霅，则一切应行修筑事宜甚关紧要。现在时届立秋，防汛不宜迟缓，而部臣议覆，不无尚需时日。著传谕该抚速就勘明筹办之处，一面即行发帑兴工上紧赶筑，毋庸听侯部覆，迟误要工。

廿五日癸卯（1759 年 8 月 17 日）

户部议准御史李兆鹏奏称，查丝斤私出外境律有明禁，迩年江浙等省，因奸商渔利私贩出洋，以致丝价昂贵。请敕下该督抚转饬滨海地方官严行查禁，违者照贩米出洋例究治，该管官分别奏处。乾隆帝从之。

是月，两广总督李侍尧奏报，噁咭唎商人控告监督李永标各款，查因官办克扣及自买货物全不酬价之事，李永标实不至此。惟闻该家人遇洋船进口，置买货物

---

① 《清实录·高宗纯皇帝实录》卷五九〇。

不以实价给发，各行未免赔累。再向来夷商到粤，不能豫定销售之难易，势必交行商代售，粤商力难豫垫，夷商急欲回国，亦愿听其挂欠。近年各行那新补旧，夷商索取难清，顿觉视为拖累，日久相沿，未便另立科条，转有格碍。惟上年九月内咈囒哂夷商有贮顿黎光华行内货物，嗣光华病故，李永标因其有亏官帑，将伊家产货物概为封贮，致该商控禀，其余各夷商惟恐日后照此封贮，以致欠项无著。疑虑因循，亦未可定。此外或另有负屈之处，惟俟钦差新柱、朝铨等到粤会勘，断不敢稍存瞻顾。乾隆帝下谕，看此李永标不能免罪矣。①

七月十四日壬戌(1759 年 9 月 5 日)

乾隆帝下谕军机大臣，据杨廷璋奏接定海总兵罗英笏扎送番商洪任呈词一纸，称系委押番船之署守备陈兆龙于押送番船出境时交令带投，词语字迹，似非出自番人之手。恐有内地奸人为之商谋，即陈兆龙之接回呈词，亦不无情弊。现在飞提陈兆龙到闽面讯实情，并详悉告知将军新柱等语。此案前经天津盐政官著等奏闻，已令新柱赴粤。并差朝铨带同番商，会同李侍尧查办。杨廷璋接阅该番商呈词，即往根究实情，所见甚是。看其情形，必有内地奸民潜为勾引，事关海疆，自应彻底根究，以戢刁风。而该商等在浙、闽、天津处处呈控，亦不无挟制居奇之意。不知外洋货物，内地何一不有，岂必藉伊来贸易，始可足用？是在内地奸人果有为之商谋者，审出固当按法严治，而番商立意把持，必欲去粤向浙，情理亦属可恶，不可不申明国宪，示以限制。新柱到粤著逐一严讯，务得实情妥协办理。但不可因有此旨，惟归罪洋商，而置李永标于不问，曲为开脱。必使剥商贪婪者抵罪，内地勾引者亦不得免罚，则办理允当，洋夷允服矣。并传谕杨廷璋令其将提到陈兆龙面讯情形，并应行解往人犯，速行知会新柱并案审理。寻杨廷璋覆奏，洪任呈词先期宿构，备带来浙于官弁云集时，出呈挩交守备陈兆龙。该备于护送出境后呈缴，并无情弊。至番船泊双歧港大洋，距定海尚隔洋面二百里，民人不能前往。该船寄碇仅止一日，官员耳目众多，亦无内地牙棍，附近番船实无应行解质之人。②

廿六日甲戌(1759 年 9 月 17 日)

乾隆帝下谕，据李侍尧奏，李永标在监督任内尚无因官办克扣及自买货物、全不酬价之事。惟访闻该家人，每遇洋船进口，置买绒呢、羽纱等项，顺带至京售卖以图重利。而此地又不以实价给发，各行未免赔累等语。观此则李永标平日之不能

---

①　《清实录·高宗纯皇帝实录》卷五九一。

②　《清实录·高宗纯皇帝实录》卷五九二。

遵守権政，徇纵滋弊已属显然。监督专司关务，非督抚公务殷繁，一时耳目难周者可比。若家人渔利不法不为整顿，则所办更有何事而可以寻常失察家人之罪、为之开脱乎？看来海关积习，番商因货居奇固所不免。然洋船货到，多系发行分售，其中官买者原属无几，且内地何所不有。与其多购之洋船，而番商得乘机挟制，其下又因缘为奸，不如嗣后量从减办，尤为正本清源之计也。此时司権者办理不善，家人种种生事，以致行商短扣，累及番商。朝廷体制，惟当执法惩治司事之人以明宪典，断不得迁就含糊、草草完局。至此案番商三处呈控，核其情节，必有内地奸牙为之唆使，亦不可不严行根究，按法治罪，以绝衅端。著传谕新柱、朝铨、李侍尧等悉心研鞫，务将短价需索情由彻底究审，固不得仅援失察之条，为李永标宽纵。而奸牙从中挑构者，亦当审明重治示儆，不得谓咎有所归，遂稍存姑息。其李永标徇纵情事已有实迹，伊任内家产，即应严查入官，将此一并谕令知之。

是月，浙江提督倪鸿范奏称，沿海岛澳每有奸艘潜匿扰害商船，臣严饬出洋官兵梭织巡哨、极力搜捕。至绍兴、嘉兴、湖州等处尤易藏奸。臣令每营拣选目兵数十名，酌派干弁督率领缉，并核其获贼之有无，量为赏罚。乾隆帝下谕，所言甚得要矣，实力行之。①

八月十二日己丑（1759 年 10 月 2 日）

乾隆帝下谕军机大臣，据罗英笏奏，七月十二日有嘆咭唎洋船一只欲来宁波贸易，随经严谕，令其回棹粤东。复据该商因要修补篷帆，恳求暂停几天等语。夷商不准赴浙贸易，例禁甚严。乃近日该商等，各据控告滋事，现在彻底查办，今复有夷船径往宁波，又恳求停泊，看其情形，未必不明知内地禁约，特欲借染病修篷为希图尝试之计。虽据该镇称现在严催，但向来武弁习气，专工捏饰弥缝，难以凭信，焉知非名为催促？而本地奸牙有潜为串通售货者，必当加意制防，毋得稍开其渐。著传谕庄有恭，令其申明定例，实力严行察禁，并查此次夷船有无藉词迁延滋弊之处，即速据实奏闻。寻奏，番商味喡，船泊定洋，迁延日久。经地方文武再三催押回棹，始供称系洪任后船。臣即檄饬员弁等，将不准在浙贸易之禁，严切晓示。并谕以洪任已回粤东，即有带来货物，应往粤面交，此处毋许丝毫偷漏。并饬宁守亲赴定邑查访，如有弁兵及商牙串通滋弊，即行拿究。

乾隆帝下谕，据方观承奏，直属现在需用米粮，欲将银十万两赴奉天等处采买，由海运直等语，著传谕清保、通福寿等，令其查明该处各仓内有粮石宽裕，足资协济之用者，酌量凑拨。一面奏闻，一面知会直督，彼此酌派妥员运送接收，即

---

① 《清实录·高宗纯皇帝实录》卷五九三。

于附近水次由海载运，以资接济。①

廿三日庚子(1759 年 10 月 13 日)

浙江巡抚庄有恭奏称，嘆咭唎大班味啁一船驶至双屿港，意欲停泊。查番商洪任于五月乘坐空船来浙探听，本有货物俱在后船之语，自应查询明确。并饬内地商民，毋许一人私往交接，俾无利可图。乾隆帝下谕，正恐未必，应严察禁止，外省何事无私弊耶？

三十日丁未(1759 年 10 月 20 日)

琉球国贡使耳目官在闽病故，致祭如例。

是月，闽浙总督杨廷璋奏称，闽省福州府属之南洲一带孤悬江心，接近海洋，素为贼薮。剧盗薛能太、薛朋朋、刘良福等虽经先后缉获，而伙党未除，恐复滋蔓。一切水汛巡船亟宜裁改抽拨、分段游巡。乾隆帝下谕，览奏甚妥，如所议行。②

九月初四日辛亥(1759 年 10 月 24 日)

乾隆帝下谕新柱等奏请免番船出口食物税银及洋货官价一折，所奏非是。番商食物应征核税向来定例所有，即谓进口已征，出口量行酌免，以示体恤，此在他时奏请尚可，今当该商等甫经控告审理之时，而一切加意噢咻，惟恐不当其意，势必益长刁风，岂示以节制之道？至所称每年官办洋货，较市价减少，询之行商书吏，佥称由来已久，此语更属含糊，伊等意欲加增官价耶？抑为李永标声明情节耶？如因李永标官办之物，原循向日旧规，并无违例短克之处，不妨据实奏明，候朕量加宽典，何必隐跃其词？且此等番商，自愿向内地贸易，原非要之使来，若专为官价起见，则定价由来已久，并不起自李永标，何以从前俱相沿办理？今番案一定，即议纷更旧章，意存曲徇，转若受其挟制，尤为不知大体。著传谕新柱等，令其将实在情由明晰具奏。新柱可即回福建，朝铨亦来京，不必等候矣。寻新柱等奏，番船出口食物税银，即欲悬恩酌免，亦不应于番商甫经控告之时陈请，致长刁风。至官办洋货，定价已久，臣等照供列叙，并不敢欲增官价，亦非为李永

---

① 《清实录·高宗纯皇帝实录》卷五九四。
② 《清实录·高宗纯皇帝实录》卷五九五。

标声明起见。

两广总督李侍尧奏称，现准部咨严丝出外洋之禁文到之日为始，实力稽查，俾无透漏。惟是外洋夷船，向系五六月收泊进港，至九十月出口回帆。本年陆续进口夷船计二十三只，除上年压冬一船已于五月内出口外，其余二十二船，各夷商已将出口货物买齐，或已搬之下船，或贮行馆。请将外洋夷船丝禁，以乾隆庚辰年为始，其本年各夷商已买丝货，准其载运出口，不致守候变售。乾隆帝从之。①

十六日癸亥(1759 年 11 月 5 日)

乾隆帝下谕，据新柱等审拟番商洪任辉控呈李永标一案，究其作呈之人，供系在噶喇吧住久之福建人林怀所写等语。内地民人私越外洋，例有严禁，林怀原籍闽人，从前何时潜往该国，而地方官并无觉察。且称在彼已住三辈，蓄留头发，作为鬼子，尤堪骇异。闽省民风素称刁悍，设滨海居民尤而效之，此风将何所底止？著传谕杨廷璋即行悉心查访林怀系从何时潜踪出境，其家属如有尚留内地者，一面密拘齐确讯，并将该犯设法招回治罪，毋令漏网。其嗣后如何严密稽查，毋任偷漏滋事，并如何行文缉拿，不令夷人容隐此等匪犯之处，俱著该督悉心详议，务使沿海刁民不敢复蹈故辙。

十八日乙丑(1759 年 11 月 7 日)

乾隆帝下谕，据庄有恭奏，嘆咭唎番商于七月间驶船至定海洋面，已将不准来浙之例禁严切晓谕，并查其有无作弊形迹，即行惩治等语，所办甚为合宜。现在该番商等呈控滋事，不可不严示节制。至该船所带玻璃，虽查明系户部郎中范清注托该商定办，但番船狡猾，正欲借此为赴浙贸易之端。在浙省惟当申明禁令，令其回粤方为妥协。其托办玻璃之事，竟可付之不知，自有范清注通融办理，不得少有假借。著将此传谕庄有恭知之。

是月，浙江巡抚庄有恭奏海宁县塘坦最要工程。②

十月初三日庚辰(1759 年 11 月 22 日)

乾隆帝下谕军机大臣，新柱等奏，查审嘆咭唎商人具呈讦控一案，详细究诘，

---

① 《清实录·高宗纯皇帝实录》卷五九六。
② 《清实录·高宗纯皇帝实录》卷五九七。

其中果有代作呈词之四川人刘亚匾，现今供认相符等语。刘亚匾为外夷商谋砌款，情罪确凿，即当明正典刑，不得以杖毙完结。而夷商洪任辉潜倩内地奸民，挟词犯禁，质讯得实，亦应重示惩创，俾识天朝节制。著传谕李侍尧，一面提出刘亚匾，并传集在广洋商及该处保商人等，一面密传洪任辉，毋令先期闻信潜逸。当众传宣谕旨，以该商从前所告情节，在监督等既审有办理不善之处，即按法秉公处治。念尔外夷无知，虽各处呈控，尚无别情，可以从宽曲宥。现在审出勾串内地奸民，代为列款。希冀违例别通海口，则情罪难以宽贷，绳以国法。虽罪不至死，亦当窜处远方。因系夷人不便他遣，姑从宽在澳门圈禁三年，满日逐回本国，不许逗遛生事。论内地物产富饶，岂需远洋些微不急之货？特以尔等自愿戀迁柔远之仁，原所不禁，今尔不能安分奉法，向后即准他商贸易，尔亦不许前来。该督等传谕毕，将刘亚匾即行正法示众，俾内地棍徒知所儆惧。而夷商等共识朝廷威德，诡计固难幸售，榷政益以肃清。庶执法平情，均归允协，将此详悉传谕朝铨等知之。①

十一月

据奏报，台、厦商船米禁甚严，台湾米多，患谷贱妨农，漳、泉产少，患谷贵病民，既利奸囤，兼滋偷漏。请酌弛米禁，专准横洋船，每船带米二百石，谷倍之，定口出入。责令文武官严查，无得偷运外番及资岛匪，违者拿究。乾隆帝从之。②

是月，据奏报，杭、嘉、湖偏灾米贵，台米海运可通。北风正发，请先于福、兴、泉、宁四府属近港处仓谷，动拨十万石。谕浙商买运枭济，仍饬台属如数派拨，俟南风起，运入内地补仓。乾隆帝从之。②

十二月十二日戊子(1760 年 1 月 29 日)

军机大臣议覆两广总督李侍尧奏防范外夷规条，一、禁止夷商在省住冬。二、夷人到粤，宜令寓居行商管束稽查。三、借领外夷资本及雇倩汉人役使，并应查禁。四、严禁外夷雇人传递信息积弊。五、夷船泊处，请酌拨营员弹压稽查。乾隆帝从之。③

---

① 《清实录·高宗纯皇帝实录》卷五九八。
② 《清实录·高宗纯皇帝实录》卷六〇一。
③ 《清实录·高宗纯皇帝实录》卷六〇二。

廿一日丁酉(1760 年 2 月 7 日)

户部议奏据两广总督李侍尧咨称，本年御史李兆鹏奏，请禁丝斤贩卖出洋，经部议准在案。至绸缎、绵绢是否应禁，设有私贩出洋，应否与丝斤一并计算轻重定拟等语。查绸缎等物，总由丝斤所成，自应一体严禁。请嗣后绸缎、绵绢，如有偷漏私贩者，亦按斤两多寡，分别科罪，失察文武官弁，照例议处。乾隆帝从之。

琉球国王尚穆遣使表谢册封并进方物。①

乾隆二十五年　庚辰　公元 1760 年

二月初一日丙子(1760 年 3 月 17 日)

兵部议覆闽浙总督杨廷璋奏称，水师官员，例以本省之人题调，惟是官居本地，每与所辖属员兵丁固结朦蔽。查各省海洋，惟闽省厦门至横湾系属横洋，沙线稍异。粤东、江、浙均与福建连疆，同一海面，无需本省之人方能胜任。除提、镇，及千、把、微员毋庸回避外，其副将、参将均请回避本省，应如所请。乾隆帝从之。②

三月十二日丁巳(1760 年 4 月 27 日)

乾隆帝下谕军机大臣，据杨廷璋奏福建渔船在于江南崇明县地方，抢劫商民潘绍先等船货一案，当委黄岩镇游击黄天球带领弁兵，由浙放洋，踪迹至福建泉州府晋江县地方，拿获正犯林成功等，现在追究余党，转解江苏审拟等语。渔船白昼持械劫夺，非寻常抢劫可比，应照江洋大盗律从严办理。至此案潘绍先等虽在浙江之定海镇呈报，而失事地方系江苏崇明县所辖，该抚提等何以并未奏闻，著传谕陈宏

---

① 《清实录·高宗纯皇帝实录》卷六〇三。
② 《清实录·高宗纯皇帝实录》卷六〇六。

谋、王进泰，并令其查明回奏。①

是月，江南提督王进泰奏称，崇明外海洋面，系派崇镇及沿海川吴各营官兵，自二月起至九月止，每月驾船巡哨。复专委千把驻泊羊山所，其十月至次年正月例不出巡。嗣以此数月内遇有失事，营镇互相推诿。定议崇镇及川吴等六营分管二十日，第外洋冬令，无出巡官兵。宵小每乘间窃发，上年商民潘绍先等致有马迹山被窃一案。查冬月商船遄行，巡船自无阻滞，应令无论冬夏一体出巡。惟外洋风潮原烈，冬令西北风大，未便多派官兵。常川在洋，请于十冬腊正四个月，即著现定分巡六营将备，各于分限内派员坐驾小哨快船，前往羊山马迹一带游巡，不拘回往日期，并将分泊羊山之千、把亦令照旧派往。乾隆帝从之。

是月，闽浙总督奏称，浙省太平县黄岩场一带滨海地方，向有准民认垦，新旧沙涂多为豪猾诡托认占，出租渔利，并不报垦升科。现在委员查勘，于适中地方立定界限，其已经蓄淡，沙性坚实易垦田地，及甫经筑塘蓄淡之民业，仍照例分三年、六年后起科。乾隆帝从之。②

四月二十日甲午(1760 年 6 月 3 日)

两广总督奏称，粤省外海水师如碣石、南澳二镇，每年按照班期出洋会哨。其虎门左翼总兵惟驻海口，并不定期巡洋。查该总兵同系外洋水师自应照碣石、南澳二镇之例，一体巡洋。乾隆帝从之。③

五月十八日辛酉(1760 年 6 月 30 日)

刑部议覆浙江按察使李治运奏称，沿海居民驾船出口樵采捕鱼，向例给照票，只填在船人数、年貌、籍贯，出洋时搜查有无夹带违禁货物，以防透漏。其作何生业，并未于照内填明，是以回船所载货物无从查核。请各船领照时，即将本船作何生业详细填注，回船时，海口官弁将货物核对，是否与照相符。若系不应有之货，即加盘诘。倘来路不明，移交地方官审鞫。即来路有因，亦详记档簿。遇洋面报有失事，地方官开具失单，移查各口。其被劫日期并所失货物，有与档记适符者，立即报查，则原赃不致消散，奸徒亦难漏网。应如所请，通饬沿海各省督抚一体遵

①　《清实录·高宗纯皇帝实录》卷六〇八。
②　《清实录·高宗纯皇帝实录》卷六〇九。
③　《清实录·高宗纯皇帝实录》卷六一一。

照。乾隆帝从之。

廿五日戊辰(1760年7月7日)

福建巡抚吴士功奏滨海渔船出没,即为匪盗潜踪之薮,谨酌议规条,一、渔船于赴县领照及商船改换渔船时,先令船户取具族邻澳甲保结,再令船户出具舵水不敢为匪甘结,并十船连环互结。如有一船为匪,船户治罪,余船连坐。澳甲不首报,一并严处。二、渔船春冬出入本有定期,因未定查报之例,往往在洋逗遛。嗣后遇先进口之船,即向查明未回各船现在何处,倘届期不还,即禀明地方官沿海行查。如澳甲匿不查禀,一并治罪。三、渔船回口如携带货物,应令于置货地方给单照验,以杜来路不明。四、闽省商、渔船向止于船头编刻字号,今应于船樯一体编刻福建省某府州县某号船商、渔户某人字样,到处易于查验。乾隆帝从之。①

七月

据奏报,南掌国今届贡期来使人役较多,一切赏号查照上届册案,应增应减,确核撙节办理。乾隆帝下谕,用之于外夷不可言撙节,但不可令不肖属员冒销侵没,而外夷仍不得实惠。②

十二月

两江总督尹继善奏称,苏松镇羊山弁兵营房,前经该镇总兵黄锡申奏请添建,奉旨交臣妥议。查羊山孤悬海岛,春鱼秋蜇,商民聚集,兼外洋商船亦多经由,实为江省海洋扼要之区。该镇长年派拨弁兵驾船轮流巡缉,凡值潮信猛烈,必须停泊避风。应如该镇所请,于该山建造营房并设立墩台,令官兵船巡之余以资栖止,即令该镇于巡洋员弁内遴委监造。乾隆帝从之。③

---

① 《清实录·高宗纯皇帝实录》卷六一三。
② 《清实录·高宗纯皇帝实录》卷六一七。
③ 《清实录·高宗纯皇帝实录》卷六二七。

乾隆二十六年　辛巳　公元 1761 年

正月初八日戊申(1761 年 2 月 12 日)

乾隆帝下谕军机大臣,据杨廷璋奏,大陈山海面有钓船偷割虾网,百总徐万清带兵往拿,匪船群起,帮驾飞逃,并兵丁陈云奇及民船水手九人,带往不知去向等语。渔船在洋掠窃,已属不法,及遇巡弁带兵查拿,复敢倚恃人众,将过船兵丁水手,驾逃无踪。似此横行无忌,深为海洋商旅之患,理应克日缉拿,按律严行办理,俾匪徒不致漏网。总兵林洛前奏请陛见,已令不必来京。伊有统辖舟师之责,当督率弁兵密速根追,获日审明尽法惩治,以靖海疆。①

三月三十日己巳(1761 年 5 月 4 日)

南掌国王苏吗喇萨提拉准第驾公满遣使表贺皇太后圣寿、皇上万寿,并贡方物。②

五月初七日乙巳(1761 年 6 月 9 日)

乾隆帝下谕军机大臣,前杨廷璋奏大陈山洋面匪船掠窃一案,曾令该督并总兵林洛,密速查拿。嗣因提督王无党折奏,该镇不亟为推求,似有归过林洛之意。复经降旨,令杨廷璋确查具奏,已据查奏,林洛尚无他故。今杨廷璋续参林洛受网户钱文,拨兵代为看守,以致滋事,淹没兵民,并非因追拿匪船被掠。现将该犯等解交浙省藩、臬两司严究,并请将林洛解任质审等语。海疆关系紧要,林洛身任总兵大员,如果纳贿派兵滋事于前,又复捏报支饰于后,自当重治其罪,以儆绿营恶习。但前此王无党既经具折诿过林洛,而此案重犯又日久未获,安知非地方文武因现在不能缉凶完案,转借王无党原奏为由,附会巡兵生衅,计图了事耶?此案如仅交两司审拟,恐不无承奉上官从中观望之意。朕办理案件,必须彻底根究,不使稍

---

① 《清实录·高宗纯皇帝实录》卷六二八。
② 《清实录·高宗纯皇帝实录》卷六三三。

有漏网，亦不使稍有屈抑。已有旨令林洛解任，令杨廷璋、庄有恭会审。该督未到浙省之先，庄有恭可将此案缘起实情，一面密速体访，一面即将解到人犯，先行研讯奏闻。仍俟杨廷璋到浙后，会同秉公审拟具奏，将此传谕该抚，原折并钞寄阅看，并传谕该督抵浙时，会同庄有恭悉心秉公确审。务在研究实情，毋得稍存成见。

十二日庚戌（1761 年 6 月 14 日）

吏部议覆闽浙总督杨廷璋等奏称，查台湾府属凤山县之阿里港在县治东北五十里，南距万丹二十余里，北通台邑之罗汉门，东接傀儡山，逼近生番，且该地流民聚处，抢窃频闻。又诸罗县之斗六门与彰化县虎尾溪接壤，毗连石龟溪等四十三庄，向多游匪出没，离县窎远，均需设立专员。查凤山县县丞驻扎万丹，民淳事简，请移驻阿里港。又台湾县所属之新港司巡检，驻扎郡城，盘查海口小船出入，并无巡防地方之责，请移驻诸罗县之斗六门，管辖石龟溪等四十三庄。其查验船只事，责成台湾府经历兼管。至阿里港、斗六门应建衙署，现有万丹新港旧署，尽足估变酌移，毋庸动项，均应如所请。乾隆帝从之。①

十月廿六日辛卯（1761 年 11 月 22 日）

户部等部议覆闽浙总督杨廷璋奏台民搬眷期满酌定防范各条，一、船主澳甲治罪宜严也。查偷渡出洋，由厦门大担口正路者，多船主舵工顶冒水手，招无照之人私住。其由青、浯、槟榔等屿小路者，系客头先于海澄、龙溪等县，招集小船由石玛潜出厦门，搭载大船。请嗣后遇拿获揽载船只，将各船户照客头包揽过台例，为首者发边卫充军，为从者杖一百、徒三年，并究原保澳甲及开张歇寓者，一体枷杖。二、失察偷渡处分宜定也。查台属淡水厅及台、凤、诸、彰四县所辖各小港，均进台捷径。嗣后如获犯，即究出入口岸，将失察之该管文武员弁，照议处本籍地方官例，核数查参。三、获犯赏例宜优也。原议在洋获犯十人以上赏银二两，嗣后请加为四两，每十名以上照数递加。若尚未出洋，别汛兵目澳甲盘获者，减半赏，均应如所奏办理。其理在过台户口，该督即饬地方，官编入保甲，安插管束，仍将期满停搬缘由晓示，禁绝私渡。乾隆帝从之。②

---

① 《清实录·高宗纯皇帝实录》卷六三六。
② 《清实录·高宗纯皇帝实录》卷六四七。

十二月

广东布政使史奕昂奏称，南海神庙在省城南，中隔海口，计程八十里。遇钦差告祭，风涛间作，蠲吉愆期。勘陆路可通，饬修桥梁以便经行。又文庙祭器乐器阙略，逐加修整添制，并选乐舞生按照演习。乾隆帝从之。①

乾隆二十七年　壬午　公元 1762 年

正月初二日丙申 (1762 年 1 月 26 日)

乾隆帝下谕，今春朕恭奉皇太后銮舆巡省江浙，取道阅视河工海塘，与封疆大臣讲求吏治民生诸要务。②

二月廿五日己丑 (1762 年 3 月 20 日)

遣官祭海神庙、禹陵、南镇会稽山神、江海潮神。并遣官至吴越王钱镠，唐臣张巡、许远、陆贽，宋臣岳飞，明臣于谦，故大学士徐本、蒋溥、尚书徐潮等祠墓，拈香奠酒。③

三月初二日乙未 (1762 年 3 月 26 日)

乾隆帝至海宁阅海塘。

初三日丙申 (1762 年 3 月 27 日)

乾隆帝下谕，朕稽典时巡，念海塘为越中第一保障，比岁潮势渐趋北大亹，实

---

① 《清实录·高宗纯皇帝实录》卷六五一。
② 《清实录·高宗纯皇帝实录》卷六五二。
③ 《清实录·高宗纯皇帝实录》卷六五五。

关海宁、钱塘诸邑利害。计于老盐仓一带，柴塘改建石工，即多费帑金，为民间永永御灾捍患，良所弗惜，而议者率以施工难易，彼此所见纷歧。昨于行在先命大学士刘统勋、河道总督高晋、巡抚庄有恭前往工所，签试桩木。朕抵浙次日，简从临勘，则柴塘沙性涩汕，一桩甫下，始多捍格，卒复动摇，石工断难措手。若旧塘迤内数十丈许，土即宜桩，而地皆田庐聚落，将移规石工，毁斥必多。欲卫民而先殃民，其病甚于医创剜肉矣。朕心不忍，且并外塘弃之乎？抑两存而赘疣可乎？以北蒿目熟筹，所可为吾民善后者，惟有力缮柴塘得补偏救弊之一策耳。地方大吏，其明体朕意，悉心经理，定岁修以固塘根，增坦水石篓以资拥护。庶几尽人事而荷神庥，是朕所宵旰廑怀，不能刻置者。至缮工欲固，购料不得不周。现在采办柴薪，非河工秫苇之比，向为额定官价所限，未免拮据，应酌量议加，俾民乐运售。而官易集事，其令行在户部，会同该督抚详悉定议以闻。朕为浙省往复咨度之苦心，其详具见志事一诗，督抚等可并将此旨，于工次勒石一通，永志遵守，毋忽。

初四日丁酉（1762 年 3 月 28 日）

乾隆帝下谕，尖山塔山之间旧有石坝，朕今亲临阅视，见其横截海中，直逼大溜，犹河工之挑水大坝，实海塘扼要关键，波涛冲激，保护匪易。但就目下形势而论，或多用竹篓加镶，或改用木柜排砌，固宜随时经理，加意防修。如将来涨沙渐远，宜即改筑条石坝工，俾屹然成砥柱之势，庶于北岸海塘永资保障。该督抚等，其善体朕意，于可兴工时，一面奏请，一面动帑攒办，并勒石塔山，以志永久。①

四月初八日辛未（1762 年 5 月 1 日）

以大理寺少卿顾汝修奉使安南，擅移书诘责国王，褫职。②

五月十一日甲辰（1762 年 6 月 3 日）

乾隆帝下谕苏昌等奏噗咕喇夷商以丝斤禁止出洋，夷货艰于成造，吁恳代奏，酌量准其配买，情词迫切一折，前因出洋丝斤过多，内地市值翔踊，是以申明限制，俾裕官民织纫。然自禁止出洋以来，并未见丝斤价平，亦犹朕施恩特免米豆税，而米豆仍然价踊也。此盖由于生齿日繁，物件不得不贵。有司恪守成规，不敢通融调剂，致远夷生计无资，亦堪轸念。著照该督等所请，循照东洋办铜商船搭配

---

① 《清实录·高宗纯皇帝实录》卷六五六。
② 《清实录·高宗纯皇帝实录》卷六五八。

绸缎之例，每船准其配买土丝五千斤、二蚕湖丝三千斤，以示加惠外洋至意。其头蚕湖丝及绸绫缎匹，仍禁止如旧，不得影射取戻。①

闰五月廿二日甲申(1762 年 7 月 13 日)

乾隆帝下谕军机大臣，据杨廷璋等奏，台湾淡水营兵丁郑峨等藐法聚众，擒殴同知衙役。现严饬该镇道逐一究明，押解赴省，从重定拟等。因台湾为海外重地，在营兵丁乃敢抗官挟制，聚众擒殴，大干法纪。且衙役十三人，俱各殴有重伤，则其肆行逞凶，必不止郑峨等五人，应逐一根究，毋使漏网，并即在于本处地方正法示众。

廿八日庚寅(1762 年 7 月 19 日)

乾隆帝下谕军机大臣，据解逊奏琼郡孤悬海外，距省窎远，镇属兵额稍单，请将雷州协改归琼镇统辖等因一折。雷州一协现与琼镇相近，而其所属之海安营仅隔海面八十里，顺风两时可达，自宜将雷协改归琼镇统辖。俾外海镇协，声势联络，于营伍地方俱为有益。著将原折钞寄苏昌，令其将实在情形，悉心详查妥议具奏。②

六月十六日丁未(1762 年 8 月 5 日)

钦差刑部右侍郎阿永阿等奏称，奉省所属锦、复、熊、盖等处沿山滨海，山多柞树，可以养蚕，织造茧绸。现在山东流寓民人搭盖窝棚，俱以养蚕为业。春夏二季，放蚕食叶，分界把持，蚕事毕则捻线度日，聚赌斗殴之事不一而足。此等民人，应交该处旗民官查明编为保甲，设立棚长、牌头管束。倘有生事不法，分别情罪办理。其自山东航海来者，若无票船只，及有票而票内无名之人，一并严查，照例治罪。乾隆帝从之。③

七月初七日丁卯(1762 年 8 月 25 日)

乾隆帝下谕，奉天、直隶海船往来，运贩米豆杂粮，向有例禁。今夏近京一带雨水过多，市价未免稍昂。而奉属连年丰稔，若令商贩流通，于小民生计甚有裨益。著暂开海禁一年，俟明岁秋收后再行停止。至商贩船只出入，应行验票稽查。

---

① 《清实录·高宗纯皇帝实录》卷六六〇。
② 《清实录·高宗纯皇帝实录》卷六六三。
③ 《清实录·高宗纯皇帝实录》卷六六五。

其由京往奉省者，令于步军统领衙门给票，由奉省来京者，于奉天将军衙门给票，各州县往奉省者，于直隶总督衙门给票。庶彼此察核有凭，可杜冒滥诸弊。著直隶总督、奉天将军、府尹会同酌定章程，妥协经理。①

是月，盛京刑部侍郎署将军事朝铨奏称，盛京所属海口商船云集，于民用有裨。惟该地方旗民官员，均有稽察盘验之责，若勒索留难，势必扰累。查锦州、盖州、牛庄等处海口均有副都统管理，三处请即交各该副都统稽察。倘有情弊，即咨参究治，该副都统等或任地方官欺隐朦混一并参处。乾隆帝从之。②

九月初九日戊辰（1762 年 10 月 25 日）

兵部议准两广总督苏昌奏称，广东雷州协并徐闻、海安二营，向隶高州镇管辖，查雷州协距高州六七百里，距琼州陆路无多，海面百里，且琼镇辖兵不及高州之半，请将雷州协及徐闻、海安二营，拨归琼州镇统辖。乾隆帝从之。③

三十日己丑（1762 年 11 月 15 日）

乾隆帝下谕，浙江海宁一带塘工最关紧要，今春巡幸抵杭之次日，即赴老盐仓、尖山等处相度指示。饬令修筑柴塘，并建设竹篓坦水，各工用资保护。今据庄有恭奏，查勘工程俱已陆续完竣，余工并皆稳固等语，该抚督率各员攒办葳工，甚属尽心，深可嘉予。④

十月初二日辛卯（1762 年 11 月 17 日）

乾隆帝下谕军机大臣，熊学鹏已有旨调补浙江巡抚。浙省现有督办海塘各工事关紧要，该抚若俟部文到后，始行起程，未免有稽时日。著传谕熊学鹏接奉此旨，即将本任印篆及一应事务，交与布政使顾济美护理接办，星速赶赴新任，兼可与调任巡抚庄有恭面商一切也。又谕，回庄有恭已有旨调补江苏巡抚，其海塘工程，庄有恭筹办甚属尽心，且浙省现有查办灾赈事务亦为紧要。庄有恭奉到调任之旨，可将巡抚印务暂交索琳护理，其日行事件照常接办。惟塘工赈务，仍听庄有恭专司其

① 《清实录·高宗纯皇帝实录》卷六六六。
② 《清实录·高宗纯皇帝实录》卷六六七。
③ 《清实录·高宗纯皇帝实录》卷六七〇。
④ 《清实录·高宗纯皇帝实录》卷六七一。

事。苏杭一水之地，案牍往还，本可无虞稽误，至熊学鹏到浙，其赈务自可妥办。至海塘工程，自不如庄有恭之轻车熟路，邻封伊迩，应令两抚彼此始终会办，在庄有恭亦断不因，既经调任，稍分畛域也。将此一并详谕知之。①

是月，据奏报，天津商船贩到奉天粟米、高粱甚多，足征该处收成丰稔。查乾隆八年、九年、十六年节经动项赴奉采买，由海运分拨，现应循照办理。在司库旗租项下，暂借银十五万两，委员往奉天沿海地方采买。合计米价运费，每石成本如止一两二三钱，即尽数买米，倘值价昂，兼买高粱。俟奏融由海运津，分拨各属，以供借粜补额等用。其委员赴奉，应需运鞘、车价、薪水等项，统在司库耗羡项内酌拨。乾隆帝从之。②

十一月十二日庚午 (1762 年 12 月 26 日)

乾隆帝下谕军机大臣，朝铨奏奉省采买黑豆五万石，均已运赴海口。现届大雪海口已经冰冻，难以装运等语。今年谕令奉天拨豆运京备用，乃六月初所降之旨，且经创场侍郎咨明，务于河水未冻之前抵通，何以延至？此时，海口冰冻难行，折内既称直隶往运船只未到，则其贻误，又似不在奉天。著传谕方观承，令将因何不行催督往运缘由，即速查明具奏，朝铨折并钞寄，令其阅看。寻奏，接准奉天来咨后，先后雇船八十九只出口，因水大兼风信不常阻滞。③

乾隆二十八年　癸未　公元 1763 年

三月初二日己未 (1763 年 4 月 14 日)

福州将军福增格奏称，海关铺户多系土著有力人，航海贸易自立坐铺，为登卸货物计，外商亦资销售，沿久相安，与浒关铺户不同，请仍留不禁。④

---

① 《清实录·高宗纯皇帝实录》卷六七二。
② 《清实录·高宗纯皇帝实录》卷六七三。
③ 《清实录·高宗纯皇帝实录》卷六七四。
④ 《清实录·高宗纯皇帝实录》卷六八二。

五月廿七日癸未(1763 年 7 月 7 日)

户部等议准两广总督杨应琚疏称，南海县民蔡陈、江琛，监生黄锡琏由咖喇吧、暹罗等国运米二千余石回粤，裒济民食。请给从九品职衔，吏目顶带，以示鼓励。乾隆帝从之。

十二月初九日辛卯(1764 年 1 月 11 日)

乾隆帝下谕军机大臣，据苏昌奏安南夷匪劫掠捕鱼寮民一折，钦州地方在在接壤安南，所有行劫夷匪自应拿究以示惩创。该督折内所称，行文该国王速将盗匪拿究之处，自应如此办理。至内地民人，向例不得越境采捕，今陈国监等辄于界外搭寮捕鱼，致被贼匪抢劫。该地方官平日所司何事，此案发觉时，该督因何不即将约束不严之该管官，一并参奏？著传谕苏昌即行据实奏闻。①

十六日戊戌(1764 年 1 月 18 日)

乾隆帝下谕，琉球国疏请购买丝斤，部臣议驳自属遵循例禁，第念该国为海澨远藩，织纤无资，不足以供章服。据奏情词恳切，著加恩照嗼咭唎国例，准其岁买土丝五千斤、二蚕湖丝三十斤，用示嘉惠。所有稽察各关口岸及出入地方，仍加意核查，以杜影射。②

乾隆二十九年　甲申　公元 1764 年

二月初七日己丑(1764 年 3 月 9 日)

乾隆帝下谕军机大臣，前因内地丝斤、绸缎等物价值渐昂，经御史李兆鹏等先后条奏，请定出洋丝斤之禁，以裕民用，乃行之日久。而内地丝价仍未见减，而且

---

① 《清实录·高宗纯皇帝实录》卷七〇〇。
② 《清实录·高宗纯皇帝实录》卷七〇一。

更贵者有之，可见生齿繁衍，取多用宏，盖物情自然之势。正如从前议免米豆关税，而粮价如故，可为明验。况闻出洋丝斤本系土丝，及二、三蚕粗糙之丝，非腹地绸缎必须精好物料可比，徒立出洋之禁，则江浙所产粮丝转不得利，是无益于外洋，而更有损于民计。又保如照旧弛禁，以天下之物供天下之用，尤为通商便民乎？前嘆咭唎等国织纴不供，已特旨准其酌带配用，而伽喇巴等处，近复援例恳请。现敕部臣定议，该督抚等熟悉地方情形，著传旨令其悉心体察应否即行开禁，并海洋商船所配粗丝，应否仍酌定章程，及如何设法稽查，以杜影射侵渔等弊之处，俟妥议具奏到日，候朕明降谕旨。①

三月初三日甲寅（1764 年 4 月 3 日）

福建水师提督一等海澄公黄仕简奏称，厦门为商船云集奥区，惟恐匪徒出没滋事及夹带禁物、透漏课税，故设立关部稽查，同知察核。并轮派武职巡逻，防范已极严密。乃臣留心察访，知该关于进出各船，不拘内地外洋，每船勒取番银陋规多寡不等，文武衙门朋分收受，应请简派大员赴闽清查。乾隆帝下谕，嘉悦览之，汝可谓知恩，朕亦可谓知人。②

二十日辛未（1764 年 4 月 20 日）

乾隆帝下谕据尹继善等奏覆议弛洋禁丝斤，以便民情一折，前因内地丝斤、绸缎等物价值渐昂。经御史李兆鹏等先后条奏，请定出洋之禁，以裕民用，乃行之日久，而内地丝价仍未见减，且有更贵者，可见生齿繁衍；取多用宏，盖物情自然之势，非尽关出洋之故。曾降旨江、浙、闽、广各督抚，令其各就该省情形，悉心体察，将应否即行开禁之处，详悉妥议具奏。今尹继善等筹酌定议，奏请弛禁，而庄有恭并称前抚浙时，体察杭、嘉、湖三府民情，以丝斤弛禁为便等语。江浙之情形如此，则余省亦可概见，盖缘出洋丝斤本系土丝，及二、三蚕粗糙之丝，非腹地绸缎必须精好物料可比。徒立出洋之禁，则江浙所产粗丝转不得利，是无益于外洋，而更有损于民计。又何如照旧弛禁，以天下之物供天下之用，尤为通商便民乎？况所产粗丝，既不准出洋，势不得不充杂于头蚕好丝之内一体售卖，于民间组织尤多未便，且嘆咭唎、伽喇巴等国，俱先后以织纴不供，恳请赏给货买，俱已特旨，准其酌带配用。是外洋诸国取给于蚕丝者，正复不少，亦宜一视同仁，曲为体恤。现在新丝将届收成，所有出洋丝斤即著弛禁，仍遵照旧例行。其中各省情形或微有

---

① 《清实录·高宗纯皇帝实录》卷七〇四。

② 《清实录·高宗纯皇帝实录》卷七〇六。

不同，应如何酌定章程，及设法稽查之处，俟各该督抚奏齐时，该部详悉妥议具奏，尹继善等折并发。①

四月初五日丙戌（1764 年 5 月 5 日）

军机大臣议准，两江总督尹继善、闽浙总督杨廷璋、两广总督苏昌等奏请弛丝斤出洋之禁。江苏省贩铜官商船只，每只许配二、三蚕糙丝一千二百斤，按照绸缎旧额斤数抵扣。各属出洋商船，携带糙丝准以三百斤为限。闽浙出洋商船，每船配土丝一千斤、二蚕糙丝一千斤。粤省外洋商船二十三只，除定例准带八千斤外，每船再行加带粗丝二千斤。其头蚕湖丝缎匹，仍照旧禁止。乾隆帝从之。②

五月初一日壬子（1764 年 5 月 31 日）

乾隆帝下谕，向来粤海关官办年贡，不过寻常西洋物件，今端阳节贡，乃买有珍珠记念等项，并非精好，价浮于物，而一经购觅，行商徒藉此居奇，或犹以为抑勒官买，似此无益之事，苏昌不应为。著饬行，嗣后不必置办，并将此传谕方体浴知之。③

乾隆三十年　乙酉　公元 1765 年

闰二月初一日丙午（1765 年 3 月 21 日）

遣官祭禹陵、南镇会稽山神、江海潮神。

初五日庚戌（1765 年 3 月 25 日）

乾隆帝下谕，海宁石塘工程，民生攸系，深厪朕怀。连年潮汛安澜，各工俱属

---

①《清实录·高宗纯皇帝实录》卷七〇七。
②《清实录·高宗纯皇帝实录》卷七〇八。
③《清实录·高宗纯皇帝实录》卷七一〇。

稳固，兹入疆伊始，即日就近亲临相度。先行阅视绕城石塘五百三十余丈，实为全城保障，而塘下坦水尤所以捍卫石塘。但向来止建两层，今潮势似觉顶冲，外沙渐有汕刷，三层之外，应须豫筹保护。该抚等上年所奏，加建三层坦水六十余丈，止就尤险要处而言，于全城形势，尚未通盘筹画。若一律普筑三层石坦，则于护城保塘尤资裨益。著将应建之四百六十余丈，均即一例添建。其二层旧坦内，有桩残石缺者，亦著查明补换。该督抚等，其董率所属悉心筹办，动帑兴修，务期工坚料足，无滥无浮，以收实济，副朕为民先事务筹之至意。

初九日甲寅(1765 年 3 月 29 日)

乾隆帝幸观潮楼，阅福建水师。①

三月

据奏报，琉球国贡带土物，自乾隆二十八年，准岁买土丝五千斤、二蚕丝三千斤。兹该国王尚穆咨请于岁买丝斤数内，量买绸缎二千斤，每绸缎千斤，扣抵丝一千二百斤，请旨施行。乾隆帝从之。②

八月初六日己酉(1765 年 9 月 20 日)

乾隆帝下谕，据明山奏游击裴鳌访缉海洋盗踪，严督所属员弁，巡查追捕。知县金廷烈拿获盗首黎天喜及伙盗等十三名，并将要犯徐亚海等设法擒拿等语。裴鳌、金廷烈实心缉捕，拿获盗犯多人甚属奋勉，俱著送部引见。此案盗犯往来洋面，纠约多人，行劫至数十次之多，且自乾隆二十八年以来，积年劫掠，该地方文武员弁并未查报缉拿，所司何事，著该督抚查明参奏，交部严加议处。③

十月十九日辛酉(1765 年 12 月 1 日)

乾隆帝下谕军机大臣，昨户部议驳庄有恭咨请奉省海运来江贩卖粮石，征收税银等因一折，止论江海关之税额有无，而不计及奉天米石之不应远贩江省，未得此事綮要，已谕令改议矣。奉省粮价向来平减，固由于地脉肥厚，亦因不通商贩，搬

---

① 《清实录·高宗纯皇帝实录》卷七三〇。
② 《清实录·高宗纯皇帝实录》卷七三三。
③ 《清实录·高宗纯皇帝实录》卷七四二。

运者少，向遇直隶、山东米粮稍短之年，特许酌量贩运，以资调剂。至近年暂开海禁，亦因该处年谷丰盈，听其于直隶等近省转粜流通，商民均受其益。至江南产米素多，何须仰给奉天粮石，即该省果有歉乏，必需海运接济，临时自当筹画办理，亦不应听其常川搬运。且其地距奉天遥远，往来经涉重洋，私贩透漏诸弊皆所不免。况商人辈趋利如骛，若漫无节制，则奉省粮价必致渐昂，并将来偶遇内地歉收之时，拨运亦不可得矣。著传谕舍图肯，嗣后丰收之年，除直隶、山东商船准其照旧运载外，其江省商贩概行查禁，不得稍滋影射。倘有私自偷运者，地方官严行查究，奏明从重治罪。至现在奉省商贩已经到江米石，自应查明征税，俾该商等无重利可图，庶可杜绝将来贩运，可一并传谕庄有恭知之。

廿六日戊辰(1765 年 12 月 8 日)

乾隆帝下谕军机大臣，杨廷璋等奏万州知州廖佑龄因渔户在洋网获铅斤，亲往试探打捞，计获白铅一十九万九千余斤，照例变价归公等语。该州知州于渔人网获白铅，闻信即能亲往试探，捞获多斤，尚属能事。著传谕杨廷璋，如廖佑龄平日居官尚好，即出具考语，送部引见。①

十二月十五日丙辰(1766 年 1 月 25 日)

刑部等部议覆两江总督高晋等奏巡防海洋各事宜。乾隆帝从之。②

乾隆三十一年　丙戌　公元 1766 年

正月初八日戊寅(1766 年 2 月 16 日)

乾隆帝下谕，近据江苏、浙江、广东等省，节次拿获海洋盗犯多人，业已尽法惩治。此等积匪，或一人连犯两省之案，或一案牵连数省之人，累累劫案，已阅多年。此时始行发觉，皆由从前各地方官，遇有商船被劫之事，每以事涉海洋，畏难

---

① 《清实录·高宗纯皇帝实录》卷七四七。
② 《清实录·高宗纯皇帝实录》卷七五〇。

不肯访缉，又或因水面所辖，地界毗连，可以互相推诿，彼此捺搁，遂致纵盗养奸，酿成积案。已将各年疏防之文武各员，交部严加议处矣。今三省盗伙，就获者几及数百名，恐匪船往来洋面，潜踪劫窃，似此者尚复不少。若不严加搜捕，尽绝根株，何以靖海疆而安旅舶？当思此等海盗，纠伙行凶虽在洋面，而所窃赃物不能不向城市变卖，其妻孥家属亦必于陆地寄居。即如浙省获盗之案，亦因贼犯宋三窃赃包裤败露，遂得寻线根求，弋获多犯。诚使地方员弁平日留心察访，见有行踪诡秘，并衣物可疑者随时盘诘，鬼蜮复何所遁形？至界连数省之处，盗匪出没，每闻此地严拿，即窜入彼境，以图避匿。若彼此同心，上紧协缉则四路堵截，匪徒又何从狡脱乎？总在封疆大吏严饬有司实力稽查，设法躧捕，使洋面永远清静，方不负戢暴安民之意。倘此后该地方官复敢因仍故习，玩视盗案，不行严密查拿及讳匿不报者，一经发觉，必重治其罪。该督抚等不能严切董饬，责有攸归，朕不能为之宽贷也。将此通行晓谕知之。①

是月，浙江按察使图桑阿奏称，杭、嘉、湖、宁、台、温所属各县多系滨海近湖之区，窃匪恃有舟楫可通，朝东暮西，踪迹靡定。地方官防范稍疏，即乘机出洋，结伙抢窃。现在严饬各属，遴选干捕，会同汛兵，不时出洋协力躧缉。至浙省州县，每以窃赃无几，率多杖责完结，并不照例刺字，故再犯、三犯之人无可稽查，俱以初犯计赃科断，殊非惩恶安良之道。现饬各属务遵初犯刺臂，再犯刺面之例办理，得旨嘉奖。②

二月初六日丙午(1766年3月16日)

琉球国中山王尚穆，遣使表贡方物。

初七日丁未(1766年3月17日)

吏部议覆广东巡抚王检奏称，海疆为盗匪所聚，外洋之缉捕宜严，内地之稽核尤重。盖洋盗虽出洋肆劫，而纠约伙党、制造器械皆在内地经营。该州县如果严行保甲，实力查察，匪徒岂能藏匿？除盗犯并非本地者，仍照向例议处外，其土著居民及流寓匪徒，由该地方出口行劫者，将专管及兼辖、统辖各员，均照编排保甲不实力稽查例议处，应如所请。嗣后海滨地方，城乡口岸渔船会聚之所，均照保甲编

---

① 《清实录·高宗纯皇帝实录》卷七五二。
② 《清实录·高宗纯皇帝实录》卷七五三。

立字号，出入严查。遇有该地方洋面失事之案，分别降调降留。乾隆帝从之。①

廿九日己巳(1766年4月8日)

福州将军兼管粤海关事明福奏称，查阅南台、涵江、泉州、厦门等处口岸，皆居形势要隘，左右控制得宜，船只出入易查，商贾输将甚便。惟宁德口税馆，旧设县城东门外，自乾隆十三年间该县居民鸠赀，议筑东湖海堤。自县城至酒屿门十里筑堤拦截潮水，堤内尽成民田，商船牙行俱迁集酒屿门之近口处，故税馆亦移驻于此。但堤工于十七年告竣，而十八年秋汛大潮，佛塔堤随即坍缺。上年猴毛屿堤亦坍，以致民田俱废，商船俱可直达县城。请将税馆仍移旧地，以扼津要。②

三月十一日庚辰(1766年4月19日)

吏部议覆署两广总督杨廷璋等奏称，广东新宁县属之大澳环山滨海，商、渔船聚泊，颇有贼匪藏托，乘间出洋行劫。应如所请，以驻扎二十里外那骨堡地方县丞移驻大澳，以广海寨营管理大澳之水陆各汛，移归春江协兼辖，俱可就近弹压盘诘。乾隆帝从之。③

五月初三日辛未(1766年6月9日)

乾隆帝下谕军机大臣，据杨廷璋奏，琼州府岐黎猖獗，纠党焚杀客民，昼夜聚围汛地。现在飞饬镇道督率，允兵在于隘口堵御。并晓谕熟黎人等，将凶黎尽数缚献，如敢负固，即勒兵进剿等语，已于折内批示矣。此等匪徒蠢悍性成，敢于肆行劫掠，实属目无法纪，自当尽数擒获，严行惩治，以彰国威而靖边海。该督既经前赴雷州府，就近调度，务期尽灭根株，大示惩创，毋得意存姑息，草率了事。所有现在督办查拿，并凶黎曾否全获情形，速即据实覆奏，毋得稍有虚饰，可将此传谕知之。寻奏，臣自驰赴雷琼，调度剿抚黎匪机宜，随据镇臣甘国宝、巡道王锦会禀，该镇道同抵崖州，查明黎匪系被客民居住黎村者，重利盘剥，凌虐难堪。黎人挟仇图报，那隆水满山为首，杀死藤客李林兴、李孙劲等二十余人，并焚烧邻村，逼胁附和，赶杀客民。客民逃入乐安汛城，守备任贤督兵追捕，黎众逃散，陆续获首犯那隆等，惟水满山逃入五指山。现派兵分堵隘口，而先被胁之熟黎等现赴官投

---

① 《清实录·高宗纯皇帝实录》卷七五四。
② 《清实录·高宗纯皇帝实录》卷七五五。
③ 《清实录·高宗纯皇帝实录》卷七五六。

结，情愿入山诱捕，赎罪谅可克期全获，不烦用兵督剿，容将善后事宜妥酌具奏。乾隆帝下谕嘉奖。①

六月初十日戊申(1766 年 7 月 16 日)

乾隆帝下谕，西洋人郎世宁自康熙年间入直内廷，颇著勤慎，曾赏给三品顶带。今患病溘逝，念其行走年久，齿近八旬，著照戴进贤之例，加恩给予侍郎衔，并赏内府银三百两料理丧事，以示优恤。②

八月十四日辛亥(1766 年 9 月 17 日)

闽浙总督苏昌奏称，台湾淡水厅所属之鲎壳庄民人，被凶番焚杀多人。臣饬委臬司余文仪由厦门渡台，查得此案起衅缘由。因淡水之三湖一带，从前原系界内民田，嗣因遭番人肆虐，划出界外，小民每生觊觎，不肯废弃，时往偷种。本年三月间，鲎壳庄民有耕牛越出界外，前往寻觅未获，猝遇生番多人追赶入庄，入火焚寮，戕杀多命。又鲎壳庄上年冬间，有生番出界赶鹿，被庄民射死，以致生番挟仇，乘隙焚杀。臣现札饬余文仪，密调就近熟番查探路径，相机剿办。乾隆帝下谕，览奏俱悉。③

九月初七日甲戌(1766 年 10 月 10 日)

军机大臣议覆两广总督杨廷璋奏称，西洋人在京效力者，其乡信往来，向系澳门夷目，或在省行商，雇人代为传递，嗣经奏准，严禁行商、脚夫等私行代递。遇有公务饬令夷目，呈明海防同知转详督臣，分别咨奏，原未尝阻其转达。但自定例以来，阅今六七年，未见有西洋人呈请转达奏咨之事，此系该夷等未能明白例义，中怀疑畏，自行隔越。应请嗣后西洋人来广，遇有愿进土物及习天文、医科、丹青、钟表等技，情愿赴京效力者，在澳门则令其告知夷目，呈明海防同知。在省行，则令其告知行商，呈明南海县随时详报，代为具奏，请旨护送进京等语，应如所请。俾得共效悃忱，至该夷人等通达乡信之处，询问傅作霖、刘松龄等。据称，向来西洋人所有书信在广东澳门者，俱由提塘递至京城，交与钦天监收折。其从京城寄至广东者，亦由提塘递送等语。查该夷人等，从前往来书信，俱经提塘转递已

---

① 《清实录·高宗纯皇帝实录》卷七六〇。

② 《清实录·高宗纯皇帝实录》卷七六二。

③ 《清实录·高宗纯皇帝实录》卷七六六。

历有年，并未见有违碍之处，似应循照旧例，交与提塘寄递，并令其在广省者，呈报海防同知及南海县查收。将原封交与该省提塘，递至京城，送钦天监转付本人。其在京夷人，亦令其将所寄书信，交与提塘递至广省，仍由同知知县查收。将原封转寄行商夷目，该同知知县亦随时详报总督衙门，以备查核。乾隆帝从之。①

十九日丙戌（1766 年 10 月 22 日）

乾隆帝下谕，据吴绍诗奏，伴送暹罗国贡使礼部员外郎汤永祚，携带伊子同行，沿途托雇民夫，并将德安县家人鞭责滋扰。据该县禀报，经司道等逐一质讯，惟原禀索诈得赃之处，审属子虚，请将汤永祚及捏报之知县苏墉交部查议等语，所奏非是。汤永祚伴送外藩贡使，乃携带伊子沿途骚扰，即应参奏治罪。至奉差人员经过驿站滋扰生事，地方官往往不敢与较。该县苏墉据情禀报，尚属强干之员，乃吴绍诗因其所报略有不实，与汤永祚一体奏请处，俾两败俱伤。是使将来驿站各员心存畏惧，一任驰驿之人横行滋扰，悉皆隐忍不言，势将益无忌惮，其何以饬邮政而肃使辄？且该抚折奏，意在调停两可，曲为婉转，其词殊属不合。汤永祚著革职交刑部治罪，吴绍诗并著交部察议。至所称若彻留另行委员伴送，恐外藩不免诧异，有关国体之语，尤属不知事体。伴送贡使官员，于所过地方多事，贡使亦岂不知？该督抚即能据实纠参，羁留待罪，另派妥员伴送。正足使外藩陪臣，知天朝大法小廉，纪纲整肃，于国体岂不更为增重，何转虑其妄生诧异乎？嗣后如有此等情事，该督抚一面参奏，一面即将差员彻留，另派妥干知府同知一员，前往伴送。著为令，吴绍诗折并发，并将此通谕中外知之。②

十月廿八日甲子（1766 年 11 月 29 日）

乾隆帝下谕，前据马全奏报，六月间驾船巡查洋面行抵羊山，陡遇风浪，有标属右营一号缯船，打至张公屿，船身击碎，失去枪炮等物，尚有未经捞取之红衣炮一位、劈山百子炮三门、鸟枪腰刀十三件。现饬各员弁俟小汛时打捞，并呈报督臣，照例查办等语。自夏月迄今为日已久，枪炮等件曾否续经捞得，未据该督折奏。著传谕高晋，将如何饬属办理，及有无捞取全获之处，详悉查明具奏。寻奏，先据马全呈报，捞获炮位、鸟枪、腰刀、铁锚等件，尚有红衣炮、劈山炮各一、百子炮二，并枪刀等件未获。又续获劈山炮一，现仍委员设法打捞。乾隆帝下谕，此等事何不速行详查妥办，江南文武吏治废弛，朕未曾谕汝乎？③

---

① 《清实录·高宗纯皇帝实录》卷七六八。
② 《清实录·高宗纯皇帝实录》卷七六九。
③ 《清实录·高宗纯皇帝实录》卷七七一。

十一月

据奏报，粤东商渔大小船只，每州县不下一二千，易致匪徒窜迹，窃劫为害。现通饬各府州县，将境内所有商船、渔艇按数编排，十船设一甲长，十甲设一澳长，无论船身大小，令于篷桅头艄书刊某州县、某号、某甲、某人、某船字样。除商船载明船主柁水、贸易何地、往返何时。凡属渔船，必使出捕定有方向，收港定有限期，配盐食米定有章程。俾内河外海，无不明书标识之船、渔户水手、无不按籍可稽之人，倘有歹船混入，一目了然，哨巡不难即捕。乾隆帝从之。①

十二月二十日丙辰(1767 年 1 月 20 日)

兵部议覆两江总督高晋奏称，海洋战舰以缯船为重，缯船目兵以舵工为重。请嗣后苏松、狼山二镇外海缯船舵工，由该管将领遴选详送。给以舟师外委之牌，照营中额外外委之例造册咨部。遇有经制外委缺出，一体拣补，应如所请。从之。②

乾隆三十二年　丁亥　公元 1767 年

正月廿八日癸巳(1767 年 2 月 26 日)

乾隆帝下谕，西洋人艾启蒙在内廷行走，尚属勤慎，著照从前郎世宁之例，加恩赏给奉宸院卿衔。

廿九日甲午(1767 年 2 月 27 日)

安南国王遣使表谢册封恩，并进岁贡方物。③

---

① 《清实录·高宗纯皇帝实录》卷七七三。
② 《清实录·高宗纯皇帝实录》卷七七五。
③ 《清实录·高宗纯皇帝实录》卷七七七。

四月初二日乙未（1767 年 4 月 29 日）

乾隆帝下谕，移派天津水师营官兵于福州、广州、凉州分驻。①

六月十七日己酉（1767 年 7 月 12 日）

乾隆帝下谕，现在滇省办理缅匪，已定于秋冬间刻期进剿，歼灭凶渠。大兵既临，匪首计穷力蹙，将来必有铤险奔逃，希冀苟延残喘之事，暹罗与缅境相通，窜入尤为近便。著传谕李侍尧，行文饬知暹罗，谕以该国久备藩封，夙称恭顺，且与缅酋频岁构兵，久成仇隙。此时王师大举，士马精强，原不需该国征发协援之力。但恐捣穴倾巢以后，缅酋航海远扬，或即潜投暹罗境内，该国务宜悉心侦探，尽力追擒，于以效顺中朝翦除外寇，洵为一举两得。况该国果能迅行缚献，朕必优加眷赍，以励忠忱。如或隐匿、稽延以致该酋游魂更投别岛，是该国不能承受朕恩，自取谴责，亦惟于该国是问，毋贻后悔。至李侍尧遵旨檄谕，应先酌量水程远近，计算暹罗，可于今年十一月间奉到此旨。大约宁迟，毋早方于军营蒇事之期，不先不后，尤为允协，将此详悉谕令知之。②

七月十九日辛巳（1767 年 8 月 13 日）

吏部议准闽浙总督苏昌等奏称，台湾一郡远隔重洋，为全闽紧要门户，所属四县皆定为海疆要缺，抚绥弹压，胜任颇难。请嗣后台湾四县缺出，如有人地相宜，准其不拘繁简，通融拣调内地海疆，不得援以为例。乾隆帝从之。③

闰七月十五日丙午（1767 年 9 月 7 日）

闽浙总督苏昌、浙江巡抚熊学鹏奏覆，臣接准兵部咨议，浙省沿海船只应行严密巡防一案，臣等将浙江通省情形逐细察核，除各府属或系内地并非海疆，或久经封禁，不许采樵搭厂，或地属荒山，虽未封禁，无可樵采外。惟查附近定海县衢山之倒斗岙沙塘癞头屿小衢山等处，查属禁地，但每年春冬渔期，有暂时搭披贮鲞贸

① 《清实录·高宗纯皇帝实录》卷七八二。
② 《清实录·高宗纯皇帝实录》卷七八七。
③ 《清实录·高宗纯皇帝实录》卷七八九。

易。又宁海县之金漆门、林门二处，每当渔汛时，亦有暂时搭厂贸易之人。海洋关系綦重，自应严密巡防，所有搭拔贸易渔船，应令各将弁查明执照于何日搭厂，何日彻回之处，一一造册禀报，加意巡察，毋使在地滋匪。又查漫台等处洋面渔船，每遇渔期，在洋张网捕鱼，名曰守行。此等守行之人因在本境，并不出洋贸易，是以向未给照。查此项守行船只虽在本地，究系海洋，难保无借口遭风飘往别处，以致为匪等事。现饬地方官查明，一体给时，倘有飘往别处者，彼处守口员弁查明，递解回籍。至浙省商、渔船只及出入口岸，原有令地方官验烙给照，并令汛口官弁稽查验放之例，如有无照船只及人照不符，并私越往来逗遛在外者，应即查拿治罪。倘该员弁不实力查办，立即严参究处，下部知之。①

是月，两广总督李侍尧奏覆，臣遵旨核谕暹罗国搜擒奔窜缅匪一节。臣旋抵东省传询，曾充暹罗国贡使船户及通事等。据称自广东虎门开船至安南港口，地名河仙镇计水程七千三百里，该处系安南管辖，有土官莫姓驻扎。又自河仙镇至占泽问，地方计水程一千四百里，系暹罗管辖，有土官普兰驻扎。自占泽问至暹罗城，计水程一千六百余里，统计自广东虎门至暹罗，共一遇三百余里。九月中旬，北风顺利即可开行，如遇好风半月可到，风帆不顺约须四十余日。如有公文照会暹罗，交付土官莫姓及普兰，均可赍去。但前往该国，系属外洋，内地兵船水道不熟，未便令其前赴。兹查有本港商船，于九月中旬自粤前往安南港口贸易，计到彼日期正系十一月间。查有左翼镇标中营游击许全熟谙水务，臣遵谕备缮照会暹罗国王之文，发交许全届期，附搭商船赍往南港口。谕令查探或交莫土目，或至占泽问交付夷目普兰赍投，仍令取该国王回文赍回。②

十一月

安徽巡抚冯钤奏称，据和州知州详报，在陈桥洲大江中间拿获海口沙船一只，装载私盐。讯据各犯供称，系由关东、锦州二岛口私运，由海口进通州，直抵和州。查海船出口，例将船户、水手姓名、籍贯开载照单，以备各口查验，今该犯等结伙多人越海私贩，保无为匪不法情事。除一面提解各犯到省严讯外，并查取各口失察职名，分别核参。乾隆帝下谕，严审定拟，至失察各口，更不宜轻纵，应会该督者会商严办。③

---

① 《清实录·高宗纯皇帝实录》卷七九〇。
② 《清实录·高宗纯皇帝实录》卷七九一。
③ 《清实录·高宗纯皇帝实录》卷七九九。

十二月十五日乙亥（1768年2月3日）

刑部议覆两广总督李侍尧奏称，江西庐陵县民吴均尚使人来粤，勾引西洋人行教，请分别治罪。乾隆帝下谕，吴均尚勾引西洋僧人意图传教，实属滋事。但尚无不法别情，著从宽免死，改发伊犁，给与种地兵丁为奴。其安当、呢都不能安分守法，姑念外夷无知，并著加恩免其永远监禁，交与该督，即令饬回本国，毋任再行出外妄为。①

乾隆三十三年　戊子　公元1768年

正月廿六日乙卯（1768年3月14日）

琉球国中山王尚穆遣使表贡方物。②

二月初五日癸亥（1768年3月22日）

乾隆帝下谕军机大臣，现在进剿缅匪，军务一时未能告竣，或尚需拨调水师，以资分路会剿。福建水师兵丁于驾驶战船等事，素称精熟。著崔应阶于沿海营伍内，豫行简选利捷谙练兵丁，酌派三千名以备应用。其水师所需之器具军械，可供携带者，亦先期部署，俟再降谕旨到时，即令漳州镇总兵叶相德，带领前往永昌等处听候调遣。再闽粤洋面毗连，舟行自易，其自粤东西以上往滇路站，有无水道可通，及何处最为便利，并著崔应阶悉心询访，核实覆奏。如将来毋需调用，另行降旨停止。③

四月初十日丁卯（1768年5月25日）

乾隆帝下谕，蛮暮新街一带，闻向为缅夷贸易处所，沿江而下并有缅夷税口，

---

① 《清实录·高宗纯皇帝实录》卷八〇〇。
② 《清实录·高宗纯皇帝实录》卷八〇三。
③ 《清实录·高宗纯皇帝实录》卷八〇四。

则其地交易之货必多。但彼处所恃以通商者何物？其仰给内地，必于欲得者何物？除与中国交易外，复有何处行商往彼货贩？前此腾越州等处民人往来贸易，习为常事，必能备知其详。今自用兵以来，各关隘久已禁人外出新街等处，是否尚有货市，或关口间有奸民偷越，或边外土司潜赴经商，或缅夷界外别种番夷往彼市易，抑或市集改徒他处，此等皆宜询访而知。且缅匪既藉货物抽税，连年货税不通，蕞尔边夷，岂能不稍形缺乏？各土司等讵竟茫无见闻，似亦无难广为体核。得其底里，此皆督抚等所当随时留心探察，据实奏闻者。再近边各土司，素以耕种为业，去岁曾向彼购易米粮，此次行军后，各该土境是否仍安耕作？今岁若往彼采买，能否照前供应？又大山土司久请内附，昨明瑞至彼，亦曾供馈军粮，极为恭顺。前谕鄂宁酌加赏赉，曾否办及该土司近日动静若何？我大兵退出后，该土司曾否遣人前来，复申前说。其木邦土司瓮团，现在作何下落，俱未见阿里衮等奏及。著传谕阿里衮、鄂宁将以上各情形逐一确查，即行切实覆奏。寻奏，查缅夷仰给内地者，钢铁、锣锅、绸、缎、毡、布、磁器、烟、茶等物，至黄丝、针线之类，需用尤亟。彼处所产珀、玉、棉花、牙、角、盐、鱼为内地商民所取资，往来俱有税口，自用兵以来概行禁止。臣等严加防范，商民俱不敢偷越。至该土司等，或有潜往商贩，亦所不免。自新街蛮暮一带，经兵火后已成废墟，近亦无人到彼。惟缅夷地界荒裔，或通海洋，或通西藏，番夷贸易自必尚有市肆，但内地货贩久经断绝，缅夷必不能不形缺乏。至近边土司，每岁秋成俱有余粮，足供采买。今岁又雨泽应时，可望丰收，必敷购买。其大山土司，前据差探木邦消息之姚阔海等回称，我兵彻回后，缅贼将大山寨子残毁，该土司兄弟俱无下落。①

七月初二日丁亥（1768 年 8 月 13 日）

乾隆帝下谕，去秋李侍尧奏，闻暹罗于前岁即与花肚番构兵，被花肚番将城攻破，该国王逃窜无踪，现令游击许全查探虚实等语，其探问如何，至今未据覆奏。近又闻暹罗即为缅贼所并，昨缅贼递与将军文内，亦有管理暹罗之语。是花肚番即系缅贼所属，因疆土毗连，肆其吞噬，亦未可知。但此时暹罗或偶被侵凌，或竟为缅匪蚕食，尚无确信。粤东澳门等处向为外番贸易之所，该国商船来往必多，著传谕李侍尧留心察访该商内晓事之人，询问该国近日实在情理。该国王现在何处及暹罗至缅甸水程若干、陆程若干、远近险易若何，逐一详悉咨询。如能约略绘图得其大概，亦可存备参酌。目下并非必欲由海道捷取，为此迂阔之计，且轻动舟师经越外洋，恐岛外远夷妄生疑畏，自于事无济。若该国王尚有志于恢复，心存释怨，而力不能支，欲求助天朝发兵策应，是即可乘之机，未尝不

① 《清实录·高宗纯皇帝实录》卷八〇八。

可酌调水师前往伙助，以期一举两得。但其事当出之审慎，办与不办尚在未定，李侍尧止宜善为询访，密之又密，切不可稍露圭角致涉张皇，仍将询得情由即速据实奏闻。

初三日戊子(1768 年 8 月 14 日)

两江总督高晋议覆大学士陈宏谋条奏巡察海口商船各事宜，乾隆帝从之。①

八月十九日甲戌(1768 年 9 月 29 日)

李侍尧奏，暹罗为缅人所破，其国王之孙诏萃奔安南河仙镇，土官莫士麟留养之，内地人甘恩敕据暹罗，乞封敕。嘉奖莫士麟，命甘恩敕求其主近支立之，不得自王乞封号。②

九月初九日甲午(1768 年 10 月 19 日)

兵部议奏，据两广总督李侍尧议覆大学士陈宏谋条奏，巡察海口商船及裁汰战船二折，查粤东出海商船，节经严定章程，毋庸更改至战船。乾隆帝从之。③

十月初四日戊午(1768 年 11 月 12 日)

乾隆帝下谕军机大臣，前日户部奏闽海关盈余短少，请交该督抚查奏一折，已降旨令鄂宁查奏矣。向来内地关税短少，尚可云年岁丰歉不齐所致，而粤海关则视洋船进口之多寡为准。至闽海关，每年过关船只向有定数，外洋估舶每岁常通，其税课自不应大相悬绝，何以此次短少至一万数千余两之多？看来系明福来京陛见，副都统达色接管时办理不善之故。今春将军常在请训赴任，虽曾谕令密加察访，但常在由旗员出身，此等事非伊所能查办。其覆奏委无情弊之处，殊不足凭。崔应阶现赴浙省巡查，且令兼署巡抚事务，不能即时回闽，是以交鄂宁查办。鄂宁前为云贵总督，办事贻误，经朕格外加恩，用为福建巡抚。自应痛加改悔，实心报效，此事非伊力不能办者，务须彻底清厘，据实覆奏。若稍存瞻徇之见思，欲颟顸了事，则是自取罪戾，朕不能复为原宥矣。著将此传谕知之。

---

① 《清实录·高宗纯皇帝实录》卷八一四。
② 《清实录·高宗纯皇帝实录》卷八一七。
③ 《清实录·高宗纯皇帝实录》卷八一八。

十二日丙寅(1768 年 11 月 20 日)

军机大臣议奏据闽浙总督崔应阶议覆、大学士陈宏谋条奏，巡查海口船只各事宜，一、闽浙二省沿海商、渔船，成造时报地方官给执照。二、商船成造后，租别人管驾，令先报地方官，再赴汛口取具互结。三、闽浙海洋口岸甚多，倘守备等官不敷差遣，应择船只出入较多处所，委守备以上一员按月轮替，其余小口仍委千、把防守，责成该处镇道稽查。乾隆帝从之。①

十一月十四日戊戌(1768 年 12 月 22 日)

以缅人来书不逊，乾隆帝下谕阿里衮筹进剿。②

乾隆三十四年　己丑　公元 1769 年

正月初三日丁亥(1769 年 2 月 9 日)

乾隆帝下谕军机大臣，征剿缅匪由水路进兵必需船只，令派出署副都御史傅显、护军统领乌三泰，令其驰驿前往云南军营，监造船只。著传谕高晋将湖广善造船只匠役，多为挑选、妥协豫备。俟傅显、乌三泰到日，即行交与伊等由彼带往。

十三日丁酉(1769 年 2 月 19 日)

乾隆帝下谕，征剿缅匪一事，今年必须合力大举，水陆并进。现在降旨，令台湾镇总兵叶相德，挑选福建水师兵二千名，前往滇省备用。前据崔应阶查奏，闽粤洋面毗连，由厦门上船即抵广东。水路至广西，经由梧州府、柳州府等处，直至贵州。又查备陆路一处，自漳州府山路前赴海阳县上船，直至广西，容俟临期酌办等

---

① 《清实录·高宗纯皇帝实录》卷八二〇。
② 《清实录·高宗纯皇帝实录》卷八二二。

语。已谕崔应阶酌量何路最为妥速，即飞咨该督照办。①

廿九日癸丑(1769 年 3 月 7 日)

以南掌国王之弟召翁遣使请兵复仇，谕阿桂等预备由南掌分路进兵。

二月廿九日壬午(1769 年 4 月 5 日)

乾隆帝下谕，向来硫磺出入海口俱有例禁，原因磺斤系火药所需，自不便令其私贩。若奸商以内地硫磺偷载出洋，或外来洋船私买内地硫磺载归者，必赏实力盘诘治罪。乃定例于洋船进口时，亦不许其私带，殊属无谓，海外硫磺运至内地，并无干碍。遇有压舱所带，自可随时收买备用，于军资亦属有益，何必于洋船初来多此一番诘禁乎？嗣后惟于海船出口时切实稽查，不许仍带磺斤，以防偷漏之弊，违者照例究治。其各省洋船入口，禁止压带硫磺之例，概行停止，著为例。②

三月初九日壬辰(1769 年 4 月 15 日)

乾隆帝下谕军机大臣，昨据永瑞、五福奏，遵旨遣回南掌国使人一折，止称量加赏赉，交付谕文，令其起程。至伊等有何言词及形状如何之越，并未详悉具奏。朕何由晓其情势？永瑞、五福甚属无用，已于折内批示矣。更思今岁我大兵进剿，正路兵力甚壮，傅恒亲自统领，朕深放心。至落卓一路，原因南掌国召翁差人请兵之便就中取进，以分贼势，但据南掌国人告称，阿瓦城缅贼闻我兵至，惊扰之际，召翁始得逃出。然我兵并未深入阿瓦，而阿瓦缅贼何至惊扰，致令召翁窜逸，此即可疑之处。则召翁使人请兵，竟不可信，或系从顺缅贼，计诱我兵，其时察访南掌国人之虚实，必得一晓事之人方能有济。永瑞等用以打仗尚可，断不能审料事机，若专赖伊等倘堕贼术，稍有不妥，反至动摇军心，以分军力，此则大有关系。著即传谕傅恒其落卓一路，切不可专委之永瑞等，或阿里衮、阿桂、伊勒图三人内酌定一人，前往统领。傅恒即密谕派往之人，若南掌国领兵前来协助，竭诚陈诉缅匪信息，导引便捷路迳，即系出于实心，可即鼓励以收其力。如稍露狡猾情形，明系通贼诱我，宜先剿办伊等，不可稍存姑息。总之此路进兵，本为分贼势以济我军，并非仗以剿灭缅贼，即未能深入得利，果能振扬威武，扰贼以分其力，于正路大兵有益，是即伊等之功也。此事甚要，傅恒务须小心谨慎、妥协办理。如阿里衮等三人

---

① 《清实录·高宗纯皇帝实录》卷八二六。
② 《清实录·高宗纯皇帝实录》卷八二九。

必不能离，亦必另派一可信之人前往。①

五月十一日壬辰（1769 年 6 月 14 日）

两广总督李侍尧奏称，广州府属香山县之淇澳村，四面环海、奸匪出没，宜设专员，以资巡缉。查有惠州府属归善县之欣乐司巡检，所辖并有冲要，尽可归并县丞兼辖。请移驻淇澳作为调缺，庶于海疆有裨，并请铸给香山县淇澳司巡检印，以昭信守。乾隆帝从之。②

六月二十日庚午（1769 年 7 月 22 日）

乾隆帝下谕军机大臣，现在大兵进剿缅匪，厚集劲旅，克期深入，自可迅奏肤功。但将攻围阿瓦时，恐缅酋懵驳等自知罪在不赦，弃城铤走，逃匿邻疆，势所必至，不可不豫加防截。其与缅境接连之南掌国，已传谕傅恒等檄令该国王，如或缅酋窜入伊界，立即擒献军前。复思暹罗与缅甸海道相通，最为密迩，又不当大兵扼要之冲，骇走尤为易达。且缅贼曾经侵夺其地，或欲窜身海外，暂息游魂，均未可定。暹罗向受缅匪蹂躏，积怨甚深，此时如有故王诏姓后裔，已经恢复旧疆，自当志切报仇、不遗余力。缅酋等设逃窜至彼，谅必擒送天朝，藉抒宿愤。第恐该国积弱已久，或惧缅贼凶残，且不知中国进剿情形及逆酋穷蹙逃生之故，临时未免心存疑怯，自当先行明切晓谕，俾其洞悉利害机宜，于事更为有益。因命军机大臣拟写经略等，及该督列衔檄稿一道，著封寄李侍尧用印行文该国王。并令探明该国王如系诏氏子孙复立，即于进兵前后就洋舶迅速转发。倘仍系甘思敕等觊觎窃据，该国尚无主张之人，竟可无庸给与，即将原稿奏缴。再上年八月间，李侍尧奏暹罗国为花肚番残破，夷目甘恩敕具呈乞封，而河仙镇土目莫士麟亦将该国情形绘图呈送，当令军机大臣代写谕稿寄回。嗣因阿里衮等奏程辙禀词，有暹罗欲图恢复之语，复降旨令该督选派干员，向莫士麟访问暹罗国实在构衅情形查核。本年正月据该督奏称，已派署都司郑瑞等于十一月内前赴河仙镇，但水道俱属外洋，必俟三月内始得回帆。彼时因该督并未得信，仅以空言覆奏，殊属糊涂，曾于折内批饬，此后并未据该督奏及此事。今距去年檄谕甘恩敕等之期已将一载，即该督前折约计三月回舶之候，亦逾数月，何竟杳无信息？纵云委员等在洋守候风信，亦当有信报该督，不应濡滞若此之久。李侍尧向来颇知奋勉，乃近日办理诸务，较前太觉纾缓，竟似易辙改弦，堕入外吏因循习气。去年已屡申饬，保以不知悛改，岂朕委任期望之意？

---

① 《清实录·高宗纯皇帝实录》卷八三〇。
② 《清实录·高宗纯皇帝实录》卷八三四。

著传谕该督令其力图省改，承受朕恩。至暹罗国现在地方情形若何，该国究系何人掌管，并甘恩敕有无回禀，差询莫士麟处委员曾否回粤之处，仍著该督作速详确查明，据实缮折。由驿星驰奏覆，毋得仍前延缓，将此并谕傅恒等知之。①

七月十四日甲午 (1769 年 8 月 15 日)

乾隆帝下谕，据李侍尧奏到查访暹罗国情形一折，看来诏氏子孙式微已极，大势俱为甘思敕所占，难复望其振作。亦只可听其自为蛮触，原不必藉其力，亦不必为其办理也。现将该督所奏原折及莫士麟原禀图说，钞寄傅恒阅看。所有前寄李侍尧檄谕暹罗国文一道，原令该督如暹罗系诏氏后裔恢复，自当寄去。今该目既为甘恩敕所占，即毋庸觅便寄往，其原拟檄谕稿底可且留广东。如该镇目莫士麟有续行禀报之处，或甘恩敕有覆该督去岁檄谕之文，仍著速行据实奏闻，将此传谕该督知之。②

是月，两广总督李侍尧又覆奏，暹罗仍系甘恩敕窃据，诏氏子孙未复，遵旨毋庸谕檄。滇省现集劲旅，进剿缅匪，缅酋势必穷窜。暹罗系其仇仇，谅不敢潜匿，自必游逸洋面。今河仙镇目莫士麟发兵夺取沾泽，又会合暹罗各夷目，征讨甘恩敕，若令截擒缅匪，自必踊跃。兹臣作为己意，仿照颁发谕稿，酌叙谕檄赏往赏给绸缎，并令移会暹罗各夷目拨兵侦伺。③

十一月初七日乙酉 (1769 年 12 月 4 日)

副将军、户部尚书阿里衮卒于军。戊子，傅恒等进攻老官屯。丙申，以缅地烟瘴，官军损失大半，命班师屯野牛坝，召经略傅恒还，阿桂留办善后。丁未，傅恒等攻老官屯不克。其土官以缅酋猛驳蒲叶书诣军营乞降，上命班师。④

十二月初四日壬子 (1769 年 12 月 31 日)

傅恒等奏缅酋猛驳称臣纳贡。⑤

---

① 《清实录·高宗纯皇帝实录》卷八三七。
② 《清实录·高宗纯皇帝实录》卷八三八。
③ 《清实录·高宗纯皇帝实录》卷八三九。
④ 《清实录·高宗纯皇帝实录》卷八四七。
⑤ 《清实录·高宗纯皇帝实录》卷八四八。

十九日丁卯（1770 年 1 月 15 日）

乾隆帝下谕，今秋进剿缅匪时，恐逆酋穷蹙，窜入暹罗，因欲传谕该国，一体邀截擒拿。第以暹罗既为甘思敕所占，其人系彼国乱臣，不必向彼传檄。旋经李侍尧奏称，河仙镇目莫士麟恭顺晓事，地与暹罗毗连，曾允其另檄莫士麟留心防缉，今已降旨彻兵。而缅酋亦适遣大头目至经略军营，屡乞投顺，情极诚恳，已先所请，停其征剿。昨曾明白宣谕中外，并将傅恒节次所奏缅匪遣人进贡，及与将军等请安各折发钞。李侍尧想俱接阅，可将彻兵大概情形就便檄示莫士麟一体遵照，以完此局。又所探暹罗近日情形，著传谕李侍尧即行覆奏。寻奏，本年七月内，遣游击蔡汉前往河仙镇，现在尚未回粤。俟其到日，查询暹罗情形。

廿六日甲戌（1770 年 1 月 22 日）

乾隆帝下谕军机大臣，据雅郎阿奏，南掌国王差头目同通事人等赍回禀一件，系回覆堵御隘口，遵奉办理。又该国王胞弟召翁禀一件，因猛天寨黄公舒曾将其女妈鼎许配为妻，今伊子黄公缵现在内地，恳求将妈鼎母女遣回完聚，已酌加犒赏来使等语。从前进剿缅匪时，饬谕南掌国王协同邀截堵御。今已降旨彻兵，业经传谕傅恒，饬知该国王遵照矣。至黄公缵从前携带眷属投诚，准令安插内地，以示抚绥。今伊姊妈鼎，既据召翁禀称，黄公舒在日曾经许配为室，禀请将妈鼎母女迎回完聚，情词恳切。并经雅郎阿查明属实，自应俯从所请。著传谕雅郎阿将此情节，谕知黄公缵，即将妈鼎母女交伊头目领回。①

乾隆三十五年　庚寅　公元 1770 年

二月十七日甲子（1770 年 3 月 13 日）

琉球国中山王尚穆遣使表贡方物。②

---

① 《清实录·高宗纯皇帝实录》卷八四九。
② 《清实录·高宗纯皇帝实录》卷八五三。

廿五日壬申(1770 年 3 月 21 日)

以缅酋猛駮贡表不至，谕彰宝备之，并严禁通市。①

三月廿二日己亥(1770 年 4 月 17 日)

乾隆帝下谕军机大臣，朕巡幸天津，御舟所经，见相近大闸口地方有海神庙一座，墙宇甚觉残旧。著传谕李质颖查明应行修理之处，即于关税盈余项下动用修葺，以复旧观。②

五月初六日壬午(1770 年 5 月 30 日)

乾隆帝下谕军机大臣，据熊学鹏奏，把总王标领解官兵俸饷银钱，私自绕路附搭米船，出洋遭风沉溺。该把总王标及目兵赵学俊等共一十四名，俱皆淹毙等语。把总王标领解饷银，应由陆路行走，乃私附米船海运，以致遭风沉溺，使其人尚在并当治以违例之罪。其死实由自取，原可无庸加恩，至跟随淹毙之兵目系从把总同行，非伊等所能自主。著该抚查照内洋因公失风之例，量予赏恤。其装载兵米船只，如系例应海运所有，溺毙之兵丁、水手亦著一体查办。再此项银两钱文全行沉失，或该把总别有从中侵隐，捏报逃匿情弊，则应彻底严查，从重究治。著该抚一并查明具折覆奏。寻奏，健跳汛兵米向由水路载运，并无王标实系溺毙，捏逃侵隐别情，兵丁水手应照阵亡例减半恤赏。③

八月初二日乙亥(1770 年 9 月 20 日)

乾隆帝下谕军机大臣，据李侍尧等奏访获洋盗一折，已于折内批示外委谢昌。出洋巡查适遇匪船拒捕，既督兵放枪伤毙数人，贼船可走逃，兵船即可走追。彼时若奋力急追，何难立时就获，乃竟听其远遁无踪，则该弁之庸怯无能，已可概见，即当查办示儆，不得因其被掷受伤，曲为宽恕。至海口船只出洋，例应稽查验放。今匪船所赍藤牌、铁枪、叉刀，非商民船只所宜有，出口时果能实

---

① 《清实录·高宗纯皇帝实录》卷八五四。
② 《清实录·高宗纯皇帝实录》卷八五五。
③ 《清实录·高宗纯皇帝实录》卷八五八。

力搜盘，无难立见。乃任其携带应禁军器如许之多，出入自由毫无忌惮，所为海口之诘禁安在？且该犯等历次出洋行劫，即其自行供出者已有数案，则其余未经发觉之案，更不知凡几，岂无一二被劫之人，赴地方官控诉？而巡洋兵弁，常时又岂漫无见闻，况首犯陈详胜不过番禺村民，既纠党多人，历久出洋滋事，岂能不稍露踪迹，何以玩忽养奸？至于如此，该处吏治营务尚可问乎？著李侍尧逐一详查，将该管各官严行参处。至该督在粤年久，乃于海洋巨盗出没，并不留心体访。而于疏懈废弛之员弁，亦不极力整饬，岂朕加恩委畀之意？李侍尧著传旨严行申饬，所有此案已获各犯，著即严审明确，将应行斩决者一面正法示众、一面奏闻，仍将未获伙盗速饬各属，勒限严缉务获，毋使一人漏网。至游击降补千总边廷良购线获犯，并起获刀械种种，匪盗罪案得以尽行败露，可谓能事，自应示之奖劝。①

十月廿八日庚子 (1770 年 12 月 14 日)

乾隆帝下谕，据李侍尧等奏称，咈囒哂夷船来广，带来刷印铜板图二百三十二张，并请应否备带纸墨油水及每幅须印若干张之处等语。该处带来刷印图幅，所有第一次图、三种内爱玉史诈营图，现已印有二百张，亦足用矣，毋庸再印。其阿尔楚尔图止有四张，伊犁人民投降图止有二十八张，应令其印足二百张，其未经呈样之十三幅。并著管理造办处大臣，传谕李侍尧，交该国夷船带信催令上紧镌刻。每种俱刷印二百分，连铜板一并送缴，至纸墨油水毋庸备带。其彼处带来书信，著交认识西洋字之人阅看，并令其将此意缮写回书，一并交与李侍尧寄往，并谕德魁知之。②

十二月十四日丙戌 (1771 年 1 月 29 日)

谕阿桂、彰宝密议进剿缅匪。③

---

①　《清实录·高宗纯皇帝实录》卷八六六。
②　《清实录·高宗纯皇帝实录》卷八七一。
③　《清实录·高宗纯皇帝实录》卷八七四。

乾隆三十六年　辛卯　公元 1771 年

三月十九日庚申（1771 年 5 月 3 日）

吏部等部议覆署浙江布政使按察使郝硕奏称，查匪船出入海口，其沿边偷越出洋者，失察官例无议处。既恐防范疏懈，且遇获案犯，亦难保无因规避处分，捏报沿边私越情事。况贼匪踪迹能到之处，皆兵役巡查之所能及。请嗣后遇沿边私越匪犯，承审官究出系何营县所辖，将文武员弁开参，承审官意存回护，不指出确实地方者，并予参处。嗣后遇沿边私越各案，将失察文职地方及守口各官降一级留任，其专汛武职及守口各员弁降二级留任，承审官不将私越地方究明指出者，降二级调用。乾隆帝从之。①

四月初五日乙亥（1771 年 5 月 18 日）

乾隆帝下谕军机大臣，前据富明安奏请于四月底将利津、海丰二县海运赴津商贩麦石，照例封禁，业已允行。但近畿地方去岁麦秋既歉，今春又未得透雨，现在麦将秀穗待泽甚殷，此时即遍沃甘膏，尚恐麦收分数略减，不能不藉商贩之接济。而山左于三月初优渥春霖，通省并皆深透。昨巡跸所经，目睹麦田芃茂，又可满望丰收。登场以后，民食自极充余，不虞估船之搬运，莫若仍听商船贩载赴津，流通无缺，以济直省之不足，使麦价不致过昂，间阎得资调剂之益。著传谕富明安，将利津等县海运麦石暂且无庸禁止，其直省商人，欲赴东买运者，并从其便。周元理到任时，仍一体妥办。俟直隶麦价平减，食计有资，再行酌量情形，奏明封禁。②

是月，山东登州镇总兵窦瑸奏报，登州水师营分南、北、东三汛，每年战船出口后，五月间均演水操一次。北汛向系总兵亲验，南、东二汛分年亲阅。其不亲阅之年，委各副将操阅，请照登州附营通行亲查之例，俱亲往考验。再水师巡哨洋面船，除药铅各械之外，尚有火箭、火罐、喷筒等项。登州水操向来止演枪

① 《清实录·高宗纯皇帝实录》卷八八一。
② 《清实录·高宗纯皇帝实录》卷八八二。

炮，其余仅随船修制存贮，并不演练。应照备贮药铅出陈易新之例，按年动用公费分别轮制，俟镇臣阅操时试验。乾隆帝下谕，既行奏请须认真办理，不可徒事虚言。①

五月廿六日丙寅（1771 年 7 月 8 日）

乾隆帝下谕，据诺穆亲奏，南掌国遣使贡象到滇，即照向例，派员伴送起程。复检查乾隆三十五年部议，嗣后外国入贡，俱令按省派员伴送，更换交代，毋许一人长送。乃并未详查新例，仍照上届办理，实属错误，请交部严加议处等语，已批该部议奏矣。此事礼部新定之例未为妥协，该部因福建伴送琉球贡使到京逾期，议定派出伴送之员按省更替，毋许一人长送，意在防其沿途稽滞，而未能切当事情。如福建之于琉球、云南之于南掌，贡使初至，该省皆有应行照料事宜。既派有承办伴送之员，即当始终其事，而派员与贡使伴行日久，一切与之相习，途中屡易生手，亦觉非宜。若虑派员在路托故迁延，止须于经过各省添派妥员护送趱行，自不虞其任意迟缓。若以此而议停长送专员，何异因噎废食？所有外国贡使来京，及由京归国派员伴送，及各省添员护送之例，著该部另行定议具奏。诺穆亲虽未照礼部新例，而办理未为错误，毋庸交部议处。寻奏，嗣后各省贡使到境，该抚即于同知通判内，遴委一员护送趱行。惟伴行长送，酌派守备一员，回国时仍令委员长送，经过各省，仍遴员护送。再查朝鲜国贡使回，现派凤凰城隍御一员伴送，毋庸更换。至琉球、苏禄、安南等贡使回国，向例臣部拣派司员引见，嗣后司员伴送，应请停止。乾隆帝从之。

是月，升任署福建巡抚钟音奏称，台湾远隔重洋，民人往来俱向地方官查给印照，俾汛口验放。臣请稍为变通，在台回籍者概免给照，准其自赴鹿耳门总口，将姓名、年貌、在台在籍住址，即由该船户报明。口岸员弁验戳挂号，随时放行，仍令汛口将回籍名单一月一报抚臣备案。其南北一带口岸，不许内地船只往来之处，仍照向例严禁，自内地渡台者均照定例给照盘验。乾隆帝从之。②

八月十七日乙酉（1771 年 9 月 25 日）

乾隆帝下谕军机大臣，据李侍尧奏暹罗丕雅新将擒获花肚番头目男妇，差人解

---

① 《清实录·高宗纯皇帝实录》卷八八三。
② 《清实录·高宗纯皇帝实录》卷八八五。

送来广，现在委员押解进京查讯等语。暹罗送到之花肚番男妇，是否即系绯匪，自应解京审讯，其真伪无难立辨。至丕雅新当暹罗残破，乘机窃据，妄冀敕封，曾令军机大臣代李侍尧拟写檄稿，正词斥谕。今复借奉檄擒送花肚番逆匪为名，冀邀赐凭朝贡，自不应允其所请。但去岁游击蔡汉，往谕河仙镇目截擒缅酋时，蔡汉听信莫士麟之言，曾行文丕雅新一体擒献。今丕雅新既以遵奉宪令为词，尚知敬奉天朝大臣，亦不必概付不答，绝之太甚。自应即以该督之意，酌量赏给缎匹，稍示羁縻。该督仍给以檄文，回覆丕雅新，谕以尔所送花肚番男妇，是否即系绯匪，其事虚实本部堂难以凭信，不便率行陈奏。但尔既已送到，姑留内地收管另为查办。因尔奉令惟谨，遣人航海远来，本部堂持给尔缎匹，付来人赍回，以示奖励。至尔所称乞恩赐凭，许照旧例朝贡之处，本部堂更不便代为转奏，已于前檄明白示覆矣。如此宣谕，于驾驭外夷自为得体，可将此传谕李侍尧知之。①

十月十七日甲申（1771 年 11 月 23 日）

乾隆帝下谕，昨据李侍尧委员解到暹罗丕雅新拿获番男八名、番妇四名，交军机大臣询问。虽系青霾国民人居多，而泻都燕达一名实系缅匪小头目。丕雅新之遵檄擒献，尚非无因，而其心颇知恭顺。前岁丕雅新遣人奉书李侍尧，欲求转奏请封，李侍尧因其于暹罗残破之后戕害诏氏子孙，乘机窃据，不应妄冀封号，曾奏闻拒斥。今岁以擒花肚番逆匪为名，仍希封赏，复不从所请，其论虽亦近理，而不免过甚。荒徼岛夷不知礼义，其易姓争据，事所常有。如安南国陈莫黎诸姓，亦已屡更其主，非独暹罗为然。况丕雅新当缅匪攻破暹罗时，以报复为名，因利乘便，并非显有篡夺逆迹，而一闻内地大臣檄谕，奉命惟谨，即遣兵攻打青霾。其所擒获，更有缅匪头目，是其实与缅夷为仇已无疑义。且屡次邀封望泽，尚知尊戴天朝，自不必固执前见，绝之太甚。至其代立源委，原不必拘于名分，从而过问。丕雅新初立势孤，欲求依附，若中国始终摈弃弗纳，彼或惧而转投缅匪，非策之善也。著传谕李侍尧，嗣后丕雅新处，若无人来则已，设或复遣使禀请加封，愿通朝贡，不必如前固却，察其来意果诚，即为奏闻，予以封号，方合羁縻控驭之道。著于该督奏事之便，传谕知之。②

---

① 《清实录·高宗纯皇帝实录》卷八九一。
② 《清实录·高宗纯皇帝实录》卷八九五。

乾隆三十七年　壬辰　公元 1772 年

正月廿九日乙丑(1772 年 3 月 3 日)

琉球国中山王尚穆遣使表贡方物。①

四月

福建巡抚余文仪奏称，琉球国难夷智汝沃等二十人，及流犯比嘉、徒犯保佐共二十二名，系琉球国那霸府人，前往八重山收取米粟，并配流徒二犯安插。乾隆三十七年二月十七日在洋遭风，至三月初一日飘至福建亭头怡山院地方，于三月初九日安插馆驿。照例每名加赏布、棉、酒、肉、烟、面等项，以安插之日为始，每名日给米一升、盐菜银六厘，回国时各给行粮一月，以示优恤，俱于存公银内动给请销。至该夷等所坐原船，应令自行修葺完固，派拨接贡船内水梢代为驾驶，遣发回国。②

五月

福建水师提督黄仕简奏称，臣于四月十一日出洋，前往金门镇、南澳镇、铜山营次第巡历，校阅官兵技艺。内弓箭以金门、南澳二镇为胜，鸟枪、藤牌惟南澳最优，金门稍可，铜山多未能齐捷紧凑。至水陆操演，金门、南澳尚属严肃熟练，铜山俱甚参差，臣逐一指示，分别赏罚。至点验军装、器械、战船，俱坚固齐全，出洋舟师，并无偷安等事。臣汇核金门、南澳二镇营伍多有进益，惟铜山实属不及，该营参将张天助前经臣会同督臣豫保，今遽以升任有期，怠忽如此，未可稍为姑容。再署守备事田德亦以离任在迩，玩忽从事，并难宽纵。除将该二员题参革职以

---

① 《清实录·高宗纯皇帝实录》卷九〇一。
② 《清实录·高宗纯皇帝实录》卷九〇七。

昭炯戒，其弓马生疏各弁，并请咨部斥革。乾隆帝从之。①

十一月初一日壬辰（1772 年 11 月 25 日）

乾隆帝下谕军机大臣，据钟音等奏，由安南发船赴倭贩铜之闽人林承和，查历年出入海口船号，并无其人，并通省各州县检查烟户册，亦无其名等语。闽商赴洋载铜回闽，如果官为购存，则以内地之铜仍供内地之用，虽暂占苏商额数亦属无妨。前降谕旨甚明，若林承和在东洋买铜并非进口，是指买内地之铜，转售为外洋他处之用，于事甚有关系，自不得不彻底根查。今钟音等奏，细查闽省并无其人，竟似毫无踪影，则前此萨载所称苏商供出之林承和在东洋买铜一节，言之凿凿，又系何凭？此事自当仍问之江苏，不必更询之闽省。但彼此各执一词，亦非在外所能核结。著传谕萨载，即查当日在苏供出林承和之事实系何人，速行讯取确供。及伊在东洋所见林承和，实雇用何人船只，并列入寅字十一番。是何实据，一面奏闻，一面将应讯之人解京，交该部详悉确讯，务期水落石出，无致丝毫影射，并将此谕令钟音等知之。寻萨载奏，据供出林承和之龚继胜等供，闽人林承和船只实于三十五年七月到倭，伊等在倭人馆中，未与林承和识面。其船只曾经望见，实系内地式样。其雇用林泰来船号，并从安南发船，均得自倭人通事熊文藏之口。复查浙省乍浦海口，所报铜铅进口番数，寅字十一番，实系林承和，现将应行质审之人，一并解京备讯。

十二日癸卯（1772 年 12 月 6 日）

乾隆帝下谕军机大臣，各省水师总兵有巡查洋面、训练舟师之责，必须熟谙海洋沙线，通晓会哨巡防，方于水师营伍有益，不可不豫为甄录，以备擢用。江南京口协副将金彪、太湖协副将袁秉诚、福建闽安协副将颜鸣皋、广东龙门协副将蓝元枚俱系历任水师之员，著传谕各该督，确核各该副将年力才具若何？是否能于海疆谙习？如有能堪水师总兵之任者，著即行出具切实考语，送部引见。或此外有将来可备选用者，亦准保送。②

---

① 《清实录·高宗纯皇帝实录》卷九〇九。
② 《清实录·高宗纯皇帝实录》卷九二〇。

乾隆三十八年　癸巳　公元 1773 年

六月

　　两江总督高晋奏称，安南国入贡由水路进京，往返均由江宁换船。该贡使每次自带花样，在铺家定织绸缎，次年自京回至江宁取货，若货未齐全，往往逗遛日久。查外藩使臣置买绸缎，虽无禁例，但私相交易，恐酿事端。请嗣后饬使臣通事人等，将需买各货开具清单，呈交地方官。传集铺户议价给与现银，取铺户承领限状。地方官查催，该贡使回宁，即于半月内照数清交，不许私相授受。地方官毋得纵令胥役家人经手，如违参究。乾隆帝嘉奖之。①

乾隆三十九年　甲午　公元 1774 年

正月廿八日壬午(1774 年 3 月 10 日)

　　琉球国中山王尚穆遣使表贡方物。②

五月

　　大学士伯两广总督李侍尧奏称，船商冯万兴装载货物，领照前往咖喇吧贸易，因风漂至安南，仍将原货载回，当即传询。据称，见海面往来兵船甚多。风闻安南国王之兄向来分驻西山，近日率众至安南城，争战枪炮之声，昼夜不绝，不敢在彼停泊。查广西左江一带壤接安南，该国内讧之际，保无夷民窜入滋事，现在密饬员

---

　　①　《清实录·高宗纯皇帝实录》卷九三七。
　　②　《清实录·高宗纯皇帝实录》卷九五一。

弁留心防范。乾隆帝下谕，彼国自乱，只可听之，但或于缅贼有牵连之故否，宜细访其故。①

七月初九日庚申（1774 年 8 月 15 日）

乾隆帝下谕军机大臣，据李侍尧奏，现有西洋人岳文辉晓理外科，杨进德、常秉纲俱习天文，附搭商船到广，情愿进京效力，应否恩准之处，循例奏闻请旨等语。向例西洋人进京效力之后，即不准其复回本国，近来，在京西洋人内竟有以亲老告假者，殊属非理。伊等既有亲待养，即不应远涉重洋，投效中国。若既到京效技，自不便复行遣回，均当慎之于始。此次岳文辉等三人，即著李侍尧询问伊等，如实系情愿长住中国不复告回者，方准送京。若有父母在堂者，即不准其详报呈送。著李侍尧于总督衙门存记档案，嗣后凡有西洋人恳请赴京者，即照此询明分别奏办。②

八月十一日壬辰（1774 年 9 月 16 日）

福建巡抚余文仪疏报，琉球国难番崎山等二十一人船只遭风漂泊连江县内港，安插抚恤如例。③

乾隆四十年　乙未　公元 1775 年

十一月十二日乙酉（1776 年 1 月 2 日）

吏部议覆盛京将军弘晌奏称，请将失察流民私行渡海之奉天、山东沿海州县，及巡查各员严行议处。嗣后如有失察流民私行渡海，别经发觉者，照台湾流寓民人眷属偷渡例，将沿海州县及巡查文职官，失察一名至十名者，罚俸一年；十名以上，降一级留任；二十名以上，降一级调用。至武职巡哨洋面，均有稽查之责，如

---

① 《清实录·高宗纯皇帝实录》卷九五九。
② 《清实录·高宗纯皇帝实录》卷九六二。
③ 《清实录·高宗纯皇帝实录》卷九六四。

有失察，亦照此例，按其偷渡名数，分别议处。其守口武弁，遇有疏纵，即照盘查不实例，降二级调用。乾隆帝从之。①

廿二日乙未（1776 年 1 月 12 日）

乾隆帝下谕，海疆水师总兵，非熟谙洋面舟师者不能胜任。前经保举记名者甚少，其中或有内地水师人员，于海洋非所素习，恐迁地弗能为良。海疆水师总兵缺出，一时颇难得其人。著传谕李侍尧、钟音于广东、闽、浙水师副将、参游等员内，择其谙习海洋水面、驾驶纯熟、操防勤慎，其才情器局堪胜总兵之任者，各拣数员，据实奏明，送部引见，以备酌量录用。②

十二月初八日辛亥（1776 年 1 月 28 日）

琉球国中山王尚穆奏遣使进贡方物。

初九日壬子（1776 年 1 月 29 日）

乾隆帝下谕军机大臣，据李侍尧等奏据海口营参将王中立禀报，拿获在洋劫夺各盗犯，巡检刘毓琇起获盗首洪阿汉，并究出李阿集等私越外番，得受伪职等因一折，所办甚好。安南黎、阮二姓，彼此相仇，及阮翁衮之乘机觊觎，原可置之不问，至李阿集等以内地民人，胆敢私越外番乘其内讧，听受伪职，实属不法之尤，自应迅速审明，从重究拟。其抢夺金银等物，及各犯现有赀财寄顿之处，俱著一并查明、抄没入官。至兵丁郭英里听受贿嘱、包送番妇，亦属藐法，并著严讯重究。沿海地方遇有奸民在洋滋事，文武各员即留心访察、立时禀报、严拿究办，宵小自当闻风敛戢，海疆可期宁谧。粤省查办此案，可见其平日巡防严密，所有查拿盗犯之参将王中立、知县汪垕、巡检刘毓琇及防护奸民之副将吴本汉，审拿奸民之知县许宪、任果俱属实心能事，并著该督等出具考语，送部引见。将此由四百里传谕知之。③

---

① 《清实录·高宗纯皇帝实录》卷九九六。
② 《清实录·高宗纯皇帝实录》卷九九七。
③ 《清实录·高宗纯皇帝实录》卷九九八。

乾隆四十一年　丙申　公元 1776 年

二月十六日戊午(1776 年 4 月 4 日)

乾隆帝下谕,据永德奏,琉球贡船回国兑买丝绸、布匹等物,免过税银共一千二百余两,似较向来为数过多。因萨哈岱现随行在,令军机大臣就近询问,据称伊前管闽海关任内所办琉球免过税银,虽不能一律,大概总未出五百两以外等语。属国进贡回洋,携带内地货物准予免税,原属柔远之经,然加惠外藩亦当稍有节制。若向来俱少,此次独多,恐伊等视以为常,或且效尤滋甚,势将何所底止?设或向无定额,其免税多少悉由将军等临时核定,更未为妥协。著交钟音详悉确查,该关于琉球回船免税,有无约略定数。并历年免税若干,此次免税,因何多至如许,逐一据实覆奏,勿稍隐饰。若永德所奏有沽名示宽处,即行参奏,不可又相徇隐,慎之。寻奏,查该国贡船,顺治年间准其贸易,康熙年间复予免税。经前督臣喀尔吉善奏准,以带银置货并无限额,恐欺隐滋弊,嗣后令据实报明。经官公办,其入口、出口税银若干,向系闽海关之南台口委员查照,则例核数,申报将军照验,免税放行。现查历年免税底册,自乾隆三十一年以后,该国进贡船二只,入口不出三百两,出口皆在五百两外。接贡船一只,入口皆在二百两内外,出口不出五百两。至三十六年,入口免税二百四十九两,出口八百一十九两,较之往年为数已多。今四十年较前更多,实因来船带银及置货,视历年加增之故。①

四月

江南河道总督萨载奏称,遵旨赴山安查勘黄河海口淤沙,询之土人,据云从前海口原在王家港,雍正年间两岸接生淤滩,至今日见淤垫,现长四十余里。南岸遂有新淤尖、尖头洋之名,北岸有二泓、三泓、四泓之名。就目下形势而论,河底既有高仰,河唇又复渐远,此即沙淤明证。但潮汐来往,人力难施,臣查现在口门,出水四五尺不等,势尚湍急。将来黄水加长,出水亦必加多,虽不能畅流归海,似亦不致阻滞。倘有应行筹办之处,容同督臣高晋会商具奏。乾隆帝下谕,此系海口

---

① 《清实录·高宗纯皇帝实录》卷一○○三。

自然之势，似难以人力胜之，尔等再详酌可也。①

十一月廿四日壬辰(1777 年 1 月 3 日)

乾隆帝下谕，刑部议驳李质颖咨称革监倪宏文赊欠嘆咭唎国夷商嚕等货银万余两无还，议将倪宏文改拟杖流监追一折，已依议行矣。此案李质颖办理甚属错谬，外国夷商贩货来售，内地民人与之交易，自应将价值照数清还。若因拖欠控告到官，尤宜上紧严追给领，并将拖欠之人从重究治，庶免夷人羁滞中华，而奸徒知所惩儆。今倪宏文拖欠夷商货银，数至盈万，实属有心诓骗远人，非内地钱债之案可比。至所供落价亏本，及赊与客贩、舟覆货沉等语，均系狡词支饰，岂可凭信？乃该抚仅将倪宏文减等拟徒，援赦杖责，殊属宽纵。又令该犯戚属互结保领在外，设法措缴，是倪宏文仍可藉端延宕，徒使夷商旅居守候，而赀本终归无著，岂为平允？幸而部臣议驳，改拟监追，若竟朦胧照覆，则是地方官庇护内地奸商，而令外夷受累，屈抑难伸。其事实乖平允，殊非体恤远人之道，李侍尧久任封疆，于抚驭边夷事宜，办理向为妥善。此等赊欠夷商货本之案，自应督抚会同讯办，以期允协，乃竟置若罔闻，惟任李质颖草率定案，咨部完结，殊属非是。李侍尧著传旨申饬，至李质颖平日尚能认真办事，何以审拟此案荒唐若此？著交部察议，并著速饬承追之员，先将倪宏文监追，转饬该犯原籍，查产变抵，照数给与夷商收领。其不敷之数，勒限一年追清，如限满不能全完，即令该省督抚司道及承审此案之府州县官，于养廉内按数摊赔。即传朕旨，赏给该夷商清赈归国，勿使向隅。其各员所赔之数，俟倪宏文名下追出抵还，仍将倪宏文照部议发配，并将遵照办理缘由，即行具折覆奏。

廿六日甲午(1777 年 1 月 5 日)

乾隆帝下谕军机大臣，据刑部奏驳李质颖咨称革监倪宏文赊欠嘆咭唎国夷商嚕等货银万余两无还，问拟杖责未协，议将倪宏文改拟杖流监追一案，已依议行。并明降谕旨，将李侍尧申饬，李质颖交部察议。令将倪宏文家产变抵，仍勒限一年监追，再照部议发遣。如该犯限满不完，即令该省督抚司道及承办此案之府州县，于养廉内照数摊出，并传朕旨，赏给该夷商收领归国，以示体恤矣。此等夷商估舶冒越重洋，本因觅利而至，自应与之公平交易，使其捆载而归，方得中华大体。若遇内地奸民设局赊骗，致令货本两亏，尤当如法讯究。乃李质颖仅将该犯拟以薄惩，而欠项则听其自行清结，所谓有断无追，竟令外洋孤客，负屈无伸，岂封疆大

---

① 《清实录·高宗纯皇帝实录》卷一〇〇七。

臣惩恶绥远之道？幸而刑部奏驳，朕始得知其详为之更正。若部臣亦依样葫芦照覆，其错谬尚可问乎？中国抚驭远人，全在秉公持正，令其感而生畏，方合政经。若平日视之如草芥，任听地棍欺凌，而有事鸣官又复袒护民人，不为清理，彼既不能赴京控诉，徒令蓄怨于心，归而传语岛夷，岂不轻视督抚，鄙而笑之？且或虑粤商奸恶，致呼吁仍复成空，将来皆裹足不前，洋船稀至，又复成何事体？且朕此番处置，非只为此事，盖有深虑汉唐宋明之末季，多昧于柔远之经，当其弱而不振，则藐忽而虐侮之，及其强而有事，则又畏惧而调停之，姑息因循，卒至酿成大衅而不可救，宋之败、明之亡皆坐此病，更不可不引为殷鉴也。方今国家全盛，诸属国震慑威棱，自不敢稍生异志，然思患豫防，不可不早杜其渐。嘆咕唎夷商一事，该督抚皆以为钱债细故，轻心掉之，而不知其关系甚大，所谓涓涓不息，将成江河者也。①

十二月初十日丁未（1777 年 1 月 18 日）

乾隆帝下谕军机大臣，据周元理奏承准廷寄，粤省审拟革监倪宏文赊欠夷商化银一案，谕旨遵即移行大小文武衙门，入于交代遵行，并另札天津道府，将此案传示各商，俾伊等往来海洋，宣扬德意等语，所办未为妥协。此案李质颖办理不合，已降旨将伊交部察议，各省俱可一体恪遵。至传寄谕旨一道，其中有统论中国抚驭远人之道，止宜将军、督抚留心经理，不便宣示外夷。是以未经明发，而令各将军督抚入于交代，俾各后任永远遵行。该督抚奉谕后，惟当谨贮署中，列入交代册档，并毋庸移行文武大小衙门。至于海口夷商，即欲宣扬德意，亦只可将明旨通传，其廷寄内之语岂宜传示？况将军、督抚办理此等事务，惟在实心妥办，又何藉文告虚词，周元理所办未免误会前旨。著传谕周元理，如尚未通行即为停止，若已行文仍速彻回，直隶一省如此，恐他省亦有似此者。并著再谕各将军、督抚，接奉前此传写谕旨，止存贮入于交代，不必宣示远近。又谕，据李侍尧奏，商船莫广亿带到暹罗国搭送回籍云南人杨朝品等三人，并郑昭文禀一件，称因连年与缅匪仇杀，再恳赏买硫磺一百担。若天朝用兵阿瓦，愿恳谕知其期，豫为堵截缅匪后路，询之杨朝品等，据供似属真情等语。杨朝品等出边，虽未经用兵以前，但以内地民人赴缅甸贸易曾被拘禁，复又转入暹罗，在外年久，自不便遣回腾越。著李侍尧派员将杨朝品等三犯解京，尚途小心管解，勿致疏脱，俟解到时，讯问明确，再行办理。至郑昭见内地民人在彼，即行资助送回，尚属恭顺。前已准其所请，听买硫磺、铁锅，此次请买硫磺，仍可准其买回。看来郑昭与缅子仇杀，似非饰词，但中国现在并不征剿缅匪，即欲扫除丑类，亦无藉海外弹丸协击，或伊欲报故主之仇，

---

① 《清实录·高宗纯皇帝实录》卷一〇二一。

听目为之。李侍尧仍仿上次檄稿之意，给与回文可耳，将此由五百里传谕李侍尧知之。①

乾隆四十二年　丁酉　公元 1777 年

四月初三日戊戌（1777 年 5 月 9 日）

以缅番投诚反覆，召阿桂回京，留缅目所遣孟幹等。

初六日辛丑（1777 年 5 月 12 日）

乾隆帝下谕，据李质颖奏革监倪宏文赊欠嘆咭唎国夷商货银一万一千余两，监追无著。经伊胞弟倪宏业、外甥蔡文观代还银六千两，余银五千余两遵旨于该省督抚司道及承审之府、州、县官，照数赔完贮库，俟夷商嚪等到粤给还，并请将倪宏文即照部议发配等语。倪宏文赤手无赖，肆行欺诈，赊欠夷商货银多至累万，情殊可恶。而其应交银两，半系伊弟伊甥措缴，半系地方官代赔，伊转得脱然无累，仅予发遣，实不足以蔽辜。倪宏文著发往伊犁，永远安插，以示惩儆。②

廿五日庚申（1777 年 5 月 31 日）

乾隆帝下谕军机大臣，昨据李侍尧奏称，在粤省时，见近年外洋脚船进口，全载棉花，颇为行商之累。因与监督德魁严行饬禁，嗣后倘再混装棉花入口，不许交易，定将原船押逐。初不知缅地出产棉花，今到滇后，闻缅地土产棉花最多，而缅匪之晏共、羊翁等处，尤为洋船收泊交易之所。是缅地棉花悉从海道带运，似滇省闭关禁市，有名无实等语，所奏甚是。业经传谕杨景素，会同李质颖、德魁于海口严行查禁矣。外洋海面处处皆通，恐洋船装载缅地棉花求售者，因粤省各口查禁，复往他省混行入口，亦未可定。况内地处处出产棉花，供用极为宽裕，何藉取给外洋与之交易，致滋弊混？著传谕凡有海口之将军、督抚设法严行查禁，如有装载棉

---

① 《清实录·高宗纯皇帝实录》卷一〇二二。
② 《清实录·高宗纯皇帝实录》卷一〇三〇。

花船只，概不许其进口，务令实力奉行，勿以空言塞责。仍不时留心访察，或有胥役等受贿私放者，立即重治其罪，仍将如何设法查禁之处，具折覆奏。将此遇各该将军、督抚奏事之便，传谕知之。①

五月廿五日己丑(1777年6月29日)

两广总督杨景素覆奏，从前李侍尧檄谕暹罗，或交彼处来人，或给贸易船带往。今彼处无人在广，俟有商船至暹罗，即将檄谕发往，俟禀到由驿驰奏。

廿七日辛卯(1777年7月1日)

乾隆帝下谕军机大臣，今日国泰奏覆查禁海口棉花一折，已于折内批示矣。前因李侍尧奏称缅地产棉花最多，应于粤东海口严行查禁。随传谕杨景素、李质颖等，实力稽查妥办。并因外洋海面处处皆通，恐缅地棉花因粤省查禁，不能进口，复从他省混入，亦未可定。曾降旨传谕，凡有海口之将军、督抚等，令其设法办理。现据各督抚陆续奏覆，缅地从前将内地官民扣留不还，情罪可恶。而其地水土恶劣，从前官军在彼，多有染病及死亡者，断不可以用兵。惟当严查边隘，不许货物偷漏出入，以绝其求利之路。因并及各省海口，一体查禁，勿令缅地物产混行入口交易。今缅匪已将所留之苏尔相等遣人送还，其心颇知畏惧。如果悔罪纳款，奉表输诚，自可仍许开关通市。滇省尚可弛禁，则濒海各省棉花入口更可无事禁防。并恐地方官办理不善，或滋纷扰，即粤省海口棉花之禁亦可不办，将此遇将军、督抚奏事之便，一体传谕，并令李侍尧知之。②

七月十二日乙亥(1777年8月14日)

乾隆帝下谕，前因暹罗头目郑昭屡次恳请封号，曾代拟檄稿，仍作李侍尧之意。檄谕郑昭发交杨景素，即照向年之例，附诚实洋船发往。嗣据该督奏，须俟五六月间，始有赴暹罗船只届时发往，令其寄到等语，此时想已发去。从前暹罗诏氏子孙，原系中国颁赏敕印，今既为缅甸侵占，头目郑昭复行收合余众，为故主复仇，诱杀缅匪多人，因而冀请封号，尚非篡据可比。且节次将缅匪所留滇省兵民给赀送回，甚属诚心恭顺，亦当予以奖励。至于荒徼岛夷，易姓争据事所常有，即如安南国之陈、莫、黎诸姓，亦已屡更其主，非独暹罗为然。况郑昭籍本广东，以内

① 《清实录·高宗纯皇帝实录》卷一〇三一。
② 《清实录·高宗纯皇帝实录》卷一〇三三。

地民人备藩外国，若令得邀封爵，必倍知感戴天朝，并非因其与缅匪交兵，藉彼一隅之力，且缅匪今已还人纳款，更无事多为防制也。倘郑昭接奉前谕，续有具禀求封之事，该督即当迅速由驿奏闻，加之封号，亦即羁縻控驭之道。再前因暹罗两次求买硫磺、铁锅等，俱经加恩允准，此后该处若再需用，仍当准其买回。至伊如言及协剿缅匪之事，则当谕以中国声罪致讨之兵，从不藉外邦协剿。即如近日平定两金川，皆简发禁旅，及选调各省精兵，并非稍资他处番夷之力。况缅匪近已悔罪乞降，并将所留之苏尔相等送还，奉表纳贡，现已无事加兵。或该国与缅匪争战，听其自为，若欲仰藉中国助兵，则断无此理。犹之缅匪现已投顺天朝，或将来缅匪因与暹罗争衅，求助中国，亦断不允其所请也。杨景素可视其禀文来意，如言及此事，即一并檄示，此旨著由五百里发往传谕知之。①

廿二日乙酉 (1777 年 8 月 24 日)

乾隆帝下谕，据杨景素奏，暹罗郑昭遣有夷使三名来粤，叩请进贡，并押解花肚番六名等语。霭呵、霭左等今经暹罗送到，自应委员解京，所有前次代拟李侍尧檄稿，原属询探之意，今郑昭既已具禀，前檄即无庸发去。至暹罗之事，屡次所降谕旨甚明，郑昭此次禀来，杨景素即当一面奏闻、一面办理，不必俟请旨再办。此乃杨景素未经阅历大事，不及李侍尧之练达，故不免拘泥也。兹命军机大臣代杨景素拟作檄稿，谕以本督部堂接阅来禀。据称暹罗残破以后，朝贡久疏，今欲循旧例备贡差人具禀，恳为转奏等语，具见悃诚。而收合暹罗余众，思报故主之仇，亦能明于大义。且尔数年来，屡经送回缅甸所留内地兵民，又将所获缅匪节次解送，实属诚心恭顺。是以前任李总督嘉尔忠谨，于尔两次请买硫磺、铁锅等物，俱准买回应用。今春李总督调任云贵时，向本督部堂言，尔为暹罗故主杀贼报仇，遂为众所推奉。因诏氏无人，即行统摄国事，且尔心向天朝，屡效诚荩，自当予以奖励。此后如有禀恳之事，不妨酌量办理。本督部堂莅任以来，悉照前例，今尔等既有备贡之请，可以准行。俟尔贡物到境，当为转奏，至尔所称，必藉天威以彰民望。意欲恳求封号，而又不敢明言，如此隐跃其词，未便据情入告。尔果虔修贡礼，遣使恭进，将国人推戴情殷，诏氏已无嫡派，明晰声叙，具禀请封。本督部堂自当代尔奏闻大皇帝，恭候加恩，方为名正言顺。至尔欲征讨缅甸，为故主复仇，听尔自为之，内地断无发兵相助之理，中国征剿所至，饷足兵强，前此平定准部、回部，昨岁平定两金川，并未稍藉外邦之力，谅尔亦当闻知。况缅匪近日已知悔罪，送还内地之人，恳求开关纳贡，此后更无可加兵，然亦必不助缅以攻他国。尔如欲请封，转不必以攻剿缅匪为词也。将此由六百里传谕杨景素照缮发往，其来使起身时，酌

---

①　《清实录·高宗纯皇帝实录》卷一〇三六。

量以礼遣回。如郑昭依檄具禀，进贡请封，杨景素即可据情由驿速奏。①

八月十四日丁未（1777 年 9 月 15 日）

乾隆帝下谕军机大臣，据三宝奏，浙省迤东各府滨临大海，北接江苏，南连福建，重洋浩淼，向多匪徒劫夺之案。皆由滨海捕鱼船只，纠伙出洋，本无赀本，遇有贸易商船，因而肆行劫夺。且镇海、定海二县洋面，产鱼甚多，邻省渔船云集，多致逗留滋事，应酌定章程等语，所办尚为周到。此等出洋捕鱼船户，皆无籍贫民，或于洋面遇见商船乘便肆劫，事所常有。但伊等所劫货物，海面自无从货售隐匿，必须带回内地，潜行销卖。守口官弁果于渔船进口时，查对册档各船所携物件，此外如有多余货物，即严为盘诘。其行劫与否无难立辨，皆由地方文武不能实力盘察查拿，匪徒遂无所顾忌，此皆员弁等怠玩因循所致。又据三宝奏称，本年自二月至六月有闽省船户张丁星、易奇发，浙省船户汤重庆、萧永祥、沈长寿等各船报称，在平阳、临海、定海等县洋面被劫。据事主船户等金供盗犯口音，均非本省之人等语。浙省洋面与江苏福建毗连，或系该二省渔船恃非本境，无可稽查，遂尔乘机劫掠。著传谕江南福建各督抚，将各该省渔船进口时，一体严密稽查，匪众自无从遁匿，勿复意存畛域。稍有轻纵，仍将作何查办情形，即行覆奏。又阅三宝所奏，自乾隆三十八年到任，至今历年缉获盗犯共三十九名，而今岁半年之间，洋面报盗已有五案，似系近时巡缉海洋之武职各员，不及从前之认真。定海、黄岩、温州、滨海各处俱有总兵，镇守乃其专责，而浙江提督驻扎宁波，地近海洋，稽查亦易，何以任凭贼船横行若此？或系该提督及各镇等不以事为事，所属将弁遂视巡海为具文，亦未可定。著传谕钟音、三宝查明该提镇等，平日办理如何，即行据实覆奏，毋得稍为瞻徇，将此由四百里谕令知之。三宝折著钞寄高晋、钟音、杨魁阅看，并于王亶望到京时令其详细阅看，于抵浙后查发妥办。寻三宝奏，定海、黄岩、温州三镇总兵，不时亲赴洋面巡逻，办理尚属认真。惟失事在海洋，破案多在陆路，现在督属查缉。乾隆帝下谕，交王亶望实力督缉，勿致日久生懈。②

十二月廿三日乙卯（1778 年 1 月 21 日）

乾隆帝下谕军机大臣，据国泰奏称，峄县盐枭拒捕一案，讯首犯孙二汉之子供称，伊父曾说要往东边一带逃走等语。登莱地方海面与盛京相对，该处民人渡海前

---

① 《清实录·高宗纯皇帝实录》卷一〇三七。
② 《清实录·高宗纯皇帝实录》卷一〇三八。

往者正多，该犯或溷迹偷渡亦未可知。著寄谕弘晌出派妥干员弁，加意访查，毋致漏网，并将国泰原折钞寄弘晌阅看。①

乾隆四十三年　戊戌　公元 1778 年

正月廿一日壬午(1778 年 2 月 17 日)

乾隆帝下谕，杨景素奏准户部咨驳，粤海关征收盈余税银，乾隆四十年分比较前三年银数短少，请旨交臣严行核勘。随经选委道员前赴该关，详确查明，实因是年洋船较上届少到八只，货物又粗多细少，以致短绌，其所少银两，仍责令前任监督德魁赔补等语。海关税项之盈绌，自应视洋船之多寡，若此次洋船较上三届果俱少到，则税课自无从多收，并当加恩免其赔补。若到关洋船数目相同，仅言货物粗多细少，究系办理不善，托词回护。自应按数著赔，著交户部，会同总管内务府大臣查明据实具奏。②

二月初五日丙申(1778 年 3 月 3 日)

乾隆帝下谕军机大臣，前据杨景素查奏粤海关征收盈余税银数目，比较前三年短少二万余两，应责令前任监督德魁赔补一折。现交户部、内务府会同核议，据奏称，前此洋船少到之年，亦有与此次相同者，而税项较多。此次亏绌自系办理不善，不得以货物粗多细少为词，应请在德魁名下追赔等语，固属照例核议。第念德魁两任粤海关监督，其平日办事较之他人，尚为奋勉，人亦颇有良心，所有短少盈余数目，朕信其断无侵蚀情弊。况德魁现已身故，是以加恩免其赔补。但洋船少到数目上届亦有相同，何以税课盈亏顿异？或因德魁查察未周，其家人长随与该关胥役通同作弊，侵渔中饱，亦未可定。朕所欲加恩者，惟在德魁若果有此等情弊，不可不切实究追，从重处治。李质颖本系兼管关务，图明阿现系接任之员，知伊家人胥役辈果有情弊，无难察访。况该关存有经征底簿，更易核查。著传谕李质颖等，即行详细稽核，严密察访，若查出弊端，即一面具奏，一面查拿究审，务使水落石

---

① 《清实录·高宗纯皇帝实录》卷一〇四七。
② 《清实录·高宗纯皇帝实录》卷一〇四九。

出，不可颟顸了事。若实无情弊，及因何盈余缺少之故，亦即据实奏闻，将此由四百里谕令知之。寻奏，该关乾隆四十年分洋船及本港经征底簿，并原报底单核对相符。至洋船到口，向由行商将货物开单呈报，本官遣书役家人与夷商通事等查验，其税银总以船之大小货之粗细为差，德魁胥役家人等实无侵渔情弊。

初六日丁酉（1778 年 3 月 4 日）

琉球国中山王尚穆遣使恭进岁贡方物。

二月十四日乙巳（1778 年 3 月 12 日）

乾隆帝下谕军机大臣，昨岁杨景素奏请陛见，曾批令且不必来，原因前此暹罗头目郑昭屡次恳请封号，曾令军机大臣代拟该督檄谕，发交杨景素附洋船发往。嗣据杨景素奏，已于八月内附搭商船寄去，但海洋冬春之际，北风居多，船只未能迅速来粤等语。今已二月中，北风渐少，计三四月间，郑昭处回禀可以递到，杨景素自应俟此事办竣后，来京陛见。但朕于七月望后即启銮巡盛京，杨景素约计如能于启銮前到京，即于办理暹罗请封事毕，起程前来。如计到京时，已在七月以后，则竟俟九月朕回銮后再行到京，将此由五百里传谕知之。①

廿九日庚申（1778 年 3 月 27 日）

礼部奏，朝鲜国护送遭风民人回籍之赍咨官役，应照例赏给。乾隆帝从之。②

五月初一日庚申（1778 年 5 月 26 日）

乾隆帝下谕军机大臣，弘晌等奏，奉天各属查出麦石数目，约计可敷采买五万石之用。锦州现有麦一万九千石，所属蚂蚁屯海口，运豆船只可以装载，先行运津，并雇商船一同装运。其宁远州属，俟查出麦石数目到时，亦令该处豆船运送。至承德、辽阳等各州县各有海口，每年俱有天津买卖船只。现派员确查船数，约可装载二万余石，倘有不敷，另行筹办等语。此项麦石，既据弘晌等办有端绪，自可

---

① 《清实录·高宗纯皇帝实录》卷一〇五〇。
② 《清实录·高宗纯皇帝实录》卷一〇五一。

期陆续抵津。著传谕周元理即派妥干之员，前往接收运到麦石，务宜留心经理以期妥协。①

六月十四日壬寅 (1778 年 7 月 7 日)

乾隆帝下谕，据周元理奏，奉天运麦海船陆续进口者，已有二十只，约计共装麦二万余石，现已开兑过载，星速挽运抵通。其委员珠凌阿等，自愿照运豆之例，前赴通州，眼同交兑等语。此项麦石从海运进口，甚属迅速。所有奉天押运委员俟差竣时，交该部带领引见。②

八月十八日乙亥 (1778 年 10 月 8 日)

乾隆帝下谕军机大臣，桂林等奏暹罗郑昭附到回禀，请宽贡期，前后情节矛盾，拟稿严饬等因一折，所见亦是，但措词稍觉过严，郑昭屡次所禀，其诚伪固不足信。但彼既知尊奉天朝，不妨略示含容，转不必疾之太甚。惟斥其前次遣使具禀，今乃率附商船转寄，殊不知礼，以此饬之足矣。至其禀内所称，缅贼恃获天赦，愈行猖獗，攻暹边界甚急，乃指缅甸与暹罗交兵之词。今檄稿内称贼氛永息，有何愈行猖獗之处，实误会其来禀本意，竟可毋庸提及，即缅匪恳求开关纳贡之语，亦不值与言。至郑昭谓诏氏子姓无存，原未必尽确，从前何仙镇、莫士麟曾禀称诏氏现尚有人，且暹罗旧臣尚有不附郑昭者是郑昭之意，未尝不欲藉中国册封，以为镇压，但究系逆诈亿不信，莫若概置不论为妥。已命军机大臣，代桂林等拟作檄稿，谕以接阅来禀。据称现御缅贼，乞宽贡期等语，与所禀情事未合，尔于上年遣使前来请贡，并据丕雅逊吞亚排哪突禀称，已豫备象只等物，未敢带来，恳求转奏大皇帝恩准，方敢纳贡。前任杨总督念尔出自诚心，仰体大皇帝一视同仁之盛意，不忍拒绝，因覆檄谕尔，俟贡物到境当为转奏，并无立定贡期之语，且无必欲令尔入贡之心。前任杨总督调任闽浙，所有档案俱移交本部堂存核。且将前次覆檄谕尔之意，面告本部堂查照，历历可稽，尔何忽有此请宽贡期之语耶？至尔现御缅贼，尚未暇即备贡礼，自属实情，但止须据实禀明，不应妄有宽期之请。幸尔前禀情节，杨总督尚未据情入告，是以本部堂尚可为尔明白开示。尔如果诚心恭顺，虔修贡礼，遣使恭进，并将国人推戴情殷，诏氏子孙已无的派，明晰声叙请封，本部堂亦必据禀代奏，恭候加恩。若此等游移无定之词，徒属虚谈无益，且尔之入贡与

---

① 《清实录·高宗纯皇帝实录》卷一〇五六。
② 《清实录·高宗纯皇帝实录》卷一〇五八。

不入贡，系尔之受封与不受封，于天朝何关轻重，本部堂亦何必望尔之修贡耶？至尔前次求贡，遣使赍呈，殊觉非礼。念尔久居外邦，不谙礼制，姑置勿问。嗣后务益知恪谨，毋稍疏懈干咎。著军机大臣将改定檄稿，发交该督等，仍付便船赍回。如郑昭果能诚心恭顺，遣使进贡请封，原可据情入奏，候朕酌量降旨。若仍游移无定，亦不过摘其小疵申饬，略寓羁縻，不必过严其词，与彼斤斤较量也。将此传谕知之，嗣后如遇郑昭投禀，无论其词意若何，俱著由驿驰奏。①

九月初八日甲午（1778 年 10 月 27 日）

乾隆帝下谕，向来西洋人有具呈广东督抚衙门，情愿进京效力者，俱经该督抚等转奏送京。近年以来，未见有续来者，或系该国本无人呈请，抑系曾经具呈，而该督抚不为转奏。著传谕桂林、李质颖即行查明，据实具奏，嗣后如西洋人呈请进京效力者，即为奏闻送京，不必拒阻。②

十一月二十日丙午（1779 年 1 月 7 日）

大学士管云贵总督李侍尧奏称，南掌国王准第驾公满之弟召翁差目具禀，称该国将届贡期，恐道路阻滞，请委员商办等语。查召翁在国擅权，该处不能相容，逃至猛天，常与交沙游匪争杀。今因该国贡期将届，擅请委员往议，实为要约求援之地。当即批令镇道，传谕召翁，将准第驾公满现在何处，何以召翁自称南掌国王，出名具禀，据实呈报。乾隆帝从之。③

十二月

山东巡抚国泰奏报，昌邑县新修沿海堤工于十月竣事，臣亲赴查勘，计长五十六里三分。工程稳固，拟于堤内种植柳株，堤外试种苇草。其通堤潮水顶冲处，责成该府每年履勘，令本处认垦地亩居民出夫修补。④

① 《清实录·高宗纯皇帝实录》卷一〇六五。
② 《清实录·高宗纯皇帝实录》卷一〇六六。
③ 《清实录·高宗纯皇帝实录》卷一〇七一。
④ 《清实录·高宗纯皇帝实录》卷一〇七三。

乾隆四十四年　已亥　公元 1779 年

六月廿四日丙子(1779 年 8 月 5 日)

乾隆帝下谕，据三宝奏，浙江黄岩镇总兵弓斯发禀称，有宁波乌艚船与闽船在一江山洋面地方角殴，致毙闽人多命一案。又蔡葵在临海县呈控伊叔蔡普良，造有渔船出口，被宁波船斧劈棍殴，致毙一十六命一案。又把总颜得珑在洋面巡察，有外洋驶来船只载有妇女，前往查问，不意闽民聚集多人，伙同殴辱弁兵，把总颜得珑被割发辫，兵丁受伤等情。此案同日亦据王亶望奏到，海洋重地，奸徒胆敢聚抢殴劫，伤毙多命，甚至有不服盘查，聚众殴伤弁兵之事，不法已极。此等重案层见叠出，皆系地方文武平时约束不严所致。三宝身任总督，统辖两省文武，著传谕该督即速饬员，据实确查，将怠玩之文武员弁严行参处，以示惩儆。至殴抢抗官三案俱在浙省地方，即著王亶望就近查拿各犯，严行究审，从重定拟，多办数人。俾凶顽知儆，以靖海疆而肃法纪，此旨由五百里发往，谕令三宝、王亶望知之。

廿五日丁丑(1779 年 8 月 6 日)

乾隆帝下谕军机大臣，昨据三宝、王亶望奏玉环厅沿海地方闽民聚集多人，殴辱弁兵一事，已有旨令王亶望就近查拿各犯，严行究审矣。本日据署浙江提督林云及温州镇总兵孟兆熊均奏此事，朕批阅两人所奏，其叙情节即有不同。如孟兆熊折内称，教场头沿海地方，有小船摇载妇人，经巡哨营船查问，被闽民聚集将官兵殴打。而林云折内，则称系蟹捊船内带有妇女，不服盘诘，殴伤官兵等语。小船渡载近地妇女，尚属沿海常有之事，然在浙江之地与闽人何涉？若蟹捊船则系外洋捕鱼所用，并非寻常渡载船只，如船中载有妇女，其形迹本属可疑，可系藏匿海岛之人偷越海面，自应查禁。至兵丁巡查地方，盘诘乃其专责，见有船载妇女上前诘问，理所宜然。而闽民胆敢不服稽查，聚众抗拒，殴辱弁兵，实属目无法纪，不可不严切究治，以儆刁顽。若弁兵擅将妇女带回，另有别项情节，以致乡民不服，聚众抗殴，是启衅由于弁兵，而乡民之罪稍有可原。著传谕王亶望提集案犯，秉公严切查审，固不可偏徇弁兵，尤不可姑息乡民。务得此案确情，即行按律定拟具奏。①

七月初七日己丑(1779年8月18日)

乾隆帝下谕军机大臣,据王亶望奏福建钓船蔡葵在一江山洋面,被宁波乌艚船数十人,口称失物搜赃,殴杀一十六命,抢去钱文、衣物,已将首伙各犯傅廷贵等五十三名全行拿获,现在提省审拟一折。此案前据三宝奏到,已有旨令王亶望就近审办。今既据称,将首伙各犯全行拿获,自应严审究拟。傅廷贵等敢于在洋面聚众逞凶,殴毙多命,情罪甚为可恶,其搜赃起衅首犯,自应立正典刑。即帮同助殴者,俱应究明下手伤人之犯,如数拟抵,不可稍为稽缓。向来伤毙多人之案,例应一命一抵,此案捞获浮尸已有八躯,与原告蔡葵所控殴杀十六命之数尚未相合。且于洋面惨杀多命,更非寻常械斗之案可比,不得仅以助殴问拟为从,致稽显戮。现今首伙各犯既已全获,务须研讯起衅确情,并严鞫其殴毙实系若干人,按数抵偿,无论应斩应绞,俱应立决。仍将首犯传首该处示众,庶沿海凶徒,稍知儆畏。著传谕王亶望即速遵照办理,仍将审拟缘由即行速奏。②

九月十八日己亥(1779年10月27日)

吏部议准大学士管闽浙总督三宝奏称,泉州府金门地方为厦门咽喉,孤悬海岛,兵民杂处。虽设重镇,别无文员,一切事件均赴马家港通判衙门,中隔海洋七十里,跋涉维艰,鞭长莫及。请将同安县礰口县丞改设金门,专管该处十保事件,归马家港通判统辖定为要缺,在外拣补,至礰口亦系漳、泉二府通衢。并请将晋江县属浦边地方,归并鹭鸪、雒阳两巡检分管,移浦边巡检一员改设礰口,仍隶同安,定为选缺,钤记均另行铸给。乾隆帝从之。

廿三日甲辰(1779年11月1日)

大学士管闽浙总督三宝奏称,闽地西北阻山,东南沿海邻省仓贮不能流通,全赖本省调剂。查漳、泉二府户密人稠,该处产米无多,藉台湾一府谷石接济,常平仓额,尚宜加贮。请照乾隆二十二三年旧例,于台郡捐收监谷二十万石,半贮台仓,半运贮漳、泉二府。只许本地民人及在台湾贸易之闽、粤商人报捐,其余不得滥冒,俟足数即停。

---

① 《清实录·高宗纯皇帝实录》卷一〇八五。
② 《清实录·高宗纯皇帝实录》卷一〇八六。

是月，江南提督李奉尧奏称，出洋船只，书刻船甲字号于桅篷船旁。又船主或倩人代驾，须赴地方官呈明。如有为匪情事，事主可默记字号，并有档案可稽，不难查缉。今江省出洋船只，船旁字号仅用油书，匪船易于铲刮，桅篷亦不遵奉书名，又私自令人代驾。追犯案缉捕，辗转根求，实由奉行不力，业咨督抚转饬照例遵办。①

乾隆四十五年　庚子　公元 1780 年

正月三十日己酉(1780 年 3 月 5 日)

修浙江仁和、海宁塘工。②

二月初六日乙卯(1780 年 3 月 11 日)

琉球国中山王尚穆遣使表贡方物。③

三月初二日辛巳(1780 年 4 月 6 日)

乾隆帝于海宁观潮，遣官祭海神庙。

初三日壬午(1780 年 4 月 7 日)

乾隆帝下谕，海宁州石塘工程，所以保卫沿海城郭田庐，民生攸系。从前四次亲临，指授机宜，筑塘保护，连年潮汛安澜，各工俱为稳固。今朕巡幸浙江，入疆伊始，即亲往阅视，石塘工程尚多完好。惟绕海宁城之鱼鳞石塘，内有工二十余丈，外系条石作墙，内填块石历年久远，为潮汐冲刷，底桩霉朽，兼有裂缝蹲矬之

---

① 《清实录·高宗纯皇帝实录》卷一〇九一。
② 《清实录·高宗纯皇帝实录》卷一〇九九。
③ 《清实录·高宗纯皇帝实录》卷一一〇〇。

处。又城东八里之将字号至陈文港密字号，止有石塘工七段，约共长一百五六十丈，地当险要，塘身单薄，亦微有裂缝。此塘为全城保障，塘下坦水，所以捍护塘工，皆不可不豫为筹办。著将两处塘工均改建鱼鳞石工，俾一律坚稳，并添建坦水，以垂永久。该督抚即派妥员，确勘估计具奏。又石塘迤上，前经筑有柴塘四千二百余丈，现尚完整，究不如石塘之巩固。虽老盐仓有不可下椿为石塘之处，经朕亲见，然不可下桩处，未必四千余丈皆然。朕于民瘼所系，从不惜帑省工，俾资保护。著该督抚即将该工内柴塘，可以改建石塘之处，一并派委诚妥大员，据实逐段勘估，奏闻办理。如计今岁秋前可以办竣，即拨帑赶紧兴修，若秋间不能完竣，则竟俟秋后办理。该督抚其董率所属悉心经画，以期工坚料实，无滥无浮，务期濒海群黎，永享安恬之福，以副朕先事豫筹至意。①

廿六日乙巳(1780年4月30日)

钦差大学士公阿桂、两江总督萨载奏，履勘云梯关以外，黄河尾闾入海情形。②

六月初三日庚戌(1780年7月4日)

据奏报，日本国难番汉昭禄等十三人，载麦出洋枭卖，遇风折裂桅舵，于去年十一月内漂至闽省霞浦县星澳口，经福建抚臣咨送到浙。现已附铜商范清济等船，资送回国。③

二十日丁卯(1780年7月21日)

乾隆帝下谕，李奉尧奏阅过外海缯艍船水操情形一折。据称各船行阵整齐，戗驶利便，枪炮联络施放，喷筒火箭皆能有准等语。演习水操一切俱能熟练，自属妥善，但必须实力整饬，毋仅托诸空言，方有裨益。现据巴延三奏，粤东盗犯胡友南等在洋面屡行肆劫，甚至纠众至八十余人伤官拒捕，此皆督提等平时不能认真整顿所致，已降旨严行办理，并传谕沿海各省，留心整饬矣。江省虽系内地，但各处海洋亦关紧要。该督提务宜严饬弁兵，认真操练，于内外洋尤须加意巡缉，务令匪徒

---

① 《清实录·高宗纯皇帝实录》卷一一〇二。
② 《清实录·高宗纯皇帝实录》卷一一〇三。
③ 《清实录·高宗纯皇帝实录》卷一一〇八。

敛迹，俾洋面肃清乃为称职。①

八月十一日丁巳(1780 年 9 月 9 日)

乾隆帝下谕，本日兵部进呈引见武职人员履历，内有广东守备王腾凤，系因洋盗未获，部议降调，送部引见之员。已饬令该部将名签掣扣，不准引见。本年粤省盗犯韩广石等纠伙多人肆劫洋面，各员弁如果留心盘诘，于该盗犯等初次下洋，潜行上岸时，严查密访，缉获无难，何致海洋有屡行肆劫之事？乃该员等平时既不能实力查缉，及至盗案发觉，部议降调。该督抚复为出具中上考语，给咨送部引见，是适启其侥幸之心，于海疆营伍大有关系，王腾凤著即照部议降调。嗣后广东、福建等省，凡有外海水师营分，各该员弁如有以此失察洋面盗案者，俱著照部议实降。内阁票拟时，毋庸双签进呈。②

十一月廿四日戊戌(1780 年 12 月 19 日)

吏部议覆福建巡抚富纲奏称，闽县南台地方税口，商艘如织，向设海防同知一员遇有差遣，五虎门巡检通融改驻，未免有顾此失彼之处。查福州府现设经历照磨司狱三员，其照磨一员尽可裁汰，请即于南台添设主簿一员分驻办理，所需衙署即将照磨署移建，应如所请。乾隆帝从之。③

乾隆四十六年　辛丑　公元 1781 年

三月十九日壬辰(1781 年 4 月 12 日)

乾隆帝下谕，谿福建台湾府配载补运内地兵饷船户陈德泰等，在洋遭风漂没米五百四十石有奇。④

---

① 《清实录·高宗纯皇帝实录》卷一一〇九。
② 《清实录·高宗纯皇帝实录》卷一一一二。
③ 《清实录·高宗纯皇帝实录》卷一一一九。
④ 《清实录·高宗纯皇帝实录》卷一一二七。

五月初三日乙亥（1781 年 5 月 25 日）

乾隆帝下谕，向来西洋人有情愿赴京当差者，该督随时奏闻，近年来，此等人到京者绝少。曾经传谕该督，如遇有此等西洋人情愿来京，即行奏闻。遣令赴京当差，勿为阻拒。嗣据该督覆奏，因近年并无此等呈请赴京者，是以未经奏送到京等因。但现在堂中如艾启蒙、傅作霖等俱相继物故，所有西洋人在京者渐少。著再传谕巴延三，令其留心体察，如有该处人来粤访问，奏闻送京。

十一日癸未（1781 年 6 月 2 日）

乾隆帝下谕，据陈辉祖参奏，浙江提标右营游击李云彪因派委巡洋，私带钓船二只贩货，贸易被盗，将兵丁袁永全推跌落海淹毙，复装点情节具报。及拿获盗犯，始据审出陈阿当等行劫，并该员捏饰具禀各实情。请将游击李云彪革职拿问审究，并将漫无觉察之提督刘鉴一并参奏等语。此案前据提督刘鉴，因李云彪所禀情节与地方官获盗审讯缘由互异，将李云彪参奏，业经降旨革职。兹据该督审出李云彪营私牟利，欺诈诬捏种种情弊，殊为可恶。李云彪著革职拿问，交与该督，提集案内人犯秉公严审，究拟具奏。提督刘鉴，平时既漫无觉察，及知事难掩盖，始以一参塞责又不自请议处，尤属不合。刘鉴著交部严加议处。①

闰五月十四日丙辰（1781 年 7 月 5 日）

乾隆帝下谕，前据陈辉祖参奏游击李云彪因派委巡洋私带钓船贩货，贸易被盗，将兵丁推跌落海淹毙，复捏饰情节具报一案。业经降旨，将该员革职拿问，并将失察之提督刘鉴交部严加议处矣。因思此案若由刘鉴查出，知照地方官，则其事尚属因公失察，处分较轻。若由地方官获盗，究出实情，该提督知事难掩覆，始行参奏，为将来开脱处分之地，则其罪更大。随传谕陈辉祖，令其据实覆奏。兹据陈辉祖奏称，此案因李云彪讳匿带货，捏称兵丁扮商诱绡，被贼砍毙。旋获在山种地之阿审，即诬指为持刀行劫正犯，装点捏词具报，刘鉴遂信以为实。经陈辉祖委员查办，始行究出实在情节等语。是此案由该督委员查办，并非刘鉴自行究出，乃先以一奏塞责，实属取巧。刘鉴著照前旨，交部严加议处，至李云彪身任游击，乃敢营私牟利，及至事发后，又复诬良为盗。若非该督查出实情，则无辜平民几成冤狱，正盗转得漏网，李云彪情罪甚大。著于此案审结时，从重定拟具奏。寻兵部

---

① 《清实录·高宗纯皇帝实录》卷一一三〇。

奏，提督刘鉴，当游击李云彪私带钓船出洋时漫无觉察，及至该游击捏词妄报，又未能查出实情。直待总督委员审实移会，始以一奏塞责，实属有意取巧。应将刘鉴照溺职例革职，其已革。游击李云彪从重拟罪之处，臣部行知该督遵照办理。乾隆帝从之。①

七月初四甲辰（1781 年 8 月 22 日）

乾隆帝下谕，前日据闵鹗元奏，六月十八、十九日，崇明县猝被风潮，民田、庐舍间有漂塌，已谕令详悉查勘，加意抚恤。今据萨载奏，太仓州、宝山、镇洋、华亭、上海、金山、昭文、丹徒等县暨海门厅，同日俱被风潮，塘工多被冲损。近海滨江之沙洲、滩地及房屋、户口，亦有塌损淹毙者，现饬逐一确勘，照例办理等语。此次崇明等州县被灾情形较重，著该督抚等迅速饬属详悉履勘，妥协赈恤。至所称黄淮涨溢，洼地被淹之淮安、凤阳等各府州属，并著一体查勘办理，毋俾灾黎稍有失所。其巡江遇风淹毙之游击俊成及兵丁等，并著照例议恤，该部遵谕速行。②

二十日庚申（1781 年 9 月 7 日）

乾隆帝下谕，据巴延三等奏接暹罗国郑昭具禀求贡，词意颇为恭顺，惟请给执照前往厦门、宁波等处伙贩，未敢擅便，至所称贡外之贡与例不符，及备送礼部督抚各衙门礼物，并馈送行商，及请将余货发行变价，以作盘费，概发原船带回，求买铜器，例禁出洋，不敢率行奏请，并拟檄稿谕饬一折，已于折内批示矣。外国输忱献纳，自应准其朝贡，以示怀柔，俟该国贡使赍到贡物表文时，巴延三等派委妥员，伴送来京呈进后，再降谕旨。其备送各衙门礼物有乖体制，求买铜器，例禁出洋，自应饬驳。至所请欲往厦门、宁波伙贩，并欲令行商代觅伙长，往贩日本之处，该国在外洋与各国通商交易，其贩至内地，如广东等处贸易，原所不禁，至贩往闽、浙别省及往贩日本，令行商代觅伙长，则断乎不可。该督等所拟檄稿，驳饬尚未周到，现令军机大臣另行改定发往。谕以本部堂接阅来禀，据称暹邦历代供贡，自遭缅匪之后绍裔无人，以致贡疏。兹群吏众庶推尔为长，依例备贡恭进等因，具见小心恭顺，出自至诚。本部堂已据情代奏，如蒙大皇帝鉴尔悃忱，加恩格外，准尔入贡。俟本部堂差员伴送尔国陪臣，敬赍入都朝觐。至另禀外，备苏木、象牙等物为贡外之贡。天朝抚绥万国，一应朝贡多寡均有定制，岂容任意加增，难

① 《清实录·高宗纯皇帝实录》卷一一三二。
② 《清实录·高宗纯皇帝实录》卷一一三六。

以代奏？至致送礼部督抚各衙门礼物，甚至馈及行商，并求准买铜器千余个，先放空船归国等语，更属琐鄙不知事体。天朝纲纪肃清，大法小廉，内外臣工，岂有私行收受尔国物件之理？铜斤例禁出洋，更不便准尔采买。若本部堂据情代奏，转滋尔忘分妄干之咎，用是明白晓谕，将贡外之贡及呈送各衙门礼物，发交原船带回。又尔禀后附请，给照载货，前往厦门、宁波等处，并欲令行商代觅伙长，往贩日本等语，尤属不知礼体。尔等在外洋，与日本各国贩卖交易原所不禁，若欲请官为给照及令行商觅伙，往贩日本，则断乎不可，本部堂亦不敢代为具奏。至尔国所请余货在广发行变价一节，此向来交易之常，应听尔等自行觅商售卖，亦不必官为经理。至所称余货变价，以作来使盘缠等语，向来各国陪臣进贡入境之后，一切往来费用，天朝自有例给口粮，无庸卖货支应。尔国甫求入贡，辄以贸易牟利细事，禀请准行，甚非表尔效命归诚之意。本部堂念尔远在外夷，不谙礼法，亦不加责备。是以剀切晓谕，此后务宜益励敬恭，恪守臣节，毋得轻有干渎，交巴延三照此檄知。至该国在广贩卖货物，若亦令原船带回，未免徒劳往返，无利可得，殊非体恤远人之意。此项货物，似应听其在广私行交易，亦不必官为经理。再该国僻处遐方，何以知厦门、宁波等处可以伙贩？及行商觅伙往贩日本，查阅禀内开载商船，澄海、新会县各字号俱系内地，此必系船户等怂恿该国，冀图伙贩牟利，不可不严行查饬。著巴延三等即委干员，将该船户等传询缘由严行戒饬，据实覆奏。寻奏，查询船户，据称该国贡船十一只，外洋船二只，余皆粤省商船。缘暹罗例准通商，内有船户常赴该国贸易，故将浙、闽、宁波、厦门告知，实系愚民不知例禁，贪获雇值，并无勾引合伙情事，臣已严加戒饬。

廿四日甲子（1781 年 9 月 11 日）

乾隆帝下谕军机大臣，闵鹗元奏江苏崇明县猝被潮灾，民间盖藏尽失，请照乾隆十二年崇邑灾案，移会安徽抚臣，准令崇商于本年额买米石外，宽余加买，以资接济等语。此系救灾之事，亟应为者，已于折内批示矣。崇邑猝被风潮，议筹民食最为急务，所有该县商民赴上江采买米石，应如所请。即移会安徽抚臣，准其于定额外宽余加买，以裕民食。至折内又称，镇洋县之刘河口与崇明县之施家港口，对面济渡，商贾帆樯，往来如织。现在晓谕商民，准其贩米粜卖，截至年底再行确察情形，分别停止等语。刘河口、施家港二处海口往来商船既多，伊等岂有不携带食米？若有多余，亦岂有不听其随时贩卖之理？是向来所称查禁者，仍属有名无实，可见外省办理诸务仅顾一面，殊为陋习。著传谕闵鹗元，并令将该海口实在商贩、船只情形据实覆奏。寻奏，米粮出口例禁綦严，不独船头编列某县、某号、某人，照内复注明人数，计程按日，每人带食米一升五合，不得多载。文武员弁各顾考成，久经奉行罔懈。现在暂准对渡贩运，尤当实力稽查，不许透漏。①

九月廿七日丙寅(1781 年 11 月 12 日)

乾隆帝下谕，据杨魁奏，向来各国番商俱有一定口岸。吕宋商船历皆趁洋赴广，从不至闽。今有吕宋商民郎吗叮等船只，因遭风收泊厦港，恳请就近贸易。验无伤损形迹，恐系意存趋避。请嗣后该国商民来闽船只并无损坏者，一概不准发卖货物等语。杨魁此奏所见转小，吕宋商民遭遇风暴，飘至厦门，幸未伤损，亦情理所有，若竟遣回，转非体恤远人之意。如因闽海关输税定例与粤海关多寡不一，该国商民意图就轻避重，何不咨查粤海关条例，令其按照输纳？该商民等趋避之弊，不杜自绝。嗣后该国商船有来闽者，俱著照此办理，将此谕令知之。②

乾隆四十七年　壬寅　公元 1782 年

正月廿六日癸亥(1782 年 3 月 9 日)

琉球国中山王尚穆遣使表贡方物。暹罗国长郑昭遣使表贡方物。③

二月十四日辛巳(1782 年 3 月 27 日)

直隶总督郑大进奏，拿获私盖天主教堂、聚众念经之宝坻县民李天一、张全等，供系自幼随父入教，与同村之张化陇等私相崇奉。后因到京，与天主堂西洋人熟识，向其讨取瞻礼单，并买天主图像及经卷、乐器等物。每逢瞻礼日期，持斋诵经，并无别项敛钱不法情事。李天一应照左道惑人为从例，发边卫充军。张全、张化陇等，应照违制律杖责，经像、乐器等概行销毁。④

---

① 《清实录·高宗纯皇帝实录》卷一一三七。
② 《清实录·高宗纯皇帝实录》卷一一四一。
③ 《清实录·高宗纯皇帝实录》卷一一四九。
④ 《清实录·高宗纯皇帝实录》卷一一五〇。

十八日乙酉（1782年3月31日）

吏部议覆闽浙总督管浙江巡抚陈辉祖奏称，闽省沿海各属通达外洋，守口弁兵，得规纵盗。承审各员，每瞻顾徇隐，不切实根究。请嗣后审理洋盗之员，务将各盗究明实在出入口岸，有无得规纵放，并出口时，系称何项生理，同伙几人，迨劫赃后，又载何项货物挂验而入，由此逐细追求，难以巧图规避。倘仍有任听各盗信口妄指，不究出实在口岸者，将承审官照例议以降二级调用，不准抵销。又称陆路盗案，必盗凭报案，赃凭主认，始可定为正盗。若洋面失事，该事主或距城遥远，或畏惧守候，往往隐忍不报。地方官查无报案，证佐无凭，不即缉究。请嗣后海洋盗案，地方官访闻立即查勘缉拿，一俟获犯讯明，供认不讳，即可起赃，按律定拟。倘仍拘泥观望，不即拿究者，照讳盗例革职，均应如所请。乾隆帝从之。①

六月十二日丁丑（1782年7月21日）

福建巡抚雅德奏称，琉球国难番伊波等二十四人驾船装载米、布，于上年七月十二日自八重山开行八月初放洋，遇风吹断桅篷，漂至浙江宁海县。经该营救护，照例抚恤，护送来闽。于今年四月初五日进口，当经安插馆驿，每人日给米一升，盐菜银六厘。回国日各给行粮一月，并于进贡船内搭装原载货物回国。

十三日戊寅（1782年7月22日）

乾隆帝下谕，陈辉祖等奏福建台湾地方于四月二十二日猝被飓风，海潮骤涨，致衙署、仓廒、营房、民居多有倒塌，田禾、人口亦有淹浸各等语。滨海居民猝遇风潮，以至官民房屋、田禾、人口均被伤损成灾，该督抚务须督饬所属详加查勘，实力抚恤，毋使一夫失所，以副朕轸恤海疆之至意。其衙署、仓谷、课盐、战船等项，有倒塌冲失之处，并著查明实在数目，照例详悉妥议具奏。②

十一月廿七日庚申（1782年12月31日）

乾隆帝下谕军机大臣，刑部奏请将侵吞苏禄国王货价，并诬赖欠银之龙溪县民

---

① 《清实录·高宗纯皇帝实录》卷一一五一。
② 《清实录·高宗纯皇帝实录》卷一一五八。

王三阳定拟绞候一折。王三阳系内地商民，辄敢将苏禄国王托销货价侵蚀番银至一千二百余圆，情罪甚为可恶。现在已过秋审，著将该犯即行处绞。至中国抚驭外夷，遇有内地不法之徒在彼滋扰，尤当严示惩儆，方足以服外夷之心。著传谕雅德，俟王三阳正法时，传知该国在闽夷人，令其在旁观看，俾知中国于在外滋事之犯，断不稍为宽贷。且使贸易商民，共知儆畏。①

乾隆四十八年　癸卯　公元 1783 年

八月十七日丙子（1783 年 9 月 13 日）

乾隆帝下谕，富勒浑奏，台湾镇总兵孙猛迎接伊母赴台，在厦门放洋，陡遇飓风，不知飘泊何处。现据该镇禀请代奏解任，沿海寻查等语。孙猛迎养伊母在洋遇风，以致飘泊无踪。该镇母子情切，恳请解任寻查，殊堪怜悯。孙猛准其解任，往寻伊母。其台湾镇总兵事务令柴大纪暂行署理，海坛镇总兵著副将魏大斌护理。②

十一月初三日庚寅（1783 年 11 月 26 日）

乾隆帝下谕台湾镇总兵孙猛病故一折，孙猛因迎养伊母，船只飘失。解任寻访，以致忧思成疾，旋即病故，殊堪悯恻。所有台湾镇总兵员缺，著柴大纪调补。柴大纪所遗海坛镇总兵员缺，著刘峻德调补。所遗广东高廉镇总兵员缺，著梁朝桂调补。其所遗福宁镇总兵员缺，著董果补授。③

十二月初三日庚申（1783 年 12 月 26 日）

乾隆帝下谕，台湾为海外重地，民番杂处，最关紧要。向例该处总兵、道府俱系三年更换，即调回内地。该员等因瓜期不远，未免心存玩忽，以致诸务废弛。近来屡有械斗滋事之案，必当设法调剂。俾该地方文武大员久于其任，新旧相兼，则

---

① 《清实录·高宗纯皇帝实录》卷一一六九。
② 《清实录·高宗纯皇帝实录》卷一一八七。
③ 《清实录·高宗纯皇帝实录》卷一一九二。

伊等知责成綦重，方足以资整顿。嗣后台湾总兵、道府各员，俱著改为五年任满，届期若一体更换，未免俱易生手。著将总兵、道府各员轮间更换，每过两年更调一员。庶该处前后交代，常有久任熟谙之员督率经理，于海疆重地自有裨益。其如何轮年更调之处，著军机大臣会同吏兵二部，妥议具奏。乾隆帝下谕军机大臣，台湾远隔重洋，民情刁悍，向易聚众滋事，经上年大加惩创，其风仍未能尽息，不可不实力整顿，该处驻扎道员最关紧要。杨廷桦因玩视重案，并不亲往查拿，已照部议降调，其缺将李浚原补授。李浚原在直隶知府任内，尚能办事，是以加恩擢用。伊若不知感激奋勉，事事整饬，倘将来或有仍前怠玩废弛之处，则获咎更重。即首领亦不能保，非仅降革而已，恐该道不能当其罪也。著传谕富勒浑、雅德将此谕严饬该道，凛遵办理，并留心察看是否加意整顿，据实具奏，毋得仍前瞻徇回护，将此由五百里谕令知之。①

乾隆四十九年　甲辰　公元 1784 年

正月初九日乙未（1784 年 1 月 30 日）

乾隆帝御抚辰殿大幄次，赐朝鲜国陪臣黄仁点等四人、琉球国陪臣毛廷栋等二人宴。②

三十日丙辰（1784 年 2 月 20 日）

琉球国中山王尚穆遣使表贡方物。③

三月十三日戊戌（1784 年 4 月 2 日）

乾隆帝遣官祭海宁海神庙。

---

① 《清实录·高宗纯皇帝实录》卷一一九四。
② 《清实录·高宗纯皇帝实录》卷一一九六。
③ 《清实录·高宗纯皇帝实录》卷一一九七。

十四日己亥（1784 年 4 月 3 日）

乾隆帝幸海宁州祭海神。①

十六日辛丑（1784 年 4 月 5 日）

乾隆帝遣官祭海潮神庙、江潮神庙。

廿三日戊申（1784 年 4 月 12 日）

乾隆帝阅福建水师。

廿九日甲寅（1784 年 4 月 18 日）

乾隆帝下谕，留京办事王大臣议覆福康安、舒常等筹酌粤省洋行事宜一折，内称该督抚及监督等土贡内购买洋货钟表等物，务令洋行各商公同定价。又洋货内珍珠、宝石等项，抽税易于偷漏，应令新任总督、监督等悉心筹酌，以期永久无弊等语。国家抚恤外洋，不贵异物，每岁番民与内地洋行交易货物，俾霑利益，原所体恤商夷，至洋货内钟表等物，不过备验时刻，向来粤海关原有官买之例，而广东督抚、监督等往往于土贡内亦有呈进者。今内务府造办处皆所优为，更无事外洋购觅，既经查明，自应严谕裁禁。嗣后督抚等于钟表一项，永远不准再行呈进，至珍珠、宝石等项原无需用之处，向来海关抽税，亦属无多。况此等物件本难定价，易至居奇，且便于携带藏匿，势难保无偷漏分肥。否则过于吹求，若设法严禁逐项搜查，实属不成事体。现在京师及各处关隘商税则例内，本无此项税课，不如听商人等自行交易，免其收税，则诸弊悉清，更无庸多为防范。嗣后粤海关珍珠、宝石，概不准征收税课，著为令。②

闰三月初七日壬戌（1784 年 4 月 26 日）

乾隆帝幸江宁府，安南国陪臣黄仲政、黎有容、阮锽迎驾。③

---

① 《清实录·高宗纯皇帝实录》卷一二〇〇。
② 《清实录·高宗纯皇帝实录》卷一二〇一。
③ 《清实录·高宗纯皇帝实录》卷一二〇二。

八月二十日癸卯(1784 年 10 月 4 日)

乾隆帝下谕,据特成额奏,盘获西洋四人,起出书信一封,系广东罗玛当家所发,往陕传教。令蔡伯多禄送至湖南湘潭暂住,另酌人送樊城,直走西安,札托李姓送往之语。现密饬湖北、湖南地方文武,跟捕寄信之蔡伯多禄及李大、李二、李晚,暨逃走之通事人等,并飞咨广东督抚,查明罗玛当其人,分咨陕甘督抚,一体严密详查,咨覆办理等语。西洋人进京行艺,原所不禁,即如近据舒常奏、德天赐等情愿来京,已有旨令其遇便送至京城。但必须报明地方官代为具奏,始行允准。今罗玛当并未禀知督抚,辄遣人私至内地送信传教,殊干功令。著传谕舒常、孙士毅,即传该西洋人罗玛当至省,面加严饬。以汝等皆系素守礼法之人,向来有愿进京者,皆报明地方官送京,岂有私差人札致远省传教之理?殊属不合。并令自行议罪具奏,舒常、孙士毅系该省督抚,何以任罗玛当私遣多人,携带经卷等项,潜入内地传教,漫无觉察?著传旨申饬,至西洋人面貌异样无难认识,伊等由粤赴楚,沿途地方员弁何以一无稽查,至襄阳始行盘获?著特成额即向现获之西洋人详细审讯,伊等由粤至楚,系由何处行走,即将失察之各地方官查明参奏。所有送信之蔡伯多禄,既查系送至湘潭暂住,此时自必仍在湘潭。著传谕特成额即严饬湖南各属,务将该犯拿获,并其余送信之犯及通事人等一并缉获,彻底究办。至书札内有直走西安,札托李姓送往之语,现在李姓或在西安,著福康安、毕沅即严饬各属,一体严缉务获,并究明罗玛当所发往陕传教者,欲传与何人,即按名拿办。西洋人与回人向属一教,恐其得有逆回滋事之信,故遣人赴陕潜通信息,亦未可定。福康安、毕沅当密为留心,稽查防范也,将此由六百里各传谕知之。

廿一日甲辰(1784 年 10 月 5 日)

暹罗国长郑华遣陪臣贡方物,乞封。①

九月初二日甲寅(1784 年 10 月 15 日)

乾隆帝下谕军机大臣,据永安奏拿获从习天主教之刘绘川、刘十七,当在各该犯家内搜出经卷、佛像等件,并续获代为送信之刘盛传,一并解交督臣审办等语。向来天主教并未闻有经卷、佛像等件,或系外省无识之徒私为造作,亦未可定。所有拿获之西洋人四名,前已有旨,令特成额于取供后解京审办。其起出之西洋经卷

---

① 《清实录·高宗纯皇帝实录》卷一二一三。

及所画佛像等物，著一并解京呈览。至此案系交特成额办理，现在代为送信之刘盛传、刘十七二犯俱已拿获。著即解交该督，究明李姓各犯下落，及西洋人往西安传教，究欲传与何人之处，详细录供具奏。其未获之张永信、刘朝和各犯，并著饬属严密缉拿务获，归案办理。

初七日己未(1784 年 10 月 20 日)

乾隆帝下谕军机大臣，特成额奏，连日审讯西洋四人，语言难办。讯之刘十七等供称，张永信曾言西洋人欲往西安，投焦姓、秦姓。诘以焦、秦二姓实在下落，伊等俱称未晓西洋言语，不能确切指实。现飞咨广东抚臣选择通事，暨拘查蔡伯多禄、谢禄茂解送来楚质讯，并密咨陕西抚臣，根查焦姓、秦姓等语。前曾有旨传谕特成额，令将盘获之西洋人四名于讯取确供后，同取出之西洋经卷及所画佛像等物一并解京。现在案内人犯刘十七等虽据拿获，而在逃之张永信、粤省之蔡伯多禄、谢禄茂等及供出之西安焦、秦二姓，俱未查拿到案。质讯明确，得其实在情节。著传谕特成额，如现在西洋四人业经解送起程，即将案内有名人犯拘提齐集，一并解京。若尚未起解且暂留该省，俟人犯拿获齐全，审讯明确后再行解京。不必拘泥前旨，将西洋人先行押解，以致案内情节转不能水落石出也。至焦、秦二姓，现据特成额奏，已密咨陕西抚臣根访查拿。该犯等曾否拿获，著传谕毕沅即密饬所属查拿，并讯以汝等，如果安分习教，尚在可原，何得招致西洋人往来内地，私传经教？务得确供具奏，再行解往楚省，归案办理，勿致要犯得以免脱。

十三日乙丑(1784 年 10 月 26 日)

乾隆帝下谕军机大臣，据特成额奏，将拿获西洋人四名，并起出经像等项派员解京。现提同窗留接引之刘绘川等悉心研鞫，俟西洋人解抵刑部，讯取供词，知照到日，再行质审等语。昨因恐特成额拘泥前旨，止将西洋人先行押解，以致案内情节不能水落石出。已有旨传谕该督，如西洋人业经解送起程，即将案内有名人犯一并解京。该督自因未接奉此旨，是以仍将刘绘川等留楚审讯。著传谕特成额，即遵续降谕旨，将案内已获各犯派委妥干员弁，迅速解京审办。其未获之张永信，暨在逃通事各犯，亦饬属严缉务获，解京归案办理。各犯总在该省，因何迟而未获，足见外省诸事懈弛。其另片奏称，访有刘喜等诈去西洋人元丝银三十三锭，现在另行究办等语。如刘喜等，不过假冒兵役，诈取财物，即著该督严审定拟。若此内有关系西洋人传教通信紧要情节，即将应讯犯证，解京质审。至蔡伯多禄、谢禄茂二犯，讯系住居广东，前已令孙士毅按名速拿，此时想早经拿获，并著传谕该抚亦即委员解京，不必又解赴楚省审讯，致有担延。并将该省诚实通晓西洋语音之通事，选派一二人一并送京,以凭讯供。舒常自京回粤,若路遇该犯等,即可告知委员,令其径解刑部,毋庸解往楚省也。

十四日丙寅(1784 年 10 月 27 日)

乾隆帝下谕军机大臣,据孙士毅奏,于广东省城西关外访获办理西洋人寄信事务之艾球三,讯出蔡伯多禄系福建龙溪县人,向在白衿观药铺行医。当拘获白衿观同伊弟白国观,讯据供称,本年四月初旬,有湖广两人同蔡伯多禄到哆罗夷馆,延请四个西洋人同往胡广。又邀了乐昌县人谢伯多禄、高要县人谢禄茂一同起身,自此蔡伯多禄不复见面等语。是此事竟系湖广民人先赴粤东,与蔡伯多禄串同勾引西洋人,潜至各省通信传教,何以特成额竟未经查出?至蔡伯多禄各犯,据白衿观供,自起身后不复见面,此时自必仍在湘潭一带。著再传谕特成额,严饬文武员弁,上紧缉拿务获解京审办,毋致日久远扬。如该犯等闻拿潜回广东及福建原籍,并著富勒浑、孙士毅等饬属一体,慎密查拿,以期速获。其现获之艾球三、白衿观等,及起出经卷、画像等项,著孙士毅即遵前旨,委员先行解京。又据奏,选派谙练通事二名委员解赴湖广,以便讯供等语。西洋人暨案内各犯,既已解京审讯,楚省现无需用通事之处。著传谕特成额即将送到之通事二人,转送来京,粤省不必另行选派也。①

廿三日乙亥(1784 年 11 月 5 日)

乾隆帝下谕军机大臣,据特成额奏,将现获西洋夷人四名,并究出接引伴送,从习天主教之刘绘川等十人,解京审讯,尚有未获各犯,现在咨拿等语。前因伴送夷人之福建人蔡伯多禄,及粤省之谢隆茂,并在逃之湖北人张永信等,俱系要犯未获。业经传谕各该省督抚严行跴缉,此时曾否就获,该督抚等必须严饬文武员弁,上紧查拿,毋致日久远扬。至折内称,在逃张永信遗存经卷箱内查有刷印纸单一张,系四川成都县人黄焜所刻,词语荒谬不经,似该省亦有从习天主教之人,并著李世杰密缉审明具奏。又昨据毕沅奏,拿获私奉天主教焦振纲之子焦明贵供称,秦禄系山西祁县人,均与西洋人认识等语。著传谕农起即行缉获解京,归案办理。再该督奏称,粤东送到通事柯成、陈大祐二人,止能通西洋语言。现获之四人系噫咓喇哑唉国人,伊等不能通晓等语,通事必须晓习该国语言,始能明晰。前此孙士毅何未询问,遽行咨送,以致言语不通,无从讯供。著传谕孙士毅选择通晓噫咓喇哑

---

① 《清实录·高宗纯皇帝实录》卷一二一四。

唉国语之通事一二人，迅速送京，以备质讯。①

十月初二日甲申(1784 年 11 月 14 日)

乾隆帝下谕，据孙士毅等奏，据洋商潘文岩等禀称，于哆罗罗玛当家住宿行中失于防范，任蔡伯多禄来往勾通，致有揽送洋人越境之事，非寻常玩忽可比，情愿罚银十二万两，备充公用等语。著照所请，准其认罚。所有银两，即著孙士毅于广东藩库内垫项支解河南漫工充用，分限四年，令该商等缴还。舒常、孙士毅俱著交部严加议处，所有沿途失察之司道府等官，并著查明一并参奏。

乾隆帝又谕，据孙士毅等奏，洋商潘文岩等不能防范哆罗罗玛当家，任由蔡伯多禄来往勾通，情愿罚银十二万两等语，已准其认罚，并令将此项银两解交河南漫工充用矣。但罗玛当家听信内地民人遣洋人前往，殊干例禁，前因其究系微末洋人，不加治罪，今既不令议罚所有番舶往来书信，自不应仍令管理，至蔡伯多禄延请西洋人由楚赴陕系此案要犯，何以至今未获？该犯素与夷人熟识，见缉拿紧急，自必仍逃往广东，或竟在澳门藏匿。著传谕孙士毅即饬属严密设法躧缉务获，解京审办，毋得日久疏懈，致令远扬。

初六日戊子(1784 年 11 月 18 日)

乾隆帝下谕军机大臣，何裕城奏据邓州知州张文炯禀称，盘获邻省盗犯刘二彪、李应辉、曹魁三名，系在楚省行劫西洋人银物之犯，已飞咨湖广确查审明定拟等语。此案前据特成额奏到，已降旨令其查明。如该犯等，无关系西洋人传教通信，不过藉端诈财，即交与该督定拟具奏。今何裕城奏所获刘二彪等，亦系案内逸犯，豫省距京不远。著传谕该抚即将刘二彪等三犯，速行解部审办，毋致兔脱。其刘善等，著特成额，仍遵前旨审拟具奏办理。

十四日丙申(1784 年 11 月 26 日)

乾隆帝下谕军机大臣，据特成额奏拿获焦振纲、秦禄各犯，并查出天主经一本、汉字书信四封洋字书信十封等语。西洋字内地无人认识，焦振纲、秦禄由西安赴湖南、广东，何以带有西洋字书信十封，是西安必先已有西洋人在彼潜住，且必不止一人，故起出书信内有西洋字十封之多。况西洋人即欲传教，亦当在广东附近之广西、福建、湖南、江西等省分，何必远赴西安？此皆关系案内紧要情节，必须

---

① 《清实录·高宗纯皇帝实录》卷一二一五。

彻底根究，已交军机大臣存记。俟案犯解到时，详细研鞫，所有焦振纲、秦禄各犯，据特成额奏，飞札湖南臬司解送武昌，审讯确供具奏后再行解京。著传谕该督，即将焦振纲等犯严加审讯，务究出西洋字十封系何人所写，寄与何人之信。如有供出人犯，一面按名查拿，一面将焦振纲各犯遵前旨，迅速解京审办。其起出之西洋字书信等件，亦著一并解京。至毕沅覆奏，西安天主堂自饬禁后，旧存房屋现系同教之杜兴智，即杜于牙居住，中五间系刘义长赁居，房内供有十字架，秦禄往来西安，亦于此作寓。上年秦禄与焦振纲商议，欲请西洋人来陕念经，相托刘义长修葺等语。杜兴智本系私习天主教之人，刘义长屋内又供有十字架，则于焦振纲延请西洋人传教之事，该犯等断无不预同商议之理。自因质证无人，狡供抵赖，该犯等虽已就获解京，而西安府城内似此私习天主教者必多，恐尚有西洋人在彼藏匿。并因何西洋人俱欲远赴陕省传教，又有洋字书信寄往之处，俱著毕沅留心严密访查，据实具奏。又特成额奏，审讯抢劫西洋人银两一折内，刘二彪等四人俱系现充捕役，该县及典史减少赃数捏禀，显系图避处分，自应革职究拟。其外委司得寿胆敢私赴夷船，攫取洋表，现经查无下落，恐系该弁见事败露，装点溺水情状，负罪潜逃，亦不可不严查办理。并著传谕特成额，迅速查明审拟具奏。①

十九日辛丑（1784 年 12 月 1 日）

乾隆帝下谕军机大臣，据孙士毅奏查拿传习西洋教之西安人曾学孔供称，实有修建天主堂，延访西洋人传教之事等语。前据毕沅奏，西安天主堂自饬禁后，旧存房屋，惟刘义长赁居屋内，将供有十字架之房屋两间略为粘补裱糊，此外并无另建天主堂，何以与曾学孔在广东所供情节不符，著传谕毕沅仍行详细查明。据实具奏，至曾学孔之父曾伟，已于陕省拿获解京，其蔡伯多禄及谢禄茂为此案要犯，现在尚未弋获。仍著孙士毅饬属严密查缉，毋致日久远扬。②

十一月初三日甲寅（1784 年 12 月 14 日）

乾隆帝下谕，据孙士毅奏，查拿传习天主教之闽人蔡伯多禄、粤人谢禄茂二犯，现在督率地方文武，严缉务获等语。蔡伯多禄等为此案要犯，屡经传谕，各该省督抚严切查拿，何以尚未就获？该犯等俱系内地民人无难躧缉，若似此疏漏，已隔两月有余，未经弋获，足见一切废弛，又安用此地方文武为耶？特成额、富勒浑、孙士毅、雅德俱著传旨申饬，至蔡伯多禄等日久未获，或仍于西洋人内潜匿，

---

① 《清实录·高宗纯皇帝实录》卷一二一六。
② 《清实录·高宗纯皇帝实录》卷一二一七。

亦未可定。此时富勒浑、孙士毅自已起程进京,著传谕舒常、雅德饬属严密访拿,并著该省督抚于交界地方派委员弁,堵截查拿,毋致远扬漏网。

十一日壬戌 (1784 年 12 月 22 日)

乾隆帝下谕军机大臣,据孙士毅奏西洋人书信往来既有行商经手,即可随时寄交,无庸另设专管,西洋人久住省城以致滋生事端等语。西洋人在粤贸易,及进京行艺向所不禁,其在省城居住由来已久,但当严密稽察,勿使内地民人与之往来勾结。若因此次查办即不准西洋人居住省城,岂非转示以疑怯,殊失抚驭外夷之道?况澳门距省不远,西洋人在省与在澳门有何分别?现据毕沅奏,查有呢吗方济各在渭南潜住并据供,有西洋人十名往直隶、山西各省传教。此等西洋人皆由广东私赴各省,可见该省地方官平日毫无稽察,乃该抚徒欲禁止西洋人在省居住,岂知其是否滋事,全不在此也?又据奏,嘆咭唎国唅嘛船,因送洋船出口在舱眼放炮,轰伤内地民船水手,吴亚科、王运发身死。随派员将该国大班吐噂,锁拿进城据供出炮手,系无心毙命,可否发还该国,自行惩治等语,所办甚属错谬。寻常斗殴毙命案犯,尚应拟抵,此案致毙二命,况现在正当查办西洋人传教之时,尤当法在必惩,示以严肃。即应传集该国人众,将该犯勒毙正法,俾共知惩儆,何得仍请发还该国?试思发还后,该国办与不办,孙士毅何由而知乎?孙士毅于本年封篆以前,应来京豫备入千叟宴,此时谅已起程。今粤省现在此案正关紧要,舒常病躯屡弱,恐精神照料不周,或致办理未协,别生事端更属不成事体。著传谕孙士毅,不拘行至何处接奉此旨,即驰驿兼程回粤。此事该抚办理错误,不准来京入宴,正所以示罚。仍著传旨申饬,至穆腾额奏,毋庸添设洋人在省常住一折,与孙士毅所奏相同。穆腾额系粤海关监督,税课是其专司,所有此案,查办一切原委,责成督抚。朕断不问及穆腾额,该监督惟当以征收税课、约束胥役为事。此案伊竟无庸管理,而舒常久系病躯,现在查办西洋人弹压搜缉,专交孙士毅一人妥办,以盖前愆。若致稍有疏虞未当,朕必加倍将伊治罪,恐孙士毅不能当其咎也。将此由六百里各传谕知之。

乾隆帝又谕,据毕沅奏,渭南县属油河川等处徐宗福、韩奉材家,搜获西洋人呢吗方济各,即范主教,及马诺二名,并起获洋字经本、画像、书信等件,当加研讯。其呢吗方济各系大西洋噫咁哩哑国人,在陕二十三年。从前有内地人苏神甫勾引由洋至广,复由广至山西、陕西传教。其马诺一名系澳门人,自幼往西洋学习经典,仍回广东。有陕西渭南县人张多明,我接到西安居住,后来又在渭南县杜兴智家内居住,并讯据供出,该省汉中府、山西洪洞县潞安府、大同府及山东、湖广、直隶等省,俱有学习天主教及西洋人在彼传教。本年罗玛当家寄信内言及,现派十人分往山陕、湖广、山东、直隶等省，现在分别解京，并分咨各省缉拿等语。西洋人天主教，于雍正年间即奉严禁，不许内地人传习。乃呢吗方济各等，初则为内地人勾引至广，继则纷纷潜至各省居住传教，时阅二十余年，地则连及数省，各地方官何竟毫无知觉？且西洋人面貌语言与内地迥别，即该犯等形踪诡秘，止与同教人往来。而地方有此形迹可疑之人，自当即时访察严拿，不使乡愚互相煽惑。现在陕省已将呢吗方济各、马诺及延请该犯等在家居住之徐宗福等拿获。著毕沅讯供明确后，即遴委妥员将该犯迅速解京，归案审办。其讯出未获之刘西满等各犯，著一并严拿办理。至山西、山东、湖广、直隶各省，据供俱有西洋及内地人辗转传教，最为人心风俗之害。著刘峨、农起、明兴、特成额、陆燿一体严密查拿，将紧要之犯迅速解京，毋使该犯等得以闻风远扬，致稽弋获。如各省经此次查办之后，复有勾引西洋人及私自传习邪教之案，则是该督抚查办不力、漫不经心，将来别经发觉，惟该督抚是问。

十五日丙寅(1784 年 12 月 26 日)

乾隆帝下谕军机大臣，据刘峨奏，接奉谕旨，查办西洋人勾引传教，现访有民人王天德、刘三等，均系祖父在日曾经供奉天主教，现在彻底严究。如与陕省查出汉色勒木等有传教接引情弊，即将一干人等解部，归案审办等语。西洋人潜赴内地传教惑众，最为人心风俗之害，自不可不按名查拿。前所以降旨令该督抚等实力办理者，原以陕省搜获西洋人呢吗方济各、马诺二人。讯明罗玛当家，本年新派西洋神甫十人，分往直隶、山东、山西、湖广传教，是以令该督抚等一体严密查拿，盖专指西洋人至内地传教者而言。刘峨接奉谕旨，止应饬属留心访缉，将分往直省之西洋人汉色勒木、阿头大多等严缉务获，解京收审。其余如内地民人，因祖父传习供奉，业经自知悛改，与现在西洋人并无关系者，即当将呈出经卷等项销毁，毋庸深究，仍不动声色为之以渐，以期尽绝根株。刘峨此奏未免不审事体之轻重。著传谕该督，所有现获之王天德、刘三等，如讯无与汉色勒木等勾结接引情弊，即可照例办理，毋庸解京，以省繁扰。将此传谕刘峨，并谕令特成额、陆燿、农起、明兴一体遵照妥办。①

十七日戊辰(1784 年 12 月 28 日)

乾隆帝下谕军机大臣，据农起奏，拿获西洋人安多呢讯，据供称，系四十六年

① 《清实录·高宗纯皇帝实录》卷一二一八。

由京赴晋，在范天保家居住传教，并不出外，地方兵役无从查察。近因范天保被拿，恐其到案供出，料难脱逃，自携包裹欲赴衙门出首，即被拿获等语。前已有旨传谕该抚等，如西洋人潜赴内地传教者，必当严缉，务获解京收审。其内地民人因祖父传习供奉，业经自知悛改者，俱可照例料理。安多呢本系西洋人，在晋传教多年，此时因查办紧急，又自知言语状貌易于辨识，难以漏网。其意本欲潜逃，及被拿获，遂尔捏称自首，希图末减其罪，自应解京归案审办。总之此案蔓延数省，可见西洋人私在内地潜住传教已非一日，不可不实力查办。著再传谕农起，凡有实系西洋人似安多呢者，即严拿解京。其余内地民人，止系相沿传习者，仍遵前旨照例办理，不必辗转解送，致滋纷扰。

十九日庚午（1784 年 12 月 30 日）

乾隆帝下谕军机大臣，前因毕沅奏拿获西洋人呢吗方济各等，供出罗玛当家派神甫十人分往山西、直隶等省传教，当经传谕各督抚上紧缉拿，而神甫名色尤当饬禁。昨据农起奏，现获西洋人安多呢一名，讯供解京。本日又据毕沅奏到，拿获西洋人王亚各比一犯。乃刘峨覆奏，饬属查拿西洋人汉色勒木、阿头大多，现在尚未就获。西洋人面目最易辨识，何以山西、陕西二省一经查缉，即将西洋人安多呢等拿获，而直隶省之汉色勒木、阿头大多，尚未访有踪迹？自系地方官查办不力所致。著再传谕刘峨即严饬员弁，将汉色勒木、阿头大多及接引传教之刘必约等一并访获解京，毋令该犯等闻信远扬，致稽弋获。

二十日辛未（1784 年 12 月 31 日）

乾隆帝下谕军机大臣，西洋人蔓延数省，皆由广东地方官未能稽察防范所致，而各该省又复漫无觉察，以致潜匿各该地方。著再传谕刘峨等，严行饬属迅速查拿，毋得视为海捕具文，致稽弋获。西洋人传教惑众，最为风俗人心之害。除已获解京之西洋人等，定案时另降谕旨，传谕该处夷人外，现在各省神甫名目尤当严禁。内地民人有称神甫者，即与受其官职无异，本应重治其罪，姑念愚民被惑，且利其财物佽助，审明后应拟发往伊犁，给厄鲁特为奴。该犯等曾受其番银者，其原籍家产并应查抄入官，所有接引传教之人亦应发往伊犁，给厄鲁特为奴，以示惩儆。至内地民人，因祖父相传，持戒供奉，自当勒令悛改，即将呈出经卷等项销毁，照例办理，毋庸深究。总之此案皆由西洋人赴广贸易，与内地民人勾结，以致潜往各省，该省自不能辞疏纵之咎。向来西洋人情愿进京效力者，尚须该省督抚奏明，允准后遣员伴送来京，原不许其外出滋事，何以此次罗玛当家，竟公然分派多人赴各省传教？澳门距省甚近，地方官平日竟如聋聩，毫无觉察，定案时自有应得处分。倘嗣后仍有西洋人潜出滋事者，一经发觉，惟该督抚是问，即当重治其罪，不能复邀宽典也。

廿五日丙子（1785 年 1 月 5 日）

乾隆帝下谕，据闵鹗元奏拿获在洋行劫盗犯审拟一折，已批交三法司核拟速奏矣。此案盗首沈珍起意出洋行劫，商同陈耀山等纠约陈银等入伙，于崇明县长安沙洋面行劫事主宋轶升货船。事主落水，飘至海门上岸，赴厅具报，经该同知、知县等，拿获首伙各犯，起出原赃。是此案行劫固在洋面，而赃犯则在岸上起获。前有总兵进京陛见时面奏，近来洋面甚为安静，乃该处崇明县地方仍有纠集多人驾船行劫之案，可见地方文武员弁不过视捕盗为具文，并未实力防缉江洋大盗。行劫商船其所抢货物，断难久住洋面，自必上岸变卖。地方官固应于洋面巡缉，而于沿江沿海各口岸市镇村落，尤当设法严密稽查，谨防奸匪出入，则水陆俱有兵役躧缉，盗案自无难立时破露。著传谕闵鹗元即饬属留心查办，毋得仍视为具文，致奸匪得以潜踪漏网。将此传谕闵鹗元，并谕福建、浙江、广东各督抚知之。

三十日辛巳（1785 年 1 月 10 日）

乾隆帝下谕，据孙士毅奏委员伴送西洋人德天赐等四人进京，应用盘费、饭食银两一折，已批交该部矣。从前因京城西洋人较少，是以令粤省督抚选派数人送京。上年有罗机洲等二人，本年复有德天赐、汤士选等四人到京。西洋人已敷当差，嗣后可毋庸选派，俟将来人少需用之时，另行听候谕旨，将此传谕知之。

乾隆帝下谕，据特成额等奏暹罗国贡使帕史滑里那突等并驯象二只，于十月二十八日送至安徽宿松县境，交替前进等语。暹罗贡使赴京瞻仰，及筵宴一切于新正更属相宜，著谕书麟。即饬该委员等并飞咨沿途，妥为照料，务于年内护送到京。但该贡使等俱带有物件，自难迅速遄行，刻下距年底尚有一月，亦不必过于催促也。①

十二月初五日丙戌（1785 年 1 月 15 日）

乾隆帝下谕军机大臣，特成额等奏拿获伴送西洋人之张永信。讯据供称，本年

---

① 《清实录·高宗纯皇帝实录》卷一二一九。

春间在广东曾闻蔡伯多禄告知，尚有西洋人五名欲往直隶、山东传教，系何人接引伴送，并不知情等语。前据毕沅奏，拿获西洋人呢吗方济各等，讯据供出罗吗当家曾派西洋人十名，往直隶、山东各省传教，当经传谕各督抚实力缉拿。据山西、陕西二省拿获安多呢、王亚各比二犯，而直隶、山东未据奏报获犯。今据张永信供称，西洋人于本年春间始行派往各省传教，恐该犯等尚在途次行走，未能行抵直隶等处，著传谕沿途各督抚一体饬属严拿。如尚未起程，或闻查拿紧急潜回广东，亦可不必深究。至西洋人向不奉佛，何以刘二虎家又藏有金佛，是否即系十字架铜像，并著特成额一并查明覆奏。①

十七日戊戌（1785 年 1 月 27 日）

乾隆帝下谕，据福康安奏，于甘、凉二府拿获传习天主教之张继勋、刘志虞等，并起出经卷等物，现饬解省审办一折。同日又据毕沅奏续获天主教要犯刘西满、薛成林解京审讯等因一折。西洋人私至内地传教惑众，最为风俗人心之害。陕、甘、湖广等省现已拿获多人，则其余各省亦恐所在多有，均应彻底查办。近闻西洋人与回人本属一教，今年甘省逆回滋事，而西洋人前往陕西传教者又适逢其会，且陕、甘两省民回杂处，恐不无勾结煽惑情事。著传谕福康安、毕沅，务须不动声色留心防范，严密访拿。并密谕各省督抚一体遵照妥办，不可视为具文，亦不得张皇滋扰。其毕沅折内所称未获逃犯曾贵、刘必约、张多明我及湖广人赵安德各犯，并著各该督抚上紧饬缉，务获解审，毋致远扬漏网。

廿八日己酉（1785 年 2 月 7 日）

乾隆帝下谕军机大臣，据舒常等奏将西洋人哆罗解京质讯一折。据哆罗供称，四十八年三月内有西洋二人来对我说，有山东李姓教名吧哆罗吗要引他二人往山东传教，九月内又有西洋二人要往湖广、四川传教，亦是山东李姓引去等语。山东李姓系内地民人，乃敢私行勾引西洋人往各处传教，情节甚为可恶。从前何以未据明兴查拿究办，足见该抚于此案并未认真查办。著将舒常原折钞寄明兴阅看，即将李姓一犯并其勾引前往之西洋二人一并严拿务获，解京审办。毋得仍前疏玩，致要犯远扬漏网。②

---

① 《清实录·高宗纯皇帝实录》卷一二二〇。
② 《清实录·高宗纯皇帝实录》卷一二二一。

乾隆五十年　乙巳　公元 1785 年

正月初二日壬子(1785 年 2 月 10 日)

乾隆帝御紫光阁，赐朝鲜国、暹罗国使臣等宴。①

二月十一日辛卯(1785 年 3 月 21 日)

乾隆帝下谕军机大臣，据明兴奏，拿获私赴东省传教西洋人，并勾引人李松、邵珩等，即行解京。又另片奏，西洋人格雷西洋诺亦已拿获。其私赴内地传教，见查拿紧急，复藏匿土沟洞内，甚为可恶。现交军机处存记，俟该犯解到时严切审鞫。其李刚义等系内地民人，辄敢为之勾引伴送，亦必须按名拿获，解京审讯。著传谕刘峨、舒常、孙士毅，即饬属严拿务获，解京归案审办。至查拿格雷西洋诺之知县陈鼎钧等四员，能带领人役四路追寻拿获，尚为出力。其究系何人首先搜获之处，又首能破此案之地方官为谁，并著明兴查明，将该员出具考语，送部引见。其未获之梅神甫，仍著该抚饬属严缉，毋得日久疏懈，致令远扬。②

二十日庚子(1785 年 3 月 30 日)

乾隆帝下谕军机大臣，据保宁奏拿获西洋人冯若望、李多林，解交刑部听审。凡西洋人私赴内地传教，及内地民人受其神甫名号，得受番钱，为之勾引接送者，必须按名查拿，解京归案审办。其仅系祖父以来，相沿传习天主教者，只须照例治罪，不必再行解京。此案冯若望、李多林俱属西洋方济亚国人，私赴川省传教，自应解京审办。此外各犯，著传谕保宁、李世杰，即遵照前旨，分别办理，以免稽延。

---

① 《清实录·高宗纯皇帝实录》卷一二二二。
② 《清实录·高宗纯皇帝实录》卷一二二四。

廿二日壬寅（1785 年 4 月 1 日）

乾隆帝下谕，粤海关短少盈余银两，本应著落经征各员照数分赔。但念上年洋船到关较少，以致税课短绌，然较之四十四五等年，已多收银十余万两，至八九万不等。所有此次短少赢余银四万九千余两，尚因短到船只所致，著加恩免其赔补。①

三月廿二日辛未（1785 年 4 月 30 日）

乾隆帝下谕，本日军机大臣会同刑部具奏审拟广东省解到哆罗等犯一折，已依议行矣。此案西洋人赴各省传教，业经据该督抚陆续获犯解京，审明定拟完结。其在逃之蔡伯多禄最为要犯，至今尚未就获。该犯系赴粤起意接引伴送之人，前屡降旨，令各督抚严密查拿，迄今半载有余。乃本案已经办竣，而要犯转致潜逃，可见办理全不认真。该犯原籍福建，而广东、湖广系其平日逗留之所，此时畏罪窜匿，总不出此数省。著传谕孙士毅、特成额、富勒浑、陆燿、吴垣，即速严饬员弁，设法购线，务将要犯弋获。若以案延日久，渐视为海捕具文，则是该督抚等有心疏玩，恐不能当其咎也。

廿四日癸酉（1785 年 5 月 2 日）

乾隆帝下谕军机大臣，上年据特成额奏盘获西洋人多名私赴内地传教，因传谕各省督抚，令其严密查拿。嗣据陕西、山西、山东、直隶拿获西洋人多名。又据广东查讯哆罗分派西洋人九名赴各省传教，并究出窝留接引伴送之焦振纲、泰禄等，先后陆续解京。特命军机大臣会同刑部严审定拟。向来西洋人进京行艺原所不禁，但必须禀明地方官，经该督抚奏明，始准委员伴送赴京效力。至内地民人传习天主教者，雍正年间久经禁止。哆罗辄敢私派多人赴各省传教惑众，而梅神甫、安多呢等亦以西洋人藏匿山西、山东，至一二十年之久，殊干例禁，不可不彻底严查。此案本应按律定拟，将该犯等即置重辟。第念伊等究系夷人，免其一死，已属法外之仁，未便仍照向例，发回该国惩治，因令刑部将各该犯牢固监禁，以示惩儆。现在案已审拟完结，著传谕孙士毅将办理缘由就近传集在广贸易之各该国夷人，详悉晓谕。俾该夷人等咸知感惧，益加小心，恪守内地法度。如有情愿赴京者，仍准报明督抚，具奏伴送，不得仍前潜赴各省，传教滋事。如再有干犯功令，私行派往者，

① 《清实录·高宗纯皇帝实录》卷一二二五。

必当从重严办，不能再邀宽典也。将此谕令知之。①

四月廿一日庚子（1785 年 5 月 29 日）

乾隆帝下谕，据雅德奏拿获由江西赴闽传教之西洋人方济觉，审讯坚供，与蔡伯多禄从未识认。现在派员将该犯解京归案审办等语，已于折内批示矣。此案西洋人私赴内地传教，业经各该督抚陆续获犯，解京审拟定案。其在逃之蔡伯多禄为案内要犯，前屡经降旨，令各督抚严行缉拿，何以至今尚未就获？该犯系起意赴粤接引传教之人，自必尚在粤省澳门一带洋行潜避。著传谕孙士毅留心访查，购线密缉务获，毋得视为海捕具文。若果访在洋行藏匿，孙士毅即当传集在粤之西洋人等，详细开导晓谕，令其务将蔡伯多禄送出，或令设法办理，总期必得。至雅德奏，查出方济觉身带铜十字架、铜佛头等件，著遇便一并送京呈览。将此传谕孙士毅并谕雅德知之。②

十月十七日癸巳（1785 年 11 月 18 日）

乾隆帝下谕，富勒浑奏，广东潮、琼、廉等处皆系沿海口岸，而澳门一带尤为民夷杂处，恐奸商串通夷商，潜行不法。现在派委员弁密访侦捕，并恐西洋邪教案内，逸犯蔡伯多禄等附搭洋船，出口远扬，亦得立时拿获等语。蔡伯多禄久经严缉未获，此时想早已远扬矣。但该犯由闽省潜赴粤东勾引传教，或因事已日久，缉捕稍缓，仍潜来粤省，改装易服，混入洋船，希图出洋藏匿，亦未可定。著传谕富勒浑务须不动声色，密饬所属。在于各海口留心查察，严密访拿，或得弋获，亦未可定。将此谕令知之。③

十二月廿七日壬寅（1786 年 1 月 26 日）

乾隆帝下谕，从前广东督抚及粤海关监督，每年进呈贡品，俱令洋商采办物件，赔垫价值，积习相沿，商人遂形苦累。上年钦派尚书福康安前往查办，将巴延三等分别治罪，明降谕旨，严饬该督抚等嗣后不准呈进钟表、洋货等物，并严禁地方官向商人垫买物件，以杜弊端。今粤海关监督穆腾额奏称，该商等感戴恩施，代为呈贡物件，但粤省洋商究非两淮可比。此次例进物件业已到京，姑准留用外，嗣

① 《清实录·高宗纯皇帝实录》卷一二二七。
② 《清实录·高宗纯皇帝实录》卷一二二九。
③ 《清实录·高宗纯皇帝实录》卷一二四一。

后不准该商等再行呈进贡物，俾商力益得宽裕。至粤海关监督，向不呈进贡物，自德魁由如意馆出任监督，备物呈进，李质颖等遂相沿办理。第念该监督每年养廉不过二千五百两，办公及家用外，未必能多有余赀，不可与三处织造及盐政养廉丰厚者比。嗣后该监督，亦不准备物呈进。至该督抚及监督等，不得因洋商现已停止进贡，复藉端令其垫买物件，致滋扰累，以示朕体恤远商之至意。若日久废弛，故智复萌，必重治其罪。谕军机大臣，现因粤海关监督穆腾额代洋商呈进例贡，已明降谕旨，令其嗣后毋得再行呈进矣。粤东洋商非两淮可比，从前督抚、监督因购买物件，往往令该商等为之垫办，致有赔累。上年经钦差彻底清查后，将巴延三等分别治罪，并特降谕旨，令该督等毋许复行呈进钟表等物，正所以杜藉端派办之弊。现在该商等备进物件，亦经降旨停止，原为体恤洋商起见，但恐该督抚等因商人停止进贡，仍私令购办物件，致滋扰累，尤不可不防其渐。著传谕富勒浑，务须严行饬禁、留心查察，毋得再蹈前辙。如该督等阳奉阴违，经朕闻知或别经发觉，必将该督等照巴延三等加倍治罪，不能稍从宽贷也。至该省向有发价官办物件之事，目今内府所存钟表及洋货等物，尽敷陈设赏之用。若再为采办，徒然堆积日多，殊属无谓。并著该督等嗣后一并停止采办，其节省价银逐渐累积，即可留供赈恤之费，易无用为有用，岂不甚善？设将来偶有需用之件，原可传令随时购买，于税项下开销也。除俟孙士毅、穆腾额到京面谕遵行外，将此传谕知之。①

乾隆五十一年　丙午　公元 1786 年

二月初二日丙子(1786 年 3 月 1 日)

琉球国中山王尚穆遣使表贡方物。②

三月廿一日乙丑(1786 年 4 月 19 日)

乾隆帝下谕军机大臣，据穆腾额奏称，暹罗国每年正副贡船到关，其随带之船至十余只之多。又有藉名探贡船只，俱属内地商船，所带货物甚多。该监督查明应

---

① 《清实录·高宗纯皇帝实录》卷一二四五。
② 《清实录·高宗纯皇帝实录》卷一二四八。

征税银若干，报明督抚具题，概行宽逸，殊非杜弊防奸之道。请将正副贡船各一只，照例免其纳税，其余船只俱按货征税等语。暹罗国修职抒诚，遣使呈进方物，其正副贡船自应免其征纳税银，岂容内地商船藉名影射，希图免税？此等商船到关时，该监督原可逐船履勘，除贡物之外若有私带船只，无难一望而知，自应按货征税。该监督即当商之督抚，分别办理，何得概予具题邀免？此系该督抚、监督等分内应办之事，何必形之章奏，候朕降旨始奉行耶？除就近传知穆腾额遵办外，著传谕富勒浑、孙士毅，于该国贡船到关，所有正副贡船各一只，仍照例具题免税。其余若果查系夹带客商私船，俱逐一查明，按货纳税，以杜奸商取巧、通同弊混之计。乾隆帝又谕，现据穆腾额奏称，暹罗国贡船到关，每有随带船十余只及藉名探贡船只，俱系内地商船夹带货物，向来该监督查明应征税银，报明督抚具题，概行免其纳税等语。外藩呈进方物，其正副贡船自应免其征纳税银，至内地商船藉名影射，何得概行免税？已传谕该督抚、监督等，不必形诸奏牍，惟当于该国贡船抵关时，除正副贡船照例具免税外，其余夹带客商私船，俱逐一查明，按货纳税，以杜弊混。因思福建省亦有琉球贡船到闽海关，有无似粤省夹带商船情事，该将军向来如何办理，倘亦有夹带船只，一例免税之事，该将军应遵照现降谕旨，于贡船到关时逐一查验。除正副贡船仍照旧办理免税外，所有夹带商船，俱著查明一体按货纳税。将此传谕常青知之，此原管关者应办之事，不必传旨，并著将寄信富勒浑、孙士毅谕旨，钞寄阅看。①

四月十九日壬辰（1786 年 5 月 16 日）

乾隆帝下谕，昨据阿桂奏，在山东齐河途次，经明兴告称，东昌济南、临清、泰安等属雨泽短少，民食未免拮据，不可不设法筹备，利津海口。有自奏天航海贩买粮食者，已密谕各属派人前往平价籴买，可得数万石。酌拨缺雨各属存贮，以备赈粜等语。东省上年秋收歉薄，本年东昌、济南等属又复缺雨，虽节经降旨赈恤缓征，但麦收未能接济，民食维艰，朕心深为厪注。该抚所称，前往海口籴买粮石是亦筹办之一法，第现在缺雨地方仰资糊口，实为刻不容缓之事。奉天节年丰稔，粮食充足，若俟东省派人前往籴买，尚恐往返稽时。著传谕永玮等即行豫备粮石，派委妥员由海道运至东境，明兴仍当派员前赴海口一带，照料接运，俾得迅抵东省，以备分拨赈粜。如此设法调剂，庶使粮石早到一日，贫民即早受一日之惠。永玮等务须两处相商，悉心妥办，迅速奏闻。②

---

① 《清实录·高宗纯皇帝实录》卷一二五一。
② 《清实录·高宗纯皇帝实录》卷一二五三。

五月初一日癸卯（1786 年 5 月 27 日）

乾隆帝下谕军机大臣，户部议驳江西巡抚何裕城奏临川县查抄西洋神甫艾球三田房等项，估变价值短少一折。所驳是，已依议行矣。入官家产例应按照实在时价估变，今艾球三查出田亩估变价值，按照科则多寡悬殊，房屋什物估价亦均短少，该抚何以漫不经心若此？著传谕何裕城查照户部指驳各条，逐一另行据实确估具奏。①

六月

两广总督孙士毅、粤海关监督穆腾额奏称，粤海关管理总口七处，以省城大关为总汇，以澳门为聚集重地，向设防御二员分驻。其一切关税事务，于大关澳门两总口，又分为附省十小口，向由监督及兼管税务之督抚分派家人，带同书役管理。此外惠州、潮州、高州、琼州及雷廉五总口，并分隶五总口之各小口、四十余处监督，亦分派家丁书役查察，仍每一总口委佐杂官一员约束。查附省之总口、小口夷船货物，在在经由，一切出入点验，及防范走私短报各弊，必需家丁驱遣往来，应仍照旧派遣。其余五总口及分隶之小口，系内地本港船只出入，距省自数百里至二千余里不等。所有每年详委之佐杂，本非熟习关务，且家丁书吏，未能遵其约束，应概行停止，请改令就近之丞倅、督率经理。其本任廉俸足资办公，毋庸议给饭食银两。再查监督库内，从前贮饷不过二三十万至四五十万，近年增至八十万。向例止设库书二名经理其事，殊非慎重钱粮之道，请照藩运两司库例，添设库大使一员。乾隆帝从之。②

闰七月初十日辛巳（1786 年 9 月 2 日）

乾隆帝下谕，据孙士毅奏暹罗国长郑华遣使进贡请封。俟八月中旬，委员伴送赴京，其所禀悬恩欲在粤东置办铜甲二千领回本国，防御缅匪一节，殊属不知分量，拟檄稿驳饬等语所见甚是，自当如此办理。兵丁御敌自古皆用铁甲，从未闻有铜甲之名。盖铜质本脆，枪箭易入，不能如铁性之坚，何以该国欲于粤东置备铜甲？自系该国须用铜斤，因例禁出洋，是以捏称备御缅匪须用铜甲以掩其迹，尤属非分干求。现已令军机大臣将该督所拟檄稿添改发往，该督即可遵照檄谕传示。檄

---

① 《清实录·高宗纯皇帝实录》卷一二五四。
② 《清实录·高宗纯皇帝实录》卷一二五七。

曰：两广总督孙士毅檄谕暹罗国长。接阅该国长来禀遣使进贡，恳请封号等因。现委员伴送来使恭赍表文方物，由驿入都，藉副远悃。至称与缅匪成敌，欲在广东置备铜甲二千，殊属非是。天朝功令森严，铜斤例禁出洋。查乾隆四十六年，尔父国长存日，曾请买铜盘、铜炉等物。前任督抚以事属违例，未经代奏，今请办铜甲，更非寻常器用可比。国长甫经袭职，尚未得受封号，宜事事小心，以邀恩眷，不应忘分越请，上渎圣聪。且从古及今俱用铁甲，该国长岂不知铜质之脆，不如铁性之坚，难资抵御？明系尔国缺少铜斤，托言置备铜甲，冀邀恩允，尤属非是。本部堂职任封圻，惟知恪遵成宪，何敢违例代奏，致干愆戾？用是明白檄知，嗣后国长其益励恪恭，承受天朝恩宠。①

十二月十九日戊午(1787年2月6日)

封郑华为暹罗国王。②

乾隆五十二年　丁未　公元1787年

正月初二日辛未(1787年2月19日)

乾隆帝下谕军机大臣，现在台湾彰化地方，有贼匪林爽文等纠众滋扰，劫县戕官一案。水师提督黄仕简、陆路提督任承恩俱已带兵渡台剿捕。漳、泉地方紧要，不可无大员弹压。蓝元枚系福建世家，众所深悉，于该处情形自能熟谙。著传谕蓝元枚即行驰驿，迅速前往泉州，署理福建陆路提督。即驻扎蚶江一带，帮同常青调度接应一切事宜，以期迅速藏事。所有江南提督印务，著李世杰于该省总兵内，拣选暂行署理。

闽浙总督常青奏称，接据台湾镇道会禀，贼匪于十一月二十八日夜攻陷彰化县城，都司王宗武被害。复欲由鹿仔港、笨港一路来犯府城，当即飞饬员弁带兵救援。又据兴泉永道禀称，贼匪攻陷彰化，复于十二月初六日攻陷诸罗。现在柴大纪带兵，并召募乡勇守城，遣员来厦请救。查林爽文籍隶漳州，其附从率多漳属，难

---

① 《清实录·高宗纯皇帝实录》卷一二六〇。
② 《清实录·高宗纯皇帝实录》卷一二七一。

保无内外勾连。漳、泉两郡为内地根本，尤为紧要，臣一面移咨两广督臣，于漳州连界之潮州等境一体防范，一面督催兵弁渡台，协力进剿，务期克日荡平。知府孙景燧业已被害，现饬福州府海防同知杨绍裘署理，其余被害文武，容俟查明具奏。又福建巡抚徐嗣曾奏称，彰化、诸罗俱陷，贼势方张，必须厚集兵力以速藏事。现于臣标及督标水师拨兵一千五百名，并调上游之建宁、延平兵一千名来省备调。又飞咨广东、浙江抚提各臣，于附近水师营内酌拨备战兵二三千名于本境驻扎，以备征发。又据淡防新庄巡检王曾镇禀称，贼人现踞后垄，当即招集乡勇捕剿，现闻堑城已失，程同知被围，不知著落，淡水都司全营兵丁俱驻艋舺堵御，但兵力单弱，必须发兵赴援。臣即将现派备调之省兵一千五百名，饬令闽安协副将徐鼎士等带赴该处剿捕。乾隆帝下谕，常青此次所奏派兵剿捕各事宜，较从前稍有主见，略知镇定。但常青折内，称逆首林爽文系漳州人，其附从之徒率皆籍隶漳属，其中难保无内外勾连情事等语。此等匪徒纠众滋事，无论何处民人，其从贼者即系伙党，自应按名骈戮。若漳、泉民人乡勇果能应募拒贼，出力堵御防守，自应加以奖赏，不应豫存歧视，稍露形迹，转致漳民心生惶惧，别滋事端。此时水陆两提督先后带兵渡台，已有六千余名，徐嗣曾又经派拨兵丁一千五百名渡台协剿，兵力不为不厚。但闽人性本慓轻，若零星打仗，致有挫失，是轻为尝试，转足以张贼势而馁官军之气，于事尤属无益。著黄仕简、任承恩务须俟各路兵丁到齐，约会日期，同时并力夹攻，自无难一举藏事，该督等总须镇定持重。再徐嗣曾奏，飞咨广东、浙江二省督抚、提督，于附近水师营内酌拨战兵二三千名，各于交界本境驻扎，如需策应，便于征发，亦可藉为声援等语。此时似可无需邻省接济兵力，然备拨亦可，总宜不动声色，密为布置，不可稍涉矜张，惊动众听。至台地会匪究系何会，兴有几年，聚众数千，蔓延滋扰，劫县戕官，该地方文武平日所司何事，岂竟漫无觉察？并著常青于事定后查明严参示儆，但非目前急务。此时惟当镇辑内地，速剿贼匪为要。①

二月初四日壬寅(1787 年 3 月 22 日)

林爽文复陷凤山，犯台湾府，柴大纪督兵民御之。②

四月初二日己亥(1787 年 5 月 18 日)

乾隆帝下谕军机大臣，康熙年间，奸民朱一贵聚众滋扰，经提督施世骠统领大

---

① 《清实录·高宗纯皇帝实录》卷一二七二。
② 《清实录·高宗纯皇帝实录》卷一二七四。

兵，悉由厦门进剿，不及一月，即已收复葳功。盖因大兵会合一路，由厦门进攻，声威壮盛，贼匪望风胆落，故能一举歼灭。此次贼匪起事之初，黄仕简、任承恩领兵进剿，分路配渡，其余将弁又各由别途陆续进发，已觉兵势稍分。伊二人一抵台湾，即应彼此会合，厚集兵力直捣贼巢，将首恶擒缚，余党自必瓦解。乃黄仕简、任承恩仅派拨将备，零星打仗，四处堵御，以致贼匪从而生心，得由山径绕道蔓延，各处啸聚。官兵转为所牵掣，兵分而力见单。著常青抵台湾后，即将各路官兵调集，会合一处。其添调粤兵遵照前旨，全归常青统率，以期兵威壮盛、士气振奋，专力全赴贼巢搜剿。断不可又蹈黄仕简、任承恩故辙，轻分兵力，观望迟延，俾贼匪得以四散牵掣，葳事致稽时日也。

初三日庚子（1787 年 5 月 19 日）

福建水师提督黄仕简奏称，总兵郝壮猷、柴大纪等驰赴南北二路，分剿贼匪郡城，为全台根本，不可无大员弹压。是以亲督官兵，居中堵御搜捕，并为两路接应声援。日内督臣常青到台，臣即亲率官兵进剿。乾隆帝下谕军机大臣，黄仕简不过因迁延日久，连奉谕旨严饬，为此饰词，以掩其退缩之罪。幸而朕先事豫筹，派令常青前往督办，黄仕简得有所藉口。若使朕不派常青前抵台湾，黄仕简又将何辞，岂竟思久坐郡城，以待贼之自毙乎？况林爽文既归巢穴，其余附近贼匪如易连、陈邦光等皆可堵截搜捕，又岂专赖提督大员坐拥重兵，以防其后来滋扰之理？即总兵柴大纪、郝壮猷等收复二县城后，自应统领官兵直抵大里杙贼巢，奋勇剿除。乃该镇等即以防守为名，并不上紧追捕截拿，任其窜伏团聚，以致贼匪绕道蔓延，官兵转为牵掣。是该镇等效尤观望、畏葸不前，即郝壮猷之罪，亦与柴大纪之失陷城池、漫无筹画者相等。现据李侍尧奏，逆匪林爽文与各贼党将大里杙一带，掘壕放水、复筑土墙、安设炮位等语。贼党盘踞穴巢，以图并力拒守，看其光景，别无他图窜匿之计，转可聚而歼戮，其事尚属易办。恐大兵云集，四路围攻，贼匪计穷，力蹙或窜入内山，希图苟延残喘，搜捕转稽时日，不可不豫为筹办。著常青抵台湾后，即将各路官兵调集会合一处，拣派精锐，亲行带领，直赴大里杙奋力围剿。务将首恶林爽文一鼓擒获，余党歼除净尽。其堵截贼后路，不使窜入内山一事，则专责之柴大纪，并著常青详悉晓谕柴大纪，伊系有罪之人，姑令带罪图功，现在大兵进剿，贼匪窜入内山之路最关紧要，即责成该镇专力堵截。若能将贼首拿获，不使余党一名窜逸，不但宥其前罪，并当仍录其功。若再不能实力奋勉，立功自赎，以致贼首林爽文从伊防守之地窜逸，及余匪复有逃入内山等事，则惟柴大纪是问，恐伊不能当此重罪也。[1]

---

① 《清实录·高宗纯皇帝实录》卷一二七八。

十七日甲寅(1787 年 6 月 2 日)

乾隆帝下谕,向来闽省内地民食,全赖台湾稻田丰熟得以源源接济,现在贼匪林爽文等纠众滋事,农民未能及时栽种,朕心深为轸念。通省民食关系紧要,必须豫为筹画,俾粮食充裕,市价不致翔踊,方为妥善。浙省温、处一带与闽省毗连,从前该省商贩往往由海道运至闽省接济,现距秋收之期尚远。彼时闽省竟无须邻省接济,固属甚善。倘民食稍有未敷,即应设法早为调剂,俾得有备无患。李侍尧统辖闽浙两省,著会同徐嗣曾悉心酌议,豫行知照浙省。届期如有必须接济之处,即委员采买,务令衰多益寡,民食无虞缺乏。至闽省因有台湾之事,内地粮价自不免稍昂,倘有奸商乘机囤积,居奇射利,最为可恶。著该督等饬属密访严查,一经拿获,即应从重惩办一二,以儆其余不可稍存姑息。

二十日丁巳(1787 年 6 月 5 日)

闽浙总督李侍尧奏称,台湾远隔重洋,运送兵丁粮饷等项俱雇民船应用。查部颁军需则例,但有内河运脚,并无海运明文。其水运条例内开运粮水脚,顺水每石每站三分六厘,逆水每石每站七分等语。海运只趁顺风,应即照内河顺水之例给价,守候回空,俱不另支口粮。至送兵解银及官员奉差往来,则就船之大小,可载若干石数计算,以归画一。又凤山再失之后,贼匪益肆滋扰府城,现添雇乡勇万余人。又彰化县属,仅存鹿仔港一处尚在固守,各村老幼男妇来避匿者,不下万余人,无处得食经该道府等,请拨银十万两、米十万石,接济赈恤。臣以乡勇本义民所雇,固属急公向义,实亦自卫身家。避难民妇,应于剿匪事竣,量为安插抚恤,是以概行议驳。乾隆帝下谕军机大臣,现在贼匪势尚猖獗,竟敢攻犯府城,常青亲率官兵乡勇,临阵多有斩获。此时粤东兵丁陆续到彼,常青得此,自可鼓其精锐迅速进攻。李侍尧在厦门一带筹办照料,当以催兵速渡,接运军储粮饷济用为要,余可徐论。乃李侍尧折内鳃鳃虑及多用钱粮,恐事竣后难于报销,止将常青咨取银十万两解往,而该道府等之另请银十万两、米十万石,概行议驳,仍饬将用过款项一一报查,所见甚属错谬。所有该道府请发银十万两、米十万石,即著李侍尧速行照数运往,以备接济,并著常青就近先行酌量。如有多余兵糈,或米或谷,散给贫民,务使不致逃散,方为妥协。不然非去而从贼,即穷极抢夺,皆足偾事。况乡勇义民,既为国家御贼,兼可卫其资产,是以为我出力。今既日久赔垫,既有阵伤亡故,又不能保其所有,亦必逃散从贼,兵丁弁备尚难望其枵腹从事,而况此众民乎?封疆大吏遇此要务,惟应以速行剿贼,不误军行为念,何必虑及赔累?此辈无知百姓,转令其竭赀自效,始终忠义自守,断不能也。李侍尧平日心思尚为周到,不应不识大体若此。前据常青奏称，贼匪将所掠钱米广为散给，要结人心，以致日积日众，岂阅时未久，该督遽致忘怀耶？著传旨严行申饬，再前经降旨。因浙省兵力脆弱，停调兵一千名，又添调闽省驻防兵一千名，以足原调四千名之数。今兵丁如已彻回，即令各归营伍，倘已行入闽境，即令其前赴厦门，交与李侍尧酌量调拨，多多益善，即留于内地巡防，亦无不可。惟在该督等相度事机办理，总期不误公事为要，更不必拘泥回护，致令歧误周章，转使属员得以藉口也。①

五月初十日丙子（1787 年 6 月 24 日）

乾隆帝下谕军机大臣，据李侍尧奏粤兵坐船黑夜被劫，现获盗犯二名饬提研讯，并称闽省盗案繁多，由文武员弁视为故常，并不严速查拿，以致匪徒肆行无忌。现在饬属上紧缉拿，旬日以来，福清等县报获盗犯三十余名等语。沿海盗贼最为商民之害，闽省文武各员遇有劫案，并不即时访拿，惟是怠玩讳饰，全不以缉盗安民为事，恶习实为可恨。今李侍尧到任后，严饬各属上紧缉捕，旬日间已获盗犯三十余名之多。可见地方事务，如果督抚认真办理，整顿之成效无不立见。从前原任督抚所司何事，一任地方废弛若此。雅德由该省巡抚擢用总督，在闽最久，而富纲在任亦有二年。何以于缉盗安民之事，并不实力督察，毫无整饬，一任地方官玩误至此？著传谕富纲、雅德，据实明白回奏。②

廿七日癸巳（1787 年 7 月 11 日）

乾隆帝下谕，据柴大纪奏，四月二十一、二十三、二十七等日，贼首林爽文潜聚伙党，分路侵扰诸罗县城。该总兵带领游击杨起麟、林光玉、邱能成、守备杨螭，署诸罗县陈良翼，武举陈宗器、黄奠邦等督率官兵义民，出城迎捕截杀。争先奋勇，接仗数次，共枪炮打死贼匪数百名，生擒正法者十余名，割获首级、夺获器械甚多，贼匪被官兵杀退，四散逃窜等语。柴大纪自驻守诸罗以来，贼首纠合匪徒屡次攻扰，该总兵督率官兵义民奋勇截杀，连得胜仗，贼匪败退，实属可嘉。柴大纪著交部议叙，其随从打仗出力之游击杨起麟、林光玉、邱能成，守备杨螭、陈明德，署诸罗县陈良翼，武举陈宗器、黄奠邦，贡监生张明义等，著交常青，俟将来到彼时查明具奏，候朕降旨议叙奖擢。乾隆帝又谕，常青自抵台湾，即慰抚义民乡勇，俾伊等共知激劝，用命争先。至贼匪攻犯府城，豫先设法防堵，并督率官兵乡勇迎捕截杀，屡次克捷，甚合机宜，朕心深为嘉奖，常青著交部从优议叙。至李侍

---

① 《清实录·高宗纯皇帝实录》卷一二七九。
② 《清实录·高宗纯皇帝实录》卷一二八〇。

尧驻扎厦门一带照料官兵，配渡迅速，及办理军需粮饷，均能先事豫筹，源源接济。孙士毅挑备粤兵遣赴闽省，所有火药、铅弹等物均能宽裕筹备，解送应用皆属急公，可嘉。李侍尧、孙士毅亦著交部议叙。①

六月初八日甲辰（1787 年 7 月 22 日）

乾隆帝下谕军机大臣，阅台湾图内，斗六门有溪河数道，俱系通海之路。大埔林牛稠山一带，现在俱有贼匪窜聚。斗六门久被贼踞，南北声息不通，经常青派令参将潘韬带兵一千名，前往诸罗协剿。该参将因陆路贼多不能前进，仍回至府城，由海道至诸罗。是沿海一带尚无贼匪，即日大兵进剿，四路夹攻，将斗六门、大武陇等处窜踞贼匪，廓清扫除。设贼匪计穷势蹙，或偷觅小舟，由斗六门至溪河逸出海口，洋面岛淑丛杂，易于窜匿，希图苟延残喘，亦未可定，不可不豫行设法防备。著传谕常青等，务拣派得力将备，带领弁兵，于通海各溪河处严密防守。所有通内山各要隘，亦务遵节次谕旨，派兵堵截，并将船只收藏，毋令近岸。如此四面防堵，水陆两路俱无虞乘间窜逸，庶可搜剿无遗。②

廿四日庚申（1787 年 8 月 7 日）

乾隆帝下谕，台湾逆匪林爽文等纠众不法，劫县戕官，该处知府、同知、知县等同时被害，前经常青等查明具奏。朕因各该员究系守御城池猝被戕害，尚属因公，是以降旨交部从优议恤。今细思徐访，知逆匪林爽文等起事之由，皆因该地方官平日废弛贪黩，视台湾缺分为利薮，不以冒险渡海为畏途，转以得调美缺为喜。督抚之无能者，又或徇情保荐、明知不察、暧昧牟利，皆不可知。而劣员等并不整顿地方，抚绥安戢，于作奸犯科者又不及早察办，惟知任意侵渔肥橐，以致敛怨殃民扰累地方，遂使桀骜奸民有所藉口。著交常青、李侍尧详确访查，以示彰善瘅恶，微劳必录至。③

七月初三日戊辰（1787 年 8 月 15 日）

两江总督李世杰奏称，前据何裕城咨称，江西运闽米石分起由新城县五福一路

---

① 《清实录·高宗纯皇帝实录》卷一二八一。

② 《清实录·高宗纯皇帝实录》卷一二八二。

③ 《清实录·高宗纯皇帝实录》卷一二八三。

运进，又检查旧案海运较为便捷，已咨明江南豫备海船接运等语。查上海口岸所到闽广船只甚少，现在江浙运米赴闽雇用不敷，若再添运江西米石，恐求速反迟。臣飞咨何裕城，令其全由新城陆路运送。旋准何裕城咨覆，以新城陆路险阻，运送颇艰，必须由海道分运方克迅速。随饬司道等速备船只，俟江西运米到日即行过载。但何裕城来咨，于分运米若干石及何日开行之处，均未声叙。乾隆帝下谕，李世杰素能办事，所奏原委始为详晰，是此事竟系何裕城办理错误。军需米石关系紧要，何裕城既查明改由海运较为便捷，即应一面将应运米石数目及开行日期飞咨李世杰等，豫备船只，一面将应运之米运至海口等候，以便装载开行。并应以海口船只倘属短少，或将江浙米石先行运送，俟江西之米陆续运赴海口时，再行接运之处一并咨明。庶李世杰等可以酌量筹办，乃徒事往返札商，并不将运米实数，及何日可以运到海口过载开行之处详晰咨会，而又不详晰奏明，是何裕城不但意存推诿，并不知事理轻重，实属糊涂，著交部议处。①

二十日乙酉(1787 年 9 月 1 日)

乾隆帝下谕，据刘峨奏，前准常青咨拿台湾贼匪高文麟等供出从前之各犯姓名，开单移知，令于沿海各港口严密堵缉。兹据天津镇道等禀称，查有福建来津糖船内有水手赵荣、林光二名，与高文麟所供伙匪姓名相同。随讯据赵荣供系同安县人，原名欧阳焕，林光供系彰化县人，原名魏宠。其赵、林二姓，实系造船时报官姓名，历年换照均系顶认，并不添改，原籍俱有住址亲属可问。并有天津行铺人等，见该水手到过天津十数次，情愿具结等因。现飞咨闽督查照所供是否属实，再行核办等语。所谓愈细愈远，殊属不成事体。常青等一正贼未获，而用心于无用之地，可笑可鄙。今之大臣等办事率多如此，实增愧愤也。且台湾逆匪滋事其伙党即或窜逸，不过在厦门附近一带海口潜匿，断无远逾数省，直至天津之理。无论赵荣等系属误拿，即或实系逸匪，伊二人逃至天津，又何能滋生事端？况船户等俱系身家殷实，天津行铺皆为出结更属可信，乃刘峨率行拘讯，殊为失当。此等船只皆系装载货物，投行售卖，若如此混行查拿，将来商贩未免畏累裹足不前，必至百货腾贵，于闾阎日用大有关系。况该督及天津道府等，于所属地方现有刘权之眷船被劫一事，并未能将盗犯拿获。转因数千里外闽省咨缉之案纷纷查究，刘峨何不晓事至此？著交部严加议处，并著将水手赵荣、林光二名即行释放，不得再行拖累。并晓谕该船户等，以此二人实系误拿，业经奉旨，即行释放，该督亦治罪矣。嗣后各安商业，不必心存疑惧。至常青现在剿捕贼匪，于应行会合夹攻之处，不能妥速前

---

① 《清实录·高宗纯皇帝实录》卷一二八四。

进。乃于余匪窜逸咨缉至数省之远，徒滋烦扰，实属不知事体轻重。著传旨申饬，常青既远咨直省，于海口查拿逆匪，则江浙等省自己早有咨会。并著李世杰、琅玗于沿海各口岸，止须饬属密行，访拿逸匪。遇有商船，不得如刘峨之过事搜求，累及无辜，以致商贩闻风裹足。

廿八日癸巳 (1787 年 9 月 9 日)

乾隆帝下谕，闽省米石关系军需要务，所有运米海船自应豫为封雇，不致临时迟误。但此等海船俱系装载货物各处售卖，若截留太多，致商贾闻风裹足，将来天津等处商船稀少，必致百货腾贵，于京师日用所需大有关碍。著李世杰、闵鹗元、琅玗务须悉心筹酌，招集海船，足资运送，即可停止封雇。并随时严行稽察，毋使商贩等稽延守候，吏胥乘间扰累，方为妥善。①

八月初二日丁酉 (1787 年 9 月 13 日)

乾隆帝下谕军机大臣，现在谕令福康安前来行在面授机宜，令其前赴台湾，更换常青，督办军务。至台湾前后所调兵丁，自己足敷攻剿。但该处山深箐密，路径崎岖，因思湖广、贵州兵丁，前经调赴金川军营于驰陟山险，较为便捷。若调往台湾助剿，自更得力。著传谕舒常等于湖北、湖南各挑备兵二千，富纲、李庆棻于贵州挑备兵二千，拣选曾经行阵、奋勇干练之将备带领，一切军装火药妥为密行豫备，听候调拨。如必须调遣，或俟谕旨到日，或接到福康安檄调文书，即行分起迅速前进。其湖广官兵即从本省由江西一路行走，贵州兵丁从广西、广东一带行走。所有沿途经过地方，并著该督抚等，一体豫为筹备。俟兵丁到境，即可迅速遄行，仍须妥协经理，毋致张皇扰累。

乾隆帝又谕，台湾逆匪林爽文等，于光天化日之下胆敢纠众不法，劫县戕官。前特派总督常青前往台湾，授为将军，督办剿捕事宜。数月以来，该将军督率调度，尚无过失。但统领多兵，驻守府城营盘。虽屡有斩获，并未能痛加歼戮，挪移尺寸之地，相机进剿。是常青虽属无过，亦不得为有功，且该将军年逾七旬，究恐精神不能周到。兹特命福康安前来行在，面授机宜，令其携带钦差关防，驰赴台湾，更换常青督办军务。即授福康安为将军，并授海兰察为参赞大臣，普尔普、舒亮为领队大臣，其恒瑞、蓝元枚、柴大纪仍著照前参赞军务。并拣派曾经战阵之巴图鲁侍卫章京一百余人分起前往，领兵征剿。至台湾初次调拨及续调官兵，已有数

① 《清实录·高宗纯皇帝实录》卷一二八五。

万。嗣又于广东、浙江添调绿营及驻防兵万余名，并于福建本省派拨兵六千。现又添派四川屯练降番，并于湖北、湖南等省挑备兵数万，陆续遄程前往。合计征调各兵，不下十余万。福康安到台湾后察看情形，如以兵力多多益善，再应添兵若干，即一面檄调、一面奏闻。所有应用军糈，已于浙江、江南、江西、湖广、四川等省，拨运米百余万石。军营火药等项，亦已广为储备。著李侍尧通盘核算，妥为经理，俾足数十余万官兵之用，毋致稍有短缺。似此大兵云集，加以派出带兵之巴图鲁侍卫章京等，皆系屡经行阵，一以当千。是百余人已足当万余人之敌，谅此一时乌合，何难立见歼除、指日授首？至常青剿捕贼匪，虽未能蒇功奏绩，念伊究系年老，尚无贻误。著于福康安到台湾后，即行来京陛见，再赴湖广总督之任。

初四日己亥（1787 年 9 月 15 日）

闽浙总督李侍尧奏称，漳州一带出产硫磺，匪徒私挖煎贩，现经地方官拿获究办。乾隆帝下谕军机大臣，硫磺一项为军火要需，该犯等胆敢私行煎挖贩卖，或被海洋盗贼买制火药，以供劫掠，或奸民辗转贩售，透入贼中，皆所必有，不可不从重治罪，所有拿获之地方官，亦当记功升用。至该省既有产磺地方，自应开采煎用，乃历任督抚并未查办，而营中额用硝磺，转向湖南远省采买，其本地土磺，一任奸民私行煎挖，辗转售卖，以供盗贼劫掠之用。雅德、富纲、富勒浑俱任浙闽督抚，于此等地方事务，关系军营火药者，既未能查出，就近采办，而于奸民挖煎售卖又漫无觉察，以致私贩纷纷，所司何事？除富勒浑业经革职治罪，令留京办事王大臣就近传谕询问，令其自行登答。至雅德、富纲前在闽省时，地方事务废弛若此，均令其自行议罪，并即据实明白回奏。①

是月，闽浙总督李侍尧奏称，台匪势虽鸱张，其实多系胁从，若来投者加以安抚，或就各村庄煮赈，或散给银米，亦足散贼党而省兵力。请将浙江、江南、江西等处，现在运到闽省米石多解台湾南、北两路，以供支应兵民及招抚胁从之用。其续行解到者，分运漳、泉一带平粜，接济民食，乾隆帝从之。李侍尧又奏，海洋劫案繁多，皆由各营弁兵不能实力巡缉所致。臣于沿海各营，每营派兵四百，配载缯艍各船分作两班，饬令备弁轮流带领出巡。如有失事，按照所辖之洋、所轮之日，严参治罪。乾隆帝从之。②

---

① 《清实录·高宗纯皇帝实录》卷一二八六。
② 《清实录·高宗纯皇帝实录》卷一二八七。

九月

江南苏松镇水师总兵魏辙奏称，臣于八月后亲出外洋巡查各处岛岙，并无违禁搭寮、打捕人等，亦无奸匪藏匿，海洋洵属妥宁。乾隆帝下谕，绿旗习气不堪，非虚应故事则过于骚扰，吓诈牟利，此奏只在疑信，各半慎之。①

十月十一日乙巳(1787年11月20日)

乾隆帝下谕，据琅玕奏闽民黄昆山商船在洋被盗，将押米交卸，搭船回营之兵丁十五名杀伤抛海，并劫去军器一案，先据太平县营会详。讯据兵丁等供称，被劫处所是名披山，不知是何洋面。请委员会勘等情，当经檄委宁波府知府陈钟琛，并经提臣派委镇海营参将熊灏前往确勘，实系太平县所辖外洋，黄岩镇标右营水师汛地。请将捏详推诿之护游击事守备华封、太平县知县张景运一并革职，留于该处协缉。如限满不获，即分别发往伊犁、军台效力。并讯据已获之伙犯郭亮，究出盗伙姓名，严行追拿务获等语。此案盗犯，前据孙士毅奏拿获首伙王马成等二十七名，业经降旨令将拿获各犯之员，送部引见，并将该督及在事出力各员交部从优议叙矣。海洋地面最关紧要，孙士毅于邻省劫杀兵船盗犯，不分畛域，督饬所属拿获要犯多名，实为奋勉可嘉。至黄岩镇标汛地系浙江所属，该处文武各员于本省劫盗重案，既不能先事豫防，又复互相推诿，并不上紧缉拿，外省积习最为可恶。所有护游击之守备华封，著即革职，先枷号三月，再发往伊犁效力赎罪。太平县知县张景运一并革职，发往军台，均不必留于地方协缉，以杜借端耽延之弊。其疏防之千总赵以仁、外委李朝龙亦著一并革职协缉。至总督李侍尧，现在驻扎厦门办理军务，自不能兼顾。而该抚琅玕、该提督陈大用及黄岩镇弓斯发，于海洋劫盗重案不能豫为防范，又未能饬属上紧拿获，咎无可辞。琅玕、陈大用、弓斯发俱著交部严加议处，仍著严饬地方文武员弁务将在逃各犯，实力严查，务期弋获，毋致正犯漏网稽诛。其已获之郭亮一名，即著该抚严审定拟具奏。②

十一月廿九日壬辰(1788年1月6日)

乾隆帝下谕，孙士毅等奏，据洋商潘文严等呈称，现在台湾剿捕逆匪，粤省

---

① 《清实录·高宗纯皇帝实录》卷一二八九。
② 《清实录·高宗纯皇帝实录》卷一二九〇。

招募新兵、巡防海口，商船往来藉此兵威，得免惊扰。该商等情愿捐银三十万两，以充军需。又据盐商李念德等呈称，粤省运盐多经洋面，今添兵巡防，盐务益增严密，愿备饷银二十万两，用展蚁忱各等语。该洋商、盐商等请捐饷银，系因添兵巡防海口与伊等生计有益起见。自应俯准所请，以遂其报效之诚。但各商等于地方公务踊跃捐输，尚属急公，并著该督等查明咨送吏部，照例议叙，以示奖励。①

十二月十四日丁未(1788 年 1 月 21 日)

乾隆帝下谕，福康安等折内称，闻林爽文现遁往大埔林或云至斗六门，与贼目李七会合等语。逆首林爽文纠众肆扰，狡诈百出，今见官军势盛，跟踪追捕，自必急思逃窜。若林爽文回顾巢穴，逃入大里杙贼庄，则官兵四面环攻，正可尽数歼擒，其事转易办理。惟当防其窜入内山一路，至斗六门距海甚近，道路可通。若林爽文穷迫之际，或由海道潜逸，官兵追捕不无稍需时日。福康安等务须留心防范，于进攻时先将通海道路豫行堵截，船只皆令其远岸，勿使乘间逃逸。总期将林爽文、庄大田等设法生擒，解京尽法处治，方快朕意耳。再前据李侍尧奏，贼目李七有归顺之意，又私卖粮米接济嘉义兵民。今林爽文欲逃往伊处，李七若能乘逆首穷蹙之时设法擒献，即系有功之人，不但可以免罪，必当格外加恩，赏给官职。倘不及时省悟，立功自赎，将来擒获林爽文后，必至一同受戮，悔将无及。如此示以利害，密为开导，李七或竟将贼首擒献，更为美事。但是否即系招谕之李七，著福康安访查确实，并将如何办理之处即行具奏。再前因恒瑞、普吉保二人俱在中途观望，节经降旨，令福康安查明参奏，总未据福康安奏及。今看伊二人情节，普吉保自鹿仔港进兵以后，虽未能直抵县城，但究能收复笨港，进抵元长庄。又自该处移营距县城不远，特因兵力未敷，尚非有心延玩，而恒瑞率领多兵，驻扎盐水港一味株守，并无寸进。现在福康安已攻透贼围，直达县城，恒瑞不过乘势带兵到县，因人成事，并非自能奋勇前进。是恒瑞之罪，较普吉保为重，著福康安秉公查核，据实具奏。并将于恒瑞到后，随同打仗，能否自知罪戾，奋勇出力，抑仍系随众出力。应遵前旨，令其回京之处，一并秉公据实具奏，福康安不可因系亲戚，稍为瞻徇。②

---

① 《清实录·高宗纯皇帝实录》卷一二九三。
② 《清实录·高宗纯皇帝实录》卷一二九四。

乾隆五十三年　戊申　公元 1788 年

正月初四日丁卯(1788 年 2 月 10 日)

乾隆帝下谕军机大臣，前据李侍尧奏，闻得贼目陈泮恳请定限于十二月初八日以前将林爽文献出，日内盼望福康安奏报，擒获逆首之信，正深悬注。今据孙士毅询问进口船户，有十二月初十日前生擒首逆林爽文之语。此信得自洋面往来商客，自属确实。计福康安奏报之折，自己在途，不过日内即可奏到实信。至折内称贼匪攻扰诸罗时，元长庄等处营盘，见贼势利害，不敢带兵前进，自属舆情公论。又称福康安一到，即亲身统兵，痛剿贼匪，杀进诸罗。福康安进县城时，见百姓跪迎，在马上为之堕泪。自系该处百姓被围日久，庆得更生，福康安目击情形，为之悯恻，真是乃心国家之良臣，与朕同心。至元长庄等处营盘，见贼势利害，不敢轻进，自系恒瑞、普吉保二人畏葸观望，其咎均难解免。著福康安将恒瑞、普吉保二人罪状分别轻重，据实具奏。

初九日壬申(1788 年 2 月 15 日)

乾隆帝御紫光阁，赐朝鲜国、琉球国使臣等宴。

乾隆帝下谕军机大臣，连日以来盼望擒获逆首之信，甚为焦切。兹接到奏报，只系拿获林爽文父母家属，未足为快。且折内称林爽文家属，潜匿水里番社，福康安等遣义民社丁令其擒献，曾缮折具奏之处，此折亦尚未递到。而本日折内亦未详细声叙，殊未明晰。此等逆首亲属，均系罪不容诛，今业经擒获，自应解京办理。但林爽文罪恶贯盈，性同枭獍，既不尊君亲上，岂复顾其父母家属？现虽将伊全家拿获，而林爽文尚未就擒，自仍在各番社潜藏，希图奔窜他处。林爽文系首恶渠魁，若不生擒解京、尽法处治，何以彰宪典而快人心？福康安在大里杙、水沙连等处驻扎，惟招致番社，悬示重赏，令其擒拿，实属过于持重。况现在所带巴图鲁等，及官兵内之四川屯练、贵州等省兵丁最为骁健，于登山履险，更属矫捷。如林爽文逃入内山，生番等竟敢将伊潜匿，何难勒兵直入内山，分路搜捕？生番等见官兵已入番境，益加震慑，岂有不争先擒献之理？且据福康安奏，南路麻豆、茅港尾等处，俱有贼匪数千攻扰，又大武垄有贼匪千余，搭寮居住。是郡城道路虽已开通，而该处贼匪尚在窥伺滋扰，实属可恨可恶。此等贼匪必系庄大田伙党，现在常青在府城驻守，兵力不多，未必能肃清南路。福康安等既经攻克贼巢，正当乘胜深入，速将林爽文克期拿获。即移兵南路搜捕庄大田，歼除逆党，自成破竹之势。若似此旷日持久，安知非林爽文潜匿不出，思欲于北路牵缀官兵，仍令其伙党在南路肆扰。即现在番社等，擒拿林爽文家属，或亦系藉此搪塞，以为缓兵之计。仍私将林爽文放逸，令其潜行逃窜，设林爽文又从内山逃往南路与庄大田会合，狼狈为奸，复行煽聚，更复成何事体耶？至漳、泉、广东民人，前原有酌令分庄居住之旨，既而思之，其事似属难行，其禁止携眷一节，亦因旧有成例，是以询及。但台湾地方户口甚繁，即内地民人不准其携眷前往，而民人到彼后，即在台湾另置家室，亦难禁止。此等事只须于剿捕完竣后，将是否可行之处，归入善后酌量妥办。今林爽文尚未就擒，何暇办理及此？至现在台湾官兵为数甚多，足资搜剿堵截之用，又何须该处义民帮助声势？福康安等功在垂成，转心存懈弛，试令福康安等自思，受朕如此重恩，乃并不出力自效，岂以朕有赏而无罚耶？

十四日丁丑(1788 年 2 月 20 日)

乾隆帝下谕，前次福康安自十一月二十五日攻破贼巢，迟至十二月初四日始由平林仔发兵前进，使贼匪得以乘暇，收合羽党于集集埔豫为布置，据险抵拒，已属办理迟缓。迨官兵攻克集集埔后，于十三日在水里社拿获逆首家属，福康安等若能及早带兵，直往小半天一带搜捕，则贼匪穷蹙奔逃，救死不暇，岂能收集党伙二千余人于山头竖栅垒墙、搭寮拒守？且官兵进攻山梁时，贼匪投石放枪，抵死抗拒。彼时林爽文自必尚在该处潜匿，若福康安等于贼匪未经布置之先，即已统兵前至该处，林爽文岂能据险抵御，屡次使之乘间逃逸？乃福康安等又不即时前进，延至十八日始带兵分路攻剿，距拿获逆首家属时，中间又隔五日，使贼匪得豫为扼险死守之计。是福康安不但有失机宜，且使贼匪得以乘暇设备，又须带领官兵到处攻剿，即福康安自为计，岂非舍易而就难耶？再披阅图内，现于山外各路口安设营盘不下二十余处，计每处派兵四五百名，已不下万余。似此于无甚紧要处，零星分派，置之无用之地，岂不又如从前恒瑞、普吉保于盐水港笨港一带，分兵零星堵御，致兵力以分而见单乎？况福康安在东埔纳驻扎，距逆首逃窜之埔里社尚远，何不前至舒亮驻扎之归仔社扎营？且现在分兵堵截，自应酌留一二通内地隘口，毋庸设兵，使林爽文见此数处无兵防堵。或由该处仍逸入内地，不难四路围截，立就擒获。令将各隘口，悉行设兵堵截，是转恐其入山不深，驱之使入，岂不失计？福康安此时应将图内朱笔点出各隘口，酌量将官兵彻去，合兵一二万。福康安竟当亲自统领，直入埔里社内山，躧探林爽文潜匿处所，跟踪追捕。即该处生番语言不通，与禽兽无异，今林爽文潜匿内山，亦难与生番通语联络，其所带伙匪仅止一二千人，尚可四处窜逸，不畏生番，岂福康安带领大兵数万，转虑生番野性难驯，有所畏怯乎？若生番等震慑兵威，将林爽文擒献，固属甚善，设使冥顽助逆，即趁此兵力，亦无难将生番等痛加歼戮。总之林爽文逃匿何处，福康安即带兵向该处跟踪追剿以期必获，此皆福康安节次办理迟缓，自贻伊戚，其跋涉劳苦，皆所自取，福康安务奋力速进，生擒逆首，以副委任。①

廿五日戊子（1788 年 3 月 2 日）

闽浙总督李侍尧奏称，据厦门同知刘嘉会禀称，有船户林允瑞于十一日行抵厦门。据称于正月初五日在后垄妈祖庙，亲见官兵将林爽文押解，装在木笼，问知官兵从内山拿获等语。臣查此信，既经该船户目击，必非妄传。乾隆帝下谕军机大臣，林允瑞自后垄开驾，所供有拿获林爽文之处，又系得诸目睹，自必确实。前因福康安等攻破贼巢后，林爽文逃入内山，屡经降旨严饬，福康安等接奉谕旨，心怀愧惧，必将前次所赏宝石帽顶、四团龙褂敬谨收贮，不敢穿戴。今首逆业经擒获，虽为时未免稍迟，而办理尚属妥善。所有朕恩赏之顶戴，自当接受。福康安等于拿获林爽文后，谅已遵照前旨带兵前赴南路，擒捕庄大田，收复凤山。庄大田与林爽文同恶相济之犯，林爽文虽已就获，庄大田亦须生擒解京审办，方足以伸国宪而快人心。况林爽文已经就获，庄大田之势更孤，自易于擒捕。即使该犯逃入内山，亦无难带兵直入搜拿，并勒令生番等擒献。想福康安断不肯因拿获林爽文，遽以为完事，舍之而回。若再能生擒庄大田，收复凤山，朕必另有恩奖。且此事亦必擒获庄大田，南北两路贼匪全行廓清，方为蒇事。福康安等务宜奋勉办理，至海口一带已有旨交常青专司堵截。前据常青奏，访闻庄大田在南仔坑地方潜匿，派副将丁朝雄带兵驻扎东港，会同广东、泉州等庄义民就近搜捕，并相机前进，恢复凤山等语。现在福康安亲统大兵往南，若庄大田逃窜入山，福康安即可带兵直入搜捕，无虞兔脱，惟防其由海道窜逸，最为紧要关键。常青昨于徇隐柴大纪黩法营私，种种不法，实属辜恩昧良，已降旨革职候讯。但此时常青带兵驻守府城，伊本无能，该处兵丁又属无多，朕意不如将丁朝雄所带之兵彻回，于各海口要隘分投巡防，勿任潜逸，较为严密。若庄大田及紧要贼犯窜入内山，尚可不再加常青之罪。倘竟由海道远扬稽诛，则常青自问，当得何罪，亦不必复思来京见朕。常青接奉此旨，惟当倍

---

① 《清实录·高宗纯皇帝实录》卷一二九六。

加奋勉，以期立功自赎。至林爽文于初五日已押解在途，何以迄今尚未据福康安奏到？想又为风所阻，不日即当递到。除俟福康安奏到，再明降谕旨外，其林爽文是否系官兵直入内山擒获，抑系生番等遵谕缚献，谅福康安折内自必明晰声叙。但现在尚未奏到，无由知悉。并著福康安查明据实具奏。

乾隆帝又谕，前因福康安于攻克大里杙贼巢后，不即带兵搜捕逆首，致林爽文日久未获。又于覆奏恒瑞一事瞻徇亲戚，曲为袒护，节经降旨严饬，并谕令福康安于剿捕事竣后，务将台湾一切善后事宜，全行办竣，即在台湾多住一二年，亦所应得。原因福康安于搜捕逆首，既失之迟缓，又复有心袒护恒瑞，是以令其久住台湾示罚。今据李侍尧奏，林爽文已被拿获，是福康安办理此事，虽少稽时日，但逆首林爽文业已就获，大功即日完竣，福康安筹办一切尚为妥协。著于南路贼匪扫除净尽，拿获庄大田后，即将台湾逆匪滋事根由及酿成此案之文武官员，并官兵散失数目，一一详悉严行查办。并将善后各事宜，悉心筹画办理。如内外山地界，从前设立土牛未为周密，应重加勘定，务令界限分明，勿使日久偷越，以致滋生事端。又如改建城垣添设官兵等事，从前该处旧有城垣，俱系用莿竹等项编插，原以莿竹等物虽不若砖石工程坚固，足资防守，但失之易，复之亦易。即如康熙年间，有奸民朱一贯滋事，台湾全郡被陷，七日之内即经收复，亦因该处旧无砖石城垣，贼人难以据守，故能克日奏功。雍正年间吴福生滋乱时，曾奉有无须改建砖石城垣谕旨，亦即易失易复之意。此次逆匪林爽文等起事之初，虽因各县旧无城垣，得以猝为占据，但现在福康安等统兵剿捕，贼人望风奔溃，攻克贼巢，势如破竹，未始不因该处无城垣之固，故贼人难以守御。目今剿捕事务不日完竣，但台湾远隔重洋，又系五方杂处，游民聚集之地，难保其百年无事，自应深思远虑，计出万全。著福康安将改建城垣一事详悉筹酌。朕意台湾郡城为根本之地，自应改建砖石城垣，与该处安平镇向有城垣互相联络，以资捍御。至嘉义一县，朕因该处民人随同官兵竭力守城，锡以新名，用示嘉奖。该处城垣亦应一律或砖或石改建，务令坚固。此外如彰化、凤山等县及现在应行添设官弁驻扎处所，不妨仍用莿桐竹木等类栽插。惟闻各该处旧有城围，多系依傍山麓，未能据扼形势。现在虽令德成前往勘办，但德成仅谙工程做法相度形势，非其所能。著福康安务须详细履勘，或移建高阜，或因旧基跨山围筑，即旧城难以移动。亦须择附近山顶形胜之处，设立砖石卡座，添设弁兵，以资控制。总期占据要地，勿令有失形势，使四外得以俯瞰城中方为妥善。福康安将应办诸要务，立定章程，即可交徐嗣曾等在彼接办。福康安约于朕万寿前赶至热河瞻觐，亦不为迟。至海兰察带领巴图鲁侍卫章京等及应彻各兵，一俟剿贼完竣，即可令其陆续先回，勿须守候也。

廿六日己丑(1788 年 3 月 3 日)

乾隆帝下谕军机大臣，现在逆首林爽文已经生擒，其余伙党余孽自易歼除，台湾剿捕事宜，克日可以完竣。但该处一交三月气候即已炎热，所有各省派调兵丁难于在彼久驻，将来福康安办理善后事宜，固须酌留官兵数千以资弹压。此外兵丁为数甚多留于该处，亦属无用，自应陆续彻回，令其各归本处。著福康安于南、北两路一律肃清、大功告藏后，除台湾应留额兵外，应将素耐炎热之贵州、湖南二省兵丁内，择其强壮得力者，挑择数千，留彼弹压。其余如屯练兵最不耐炎热及伤残病废者，俱应先彻回。次则各省驻防满兵及浙江、两广、福建绿营兵丁，俱应次第令其渡回内地，各归原伍。庶随征出力兵丁，既不至久留受热，以致不习水土，染患疾病，而福康安办理善后，有兵数千，亦尽足敷用。

琉球国王尚穆遣使表贡方物。①

二月初一日甲午(1788 年 3 月 8 日)

钦差协办大学士陕甘总督办理将军事务公福康安、领侍卫内大臣参赞公海兰察、成都将军参赞鄂辉奏称，贼首逃入内山，经臣等节次分派官兵堵截要隘，于正月初一日拿获假扮林爽文之赖达。据供，林爽文自狮子头社痛剿后，即从打铁寮一带山沟内藏匿，当派官兵等由虾骨社、合欢社追捕，直至炭窑地方。查炭窑与南港仔山口相通，出山即系海岸，恐其潜向海口逃逸。复派各营官兵由后垄至中港，又自竹堑至桃仔园沿山密布。臣等亦各分隘口，四面围截，又恐逆首惊惧自戕，不能生获。因拣巴图鲁侍卫二十员，贵州、广东屯练兵数百名，扮作民人，同淡水义民、差役及社丁、通事等分投搜缉。旋于初四日，在老衢崎地方将逆首林爽文，贼目陈传、何有志、林琴、吴万宗、赖其垄等一同擒获。现在搜查余匪，并今出山各兵休息数日，即行统率大兵，肃清南路。至县丞洪智陷贼拘禁，自刎两次，均被贼目将刀夺去，手上现有伤痕。但身系职官，究属偷生无耻，应请即行正法。乾隆帝下谕，福康安等自鹿仔港进兵后，督率将弁奋勇攻剿，连次克捷。前于嘉义县破贼解围，业经降旨，将福康安、海兰察晋封公爵，赏给红宝石顶、四团龙褂以示优奖。今逆首林爽文经福康安等设法生擒，办理周妥，实属可嘉。特亲解御用佩囊二个，分赐福康安、海兰察用昭恩眷。所有在事出力之将弁等，并著福康安查明，咨部议叙。其随征兵丁，并著福康安分别奖赏。至办理此事，朕先事运筹，决机发

① 《清实录·高宗纯皇帝实录》卷一二九七。

策。自逆匪滋事以来，大学士阿桂留京办事，续又差往河工及江南勘河，本未承办书谕。大学士和珅始终承旨书谕，于一切清汉事件，巨细无遗，懋著勤劳，自应特加优赏。和珅本系一等男爵，著照从前大学士张廷玉之例，晋封为三等伯。大学士阿桂、王杰，尚书福长安、董诰夙兴夜寐，一体宣勤，俱著交部议叙。其满汉军机章京并著军机大臣，查明实在出力者，交部分别议叙。至此次办理军务，孙士毅以邻省总督，一闻逆匪滋事之信，即亲赴潮州驻扎，节次调派兵丁，拨运军饷、火药、铅丸等项，源源接济，迅速周妥，甚为出力。孙士毅业经锡予宫衔，并赏戴双眼花翎，仍著照从前大学士蒋廷锡之例，赏给轻车都尉世职，以示嘉奖。李侍尧自调任闽浙总督后，于照料过兵及运送粮饷等事，亦尚妥速。本欲俟蒇功之日，将伊原袭伯爵给还，但李侍尧前抵闽省已及一年，于柴大纪在总兵任内舛法营私、废弛营伍，种种贪劣款迹自己早有见闻，乃竟缄默不言，并不及早据实参奏。经朕节次降旨询问，李侍尧始行具折陈奏，明系有心徇隐，岂可再膺懋赏？且伊业经赏戴双眼花翎，晋加宫衔，毋庸复行，给还伯爵，仍著交部照例议叙。至柴大纪，前因其固守嘉义，不肯出城一节，念其勤苦出力，是以特封为义勇伯。今据福康安、李侍尧等先后遵旨查奏，柴大纪在总兵任内贪劣各款，俱已确实，并守城亦非其功，其前奏忍饥固守之处，竟系义民等不肯放出，伊转捏词欺饰，已明降谕旨，革职拿问，交福康安逐款审明治罪矣。至兵部承办军报之员外郎盛保在良乡县驻守，迎候驰递，尚为奋勉，本日擒渠捷报，即系该员亲自赍递，著加恩赏戴花翎，并在京捷报处各员，俱著交部议叙。又此次军报往来，直隶、山东、江苏、浙江、福建沿途各驿站，驰递并无贻误。所有沿途督抚办理一切军需，均属出力。及驿站递送文报之文武员弁，并著查明交部，分别议叙。其驿站兵丁，亦著酌量给赏。

初五日戊戌（1788 年 3 月 12 日）

乾隆帝下谕，前据福康安奏，分派巴图鲁及义民屯练等改装易服，于老衢崎地方搜获林爽文，但究系何人首先擒获未据奏及，想系军务匆遽，无暇详及。又林爽文之二弟林跃兴已于竹堑山坑内搜获，林跃兴是何人所获，自应加以奖赏，即详查具奏。嘉义县及淡水等处义民，随同官兵打仗杀贼，并购线侦探擒捕匪犯，实属奋勉。著福康安即向各义民等详加询问，如伊等情愿顶带荣身，不欲出仕者，各听其便。其情愿出仕者，著福康安量其才具，分别文、武，咨送吏、兵二部，带领引见，候朕酌量补用实缺，以示鼓励。又前因温州镇总兵缺出，曾谕令福康安于带兵出力之副将徐鼎士、格绷额二员内，比较何人最为出力，即奏请升补。兹据奏，徐鼎士另案得有降调处分，未便遽升总兵，请仍留闽省以副将补用，并请赏戴花翎，自应如所请行。其温州镇总兵一缺，格绷额是否堪以胜任，即据实覆奏，以便降旨。又刘怀清一犯，现经解到审讯，其为林爽文主谋一节，皆诿之董喜、林水二犯供词狡展。现仍令军机大臣严行刑讯后，即行正法外，其供出之林水及现在究出之陈梅等，已据奏拿获，均俟解到，逐一严审。至董喜一犯，据林爽文供，带病跟到集集埔已经身死，所供恐不足信。又刘升一犯亦系起意纠众之人，在内山冲散不知下落，该犯既起意纠众，亦未便任其漏网。著福康安查明董喜是否实因病毙，刘升曾否续获，毋任兔脱。又大武垄系南路贼匪巢穴，自应先行摧破，使贼无所依据。现在大兵四路密布，庄大田等自不难立就生擒，惟该犯见林爽文系在内山生番地方被官兵拿获，自不敢复逃至内山潜匿，惟防其由各路海口窜逸，则洋面广阔，官兵乘船追捕，恐擒获有需时日。前经屡谕常青，令于各海口要隘严密巡防，著福康安再严饬各海口弁兵梭织防守，并转谕徐嗣曾、普吉保等，不时督率巡察。如庄大田等由海道窜逸，则惟伊等是问，恐不能当此重咎也。福康安于擒获庄大田后，即令海兰察带领巴图鲁侍卫等先行内渡，其应彻各兵即行陆续彻回。福康安俟料理善后一切事宜，大局已定，亦即先行起程，其零星未获无关紧要逸犯即交徐嗣曾、普吉保等，在彼督率查拿。再此次福康安分派镇将，在大武垄附近一带堵剿，已将蔡攀龙派入。而柴大纪则从未派令带兵，可见蔡攀龙在彼较为出力，而柴大纪竟系懦怯狡诈无用，为福康安所深憎，是以不加派委。柴大纪究竟如何贪纵营私、废弛不职，并著据实覆奏。前因林爽文纠众肆扰，势正猖獗，是以欲将伊祖坟刨挖以泄众忿。今首犯林爽文业就生擒，其父母、兄弟、妻子合家俱被拿获，即其三弟林勇现在逃往南路，将来大兵搜捕庄大田，自无难一并拿获，是林爽文业罹族诛，其祖坟亦不值再行查办。且据供系葬在义冢内，难以辨认，若因此概行刨挖，未免波及无辜，或致众心惶惑。著传谕李侍尧，如林爽文祖坟查明确实，自应刨挖。若查无确据，亦可无须办理。至台湾奸民倡立天地会，起自何人，林爽文匿不吐供。该犯系属首逆，应解京尽法处治。此时福康安自不便加以刑讯，阅其供词内称，常听得说漳、泉两府设有天地会，邀集多人，立誓结盟等语。漳、泉两处民人素不相睦，林爽文原籍漳州，其党羽亦多系漳州人，而义民乡勇等籍隶泉州者居多，林爽文自系欲借此扳陷，以泄其忿。看来天地会名色，竟系漳州匪犯所倡，与泉州无涉，俟林爽文解到时，严行刑鞫，自无从狡展。台湾剿捕事务克日完竣，该处一交三月，气候即已炎热，各省派调官兵，难以在彼久驻，节经谕令福康安，于办理善后事宜时，只须留兵数千以资弹压，其余官兵应行陆续彻回，令其各归本处。现在福康安统兵前往南路，自可即日藏功。著遵照前旨，俟大功告藏后，除台湾应留额兵外，应将耐炎热之贵州、湖南二省兵丁酌挑数千，留彼弹压。其余次第渡回内地，各归营伍。将来大兵凯旋渡洋，不但福康安、海兰察及领兵大员等不可冒险轻渡，即微末弁兵，亦不可轻易涉险，总须俟风色顺利，再行开驾。即稍迟时日，亦属无碍，总期全臻稳顺。①

三月初十日壬申（1788 年 4 月 15 日）

大学士等奏称，台湾解到贼匪除何有志、林浇等，业经因病先行正法，其逆首林爽文，纠众倡乱、戕官攻城、复编造年号、私封伪职。贼目陈传从贼戕官，受封伪职，与官兵义民打仗多次，均应按律凌迟处死枭示。至何有志、陈传等家属，例应缘坐，应令该督抚严查办理。乾隆帝下谕，林爽文、陈传著即凌迟处死枭示，余依议。②

四月初二日甲午（1788 年 5 月 7 日）

乾隆帝下谕，孙士毅奏，据南澳、碣石、海门各营汛及饶平、惠来等县禀报，台湾凯旋官兵内渡，由闽省厦门蚶江海门收口。因风漂泊到境者，计粤东、乍浦两处驻防及福建官兵，已有八九起。即饬令地方官料理，分别出境归伍等语。前因各省兵丁，派往台湾剿捕逆匪远渡重洋，究为涉险。曾降旨令将湖广、贵州、广西、四川四省兵丁，于内渡时每名各赏给银二两。又留驻台湾之广东兵一千名，亦经一体赏给。至广东、浙江及福建本省兵丁，因其邻近海疆，渡洋素所经习，是以未经另行加恩。今孙士毅所奏，凯旋官兵多有漂入粤境，此项兵丁由闽省内渡，因遇风漂入他省境界，即素习海洋，究属遭险亦堪怜悯。所有台湾内渡漂入粤境官兵，著孙士毅查明，无论何省官兵，如前降谕旨内未经赏给者，即著每名赏给银二两。如已离粤境，各回原籍，即著孙士毅行知各该督抚，按名赏给。嗣后如有凯旋官兵因风漂入他省，查明未经得赏者，俱照此赏给，以示朕格外轸恤之意。③

十七日己酉（1788 年 5 月 22 日）

钦差协办大学士陕甘总督办理将军事务公福康安奏称，遵旨查明首先拿获林爽文之人，缘义民首高振在老衢崎地方，躃探逆犯踪迹，即告知侍卫翁果尔海围拿，并亲获林跃兴一犯，业经奏赏蓝翎，并给千总职衔。乾隆帝下谕，高振探明逆首踪迹，首先下手拿获，又拿获贼目林跃兴一名，实为出力可嘉。著福康安将义民首高

---

① 《清实录·高宗纯皇帝实录》卷一二九八。
② 《清实录·高宗纯皇帝实录》卷一三〇〇。
③ 《清实录·高宗纯皇帝实录》卷一三〇二。

振，同前此曾中立、黄奠邦等，一并给咨送部引见。①

六月十七日戊申（1788 年 7 月 20 日）

安南人阮惠等叛逐其国王黎维祁，维祁来求援。

乾隆帝下谕，本日召见德成，据奏，天后神庙向来只系地方私祭，从未春秋官为致祭等语。从来有功德于民，能御大灾能捍大患者，俱列祀典。沿海处所敕建天后神庙，屡著灵应。而福建湄州系神原籍，现在台湾大功告成，官兵凯旋，来往逿行安稳，仰荷神庥，叠昭灵贶。允宜特著明禋，用彰崇报。著翰林院拟祭文发往，嗣后该督抚于天后本籍祠宇，春秋二季，敬谨蠲洁，读文致祭，以隆祀事而答嘉庥，仍交该部载入祀典。②

九月初四日壬戌（1788 年 10 月 2 日）

缅甸番目细哈觉控等入觐，谕暹罗、缅甸现均内附，二国应修好，不得仍前构兵。③

十月十八日丙午（1788 年 11 月 15 日）

乾隆帝下谕，据李奉翰奏，清口惠济祠天后神庙，岁时报祭未著祀典，请一体颁发祭文，于春秋二季致祭等语。前因派往台湾官兵渡洋稳顺，仰庇神庥，特于天后封号上加"显神赞顺"四字，并令在湄州本籍祠宇，春秋致祭以彰灵感。今清口惠济祠供奉天后神像屡著显应，本年河流顺轨，运道深通。自应一体特著明禋，以光祀典。著交翰林院撰拟祭文发往，于春秋二季令地方官虔诚致祭，并著李奉翰将新加封号四字，敬谨增入神牌，俾河工永庆安澜，益昭灵贶。④

十二月廿三日庚戌（1789 年 1 月 18 日）

乾隆帝御抚辰殿大幄次，赐朝鲜国、暹罗国使臣，台湾生番等宴。⑤

---

① 《清实录·高宗纯皇帝实录》卷一三〇三。
② 《清实录·高宗纯皇帝实录》卷一三〇七。
③ 《清实录·高宗纯皇帝实录》卷一三一二。
④ 《清实录·高宗纯皇帝实录》卷一三一五。
⑤ 《清实录·高宗纯皇帝实录》卷一三一九。

乾隆五十四年 己酉 公元 1789 年

正月十七日甲戌（1789 年 2 月 11 日）

以缅甸孟陨悔罪投诚，谕令睦邻修好，并赐暹罗国王郑华绛币，令其解仇消衅。

廿六日癸未（1789 年 2 月 20 日）

暹罗国王郑华遣使奉表谢恩，并进方物。①

二月初五日壬辰（1789 年 3 月 1 日）

乾隆帝下谕军机大臣，据罗英笈奏请陛见一折，内称沿海一带劫盗稍为敛戢，洋面较前宁怗，恳请来京陛见等语。前因金门镇所辖洋面盗劫频闻，是以将该镇罗英笈革去顶带，勒限严缉。旋经罗英笈亲身出洋拿获多盗，颇为奋勉，即加恩赏还顶戴。是该镇于巡洋缉盗之事尚属留心，现在洋面虽较前宁怗，究恐不能净尽。著伍拉纳传谕罗英笈仍前督率弁兵，上紧缉拿，毋稍疏懈。俟九十月间酌量可来之时，再令该镇起程来京陛见。并著该督于该镇起程时，遴委熟悉巡哨认真缉匪之员，署理金门镇篆以重海疆，将此传谕伍拉纳，并谕令罗英笈知之。②

廿六日癸丑（1789 年 3 月 22 日）

乾隆帝下谕军机大臣，本日据伊桑阿奏于哈密地方，查出私贩大黄五千余斤，已将各犯解交勒保等审办等语。已另降清字谕旨，令勒保等审办。因思各省地方，不特广东濒临洋面，即盛京、江南、闽、浙、直隶、山东等省，俱有沿海口岸。现在粤省虽已经饬禁，而奸商等或又从各该省海道，将大黄私贩出洋，偷卖与俄罗斯附近番地，希图转售获利，亦未可定。著传谕盛京将军，直隶、江南、闽、浙、山

---

① 《清实录·高宗纯皇帝实录》卷一三二一。
② 《清实录·高宗纯皇帝实录》卷一三二二。

东各督抚，各于沿海口岸饬属实力稽查，毋许内地奸商私将大黄偷卖与番船，夹带出洋。并著广东督抚务宜遵照前旨，严行查禁，毋使稍有偷漏。

廿七日甲寅（1789 年 3 月 23 日）

乾隆帝下谕军机大臣，据福康安奏，拿获偷渡人犯七十七名口，俱经分别究办。此等偷渡民人虽因贸易趁食，然防禁稍疏即滋弊混，与其禁之于既渡之后，不如明设官渡稽核，给照验放，使民人等知官渡，便于私渡，不待查禁而自归于官渡，现在详悉妥议，另行具奏等语。闽省民人赴台湾觅食，应由海口查验放行，支港口岸例禁私渡。但闽省地方诸务废弛，既不能于沿海地方实力稽查，而官设渡口，又难免兵役等留难勒索，是以申禁虽严，而私渡之弊终未杜绝。今福康安奏请明设官渡，给照验放，以清私渡之源，所筹均属妥协。现在福康安已调任两广总督，其应如何查禁之处，著伍拉纳、徐嗣曾将折内情形详加体访。与水师陆路提督、台湾镇道会商妥议，定立章程，即行具奏。至闽省吏治营伍怠玩已极，必须实力整顿稽查，方可稍有起色。即如濂澳汛遗失炮位一案，该处营汛弁兵装点情节、捏词禀报，经福康安亲往勘查，行至山径险峻之处，舍马步行前进，始将确切情形查明，并究出上年濂澳汛与虎尾汛移换炮位之事。若富勒浑、雅德二人，在彼惟知养尊处优，任听属员禀报，颟顸了事，断不能如福康安之亲历访查，实心办理。今伍拉纳新任总督，地方事件皆其专责，务宜一切皆照福康安所办，振作精神，与徐嗣曾商酌妥办，以重海疆，不可因福康安已离闽省，稍存疏懈也。将此传谕福康安、伍拉纳、徐嗣曾，并谕哈当阿、梁朝桂、奎林知之。①

是月，护浙江巡抚布政使顾学潮奏报，遵旨严查私贩大黄出洋。乾隆帝下谕，以实为之，外省习气，殊不可信。②

四月廿一丁未（1789 年 5 月 15 日）

乾隆帝下谕军机大臣，前因内地大黄一种为俄罗斯必需之物，恐致透漏，节次传谕新疆驻扎大臣严密查禁，并谕令濒临海口各省，一体实力稽查，毋许奸商私行偷贩。本日据伍拉纳等覆奏，每年令兴泉道官买五百斤，带交台湾镇道配发各铺，缴价领售。其琉球贡使回国购买药料时，所需大黄每岁不得逾三五百斤之数，无许官伴人等夹带等语，所办甚是。自此沿海关口查禁森严，各省实力奉行，奸商私贩

---

① 《清实录·高宗纯皇帝实录》卷一三二三。
② 《清实录·高宗纯皇帝实录》卷一三二三。

之弊可期杜绝。第思大黄一种，为内地药饵所必需，若设禁过严，以致贩运不前于民间，亦有未便。即如台湾一郡，虽远在海外，究属内地，该处向多瘴疫，民间疗治常用大黄，是此种药物更不可缺。总须饬令员弁等妥为经理，既不使商贩暗漏外洋，复令民人得资疗疾，无虞缺乏，方不致因噎而废食也。①

五月十二日戊辰（1789 年 6 月 5 日）

乾隆帝下谕，伍拉纳奏，据总兵罗英笈报称，游击徐璋驾坐兵船出洋会哨，适遇目兵郭瑞龙等驾坐小船在洋缉捕，随带同前往。于三月十五日至涵头港会哨，事竣驾回时，忽值飓风。该游击将船暂泊崇武澳，其目兵船只落后，系在湄州洋面被风击碎，沉失军械，兵丁等扶板得生，并拾获藤牌等。准提督哈当阿咨称，访查郭瑞龙等船只实系在洋被盗行劫，兵丁等泅水登岸，器械船只一并劫去等情，揭报前来。请将护金门镇右营游击徐璋革职拿问，并将金门镇总兵罗英笈革职严审等语。游击徐璋出洋会哨，既不能缉捕盗匪，迨后兵船被劫，复胆敢捏报遭风？情殊狡诈，徐璋著即革职拿问。至总兵罗英笈前据李侍尧奏，金门镇所辖海面洋盗出没，劫掠频闻，是以将该镇革去顶带，勒限严缉。旋经罗英笈亲身出洋，拿获多盗，尚知奋勉，复降旨赏还顶带，已属格外加恩。该总兵自应倍加出力，于所辖洋面认真督率缉捕，乃既不亲历会哨，而于该游击捏报之处，又复冒昧转报，殊出情理之外。若非哈当阿严行访查属实，则此案必致始终朦混正盗，转得漏网。此而不严加惩治，何以肃营伍而靖地方？罗英笈亦著革职拿问，交该督等提同游击徐璋，并在船目兵及已获盗犯等，严审定拟具奏。此案未获盗犯，仍严饬所属，实力查拿，务期全数弋获，毋使一名漏网。②

十七日癸酉（1789 年 6 月 10 日）

福建巡抚徐嗣曾奏称，琉球国番民平良等十六人，乾隆五十三年十月装载棉花至中山王府交纳。回至大洋，遭风破船，其十人不知去向，平良等六人得生，经台湾府委员护送抵省，照例安插抚恤。

二十日丙子（1789 年 6 月 13 日）

乾隆帝下谕军机大臣，据勒保奏，审明李生贵等向客民宋世烈买大黄一千三百

---

① 《清实录·高宗纯皇帝实录》卷一三二七。
② 《清实录·高宗纯皇帝实录》卷一三二八。

七十余斤，运至喀什噶尔。将李生贵从重照窃盗赃例，定拟绞候。又回子玉素普在阿克苏地方，私卖大黄二千一百六十斤，共得普儿钱三十四千五百余文。将玉素普亦照窃盗赃例，定拟绞候。又另案贩卖大黄回子迈玛第敏，俟解到另结等语。细阅折内声叙情节，各案头绪牵混，殊未明晰，不尽其情，任其饰供，并未尽心严问，必须确加研究，方足以成信谳。著传谕勒保，即将李生贵、玉素普等二案，派委妥员解京，毋致脱逃。交军机大臣会同刑部，另行质讯，定拟具奏。其未到之迈玛第敏一案，俟解到兰州，亦即解京归案审办。至该督另片奏称，俄罗斯迤北即系北海，由大洋可通广东，请敕下沿海广东各省，一体禁止出洋等语。俄罗斯有海道可通，朕已早经虑及，屡次传谕沿海各该督抚严行饬禁，以杜透漏。若待勒保陈奏，始行查办防范，岂不迟误耶？将此谕令知之。

廿七日癸未（1789 年 6 月 20 日）

乾隆帝下谕，据伍拉纳奏，接准署浙江提督伊里布咨称，据宁海营参将爱新泰呈报，四月初二日有叶加玉等渔船三只，停泊健跳关口海面，忽闻炮声，有盗船七只赶拢围劫，各用刀斧器械上船，将渔船人等拒伤，并将船上人捆缚掷水，杀毙多命。经事主叶加玉等赴汛呈报，署健跳汛守备姜起荣并不收办，请将姜起荣革职拿问，就近交琅玕审拟。参将爱新泰，革职留该处缉拿正盗。黄岩镇总兵刘文敏，交部严加议处等语。海洋盗匪最为地方之害，营汛各员自当随时加意巡缉，乃平日既不认真缉捕，致有凶盗劫杀多命之案。及事主赴汛呈报，犹不即时转报追捕，实属废弛已极，情殊可恶。署守备姜起荣著即革职拿问，交琅玕严审定拟具奏。至参将爱新泰有管辖洋汛之责，且该参将系属旗员。朕用于绿营，原望其整顿一切地方营伍，加意认真查办，今多有染绿营恶习，亦一味因循，致所辖汛内凶盗，劫杀三船，非寻常疏玩可比。虽此案由该参将呈明，安知非经署提督等饬查，势难隐匿，始行揭报，爱新泰亦著革职拿问。总兵刘文敏于该管洋面有此等劫杀重案，其平时懈于督缉已可概见。刘文敏著一并革职拿问，以示惩儆，俱著交与该抚，严切审讯有无隐讳玩纵情弊，即行具奏。其余疏防文武各员，伍拉纳远在厦门，并著琅玕查明，严行参奏。所有此案首伙各盗，务即饬属上紧查拿，毋致一名漏网。

乾隆帝又谕，浙江各营除抚标外，俱听总督节制，向不归巡抚管辖，此虽旧例。但浙省距闽省道里辽远，各标营所管营汛地方山海交错，在在均关紧要。遇有海洋凶盗劫杀案件，必待远赴闽省呈报总督，始行办理，往返实属稽迟。而本省巡抚又以营务非其管辖，明称不越俎，而实意存推诿，并不督率稽查，于营伍地方均有关系。现据伍拉纳奏报，宁海营健跳关口海面洋盗劫杀多命一案，事主赴汛呈报，守备姜起荣并不立时收办，玩弛已极。琅玕系该省巡抚，于此等重案岂无见闻？乃署提督伊里布咨报伍拉纳，该督已自厦门奏到，而琅玕近在同省，转未奏及，殊属非是。除另旨严饬外，嗣后浙江各营均令巡抚就近兼理，一切营务寻常事件，仍与总督会同，秉公商办。如遇此等紧要事件，即一面办理专折奏闻，一面再行札会总督。庶营制更有责成，而要案亦不致稽迟矣。①

六月廿一日乙亥（1789 年 8 月 11 日）

军机大臣议奏，询问顾学潮，据称闽省洋盗现散处各海岛，一时难以清查。臣等公同商酌，惟有于漳、泉盗匪出没之所设法查禁，毋许潜出，则海岛内不至日聚日多。向例出口各船，地方官各给照票，日久弊生。嗣后请于给票时，先令查明人数，并取具地邻甘结，方准给票。俟回船缴照时，倘人数短少及年貌不符者，若实系病故淹毙，即令同船人据实出结。其有无故不回者，将来盗案内若有同票人名，即将同船出结人及原出甘结，又不禀首之地邻，一并问罪。至船出口时，务令各弁兵按照查验。如所载之人多于照上，即将船扣留，查明严办。如守口兵弁不实力稽查，甚或私行卖放，发觉即行治罪。并将该管官议处，各省沿海地方，俱照此办理。又闻海岛地面，近有搭盖房屋、窝聚匪徒之事，嗣后请饬令巡哨镇将督同弁兵，见有岛内房屋立即烧毁。再现在沿海省分，额设战船，笨重难行，不利追捕。请饬下该管督抚，令于年满拆造时，照商船式样改造，以便驾驶。乾隆帝下谕，依议速行，其各海岛有无建房居住及人数多寡，著各该督抚于岁终具折奏闻。

三十日甲申（1789 年 8 月 20 日）

军机大臣议覆山西巡抚海宁、陕西巡抚巴延三同日奏到酌办查禁私贩大黄事宜，海宁奏，大同府沿边一带界连蒙古，与俄罗斯较近之地。所需大黄，各赴内地购买，令其呈明地方官，发给印票，注明斤数，行知经由关口，验票放行。如私行夹带及无票之商，即行拿究等语，应如所奏，遵照酌定章程办理。至巴延三奏，请将内地各省贩运大黄，通行编给印票，层层咨报，处处照验等语，诚恐办理过当，必致胥吏藉端勒索，种种滋弊，所奏应毋庸议。嗣后大黄一种，自应遵奉谕旨，止须于各省沿海口岸及直隶山海等关口近边地方，严密稽查。即陕、甘两省，止须于嘉峪关、榆林等处密查，毋许偷越。其内地如台湾、琼州、崇明等处，地悬海外，仍著各该地方官酌定限制，给票呈验，以防私贩。其余各府州县，均听照常贩运，毋庸给发官票，以免纷扰。乾隆帝从之。②

---

① 《清实录·高宗纯皇帝实录》卷一三二九。
② 《清实录·高宗纯皇帝实录》卷一三三三。

七月初一日乙酉(1789 年 8 月 21 日)

乾隆帝下谕,陈杰奏,于六月初七日到任即亲往定海、黄岩各洋面查看情形,督缉盗匪,实力整顿等语。浙江武备废弛已极,亟宜加意整顿。伍拉纳系闽浙总督,两省营伍皆其所辖,陈杰系新调该省提督,伊二人务宜同心协力,认真整饬,俾戎行渐有起色,不可复分文武,稍存畛域之见。又据另片奏,健跳洋面盗匪行劫一案,经游击董秉玉拿获盗犯林飞、王五二名。讯据供称,同伙盗船共有七只,盗犯百有余名,此言不可信。又系绿营化大为小恶习,署参将张殿魁,探闻大门洋有盗船六只在彼停泊,带兵往捕,见有落后盗船一只,盗众即约有百数十人,各执义刀枪炮等语。林飞等同伙盗船有七只之多,其所供百余人之处断不可信。至大门洋盗船六只,一只之内即有百数十人,则合之其余五船,岂不竟有七八百人?如此纠众逞凶,肆行劫掠,若不及早严办,将愈聚愈多,势必酿成海寇。该督抚、提镇等,讵能当此玩误之咎?陈杰现亲赴各洋面督缉,伍拉纳前据奏,即往闽、浙交界处所,亦即传谕该督,竟应亲至温州一带,会同陈杰、琅玕督率两省弁兵,分投截捕。将健跳大门两案盗犯,速行全数弋获,尽法惩治,勿任一名漏网。务须亲赴各海口留心稽查,多派能事弁兵,密躧盗匪出没踪迹,穷究根株,肃清洋面,方为妥善。再前因伍拉纳奏,署参将张殿魁带兵巡至大门外洋时,哨船与盗船相遇。各兵随即施放枪炮,恐该员有畏贼放炮情事,已有旨交伍拉纳等就近确查。今阅陈杰所奏,果系张殿魁当先放炮。海洋捕盗缉匪,全在密速追擒,若一见贼船先行放炮,是与贼以退避之信,甚或知所防备,转得以肆凶抗拒,此总由绿营畏葸陋习,最为可恶,使张殿魁尚在,亦当治以应得之罪。今念该员已受伤殒命,不加追究。但伍拉纳、陈杰等,宜严加通饬各营将备弁兵,嗣后巡缉盗匪,务宜迅速追擒,不可与贼相距尚远辄先放枪炮,致贼远扬,复蹈从前怯懦积习。将此由五百里传谕知之,仍将如何,会同截捕及盗犯曾否全行就获之处,速行覆奏。①

九月廿七日庚戌(1789 年 11 月 14 日)

乾隆帝下谕军机大臣,据伍拉纳奏,澎湖于七月初三四等日飓风大作,击碎该协营哨船一只,折桅断碇,损漏三只。又龙溪县带送各处公文商船一只,彰化县配载兵米商船一只,俱在洋击碎,米石沉失。惟舵水及县役等泅水得生,余俱不知生死,其沿海民房及衙署仓厫,间有被风刮坏等语。此次海洋飓风大发,其势甚猛。彰化系台湾所辖,而澎湖地方亦相距甚近,何以奎林等于该处击碎船只,及刮坏房

---

① 《清实录·高宗纯皇帝实录》卷一三三四。

屋之事，未见奏报。想远隔重洋，尚未驰达也。至沿海各处陡遭风暴，民田庐舍自不无损坏之处，著该督抚等饬属详悉查勘，如有应行抚恤者，即奏明分别办理，毋致失所。其船户人口有无淹毙，亦著照例查办。将此由五百里传谕该督抚，并谕奎林等知之，仍著各行据实覆奏。寻奎林等奏澎湖被风缘由，臣等于八月十一日，始接据彭湖(澎湖)厅详报，闻该厅已于七月初六日通详督抚，所以臣等未经专奏，报闻。①

十月十三日乙丑(1789年11月29日)

乾隆帝下谕军机大臣，福康安等奏，据洋行商人蔡世文等两粤盐商陈章元等呈称，明岁恭遇万寿，厘祝情殷，请敬输银三十万两，以伸蚁悃等语。粤省洋盐商人，贸货行鹾，向来获利本不及两淮浙江。明年朕八旬万寿，该商等虽恳请效悃，但粤东商务疲乏，正值清厘调剂之际，商力未能充裕。且伊等籍隶岭海，道路遥远，亦非两淮、浙江距京较近，亲自来京承办段落者可比。所有两粤洋盐商人，请输银两，竟不必收。并著福康安等饬令该商，亦不必再行渎恳也。将此谕令知之。②

十八日庚午(1789年12月4日)

军机大臣议准两广总督公福康安奏称，粤东地处海疆，若大黄任其出洋，势必转入俄罗斯境。琼州一府紧接外洋，应准商民等由省城佛山，每年贩卖五百斤往售。官为给票，如无官票及多买夹带者，即严拿治罪。其西洋各国，每年每国不得过五百斤，饬令省城洋行及澳门商人，将售卖大黄数目，并卖与何国夷人，均于洋船启棹之先，分晰列册呈缴。南海、香山二县，一面通详，移行守口文武员弁按册稽查。如查有夹带多买，严拿行商通事，从重治罪。仍将大黄变价，归官于保商夷商名下，各追十倍价银充公。其暹罗、安南二国，遇该国进贡之年，每次准买带五百斤。俟俄罗斯通市后，仍照常卖运。乾隆帝从之。③

十二月廿三日甲戌(1790年2月6日)

乾隆帝御抚辰殿大幄次，赐王朝鲜、琉球、暹罗等国使臣宴。

① 《清实录·高宗纯皇帝实录》卷一三三九。
② 《清实录·高宗纯皇帝实录》卷一三四〇。
③ 《清实录·高宗纯皇帝实录》卷一三四一。

廿九日庚辰(1790 年 2 月 12 日)

乾隆帝下谕,福康安奏,查改外海内河船只及清查海岛占住居民,现在分别确办,悉心妥议。若欲赶副岁底汇奏之期,为时未免迫促,恳请展限等语。海岛搭寮建屋,私行占种,渐至匿匪藏奸,不可不严行饬禁。至各省沿海地方额设战船,原以操练水兵,且为出洋巡哨捕匪之用。于酌留一半外,届期次第改造,亦须核实查看,原不可视为奉行故事,仅以年终一奏塞责。今福康安以事关海疆营制,不肯拘泥定期,据实陈请展限三月,足见办理详慎,但须行之以实,为之以妥,亦何妨再展数月,总期于公务实有裨益。第恐他省地方文武员弁于海岛搭寮民户,并不亲身履勘,仅以空文具报,虽称驱逐净尽,实则仍旧占居,而酌改战船亦恐未能如法成造,外省此等恶习均所不免。督抚等若不实心详查,率行依限具奏,以致洋岛未能肃清,战舰不堪驶用,仍属有名无实。所有福康安奏请展限三月之处,竟著展限半年,并著沿海之福建、浙江、江南、山东各督抚,俱照福康安所奏妥协办理。①

乾隆五十五年　庚戌　公元 1790 年

正月初六日丁亥(1790 年 2 月 19 日)

乾隆帝御紫光阁,赐朝鲜、琉球、暹罗等国使臣宴。

初八日己丑(1790 年 2 月 21 日)

乾隆帝颁恩诏于琉球、暹罗等国。

初十日辛卯(1790 年 2 月 23 日)

乾隆帝命于乾清门颁赐万寿恩诏于朝鲜、琉球、暹罗等国。

---

① 《清实录·高宗纯皇帝实录》卷一三四五。

十二日癸巳（1790 年 2 月 25 日）

乾隆帝御山高水长大幄次，赐朝鲜、安南、琉球、暹罗等国使臣宴。①

三月廿五日乙巳（1790 年 5 月 8 日）

缅甸国长孟陨遣使表贺万寿，贡驯象、请封号。命封为缅甸国王。南掌国王召温猛表贺万寿，贡驯象。

廿七日丁未（1790 年 5 月 10 日）

福州将军魁伦、闽浙总督觉罗伍拉纳、福建巡抚徐嗣曾奏称，查大黄一种，遵旨严禁出洋，惟琉球岁勤贡献，恪守藩封。前经奏明，移咨该国王，酌计每年准买三五百斤之数。此次夷船回棹，应准其购用。第令自行买运，恐铺户以例禁出口，高抬价值，否则任意透漏。②

四月初五日乙卯（1790 年 5 月 18 日）

乾隆帝下谕，富纲奏，南掌国王遣贡使赴京，叩祝万寿，并进来年例贡。于三月初十日入内地土司界，四月中旬可抵省城。缅甸贡使亦于三月十七日，自腾越州起程，约于四月初间到省。令该贡使等分起行走，务于七月二十一二日前抵热河等语。本年为朕八旬寿辰，外藩属国俱各纳贡祝厘。今改于七月十四日筵宴，已令军机大臣行知该督等，令缅甸贡使于七月十一日至热河，南掌贡使于七月十二日至热河，移前不过十余日。该贡使等于四月中自滇起程，计至七月初旬，尚三月有余。尽可从容行走，沿途略觉趱行，亦不至过于劳顿也。③

六月廿三日壬申（1790 年 8 月 3 日）

军机大臣议覆闽浙总督觉罗伍拉纳奏称，台湾为产米之区，漳、泉民食全资接济。前因私贩偷渡，准福州将军永德奏台湾于鹿仔港设口，泉州于蚶江设口。凡厦

---

① 《清实录·高宗纯皇帝实录》卷一三四六。
② 《清实录·高宗纯皇帝实录》卷一三五一。
③ 《清实录·高宗纯皇帝实录》卷一三五二。

门船由厦门旧口挂验赴鹿耳门，虹江船由蚶江新口挂验。赴鹿仔港，其厦门向有白底舡船。赴鹿仔港贩运米石者，亦必由蚶江挂验，始准出口。海道既纡，风信尤须守候，是以舡船渐次歇业，漳、泉一带遂至粮少价昂。请嗣后蚶江船，仍由蚶江口挂验外，至厦门舡船，即准由厦门同知挂验，径赴鹿仔港。并令兴泉永道于牌照内，加用关防验放，毋庸远赴蚶江，则商船既难偷渡，亦得便捷遄行。再舡船比蚶江之单桅双桅船较大，配运官米亦得多载。请定每船载米六十石，谷倍之。如有遭风失水，照例令原保行户赔补，其余厦门一切横洋等船，仍止准对渡鹿耳门，毋许偷越鹿仔港，则海禁严密，而于民食兵糈，两有裨益。应如所请。乾隆帝从之。①

七月十四日壬辰（1790 年 8 月 23 日）

乾隆帝御澹泊敬诚殿，赐缅甸国、南掌国使臣，台湾生番等宴。②

八月初二日庚戌（1790 年 9 月 10 日）

暹罗国王郑华表贺万寿，贡方物。③

十八日丙寅（1790 年 9 月 26 日）

乾隆帝下谕，据福康安奏，前因粤省营员有战船笨重，驾驶不灵之语，是以奏请仿照民船改造，以期出洋利用。嗣后该镇将等议论纷歧，因复遍加咨访。查从前外洋战船大小不一，各就海道情形均匀配造，相沿已久。且规制宽宏，气象雄壮，用以装载多兵，施放火器，实缓急足备，其利用原不止于捕盗一端。请将各项战船均仍其旧，毋庸改造，以免更张。其内河桨橹各船亦查与水道合宜，俱可无庸更改等语，所奏甚是。沿海各省设立战船，原以捍御海疆，巡哨洋面，关系綦重。上年因福康安奏，抵粤后派拨官兵，搜捕洋匪，各将弁等辄以盗船狡捷，营船追赶不前为词，酌请仿照民船式样改制，自属变通办理之法。是以令军机大臣会同该部核议，令各该省于应行拆造时，陆续照商船式样酌量改造。今据福康安体察情形，悉心酌核，查明战船尚为得力，并无驾驶不灵之处。奏请仍照旧制，不稍回护前奏，自系实在情形，著照所请。所有前项战船，概可毋庸改造，以存旧制而免纷更。并著通谕沿海各督抚，一体确切查明，遵照妥办。此项战船平时遇有匪徒剽掠，自应

---

① 《清实录·高宗纯皇帝实录》卷一三五七。
② 《清实录·高宗纯皇帝实录》卷一三五八。
③ 《清实录·高宗纯皇帝实录》卷一三六〇。

分路缉捕，加紧追赶。乃该弁兵等辄称船身笨重，雇用民船，其意只以民船出海捕盗，俱用本船舵水，不复需用兵丁驾驶，是以藉词推诿，希图安逸，且水师弁兵自应以试演水务为急。今据福康安奏，该弁兵等止习马步射及枪炮等项，而于水师营务转不留心学习，用违所长，殊非核实之道。著各督抚等，嗣后务须严饬舟师实力训练，俾驾驶娴熟于战船出入风涛，务期帆舵得力。各督抚于考拔时，令其操驾篷船泅水出没，留心验看。如果合式，方准拔补，似此行之日久，自能悉臻纯熟，便于行驶，于海疆水师营务实有裨益。①

九月廿七日甲辰(1790 年 11 月 3 日)

乾隆帝下谕，据伍拉纳奏，福建所属海岛四百五十七处、浙江所属海岛五百六十一处多有民人居住，有搭盖寮房，零星散处者，有建盖瓦，房已编保甲者，自应遵照定议，悉行烧毁。惟是烟户稠密之处，若概行驱逐，使谋生之民一朝失业，转致漂流为匪。请将编甲输粮者，免其驱逐。倘有匪徒窜入，立即擒缚，解官办理。其余零星散处或本系封禁之地，将所搭寮房烧毁，人口递籍安插。至各处渔户驾船出洋，暂搭寮厂，未便概行禁阻，应令地方官取结给照，认真稽查等语。前因顾学潮奏称，沿海各省所属岛屿，多有内地民人建盖草寮房屋居住，日聚日多，诚恐相聚为匪。查察难周，令该督抚查明海岛情形，如有匪徒潜搭草寮房屋居住者，立即烧毁。今据伍拉纳查奏，浙、闽两省海岛居民甚多，已成市肆，不便概行焚毁驱逐，所奏是，自应如此办理。沿海民人居住海岛，久已安居乐业，若遽饬令迁徙，使濒海数十万生民失其故业，情殊可悯。且恐地方官办理不善，张皇滋扰，转致漂流为匪，亦非善策。所有各省海岛除例应封禁者，久已遵行外，其余均著仍旧居住，免其驱逐。至零星散处人户僻处海隅，地方官未必能逐加查察，所云烧毁寮房，移徙人口，亦属有名无实。今各岛聚落较多者，已免驱逐，此等零星小户皆系贫民，亦不忍独令向隅。而渔户出洋采捕，暂在海岛搭寮栖止，更不便概行禁绝。且人户既少，稽察无难，尤非烟户稠密之区，易于藏奸者可比，自应听其居住，毋庸焚毁。所有沿海各省地方，均著照旧办理。惟在各该督抚严饬沿海文武员弁实力稽查，编列保甲如有盗匪混入及窝藏为匪者，一经查出，即将该犯所住寮房，概行烧毁，俾知儆惧。其渔船出入口岸，务期取结给照，登记姓名。倘渔船进口时，藏有货物，形迹可疑，即当严行盘诘，无难立时拿获。地方官果能实力奉行、认真稽察，盗风自可永戢，原不在多设条款，竟为无益之空言也。

乾隆帝下谕军机大臣，伍拉纳奏筹议闽、浙两省战巡等船，分别留改一折，此事前经福康安奏称，外洋战船大小不一，各就海道情形均匀配造，实为缓急足备，

---

①《清实录·高宗纯皇帝实录》卷一三六一。

应请均仍其旧，无庸改造，以免更张。朕以该督所奏，俱系实在情形，当即明降谕旨，通谕沿海各督抚，一体确切查明，遵照妥办。夫海洋风帆顺利，营船商船，俱可行走迅捷，原无笨重灵便之分。若风水顶逆，即商船亦不免随波荡漾，人力难施。至于巡洋缉盗，全在弁兵等奋勇追捕，并不关船只之大小也，想伍拉纳尚未接奉此旨，故于闽省战巡各船，奏请毋庸遽议更改。著传谕伍拉纳，即当遵照前旨，所有闽、浙两省战巡及桨橹各船均可毋庸改造。惟当严饬水师弁兵等，于平日认真操练，出入风涛，务期帆舵得力。而驾驶巡洋时，遇有盗船，益当实力追捕，不可稍有退怯，以期永戢盗风，方为妥善。①

十月十九日丙寅(1790 年 11 月 25 日)

乾隆帝下谕军机大臣，据海宁奏千总袁凤鸣、郑宁巡至王逊外洋追拿匪船，被贼匪拒捕打伤，并掠取枪炮刀械逸去，现在驰赴温州，督率文武设法擒拿等语。浙江温州一带，盗匪出没洋面，最为商船之害。上年经伍拉纳亲往该处督拿，缉获数案，今盗犯尚敢肆劫，竟至拒捕伤官、掠取军器，不法已极，可见沿海盗风未能尽戢。海宁现已亲赴温州，著传谕该抚，即行督率文武员弁设法擒拿，以期全数弋获。至温州海道与闽、广相通，恐洋盗等闻知，浙省查拿紧急，窜入福建、广东洋面，或竟登岸潜逃，亦未可定。并著传谕各该督抚，于所属内外洋面及沿海地方，一体严密堵拿，毋任远扬漏网。②

十一月十一日丁亥(1790 年 12 月 16 日)

乾隆帝下谕军机大臣，据陈杰等奏瑞安洋面匪船拒伤弁兵、搬取军械一案。现派兵船五十只哨探贼踪，于浙属洋面遍历兜拿，务将各匪船全行弋获。再游击钱梦虎在洋巡缉，调派来温会剿。十月十八日，船至昌石营淡水门洋面，遇盗拒敌，官兵受伤，搬去枪炮牌刀。现饬副将刘潢驰往查明，另行具奏等语。浙省洋面盗匪肆行劫掠，胆敢拒伤弁兵，抢夺军器。瑞安外洋甫有千总袁凤鸣、郑宁巡船被盗之事，匪犯尚未就获。今游击钱梦虎又在昌石营洋面遇盗，劫去军器，可见该省沿海一带伙匪甚多，竟系福建、广东等省查拿紧急，匪徒皆窜入浙江洋面，愈聚愈多，若不严行缉捕，恐致别滋事端。现在陈杰饬派兵船出洋哨缉，贼匪闻追拿严紧，自必弃船登陆，窜匿岛岙。陈杰系属提督，地方非其所属，恐呼应不灵，缉捕不能得力。因思福崧曾任浙江巡抚，于该省洋面情形较为熟悉，近日该抚历已抵任，省城

---

① 《清实录·高宗纯皇帝实录》卷一三六三。
② 《清实录·高宗纯皇帝实录》卷一三六五。

并无要事，自当前往会办，以期盗匪速获。著传谕该抚即速驰往温州，驻扎该处。此案即责成福崧会同陈杰，督率文武各官带领弁兵，于外洋及海口地方严密缉拿，毋任远扬漏网。至钱梦虎遇盗一案，有无装点捏报情弊，并著据实查明办理，不可稍有讳饰。将此传谕福崧并谕陈杰知之，仍著将查办情形，由六百里迅速覆奏。①

廿六日壬寅(1790 年 12 月 31 日)

乾隆帝下谕军机大臣，据盛京将军嵩椿等奏，佐领王尚赍、骁骑校范建保带领水师弁兵，在洋面躧缉盗匪。八月十二日至兔儿岛，有盗犯李佩等来劫。该员等直前擒拿，贼犯带伤落水者六七名，余贼跳入水内。除入水擒获四名外，余俱漂流无踪，又在船中水柜内获贼一名。讯据供称，李佩同首盗华官等二十七名，自七月至八月在锦州、盖州一带盗窃五案，并伤毙事主等语。盗犯华官等纠集多人，在锦州等处肆行叠劫，并胆敢伤毙事主，实属目无法纪，不可不严拿迅办。该犯等籍隶福建，或因在该省洋面犯案，查拿紧急，是以窜入奉天地方，复纠众为匪。此次行劫脱逃，或仍潜回本省，并或在附近沿海各省分逗留藏匿，俱未可定。著传谕各该督抚一体派委员弁，严密查拿，毋使一名漏网。至该犯等所得赃物，若即在奉天一带上岸变卖，则就近缉拿尤易为力，并著嵩椿等饬属留心躧缉，毋令稍有疏懈，以致盗犯远扬。

廿八日甲辰(1791 年 1 月 2 日)

乾隆帝下谕，孙士毅奏，宝山县江东海口外沙滩上于潮退时，起获铜炮一位、铁炮四位，并无锈蚀痕迹，亦未铸有年月字样。自系沿海各营汛之炮被匪盗偷窃，经弁兵追寻，匪盗等携带不及，弃掷水中。现饬总兵魏辙、知州西琳亲往查验等语。此项炮位在海口外沙滩起获，该处并无民居，自系盗船弃掷，该督恐沿海各营有遗失炮位之事，现在通饬严查。绿营向有讳盗捏报恶习，其弊或不出此。但思炮位并无锈蚀痕迹，尚系新铸之炮抛入水中，当亦不久，而各炮未铸年月字样，又似非各营所安设者。且起出之炮系县役会同营兵查获，若果营中遗失，讳匪未报，岂肯自行出首？或系出洋商船在外国贸易，置买炮位，防御盗贼，回内地后不便携带，弃掷海滨。或系盗匪劫夺商船炮位，在沙滩私行藏匿，均未可定。著该督即会同提督陈大用，通查沿海附近各营安设炮位是否齐全，式样是否相同。抑或此项炮位竟属商船遗失之处，详悉查明，据实覆奏。至炮位为军火要需，民间原不应私行制造，即商船在外夷置买，以为途中御盗之用，亦当于进口时报明呈缴，地方官酌

① 《清实录·高宗纯皇帝实录》卷一三六六。

量给予价值，分拨各营备用，方为妥善。著该督申明例禁，酌定章程，一并具奏，所有沿海各地方并著各督抚严饬所属，一体照此稽查收缴。

廿九日乙巳(1791 年 1 月 3 日)

乾隆帝下谕军机大臣，福康安等奏报征收关税期满一折，核计五十六年征收数目，比照四十一二两年，均多收银五十三万九千一百余两。因思粤海关收纳洋货税课，每年征收盈绌不在洋船之多寡，惟视货物之粗细，到关细货较多则征收自裕。但若钟表、羽呢等件，究非民间常用之物，销售未能迅速，即商船贩运稍多所致，税银亦不应比较盈余多至五十三万九千余两。朕闻外洋夷地与俄罗斯相连，近年俄罗斯因未通贸易，北边一带稽查严紧，私将海龙、黑狐等项皮张货物由洋船贩至广东售卖，恐该关税课充盈或由于此。俄罗斯需用内地大黄、茶叶等物，刻不可离，若私贩皮货至粤，自必易换该国必需之物，透漏出洋，是名为闭关，仍不能全行禁绝。著传谕福康安等，于粤海关洋船进口时严密稽查，有无前项情弊。如贩有海龙等物，务须严行查禁，毋任稍有偷越，亦不得因稽查违禁货物，遂将税银短少也。至此次该关洋货究系何项货物，以致税课增多，即著查明开列清单呈览。

是月，浙江巡抚福崧、提督陈杰奏称，象山洋面拒捕盗匪，日久未获，臣等不胜焦急。因思温州一带捕鱼民船，深知水性，于盗船踪迹必能一望而知。若妥协雇觅，示以重赏，令弁兵带往擒拿，可期得力。乾隆帝下谕，此亦一办法，好。又奏，盗匪在洋日久食尽，亦须上岸购买，是陆路亦属紧要。臣等已派员弁前往上大陈、下大陈、石塘等处凡盗贼出没之区，实力堵截，以免偷越。乾隆帝下谕，更为要紧，宜督令地方官留心。又奏，严谕沿海铺户居民，毋许代变赃物，私售米粮，如能拿获送官，立予重赏。乾隆帝下谕，好，勉为之。①

十二月十七日癸亥(1791 年 1 月 21 日)

乾隆帝下谕军机大臣，据伍拉纳奏，拿获行劫浙省哨船及在闽洋肆劫盗犯陈胜等十四犯，审明后即已处决枭示等语，所办尚好。惟浙省瑞安巡洋官兵哨船被盗抢劫军械一案，前据陈杰奏报，系盗船八只围住哨船，搬取军器衣物而逸。今据伍拉纳审讯此案盗犯陈胜等供认，行劫兵船时实止盗船四只，与陈杰所奏不符。或系该弁等虚报盗船数目，欲藉寡不敌众为辞，以掩其退怯之罪，亦未可定。现在福崧已赴温州，即著会同陈杰就近查明行劫盗船确数，据实具奏。此案盗匪共伙党四十余

---

① 《清实录·高宗纯皇帝实录》卷一三六七。

人，向在温州一带洋面肆行劫夺。兹据闽省拿获各犯，内有此案伙党七名，而浙省并未缉获一名。并著伍拉纳、福崧、陈杰严行督缉，将逃逸盗犯迅速弋获，毋使远扬漏网。再据伍拉纳奏，闽省现获盗犯除审办外，尚有陆续报获者二十余名，现在提省审讯等语，所办亦是。该犯等解到时，该督务须隔别研鞫，如系行劫兵船之犯，即当从严惩治，以戢盗风。其获盗之地方文武各员缉捕多犯，尚属奋勉，并著照该督所请。俟查明出力之员奏到时，再行酌量加恩，用示鼓励。①

乾隆五十六年　辛亥　公元 1791 年

正月初九日甲申(1791 年 2 月 11 日)

乾隆帝诣大高殿行礼，御紫光阁，赐朝鲜、暹罗、缅甸国等使臣等宴。

十二日丁亥(1791 年 2 月 14 日)

乾隆帝下谕军机大臣，本日长麟奏遭风琉球难夷护送归国一折，内称据通州详报，乾隆五十五年九月初二日，东七甲港口有外来船一只，查系琉球国人运送粟米，遇风漂至港口泊住。详经孙士毅、福崧批饬，妥为抚恤，令将如何遣回本国之处，查议具详。兹据查明，该难夷愿坐原船回国，即移会陈大用拨兵，护送至闽归国等语。朕阅此折，乃知上年九月间即经通州详报，孙士毅等既已据详饬查，自应将该难夷遭风情节一面奏闻，一面查办，乃直至长麟到任后查明具奏，殊属迟缓。朕办理庶务，惟以爽速为要。著传谕孙士毅，嗣后遇有此等事件，即一面饬查，一面奏闻。将此传谕孙士毅，并令长麟知之。②

廿三日戊戌(1791 年 2 月 25 日)

乾隆帝下谕，福崧等奏，审拟千总袁凤鸣等在洋遇盗抢失军械，并护副将王愈安等饰词具报一折。袁凤鸣带兵出洋巡缉，遇见盗船，正当奋力擒拿。督率兵丁等

---

① 《清实录·高宗纯皇帝实录》卷一三六九。
② 《清实录·高宗纯皇帝实录》卷一三七〇。

向前追捕，乃转被盗匪过船，将该弁擒住，抢去军械、衣物。且该弁亦并未身受一伤，实属怯懦不堪。该抚等比照领兵官失误军机之例，拟以斩候，尚不足以示惩。袁凤鸣应照临阵脱逃律，著即处斩，余俱照该抚等所奏完结。又据奏，查明游击钱梦虎在淡水洋面瞥见盗船，即首先出抵，脚踢两贼落水，又拔刀连砍数匪。嗣因盗匪拼命抵拒，致被重伤倒地等语。钱梦虎一见盗艘，即能迅速追拿，迨至贼船驶拢抵死拒捕，该游击亲身直前抵御，奋勇格杀盗匪多名，身受重伤，核其情节，胜袁凤鸣畏缩无能者多矣。钱梦虎著免其治罪，仍回游击之任，所有在船兵丁亦著照旧归伍食粮。

乾隆帝又谕，据福崧奏，拿获行劫哨船正盗陈潮、邱阿田、陈阿助等三犯，审明后，即恭请王命处斩枭示。又拿获买赃之周友卿一犯，审系在沿海地方屡次价买赃布，请先在海口用重枷枷号一年，满日发遣黑龙江给披甲人为奴等语。浙省行劫哨船拒捕夺械一案，前经闽省拿获七名。浙省系犯案地方，获犯仅此四名，转较闽省为少，且所获各犯止系案内伙党，而盗首在逃迄今未获。著传谕伍拉纳、福崧、陈杰严行督缉，将逃逸各犯迅速全行弋获，毋任远扬漏网。拿获后不分首从，即行正法，以示惩儆。又据福崧另片奏称，海塘应修各工亟须妥速补筑，拟暂回省城亲往督催，俟二月内伍拉纳来温之前，仍即前抵温州会同商办等语。福建地处海疆，最关紧要，浦霖新调该省巡抚，恐未能熟谙海疆情形。且浙江粤东洋盗多系籍隶福建，该犯等劫得货物窜至闽省洋面，势须登岸卖赃，海口地方亦必有接赃私买之人，现在浙省拿获屡买盗赃之周友卿可为明证。伍拉纳此时竟当在闽，饬属于洋面及各处海口认真缉捕，或亲至沿海查拿，何必因此一案余犯前赴温州？上年十一月内，曾经降旨谕知伍拉纳，此时想已接奉。该督即当遵照前旨毋庸赴浙，如已起程抵温，将缉捕事宜与福崧等商定后，即著速行回闽。至福崧俟查催海塘后，即行前往温州督办，务期盗首就获，洋面肃清，不可稍有疏纵也。

暹罗、缅甸均遣使谢恩，贡方物。①

三月十一日乙酉 (1791 年 4 月 13 日)

乾隆帝下谕，浙、闽一带洋面盗匪出没，为害商旅，甚至围劫哨船，拒伤兵弁。节经降旨，令各该省督抚严密查拿，经伍拉纳督率员弁，陆续拿获各案首伙盗犯一百一十余名，兹复据奏，获盗犯三十八名俱已审明正法。伍拉纳办理认真，连获多犯，著交部议叙。其出力缉捕之文武员弁，并著该督查明咨部议叙以示鼓励。至福崧、陈杰在温州沿海地方督拿洋盗，为日已久，只获正盗陈潮等三名，差弁赴闽，亦只获张阿岩一名，获盗无多，毋庸交部议叙，仍著该抚等督饬所属上紧缉

---

① 《清实录·高宗纯皇帝实录》卷一三七一。

拿，毋任疏纵。此等盗匪，皆由沿海各处民风剽悍，地方官不能留心化导，遂致相习为匪，轻生犯法。朕不能道之以德，不得不齐之以刑，尚当引以为愧，故每披览奏牍，见愚民自蹈刑章、骈首就戮，未尝不恻然动念。但匪犯等纠伙出洋劫掠，倘再稍事姑息，更何以安行旅而靖盗风？若愚民等见此番痛惩之后，咸畏法怀刑，勉为良善，民气渐淳，刑网皆可不设，是诛戮者只此百余人，而所以保护生全者实多也。闽、浙等省盗风如此之炽，总因富勒浑、雅德从前在督抚任内姑息养奸，因循贻误所致。伊等获咎甚重，本不应释令回京，姑念皆已年老，得以幸邀宽宥释回。嗣后该督抚等若再蹈伊二人覆辙，必当从严治罪，断不能幸邀宽典。惟当督率所属，认真缉匪，化导愚氓，与其惩于既犯之后，不若弭于未然之先。小民等苟能自爱身家，不致轻罹宪典，于辟以止辟，刑期无刑之意或庶几焉。①

十九日癸巳（1791 年 4 月 21 日）

乾隆帝下谕，孙士毅奏，据各属禀报，拿获海洋江面及内河陆地，行劫盗犯刘鹤、张三等四十九名，现已审明各情节，分别定拟一折，已交部议奏矣。江省洋面虽非闽广可比，但沿海一带地方亦当留心侦缉。今孙士毅等分委干员严密查拿，缉获多犯，从严究治，可见地方官认真办理，即能获盗如此之多。所有此次出力拿获多盗之知县县丞，一并交部议覆准其送部引见，以示鼓励外，其案内未获逸盗，著孙士毅等严饬所属，四处搜捕，务期弋获，以净根株。现在浙省洋面盗匪出没，皆由沿海各处民风剽悍，地方官不能留心化导，遂致相习为匪，犯法轻生。倘或稍事姑息，何以安行旅而靖盗风？福崧在温州地方督拿已久，获盗无多。并著传谕该抚上紧缉捕，饬属严拿，不可因日久生懈，致滋疏纵也。②

四月初七日辛亥（1791 年 5 月 9 日）

乾隆帝下谕军机大臣，前因奉天、锦州等处洋面行劫盗匪多系籍隶福建，当经降旨，令该省督抚饬属严拿。兹据伍拉纳奏，缉获行劫锦州等各洋首伙盗犯二十二名，已审明正法矣。奉天为陪都根本之地，民风淳厚，从无为匪劫掠之事。是以奉天锦州一带海洋往来商贾，并未闻有被盗叠劫重案。乃此次盗犯黄如玉等纠约多人，在锦州、盖州等处洋面肆行劫掠多次，所得赃银至三千两，其余货物甚多，实为该处商旅之害。该盗犯等俱系籍隶福建，必有闽省民人在锦州、盖州一带为之串通勾引，不可不严行查办，以靖洋面而戢盗风。朕闻奉天、锦州一带沿海地方，竟

① 《清实录·高宗纯皇帝实录》卷一三七四。
② 《清实录·高宗纯皇帝实录》卷一三七五。

有闽人在彼搭寮居住，渐成村落多至万余户，则此次锦州盗案明系此等无业民人作为线目，并恐有窝藏隐匿之家，以致该犯等敢于在洋肆劫，登岸分赃。此皆系地方官以闽人在彼贸易营生，藉此多征商税，遂尔任其居住，若不亟行查禁，则呼朋引类，日聚日多。不特勾连盗匪，扰害行旅，且于陪都风俗淳朴之乡，大有关系。但闽人在彼居住已非一日，且户口较多，亦未便概行驱逐，惟有严饬该管旗民员弁，编列户口清册，设立保甲，逐一清厘，随时查察。如有不法滋事，勾引盗匪在洋抢劫及窝留代变赃物者，即将犯事之家从重处治，保甲等亦一体治罪。并查明实在户口造册后，毋许再有加增，其有迁移回闽者，即于册内开除，务使有减无增，庶可渐次禁绝。然必须不动声色，设法查办，方为妥善。嵩椿为人疏阔，办事未能精细，积拉敏系新授锦州副都统，于该处情形亦未能熟谙。因思台斐音在山海关副都统任内，访拿玉田县逃回匪犯田自相一案，并节次查获私带人参等犯，办事甚属认真细致，已明降谕旨，与积拉敏对调矣。海、盖、广、宁及牛庄等处沿海地方，皆系奉天锦州所属，恐皆有闽人居住，此事竟责成台斐音，遵照谕旨指示之处，严密设法查办，并著嵩椿及奉天府尹一体留心，帮同整饬，总以不滋事而绝盗源，使闽人不致在彼聚集为匪，日渐减少为妥。复令军机大臣询问前任山海关监督巴宁阿，据称锦州、盖州、牛庄等处每年俱有福建商船到彼贸易，即有无业闽人在该处居住，渐聚渐多，或有借打鱼为名往来洋面，勾通闽盗之处亦未可定等语，可见此等寄居贫民与闽盗俱系同乡，彼此联络。上年锦州等处洋面商船被劫一案，该将军等拿获李佩等犯，即有闽省民人流寓奉省者在内，此其明证。台斐音赴任后，务须会同嵩椿等密访严查，为之以渐，不可稍涉声张，转致闽人等激而生事，有负委任。台斐音向来办事奋勉，今又委以海洋缉捕之事，并著加恩赏戴花翎以示鼓励。将此传谕台斐音，并谕嵩椿等知之，仍著将如何设法查办之处，据实悉心妥议具奏。寻，斐音奏报，亲赴锦属查勘，天桥厂、龙王庙二处寓居闽人，只一百九十一名，因贸易索赔等事以致羁留，现在思归者众。遇有海船，拟即给票回闽，其余安静愿留者，向设海正一名及新添正副堡头二名，足资稽查。该处领票渔船三十二只不时侦缉，以杜藏奸。盖州、牛庄等处情形大约相同，即日至盛京，会同将军、府尹等一并筹办。乾隆帝下谕，好，勉为之。①

廿三日丁卯 (1791 年 5 月 25 日)

乾隆帝下谕军机大臣，福康安等奏稽查炮位酌定章程一折，内称各国来广贸易洋船，间有携带炮位、枪刀等项，由粤海关监督，于该船出入虎门时，查验开报，例准随带，其东省商船领照出口，无论远赴夷地及赴各省贸易，均由守口文武员弁

①《清实录·高宗纯皇帝实录》卷一三七六。

验照放行，不准携带炮位等语，此事恐难行，已于折内批示矣。商船出洋携带炮位，原为洋面御盗之用，不特各国来广贸易商船，未便禁止。即内地出口商船概行不准携带炮位，倘于海面遇匪船行劫，临时不能抵御，岂有转令束手待毙之理？况在船行劫者，不独内地匪徒，想各国夷匪亦有纠约为盗，携带枪炮，出没海洋，为行旅之害。而内地出洋商船内，转无炮位抵御，该商等即不保护货物，亦各爱惜身命，若拘泥禁止，何以卫商旅而御盗劫？若有名无实，何必为此耶？著福康安等饬令海口文武员弁，只须于商船出洋时将炮位稽查点验后，仍准其携带，不可因噎废食也。至另折奏，拿获崖州拒捕盗犯梁章有等，讯出梁章有即系蛋家二顶名支饰，希图避重就轻，俟催提盗犯陈学辉等到日再行质审，立置重典。又访获描刻关防李应选一犯，现在严刑根讯等语，所办好。蛋家二系为首戕官之犯，情罪重大，既经就获，讯明定案时，自当问拟凌迟。其拿获该犯之文武员弁并著福康安等，查明出力之人，随案咨部议叙，以示鼓励。所有未获之盗首何起文、大辫三及案内伙盗，仍著严饬文武及各路委员人等，加紧搜捕，尽数查拿，毋使一名漏网。

是月，山东巡抚惠龄奏称，登、莱、青三府属海洋岛屿甚多，有地亩钱粮应查办者计三十处，请照内地例编排保甲，造册报核。每年于三府中，委同知一员前往巡查，并劝农桑。乾隆帝下谕，行之在人，妥实为之。①

七月初二日乙亥（1791 年 8 月 1 日）

乾隆帝下谕军机大臣，魁伦奏琉球船只出口照例免税一折。细阅单内所开，除大黄一项系遵照奏定章程，官为代买外，其绸缎、丝布及川芎、川连纸、泾县纸等件，俱系内地货物。而洋参、苏木等物乃外洋所出，又似带至内地售卖之件，该夷使既置买内地物件带回该国，何以外洋之物，复转向内地购买带回？魁伦所开单内殊属牵混，著该将军详晰奏明。又大黄系向何铺代买，来自何处，即行覆奏。寻奏，洋参、苏木俱出西洋暹罗等国，并非琉球所产。大黄一项，据承买药材行户等供称，各样药材俱由江西樟树镇贩运来闽销售，但江西亦不产大黄，闻得陕西泾阳县为大黄汇集之所，转发汉口樟树等处行销等语。复询据琉球国通事魏廷玉禀称，琉球与西洋暹罗诸国相距窎远，向无商贾贸易洋参、苏木，故就闽购买。至大黄每岁或买数百斤及数千斤不等，自饬禁后核定数目，官为代买，带运回国，并无转售他处等情。②

---

① 《清实录·高宗纯皇帝实录》卷一三七七。
② 《清实录·高宗纯皇帝实录》卷一三八二。

八月初九日辛亥（1791 年 9 月 6 日）

军机大臣奏，据浙江巡抚福崧奏称，朝鲜国难夷金客赞等于乾隆五十六年二月十九日由本国开船，至三月初一日在洋面遭风漂至平阳县，照例抚恤，咨送到京。请饬礼部查照旧例遣回本国。报闻。①

九月初三日乙亥（1791 年 9 月 30 日）

乾隆帝下谕，奎林等奏拿获洋盗审明正法一折，内称盗犯蔡允等驾船行劫，遭风漂到淡水厅竹堑港外洋面，经淡水同知袁秉义、竹堑守备林登云派拨兵役往查，即将盗犯蔡允等十二名拿获。现查明出力兵役，按名奖赏等语。淡水洋面有盗船漂至，该同知守备一闻口汛禀报，即拨兵役出港查拿，当获首伙盗犯十二名，尚属留心缉捕。除出力兵役等业经奎林等奖赏外，袁秉义、林登云均著交部议叙，以示奖励。②

十月初三日甲辰（1791 年 10 月 29 日）

乾隆帝下谕军机大臣，据福崧奏外委陈学明所驾巡船一只，驶至太平县沙镬洋面被盗拒伤，抢失器械，福崧现在亲往台州黄岩一带稽查督缉等语。上年浙江温州洋面盗匪拒捕戕官一案，所有正伙各犯俱系闽省拿获审办，浙省只获盗一名，即广东崖州盗案。节据福康安等具奏，将首伙各犯拿获多名，分别正法，严示创惩。而浙江海洋盗匪，未闻就获多人，今又有此事，可见福崧、陈杰无能，并不严饬地方文武员弁实力巡缉，岂不自知愧励耶？福崧现往该处督率查拿，务将盗匪全数就获，从重办理。若再不认真督缉，致盗匪远扬，将来被闽、粤二省拿获，福崧、陈杰恐不能当其咎也，将此谕令知之。

乾隆帝又谕，据广东督抚福康安、郭世勋奏，安南国王阮光平派拨都督黎文认等带兵驾船，在观澜海面追获盗船，击毙落水二十余人，生擒二犯，业经就地处决，仍将前次赍去赏物，优加赏赉，以示鼓励等语。广东洋盗因内地官兵追拿紧急，窜入安南洋面，前经福康安咨会安南一体协拿，该国王即派拨兵丁在外洋认真堵缉。上年据该国屯将范光璋捕获盗犯，曾经优加赏赉。兹复据阮光平派拨都督黎文认带兵追获盗船，击毙多人，生擒匪犯二名，即行正法。不使稍稽显戮，具见该

---

① 《清实录·高宗纯皇帝实录》卷一三八四。
② 《清实录·高宗纯皇帝实录》卷一三八六。

国王感激朕恩，力图报效，实堪嘉奖。①

三十日辛未（1791 年 11 月 25 日）

乾隆帝下谕，据魁伦奏琉球国贡船到关遵例免税一折，内称此次正副使贡船二只进口，逐一查验，与免税之例相符，随照例宽免，旋据该通事梁元鲁率领来使马继谟等赴阙叩谢天恩等语。琉球国既差使臣赍进贡物，现在船只到关，经魁伦验明免税，该抚即应将该国贡使到境日期及约计程站，何时可以到京，专折具奏。乃仅照例题本，而于该贡使何时可以到京，并未奏及，殊属拘泥迟缓。著传谕浦霖，即将该使臣能否于年内到京之处，据实覆奏。寻奏，琉球国正副使马继谟、陈天龙于八月二十、二十一日先后到闽，十月初二日派员伴送启程，十九日已出闽境，计十二月二十日以前定可到京。

是月，江苏巡抚觉罗长麟奏称，江南产米仅敷本省口食，若商贩透漏出洋，必有食贵之虞。且海洋窃劫盗犯匿迹洋岛，惟食米缺乏，上岸购买，无难擒获。若米石透漏出洋，则盗犯不靳重价，俾商贾贪利接济，不致以上岸购食被擒。是米石出洋，既碍民食，益资盗粮，例载奸徒运米出洋接济奸匪者，绞立决，无济匪情弊，米过百石，发近边充军，米石船只变价充公等语。查弁员奉委出洋，多不谙水性，必须雇觅船只多带水手，并须先行买眼购线，种种需费，微末员弁，力难从心。请嗣后无论文员、武弁及总督、提镇各营，如有能在海洋拿获私运米石者，即将所拿米石船只充赏，则委员等费用有资，必更认真缉拿，以裕民食而绝盗资。倘非亲身出口，及以商客货船食米妄拿讹诈者，严参治罪。乾隆帝从之。②

十二月廿四日甲子（1792 年 1 月 17 日）

乾隆帝下谕军机大臣，郭世勋奏澳门夷人戳毙民命，审明办理一折，此案夷犯因斗殴连毙二命，自应按例，即行绞决。乃折内又称澳门地方民番谋故斗殴等案，若夷人罪应斩绞，验讯明确，即饬地方官依法办理等语，所奏太不明晰。其既经按例绞决，是应绞之犯，何以又将夷人罪应斩绞之例牵引声叙？该抚于此等审拟案件何漫不经心，牵混若是耶？郭世勋著传旨申饬。

① 《清实录·高宗纯皇帝实录》卷一三八八。
② 《清实录·高宗纯皇帝实录》卷一三八九。

三十日庚午(1792 年 1 月 23 日)

乾隆帝御保和殿，赐朝正外藩筵宴。琉球国正使马继谟、副使陈天龙，安南国正使阮文琠、副使阮珬，缅甸国正使哑扎觉苏、副使得满觉，朝鲜国正使金履素、副使李祖源至御座前赐酒成礼。①

乾隆五十七年　壬子　公元 1792 年

四月廿二日庚申(1792 年 5 月 12 日)

户部议准署两广总督郭世勋奏称，内地大黄为西洋各国治病要药，前因不准俄罗斯通市，每年每国贩买不许过五百斤。现在已准俄罗斯通市该处洋商，呈请照前买运，不必限以五百斤之数。其海龙、黑狐皮张，并准进口售卖。乾隆帝从之。②

闰四月十六日甲申(1792 年 6 月 5 日)

以久旱，乾隆帝下谕台湾及沿海各省详鞫命盗各案，毋有意从严。③

八月初九日乙亥(1792 年 9 月 24 日)

乾隆帝下谕，郭世勋奏，暹罗国遣陪臣具表入贡。七月初一日，正副使船陡遇飓风，漂至新宁县海晏汛等处洋面搁浅。现将方物起卸拨运来省，并飞行该地方文武将贡使人等妥为照料，由省河另雇船只拨送赴省等语。暹罗国王郑华素称恭顺，本年届正贡之期备进表文方物，自当准其呈进。但该贡使等陡遇飓风在洋搁浅，虽据该署督派员妥为照料，竟不妨令其缓程行走，于年前到京。彼时安南国王阮光平亦有使臣前来具表纳贡，与各国陪臣同时并沾恩宴，共迓春祺，更为两便，将此传

---

① 《清实录·高宗纯皇帝实录》卷一三九三。
② 《清实录·高宗纯皇帝实录》卷一四〇一。
③ 《清实录·高宗纯皇帝实录》卷一四〇三。

谕知之。①

廿六日壬辰（1792 年 10 月 11 日）

刑部议覆江苏巡抚奇丰额奏称，江南沿海各口凡商、渔船只，赴海领照，即于照内注明舵工、水手姓名、年貌、住址，俟拢收口岸核对相符，方准贸易。而近来海洋行劫之案，往往连船劫夺，冒认姓名、年貌，竟至无从觉察。请嗣后商、渔船只照票内，舵工、水手人等年貌项下，将箕斗验明添注，出入按名查验。如水手人等在洋患病，雇别船水手令该船户于收口时，具结呈报该管官。于新雇水手年貌项下亦填注箕斗，仍验明同船户各箕斗相符，方许具保。乾隆帝从之。②

九月廿一日丁巳（1792 年 11 月 5 日）

军机大臣议覆署两广总督郭世勋奏称，遂溪县属之涠洲海岛，四面大洋，飓风猛烈。如建盖兵房，难期经久，且礁石鳞列，战船亦难湾泊。请将前督臣福康安奏请酌拨守备千把等员、弁兵三百名移驻之处，毋庸办理。惟应于海安、龙门两协营水师额兵内，各拨一百五十名，每月责成该协营副将、游击，饬令千把、外委各一员，带目兵各七十五名配驾哨船，会赴涠洲，更番游巡。如能拿获盗匪，分别升赏，倘有失事，并私赴涠洲燂船汲水，即将管驾之弁兵，及该管副将、游击一并参处。其涠洲东南之斜阳一岛，距该处仅三四十里，一体责令顺带巡查，均应如所奏。乾隆帝从之。③

十月二十日乙酉（1792 年 12 月 3 日）

乾隆帝下谕军机大臣，郭世勋等奏，据洋商蔡世文等禀，有嘆咭唎国夷人等来广禀称，该国王因前年大皇帝八旬万寿未及叩祝，今遣使臣马嘎尔尼进贡，由海道至天津赴京等语，并译出原禀进呈。阅其情词，极为恭顺恳挚，自应准其所请，以遂其航海向化之诚。即在天津进口赴京，但海洋风帆无定，或于浙、闽、江苏、山东等处近海口岸收泊，亦未可知。该督抚等如遇该国贡船到口，即将该贡使及贡物等项派委妥员，迅速护送进京，毋得稍有迟误。至该国贡船，虽据该夷人禀称约于明年二三月可到天津，但洋船行走，风信靡常，或迟到数月，或早到

---

① 《清实录·高宗纯皇帝实录》卷一四一〇。
② 《清实录·高宗纯皇帝实录》卷一四一一。
③ 《清实录·高宗纯皇帝实录》卷一四一三。

数月，难以豫定。该督抚等应饬属随时禀报，遵照妥办。再该贡船到天津时，若大船难于进口，著穆腾额豫备小船，即将贡物拨运起岸，并派员同贡使先行进京，不可因大船难以进口，守候需时，致有耽延也。将此传谕各督抚，并于郭世勋、盛住知之。①

十二月初十日甲戌（1793 年 1 月 21 日）

乾隆帝下谕军机大臣，管干珍奏，佃湖营外委王兆熊驾领水操沙船，在洋面陡遇大风，漂失船只。请将驶驾不慎之外委王兆熊先行斥革，所有船只交江南总督饬查明确，著落赔补，并开送应议职名题奏等语。此项水操沙船驾至洋面，陡遇大风，以致漂失，在船弁兵、舵水人等幸遇渔船救护得生，殊堪悯恻。既经该游击陈书讯之渔船船户王有才所供遭风救护各情节，俱与原报相符，自非捏饰。且外委王兆熊现在各处寻找漂失船只，尚未回汛，情节亦为可怜，何必遽行斥革？管干珍所办未免过当，此事著交书麟查明，如王兆熊已经回汛，即著复还外委顶戴，免其斥革。所请赔补船只及开送职名之处，均著加恩宽免。至遭风弁兵人等，如果系渔船救护得生，其渔船亦应酌量加赏。将此传谕书麟，并谕管干珍知之。②

廿四日戊子（1793 年 2 月 4 日）

乾隆帝幸瀛台，暹罗国使臣于西苑门外瞻觐。③

乾隆五十八年　癸丑　公元 1793 年

正月十八日壬子（1793 年 2 月 28 日）

乾隆帝下谕军机大臣，上年据郭世勋奏，嘆咭唎国夷人来广禀称，该国王因前年大皇帝八旬万寿未及叩祝，今遣使臣马嘎尔尼进贡，由海道至天津赴京等语。

---

① 《清实录·高宗纯皇帝实录》卷一四一五。
② 《清实录·高宗纯皇帝实录》卷一四一八。
③ 《清实录·高宗纯皇帝实录》卷一四一九。

因俯允所请，以遂其航海向化之忱，并以海洋风信靡常，该贡使船只或于闽浙、江南、山东等处近海口岸收泊，亦未可定。因降旨海疆各督抚，如遇该国贡船进口，即委员照料护送进京。因思乾隆十八年，西洋博尔都噶尔国遣使进贡，系由广东澳门收泊，其时两广总督阿里衮曾于海岸处所调派员弁，带领兵丁摆齐队伍、旗帜、甲仗等项，皆一体鲜明，以昭严肃。此次噗咭唎国贡船进口泊岸时，自应仿照办理。此等外夷输诚慕化，航海而来，岂转虞有他意？但天朝体制观瞻所系，不可不整肃威严，俾外夷知所敬畏。现在海疆宁靖，各该督抚皆未免意存玩忽，近海一带营伍可想而知。皆传谕各该督抚等，如遇该国贡船进口时，务先期派委大员多带员弁、兵丁列营站队，务须旗帜鲜明，甲仗精淬。并将该国使臣及随从人数，并贡件行李等项逐一稽查，以肃观瞻而昭体制。外省习气非废弛因循，即张大其事，甚或存畏事之见，最为陋习。此次承谕办理，务须经理得宜，固不可意存苟简、草率从事，亦不可迹涉张皇，方为妥善也。

十九日癸丑(1793 年 3 月 1 日)

乾隆帝下谕军机大臣，据蕴端多尔济等奏称，俄罗斯固毕尔纳托尔遣喀必坦瓦什里口禀，西洋之昂吉凌国王遣使于广东等处求地通商等语。上年十月据郭世勋奏，西洋噗咭唎国遣使来京纳贡，已允所请矣。今俄罗斯固毕尔纳托尔所禀之昂吉凌国，即系噗咭唎国。此时固毕尔纳托尔因现在恰克图通商，随据所闻致信以图见好之意，蕴端多尔济等答覆之语，尚属合宜。办理外夷事务，只宜以理简明晓谕，倘给回文，固毕尔纳托尔又将答禀，若语意文字间稍有未协，转滋烦扰。著传谕蕴端多尔济等，固毕尔纳托尔不遣人复来则已，若再遣人口禀事件，只当据理示以大体、婉词答谕，总不必给以回文。如伊等或有不得主见之处，即速具奏。①

二月廿二日乙酉(1793 年 4 月 2 日)

乾隆帝下谕，前据郭世勋奏，噗咭唎国遣使进贡祝厘，由海道至天津赴京，曾经降旨以海洋风信靡常，该贡使船只或于闽浙、江南、山东等处近海口岸收泊，亦未可定，而近海一带营伍未必一律整肃。特谕令该督抚等，如遇该国贡船进口时，务须派员弹压稽查，列营摆队，以示严肃。但外省习气非失之不及，即失之太过，若该督抚等因有此旨，办理过当，迹涉张皇，竟似陈兵备御者然。不特该国使臣心怀疑惧，即地方民人亦觉惊骇耳目，殊为未便。著再传谕该督抚等，于该国贡使到口时，总须不动声色，密加查察防范，以肃观瞻。而昭体制固不可意存玩忽，

---

① 《清实录·高宗纯皇帝实录》卷一四二一。

为不可张大其事，务使经理得宜，无过不及，方为妥善。再该国遣使赴京，或于贡船之便携带货物前来贸易，亦事之所有。若在福建、江浙等省口岸收泊，该处非若澳门地方，向有洋行承揽之人，可为议价交易。且该国来使与内地民人语言不通，碍难办理。著传谕福建、浙江、江南三省督抚，先期行文广东省，令郭世勋将该处行头通事人等拣派数人豫备。如该国贡船于该三省进口时，带有贸易货物，即飞速行知广东，令将豫备之人派员送到，以便为之说合交易。若该贡船在山东、直隶进口，该二省距京甚近，毋庸调取澳门之人，即可来京交易，交四堂人代为经纪其事，较为近便。仍著该督抚等谕知来使，以浙江等省向无洋行经纪，诚恐该国使人不晓内地言语，讲论价值不能谙悉，或有亏折之处，特调取广东、澳门洋行熟手为之经理，公平交易。俾其得沾余润，以示怀柔体恤之意。①

三月初八日辛丑（1793 年 4 月 18 日）

乾隆帝下谕，据长麟奏酌议查禁出洋米石及巡缉私盐章程一折，长麟前在江苏巡抚任内，奏请将有能拿获私运米石及私贩盐斤者，即以所获米石盐斤船只，全行给赏，业经允准施行。今浙省地方滨海与江省情形相同，自应一体立法严禁，是以不复再交部议，即于折内批令如所议行矣。但地方诸务有治人，无治法，全在督抚、督率、属员认真查察，方于公务有裨。若徒以一奏了事，仍属有名无实。著传谕长麟务须督饬文武员弁实力巡查、随时稽察，勿得徒托空言，始勤终怠，方为有裨实政。②

四月初一日癸亥（1793 年 5 月 10 日）

乾隆帝下谕军机大臣，据郭世勋奏，嘆咭唎国遣使进贡，现复传询该国夷商禀称该国贡船系上年八月间起程，不在广东经过，大概由福建、浙江、山东等处外海洋面，直往天津等语。嘆咭唎国遣使纳贡甚为恭顺，前恐该贡使船只或于闽、浙、江南、山东等处近海口岸收泊，是以降旨，令各该督抚等遇该国贡船到口时，稽查照料，妥为经理。今该贡船于上年八月间起程由闽、浙等处外海洋面直抵天津，计算此时将次可到。著传谕梁肯堂等，即行派委妥员赶赴前途迎探。所有应行豫备之处，即先为备办，一俟该国贡船进口时，遵照前旨妥协经理。③

---

①　《清实录·高宗纯皇帝实录》卷一四二三。

②　《清实录·高宗纯皇帝实录》卷一四二四。

③　《清实录·高宗纯皇帝实录》卷一四二六。

五月初七日戊戌(1793 年 6 月 14 日)

乾隆帝下谕军机大臣，徵瑞奏，东商运盐向来雇用民船，既糜脚费，又多稽阻，请暂借库项给商造船盐运。既有船只，民船即不能居奇，运粮运货尤觉省便，于商民均属有益等语，所奏尚是，自应如此办理。又据另片奏，闽广船只已有抵口者，询以沿途曾否遇见嘆咭唎国贡船，尚无确信。徵瑞现往大沽地方及海口一带，查看道路及贡件如何拨运，先行筹定，即赶回随驾热河等语。嘆咭唎贡船现在尚无确信，其到后又须查点货物，用船拨运，抵京之期尚早。若该贡使等于六七月内始到，维时带往热河，与蒙古王公及缅甸贡使等一体宴赉观剧，较为省便。此事虽经梁肯堂派令地方文武豫为备办，究不足以资统率。徵瑞驻扎天津，距海口较近，且盐政职系钦差，将来贡使到后，该盐政率同地方官带赴热河，更为妥协。所有料理嘆咭唎贡船一事，著专交与徵瑞承办。此时贡船虽尚无信息，而道路尖宿及拨运贡物等事，均须豫为筹备，徵瑞不必前来接驾。竟俟西洋贡使到后，再带同前赴热河。伊系内务府人员，于供应外藩差使较为熟悉，沿途照料自更周妥也。至徵瑞现既有照应外国贡使之事，观瞻所系，著加恩仍赏戴花翎。该盐政接奉后，惟当遵照妥办，并不必前来谢恩。将此传谕徵瑞，并谕梁肯堂知之。①

廿九日庚申(1793 年 7 月 6 日)

乾隆帝下谕军机大臣，长麟奏，嘆咭唎国遣官探听该国贡使曾否抵京，经过浙江洋面，现令暂收海口，长麟即驰赴定海，亲为查看等语，所办好。该国差来探船由外洋跟寻贡船至浙，既尚未得有信息，若令其由海道探寻，洋面辽阔，势必仍不能找遇。但外夷素性多疑，若竟令其停泊候信，未免心生猜惑。著长麟即面向该国夷官，谕以该国王遣使进贡，上年经广东督臣奏闻，大皇帝嘉其恭顺，降旨允准。即通饬闽粤、江浙、山东、直隶各督抚于沿海地方留心探听，至今尚无消息。想因海洋风信靡常，另有停泊逗留之处，亦未可定。尔国王遣尔由外洋跟踪探听，既不能找遇，浙江距天津尚远，且海道难行，若尔欲在浙暂住，俟得尔国贡使信息再定行止。尔情愿改由官河行走，当派员送尔进京。其时尔国贡使或已抵天津收口，诣阙瞻觐，尔即可随同回国，更属妥便。倘尔以奉尔国王之命，令由外洋找寻，仍欲由海道行走，本部院即当飞咨各海口一体照料。倘尔因找寻贡船未遇，恐尔国王廑念，欲先回国禀知，亦听尔之便。如此逐层详示，令该国夷官自行酌定，一面办理、一面奏闻。如此旨到时，该国夷官业已开行，并著飞咨江南山东各督抚

---

① 《清实录·高宗纯皇帝实录》卷一四二八。

照此传知，总勿使该夷官久驻生疑，方为妥善。将此谕令知之。①

六月初一日壬戌 (1793 年 7 月 8 日)

乾隆帝下谕，长麟奏，定海镇总兵马瑀于嘆咭唎国探贡船只收泊海口后，不待该抚咨覆，遽听开行。请将马瑀及随同准令开行之宁波府知府克什纳，交部严加议处等语。马瑀等于该国船只收口既报明巡抚，不待咨覆，遽令开行，固有未报该抚应得之咎，尚非大过，马瑀、克什纳俱著交部察议。

初九日庚午 (1793 年 7 月 16 日)

乾隆帝下谕，长麟奏，据定海镇总兵马瑀等咨称，五月二十七日在内洋巡哨，见有夷船一只自南驶至内洋，并远望有夷船三只在外停泊。该总兵等迎上夷船，询问系嘆咭唎国进贡船只。据贡使马嘎尔尼称，因大船笨重不能收口，二十九日即欲开行前赴天津。近日南风甚多，北行极为顺利，应令其仍由海道速赴天津等语。前因总兵马瑀及宁波府知府克什纳于该国探贡船只收泊海口，既报明巡抚，不待咨覆。遽令开行经长麟参奏，已降旨将马瑀等交部察议。今该总兵于巡哨时，见有夷船远来，即能探询明确，迅速咨报，尚属留心。马瑀著免其察议，其知府克什纳亦著一并宽免。

乾隆帝下谕军机大臣，据郭世勋等奏，嘆咭唎国贡船于五月十二日经过澳门，而二十七日即抵浙江定海，可见海洋风色顺利，扬帆北行极为妥速。但该贡船行抵天津洋面，船身重大，必须另换拨船，方能收泊内洋，而由内洋至内河，又须再用小船拨运。该国贡物甚多，辗转起拨尚须时日，看来该贡使前来热河，已在七月二十以外。维时恰值演剧之际，该贡使正可与蒙古王公及缅甸等处贡使一体宴赍，甚为省便。著梁肯堂、徵瑞，俟贡使抵津后，即遵照前旨，妥为应付。徵瑞并可依期护送同来，以便沿途照料。至长麟前奏，该国差来探船一只，业已开行北上，此项探船既行在贡船之先。该夷官自未得贡船抵浙消息，计此旨到时，该探船早过江南洋面。著传谕吉庆、梁肯堂等，即飞饬沿海各员弁，俟探船行抵海口时，将贡船于五月二十七日抵浙、二十九日开行前赴天津之处，明白谕知该国夷官，并告以尔系为探听贡船消息而来。或必须回迎正使，面传尔国王之言，听尔之便。或尔因已得贡船信息，欲先回国禀知，以免尔国王悬盼亦可否？则尔欲偕赴天津，将来与正使一同前赴行在瞻觐，俱无不可。该督抚等务须详晰晓谕，俾远人得所遵循，且免其疑虑，以副朕体恤、怀柔至意。至总兵马瑀等，前因不待长麟示覆，辄听探船开行

交部察议，今该贡船经过定海洋面，该镇等立即问明咨报，尚属留心，已明降谕旨，免其处分矣。

十五日丙子（1793 年 7 月 22 日）

乾隆帝下谕军机大臣，奇丰额奏，据通州知州禀称，有琉球国遭风夷船一只漂至海口，现将该难夷护送至省，其遭风船只及粟麦等项，该难夷情愿变卖，俟料理妥协，即委员伴送遣归本国等语。外国遭风难夷漂至内地，自应加意抚恤，妥为安顿，遣归本国。该船虽折断大桅，船身损坏，但此项海舶置造时价值不轻，今将原船及粟麦等物在内地变价，该督抚、司道府县以至书吏等，遇有地方应行估变物产尚不及半价，何况此等外夷物件即少为估变，随意给予价值亦无凭考核，甚而从中染指者往往有之，殊属非是。外夷船只因失风漂至内地，所有应行估变物件，地方官必当格外体恤，于照值变价外略予便宜，方为怀柔远人之道。此次琉球遭风船只及粟麦等项，地方官如何估变给予价值，若干之处著奇丰额逐一查明，迅速覆奏，毋许地方官估变，稍有短少，致为外夷所轻也。

十七日戊寅（1793 年 7 月 24 日）

乾隆帝下谕军机大臣，奇丰额奏，接据长麟咨会，嘆咭唎国贡船于六月初一日自浙省青龙港开行，连日南风顺利，或可迅抵津门等语。该国贡船笨重，不能收泊内洋，到津后须辗转起拨，计抵热河已在七月二十以外，正可与蒙古王公及缅甸等处贡使一并宴赉。即或海洋风信靡常，到津略晚，不能于七月内前抵热河，即八月初旬到来亦不为迟。但应付外夷事宜，必须丰俭适中，方足以符体制外省习气，非失之太过即失之不及。此次嘆咭唎国贡使到后，一切款待固不可踵事增华，但该贡使航海远来，初次观光上国，非缅甸、安南等处频年入贡者可比。梁肯堂、徵瑞务宜妥为照料，不可过于简略，致为远人所轻。再前据长麟奏，嘆咭唎国船上有官员五十余人，从人、水手八百余名，将来收泊海口，正副贡使前赴行在瞻觐，除随从员役外，自有留看船只之人。著徵瑞即询明通事，贡使正副几人，跟随贡使前赴热河者共若干员名，开具清单速奏。其留于外洋大船看守员役舵水人等，亦开具人数名单一并奏闻，以备给赏。

二十日辛巳（1793 年 7 月 27 日）

乾隆帝下谕军机大臣，吉庆奏，嘆咭唎国贡船于六月十三日行至登州庙岛洋面，十四日即欲开行，经登州府。及游击上船犒赏，宣谕贡使情愿敬赴山庄叩祝，俟风顺，即便放洋迳赴天津等语。该国贡船于十四日在登舟洋面候风开行，约计六月底七月初方可行抵天津洋面。船身重大，必须另换海船，方能收泊内洋。而由内洋至内河，又须再用小船拨运。该国贡物甚多，辗转起拨尚须时日，况现在天气炎热，贡使等起岸后，自天津来至热河，尽可令其缓程行走，以示体恤。前经降旨，俟该贡使到时，必须整列队伍，以肃观瞻。梁肯堂系直隶总督，到彼弹压，照料呼应较灵。但永定河防汛事宜，亦关紧要，如安澜无事，著该督一得贡船收泊之信，即就近前赴天津，会同徵瑞妥为料理。倘该处有紧要工程，必须梁肯堂在彼驻扎督率办理。即行迅速奏闻，候朕另派庆成前往天津会同照料。该盐政仍遵前旨，带同该贡使前来，于七月末八月初到滦瞻觐，亦不为迟。将此谕令知之。

廿一日壬午（1793 年 7 月 28 日）

乾隆帝下谕军机大臣，徵瑞奏，六月十六日有嘆咭唎国探水船一只到口，询据通事称，该贡使因船身过大，吃水三丈余尺，恐天津海口不能收泊，令该头目先来探量。现探得天津内洋水浅，大船不能进口，外洋又无山岛可以湾泊。贡物甚大，又极细巧，不敢冒昧拨运，只好就在登州庙岛起旱。该探水船即于十八日开行，仍回庙岛，已飞札山东抚臣速为料理等语。同日又据吉庆奏，六月十五日该国贡船正欲开行，适前次该国夷官答探，船赶到，情愿偕赴热河，即于是日一同放洋等语。该抚此折系六月十七日拜发，自尚未得十八日该探水船只转回之信。该国贡船笨重，既因天津内洋水浅不能收泊，而外洋又无湾泊之所，自应听其即在山东登州庙岛起旱，较为慎重。但其贡物甚大且极细巧，拨船尚恐磕碰，则用车拉运更易颠簸，必须人夫抬运方为妥协。吉庆现赴登州一带，查阅城工营伍，该探水船只折回告知贡船后，转帆收泊庙岛稍需时日，该抚正可乘便迎往亲为照料。且吉庆办事细致，自能料理裕如，该抚务须妥协经理以副朕柔远至意。至登州起旱进京本有两路，其小路系从武定取道，经由河间宁津一带，较为便捷。其大路仍由济南一带行走，著该抚酌量，于何路行走稳便，即饬沿途驿站并飞咨梁肯堂、徵瑞速为豫备。所有正副贡使，品级较大酌与肩舆，其随从员役止须与车乘。并著吉庆沿途董率照应，送至直隶交界。梁肯堂、徵瑞接到知会后，约计该贡使于何日可以行抵直境，即先赴交界处所，以便接替照应，徵瑞仍遵前旨伴送前来。登州距热河二千二百余里，现距八月初旬尚有四十余日，但计贡船折回起旱，料理扎缚、抬运一切事宜，亦须稍为耽搁。即至八月初十以前抵热河，亦不为迟也。至梁肯堂、徵瑞前赴直东交界后，该国恐尚有小船来往天津，仍著饬令该镇道一体照料，将此由六百里各谕令知之。

廿五日丙戌(1793年8月1日)

乾隆帝下谕,嘆咭唎国遣使航海远来,情殷祝嘏。兹据徵瑞奏,贡船于六月二十二日已抵天津海口,该盐政亲往照料甚为妥协,著赏还佐领顶带以示奖励。

乾隆帝下谕军机大臣,徵瑞奏,六月二十日探明有大小夷船五只在外洋抛碇,询问即是嘆咭唎国贡船。随与天津镇道等乘船探量水势,设法引至近口。有拦江沙一道足以依靠,无虞风浪,于二十二日停泊定妥等语,所办甚好。至该国贡使等前过浙江、山东,业经该省地方官犒赏食物等件。现在收泊天津海口,徵瑞又备牛羊、米面等物,传旨颁赏,且为数甚多。将来到热河后,尚须与蒙古王公、缅甸各国贡使一并宴赉,其自天津登陆时不必再加筵宴。盖款接远人之道,固不可稍事苟简,致阻向化之诚,然加之体恤则可。若过为优待,隆其礼节,转使外夷不知天朝体统尊严,为其轻忽。徵瑞于应接款待之间,务宜加倍留心、不卑不亢,以符体制而示怀柔,此为最要。至该贡船离国日久,携带食物口粮现已不敷,虽经徵瑞多备牛羊、米面等物赍往颁赏,但该国大小船内共有七百余人,将来贡使前赴热河携带官役人等不过百余人,其留于船内照看者不下五六百人。徵瑞所备犒赏,岂敷常川食用?即地方官力量亦不能捐办如许之多。自应开销官项,梁肯堂系属总督,呼应较灵,前已有旨令其会同照料,此时想该督自已起程行抵天津,著传谕梁肯堂务须妥协办理,将该国船内应用食物,令地方官动支公项办给,但不可籍此浮冒多开。并著梁肯堂、徵瑞即向该贡使等详悉谕知,以大皇帝念尔等航海远来,情殷祝嘏,是以曲加体恤。尔等前赴热河,其沿途以及馆舍俱有饩廪,叩见大皇帝后,并有筵宴供给,足资餍饫。其留看船只者,大皇帝已命宽为备给食物,无虞缺乏。但尔等自本国远来,到此几及一年,将来回国时行走时日,亦必相仿。大皇帝令赏给尔等一年米石,食用宽余。其肉食如牛只、猪、羊等物,船内难以携带,尔等回程经过山东、江南、浙江、福建、广东等省岛屿收泊处所,该处地方官俱仰体大皇帝柔惠之意,必资送尔等食物,可以接济。如此先行谕知,俾该贡使等益知感激。其如何按照人数、官员、舵水人役等级,分别口分之处,并著梁肯堂等核明妥办,即动支北仓存贮米石赏给。至此事因徵瑞系内务府人员,是以派令照料伴送督押贡物,前赴热河以资熟手,而一切应付不特该贡船所需食物,应由地方官办给。即需用人夫以及备办沿途供顿等事,俱系地方官专责,梁肯堂当豫为饬属妥办,丰俭适中,不可稍有贻误浮冒,方为妥善。至该国贡物由天津起旱,该处距热河不远,途次行走尚属从容。然据徵瑞奏,一切扎缚抬运计算须于八月初旬方到,若由登州庙岛起旱,道路较远,到热河未免稍迟,今在天津收泊,诸事省便,览奏甚为欣慰。据该盐政奏二十三日亲赴该处,查看表文贡单,另行具奏等语,此时徵瑞自己到船查明,著即将该国大件贡品,遵照前旨,量明高宽尺寸一并开单,由六百里速奏。该贡使起旱后诸务停妥，谅无紧要之件，徵瑞自可不必由驿奏事。此时或有经朕指示询问，必须速行奏闻者，该盐政覆奏之折竟当由六百里拜发，较为迅速也。

廿七日戊子（1793 年 8 月 3 日）

乾隆帝下谕军机大臣，梁肯堂奏，据天津道禀称，嘆咕唎通事锡拉巴等登岸求见，其意欲于通州起旱，现已雇有南船四十只备用等语，所办好。天津前至通州，一水可达，不特行程安适，且运送贡物一切亦俱省便。该通事既欲从此路行走，自应顺其所请。昨已有旨，令梁肯堂会同照料，该督于二十五日业经起程前往，计此时已可到彼，务即督率地方官妥协办理。至所称高大贡物或应留京者，由通运送尤觉便易一节，此可不必。前因该贡使须由山东登州庙岛起旱，程途较远，恐物件高大抬运费事，是以令该督等酌量，或择其过大者奏明，留于京城，俟回銮时呈览。今既由通州起旱，为期甚属从容，尽可运送热河，不必再行留京。又据奏，俟抵天津，会同徵瑞恭宣恩旨，设备筵宴等语。前有旨令，不必在彼筵宴，但该贡使等航海远来经过天津，地方官设筵款待，亦礼节所当然。如该督等接奉此旨，该贡使业经过津则已，如尚未过津，仍著就近先行筵宴，至接待远人之道贵于丰俭适中，不卑不亢。若该贡使等于进谒时，行叩见之礼，该督等固不必辞却。倘伊等不行此礼，亦只可顺其国俗，不必加之勉强。该督等务宜留心款待，不可过于优待转为所轻，以示怀柔而符体制。

廿九日庚寅（1793 年 8 月 5 日）

乾隆帝下谕军机大臣，徵瑞奏，嘆咕唎国正副贡使自以品级尊崇，须平行相见，徵瑞若先行往见，有失体制。是以即令道将等过彼船内，取看表文贡单等语，所办又未免太过。前降谕旨，以款接远人之道，若过隆其礼节，于体统非宜。原不令该盐政自居尊大，与远人斤斤计量，乃徵瑞接奉前旨，以该使臣欲行敌体之礼，遂不轻往，仅派道将过船查看，殊属矫枉过正。试思该使臣向徵瑞行叩见礼，亦无足为荣，即不行叩见礼亦何所损？梁肯堂若亦计较至此，更成笑话。外省习气非过则不及，况该使臣航海远来至一年之久，始抵天津，亦当格外加之体恤，岂可以此等相见礼节与之较论？殊非怀柔远人之道。若该监政如此拘泥，不能体会朕意，转难向汝等降谕矣。又据梁肯堂奏，该使臣在津登陆，不必再加筵宴等语，此事尤无关紧要。昨又有旨，以天津为郡会之地，该使臣甫经过，彼地方官设筵款待，礼所当然，著梁肯堂、徵瑞即遵昨旨先行筵宴。又据徵瑞奏，该国贡物内，询有见方一丈多者，名为天文地理音乐表，应否留京请旨遵行等语。前因该贡使须于登州庙岛起旱，道路较远，恐物件高大难于运送，是以谕令或酌留京中。今该贡使已由天津起旱，为期尽属从容，况山庄殿宇闳敞，丈许物件，岂有不能陈设之理？且此项物件安装后见方一丈，其拆卸之时仍属零星轻便，无难运送。现已令做钟处收拾钟表之好手工匠，前至热河伺候，看彼装拆一次，即可仿照修理。著徵瑞即一并押送前来，不必复请留京，稍存为难之见。至该国贡单译出汉文后，即迅速先行具奏。折内又称，该船五只天津外洋难于久泊，庙岛离岸较远，不通货贩，该使臣之意，欲将原船回至浙江宁波一带湾泊，俾得便于采买物件等语。该国进贡此次始来，即欲在浙江地方采买物件，想属无多，俟该使臣到来询问明确，再降谕旨。其船只欲先回浙江宁波湾泊，亦可听其自便，并著长麟饬知地方官妥为照料，将此由六百里加紧各谕令知之。刻下梁肯堂早抵天津，仍著该督等将曾否与该使臣接见，及如何相见，情形由驿速奏。

三十日辛卯（1793 年 8 月 6 日）

乾隆帝下谕军机大臣，据梁肯堂等奏，嘆咭唎国贡单已经贡使译出汉字，谨将原单进呈一折。昨已有旨，以该贡使由通州起旱，为期尽属从容，所有一切贡物著交徵瑞一并押送前来。至梁肯堂系属总督呼应较灵，是以派令前往会同照料，但总督职分较大，若该督与贡使偕赴热河，转似徵瑞之外，又添派梁肯堂一同护送，恐该贡使以天朝多派天员照料。伊等礼节优隆，益足以长其矜傲，梁肯堂俟筵宴完竣后，可仍回永定河工次防汛，俟届八月初旬，照例再来热河未迟。又阅译出单内所载物件，俱不免张大其词。此盖由夷性见小，自为独得之秘以夸炫其制造之精奇，现已令选做钟处好手匠役前来，俟该国匠役安装时随同学习，即可谙悉。著徵瑞于无意之中向彼闲谈，以大皇帝因尔等航海来朝，涉万里之遥，阅一年之久，情殷祝嘏，是以加恩体恤。至尔国所贡之物，天朝原亦有之如此明白，谕知庶该使臣等不敢居奇自炫，是亦驾驭远人之道。又阅单内有遣钦差来朝等语，该国遣使入贡安得谓之钦差，此不过该通事仿效天朝称呼，自尊其使臣之词，原不必与之计较。但恐照料委员人等识见卑鄙，不知轻重，亦称该使臣为钦差，此大不可。著徵瑞豫为饬知，无论该国正副使臣，总称为贡使以符体制。再前因该贡使回国时口食缺乏，令梁肯堂传旨，赏给来役一年口分米石，即于北仓动给。今思北仓即有余存，恐不敷用，该国船只于起卸贡物后，即欲回至浙江宁波停泊。莫若即于浙省就近仓贮米石内给与，更为省便。并著梁肯堂即询明该使臣，由天津回至宁波，需米若干先行赏给外，其余米石仍遵照前旨，按其等级核明数目，飞咨长麟。俟该船回抵宁波后，照数拨给，较为省便。

是月，浙江巡抚觉罗长麟奏称，大陈山沿海一带各岛，因居民众多，向设保甲，然奉行未能尽善。现饬员确查，并出示晓谕，令其每一岛峙设氽长一人，每居民十家设甲长一人，每十甲设总甲一人，先令各出保结。如该甲内有通盗之人据实禀报，容隐者治罪。再查海洋内渔户看网诸人，皆非安分之徒，盗匪行藏，伊等必知详细。现雇觅多人优给盘费，并悬重赏派委勇敢将备等暗藏兵械分投带往，并令改装易服，前赴远山穷谷密访确查，仍派文武多员于各海口堵截拿获。①

七月初三日甲午 (1793 年 8 月 9 日)

乾隆帝下谕军机大臣，据梁肯堂等奏接见嘆咭唎使臣情形一折，内称贡件于六月二十九日即已拨竣，该贡使约初四五日经过天津府城，遵旨筵宴，以昭礼节等语。前已有旨，令梁肯堂于筵宴后仍回永定河工次，俟八月初旬再行。照例前来缘该督职分较大，若与贡使偕赴热河，该贡使见多派大员护送，益足以长其矜傲，兹该督遵照办理，固属甚好。至该使臣向徵瑞告称，贡品内天文地理音乐表极为细巧，带来工匠必须一月之久方能安装完整等语。此必系该贡使张大其辞，以自炫其奇巧，安装尚须一月，则制造岂不更需年岁？该国贡物八月初旬始到热河，若安装一月即至九月初旬，不但早过万寿之期，其匠役人等在此耽延月余亦属不便。况阅所开单内，随至热河匠役止有五名，即令此间匠役帮同料理，亦未能即时谙悉。若将此最大之天文地理音乐表运赴京中，亦必须此项匠役随往安装，其余贡品设有须彼匠人装饰之处，即运至热河无人安设，岂不徒滋劳费？著徵瑞明白询问该贡使，务令登答详悉，迅速具奏，候朕降旨指示遵行。至该贡使等前抵天津海口，业经徵瑞多备牛、羊等物传旨犒赏，今梁肯堂又备物颁赏，并给常平仓米六百石、白面二千斤，尽足敷用，赏赉已属优厚。其跟随贡使前来热河之官役、从人、匠役、兵丁等，俟至热河，再当酌量奖赏。至该国贡船，前已准其先回浙江宁波停泊，今所请于宁波珠山地方指给空地一块，以便支立帐房，为船内患病之人栖息一节，并著梁肯堂飞咨长麟遵照妥办。

初五日丙申 (1793 年 8 月 11 日)

乾隆帝下谕军机大臣，昨据梁肯堂等奏，嘆咭唎国原来船只未能久泊天津洋面，拟先回浙江宁波珠山地方湾泊。该贡使恳求命浙省地方官指给空地一块，俾伊等支立帐房，将船内患病之人送至岸上暂行栖息，并求禁止居民勿上彼船，伊亦禁止船内之人不出指给地界之外等语。该国贡船因天津外洋不能久泊，欲先回浙江，亦可听其自便。除该贡使前至行在瞻觐叩祝，诸事完竣后即令回浙，贡使一到，原

---

① 《清实录·高宗纯皇帝实录》卷一四三一。

船便可开行，其在宁波珠山地方，不过暂时湾泊。著传谕长麟，即查照梁肯堂等所奏，妥协办理，并饬地方官留心照料，固不必过于优待，亦不可稍任欺侮。其船内及上岸养病之人，并当时加查察，毋许潜越所指地方滋生事端，沿海居民亦著禁止前往该处。又前降谕旨，以该船回国时应赏一年口分米石于天津酌量赏给外，其余在浙江就近补给。昨据梁肯堂奏，已在天津两次传旨犒赏，并赏给米六百石、面二千余斤，尽足敷用，毋庸再于浙江补给等语。并著该抚酌量，若其回洋时仍需米石，即传旨赏给。

初八日己亥（1793 年 8 月 14 日）

乾隆帝下谕，徵瑞奏，询之嘆咭唎国贡使，据称贡品内第一件天文地理大表安装实需一月，其第二、第三、第四、第六、第九、第十一、第十七等件，安装亦需时日。如蒙恩准留京，就留匠役四名在京收拾，俟回銮时即可装齐呈览。其余十一件，止带匠役一名赴热河，可以先行呈进等语。天文地理大表及第二、第三等七件，装饰既需时日，均著就近来京以省劳费。徵瑞此次过京时，可先将此项贡品交金简、伊龄阿于正大光明殿及长春园澹怀堂大殿，各分设四件。并著徵瑞即传知该使臣等，以大件及安装需时贡品，业经奏蒙大皇帝恩准留京。其余十一件，我同尔等送至热河，以遂尔进呈，叩祝万寿之诚。大皇帝现驻跸山庄，念汝等久留待贡陛辞，有所不认，因此不往木兰行围。于八月二十一日起銮，二十七日到京，彼时留京贡品，俱已安装完竣，即可呈览。尔等到热河瞻觐叩祝，大皇帝恩赐筵宴。八月十六日先令尔等回京，所有留京贡品如何检点装饰，尔等更可亲自料理，以表尔国诚意。如此详悉传谕，俾知朕格外体恤，恩施稠叠，该贡使自必倍加感戴。再梁肯堂、徵瑞折内俱称筵宴时，该使臣等免冠叩首等语，前据梁肯堂奏与该使臣初次相见、敬宣恩旨时，该使臣免冠竦立，此次折内何以又称免冠叩首？向闻西洋人用布扎腿，跪拜不便，是其国俗不知叩首之礼，或只系免冠鞠躬点首。而该督等折内声叙未能明晰，遂指为叩首亦未可定。著传谕徵瑞，如该使臣于筵宴时实在叩首则已，如仍止免冠点首，则当婉词告知。以各处藩封到天朝进贡观光者，不特陪臣俱行三跪九叩首之礼，即国王亲自来朝亦同此礼。今尔国王遣尔等前来祝嘏，自应遵天朝法度。虽尔国俗俱用布扎缚，不能拜跪，但尔叩见时暂时松解，行礼后再行扎缚，亦属甚便。若尔等拘泥国俗不行此礼，转失尔国王遣尔航海远来祝厘纳贶之诚，且贻各藩部使臣讥笑，恐在朝引礼大臣亦不容也。如此委曲开导该使臣到行在后，自必敬谨遵奉天朝礼节，方为妥善。特此由六百里传谕徵瑞、并谕梁肯堂知之，仍即迅速覆奏。

乾隆帝又谕，前因嘆咭唎贡使回国时，应赏一年口分米石，于天津酌量赏给外，其余在浙江就近补给，曾降旨令长麟遵照妥办矣。今节据梁肯堂奏，该贡使于筵宴时再三声称，恩赏食物已多，所有米石只求赏给三百六十石已足敷用等语。此项米石是否足敷该贡使等一年口分，抑仅系由天津至宁波一路口食，梁肯堂所奏尚未明晰。著传谕长麟，将来该贡船回抵宁波湾泊后，在船人役或向长麟恳求米石，自当仍照前旨，于就近仓贮内酌量拨给。倘来役人等并未恳求，则自天津以至浙江一路赏赉已属优厚，米石竟可不必再行拨给也。

十三日甲辰（1793 年 8 月 19 日）

乾隆帝下谕，嘆咭唎国遣使航海远来祝禧纳贶，照向例令监副索德超前来热河照料，通事带领著赏给三品顶戴，至索德超业经加恩，所有监正安国宁亦著一体赏给三品顶戴。其索德超带同前来之西洋人贺清泰等，俱著加恩赏给六品顶戴。

乾隆帝下谕军机大臣，奇丰额覆奏，经从前琉球遭风难夷船只漂至崇明，抚臣长麟委员勘估，计船板变价银三百余两、湿米每石一两。此次遭风难夷潮湿粟麦，仍照一两给价，其船料照上次增估银一百两等语。各省奏报粮价原不能尽归核实，即如每米一石估银一两，似此价值，京城固无从籴买，即江浙等省出米之乡，市价亦不能如此平减。至海船船身高大，即系拆板，又岂止值银三四百两？此次经奇丰额饬令加估银两，尚止有此数，则从前地方官任意少估短给价值，其弊更不可问。外夷船只遭风漂至内地，自当格外矜恤，于照值变价外再与便宜，方为怀柔远人之道，岂可转有短少？若地方官漫无查察，复任吏胥人等从中克扣侵渔，日引月长，尤属不成事体。著传谕沿海各省分督抚，嗣后遇有此等遭风难夷船只，应行估变物件，务饬属宽为给价，不可复有短估克减等弊，以副朕施恩远夷、体恤周详至意。

乾隆帝下谕，前据徵瑞奏，带同嘆咭唎贡使于初十日已抵通州，计此时该贡使业已到京。所有贡品途次系分箱起运，难于开看，今既到园，自可逐件检视。前据该贡使称，第一件天文地理表，一月之久始能装成，安装后即不能复行拆卸，其言实不足信。该国制造此件大表时，制毕之后自必装饰成件，转旋如法方可以之入贡。若不能拆卸，何又零星分装箱内，载入海船，又由大船改换小船，复自通州陆运至京乎？况正大光明殿、澹怀堂皆属正殿，固不便常川安放，即其余宽厂殿座亦俱有陈设，必待回銮后亲加指示，将陈设移开，方可妥放。且现有该国匠役在园内装饰，若不趁此时将如何装卸之法豫为留心学习，得其窾要，将来该匠役回国后，不特不能移动，倘其中枢纽稍有损坏，又用何人修理，岂不竟成弃物？所有安装不能拆卸之说，朕意必无其事，自系该贡使欲见奇巧，并表伊国王诚敬之心，故为矜大其词，而徵瑞不免为所炫惑。现在徵瑞早与金简、伊龄阿会晤，著交伊三人即带同在京通晓天文地理之西洋人，及修理钟表好手、首领太监、匠役等，于该国匠役安装时尽心体会，必尽得其装卸收拾方法。庶该处匠役回国后，可以拆动挪移，随时修理，方为妥善。①

十六日丁未（1793 年 8 月 22 日）

乾隆帝下谕军机大臣，吉庆奏，暎咭唎贡船三只回至庙岛，候北风顺利，即开行前赴浙江定海。据该夷官呈出转寄伊贡使西洋字书一封，其通事禀称内系询问贡使，此项船只是否停泊定海县，静候同回，抑或遇北风顺利，即先归国等语。所有西洋字书一封，即著发交徵瑞转给该使收阅。现在该国先回船只，尚待贡使覆信，再定行止。并著徵瑞告知贡使，如有覆信，即送交徵瑞处，遇便具奏，以便发交该管船夷官遵照。

二十日辛亥（1793 年 8 月 26 日）

乾隆帝下谕，金简等奏，十八日带同暎咭唎贡使至正大光明殿瞻仰。贡使告称，据该天文地理表周围约一丈，高不过一丈五尺，其余物件较为减小。天朝殿宇宏大，即将应行留京之贡品八件，全分安设殿内，宽然有余等语，总不出朕所料。该贡使等从未观光上国，其前此向徵瑞称贡品高大，原不免夸张其词。兹一见天朝殿宇辉煌壮丽，即以为尽容全分。现在该国匠役留于京城者止有六人，若令分投安装，转难迅速集事，自当将此八件，一并在正大光明殿安设。又据奏，现派出西洋人及修理钟表之好手、首领太监、匠役等，于该国匠役安装天文地理表时，眼同学习等语。此本是易事，所有安装不能拆卸之说，竟系徵瑞为贡使之言所吓，遂不免心存悚怯。前经降旨，未据覆奏，著徵瑞即遵前旨询明，据实奏闻。又据和珅奏，钦天监监正安国宁、监副汤士选及四堂西洋人罗广祥等十名恳准赴园，于该国匠役安装贡品时，一同观看学习等语，此亦甚好。多一人即多一人之心思，安国宁等既情愿前往，自应听其随同观看学习，尤可尽得其装卸收拾方法，庶将来该国匠役回国后，可以拆动挪移，随时修理，更为妥善。

廿四日乙卯（1793 年 8 月 30 日）

乾隆帝下谕军机大臣，徵瑞奏，询之暎咭唎贡使，称船内众人不服水土，可令先回本国。徵瑞思夷船无先回之理，应否敕下浙江抚臣，令管船夷官即在定海县停泊，静候同回等语，所奏糊涂已极。竟是该盐政无福，以致识见如此昏愦。试思贡船之内，所留官员兵役及舵水人等尚不下六七百人，在浙久驻，供应浩繁。伊既

---

① 《清实录·高宗纯皇帝实录》卷一四三二。

情愿先回，岂不所省实多，徵瑞何计不及此？所有不令先回一节，若已向贡使告知，更属不成事体。著传谕徵瑞，将曾否告知之处据实覆奏，勿稍隐饰干咎。如未向告知，尚属徵瑞之幸，著即将贡使送到覆信，迅速具奏，以便饬交长麟，传知该国管船夷官，听其先回本国。又据奏，照料贡使等由京前赴热河，贡使等自应住宿民房，其贡件可否于行宫朝房内安放以昭慎重等语。所奏尤属拘泥，贡件既在行宫朝房安放，其贡使等何必又令住宿民房？沿途行宫，如膳房、军机直房等处皆可住宿，贡使与贡品同在一处，岂不更有照应乎？至徵瑞护送嗪咭唎国贡使自天津至京，途次系伊一人照料，是以令伊一人出名覆奏。今徵瑞早已到京，与金简、伊龄阿同在一处，自应连衔具奏，何以此折仅系徵瑞一人列名单奏？实属拘泥糊涂，可鄙可笑。况金简、伊龄阿系内务府大臣，徵瑞是其属员，同在一处办事，何得稍分彼此？或徵瑞因此次嗪咭唎国贡使系朕特派伊照料，竟以钦差自居，遂尔目无金简、伊龄阿二人，是以不与会衔。或金简、伊龄阿因徵瑞系内务府司员，不屑与之连衔，二者必居一于此。此等毕鄙之见，实属内务府下贱习气，真不值一喙也。再该国匠役，既在圆明园上紧安装，此数日内派出西洋人及首领太监等留心学习，自必得有领会。乃徵瑞此折，仍未将该国匠役如何装饰，及西洋人并首领太监在旁观看，是否得其安装方法，大概情形逐一奏明，岂徵瑞之意？以此事非伊承办，欲待金简、伊龄阿二人，另行具奏乎？殊为不解。金简、伊龄阿、徵瑞均著传旨严行申饬，并令伊三人即将指出各情节，迅速于明日详细覆奏，毋得含混迟延，致干咎戾。再贡品内天球、地球二种，现在乾清宫、宁寿宫奉三无私处，俱有陈设之天球、地球，较该国所进，做法是否相仿，抑或有高低不同之处，并著金简等一并覆奏。

乾隆帝下谕军机大臣，昨徵瑞奏，嗪咭唎贡船不令先回各节，已严行申饬矣。降谕后，朕反覆思维，竟不解其何故。该贡使等航海远来，献赆祝嘏，固应加之体恤，其在浙停留船只，如该贡使自欲等候，自不便强令先回。今该贡使因船内人众不服水土，欲令先回本国，正可听其自便，何必转相阻止？可令金简、伊龄阿、徵瑞三人同向贡使传知，以徵瑞不令尔到浙贡船回国一节，业已奏闻大皇帝，以徵瑞所言不合，加以严饬。尔等既因船内人众不服水土，自应先回本国，不必在浙停泊久候。此系汝晓事，所言甚好，大皇帝闻之甚以为当。如是明白谕知，并令该贡使即将令贡船回国覆信写就，交与金简等转奏，以便由驿饬交长麟转给遵照先行回国。再该国船内官员、兵役人等，如前已俱到京城居住，以见人数众多，不令先回，尚属有因，今贡船业已到浙即有数万人，亦与京师无涉，徵瑞此举实令人索解不得。若徵瑞已经告知贡使接奉此旨，又欲掩饰前非，捏称尚未告知，欺饬之罪更不可道，徵瑞谅亦不敢自蹈重戾也。至前据金简等奏，贡使到圆明园后，所有应行留京贡品，金简、伊龄阿照料，即在正大光明殿安装陈设。徵瑞即带同贡使于二十日进城居住，将运送热河贡件开箱检点，再行照料前来等语，是该盐政之意。已将正大光明殿安装各物交与金简、伊龄阿专办，与伊无涉。如此则昨日将安装各件绘图进呈，自应听金简、伊龄阿出名，或三人同奏，何以又系徵瑞一人独奏？更不可解。嘆咭唎贡使在天津起旱，是以派徵瑞就近照料前来，乃徵瑞因途次系伊一人经理，遂自谓莫大之功，竟如福康安平定廓尔喀之劳绩懋著者然，遂尔志得意满，以钦差自居。而金简、伊龄阿亦以徵瑞承办此事，不日可冀仰邀恩擢与之比肩，心怀猜妒从旁观望，不置一词。金简身任尚书，伊龄阿身任侍郎，均为卿贰，乃尚不脱内务府下贱不堪恶习，实属可鄙可笑可恨。再该国匠役在圆明园上紧安装，节经降旨垂询，伊三人亦应据实速奏，何以始终默无一言？金简、伊龄阿、徵瑞著再传旨，严行申饬，仍著遵照昨降谕旨，迅速覆奏，毋再含混迟延，致干咎戾。

廿七日戊午（1793 年 9 月 2 日）

乾隆帝下谕，前据吉庆奏，嘆咭唎夷官呈出转寄伊贡使西洋字书信一封，当即将书信给该贡使收阅。兹据金简等奏，遵将该夷官信交给贡使阅看，并呈出西洋字覆信一封，恳请转发等语。著即将该贡使覆信发交长麟，转给该夷官收明，遵照先行回国，毋庸等候贡使同回。将此由五百里谕令知之，并著将该夷官等接信后，于何日放洋开行回国之处，迅速覆奏。①

八月初五日乙丑（1793 年 9 月 9 日）

乾隆帝下谕军机大臣，现在嘆咭唎国使臣等前来热河，于礼节多未谙悉，朕心深为不惬。伊等前此进京时，经过沿途各地方官款接供给，未免过于优待，以致该贡使等妄自骄矜。将来伊等回国，应令由内河水路前抵江南，即由长江至梅岭起旱，再由水路前往广东。陆路尖宿供顿，俱可照例豫备，不可过于丰厚。其经过水程地方，该督抚等只应饬令州县照常供应。虽所需口分等项，自不应致有短缺，但只须照例应付，不得踵事增华、徒滋繁费，此等无知外夷亦不值加以优礼。至沿途经过程站，所有营汛墩台，务须修理完整，兵弁一律严肃，以壮观瞻而昭威重。除就近传知梁肯堂外，将此各传谕知之。

初六日丙寅（1793 年 9 月 10 日）

乾隆帝下谕军机大臣，昨因嘆咭唎国使臣不谙礼节，是以拟于万寿节后即令回京。所有应赏物件，谕令留京王大臣于传见后，在午门外颁赏。今该使臣等经军

---

① 《清实录·高宗纯皇帝实录》卷一四三三。

机大臣传谕训戒，颇知悔惧。本日正副使前来，先行谒见军机大臣，礼节极为恭顺。伊等航海远来，因初到天朝，未谙体制，不得不稍加裁抑。今既诚心效顺，一遵天朝法度，自应仍加恩视，以遂其远道瞻觐之诚。该使臣祝庆先行回京时，王大臣等毋庸传见，仍令在馆舍住宿。所有京中各处，前拟令其瞻仰处所，及筵宴赏赉事宜，俱俟回銮后，再行降旨遵行。

初十日庚午（1793 年 9 月 14 日）

乾隆帝御万树园大幄，嘆咭唎国正使马戛尔尼、副使斯当东等入觐。①

十九日己卯（1793 年 9 月 23 日）

乾隆帝下谕军机大臣，现在译出嘆咭唎国表文内，有恳请派人留京居住一节。虽以照料买卖、学习教化为辞，但伊等贸易远在澳门，即留人在京，岂能照料？至于天朝礼法与该国风俗迥不相同，即使留人观习，伊亦岂能效法？且向来西洋人，惟有情愿来京当差者，方准留京，遵用天朝服饰，安置堂内，永远不准回国。今伊等既不能如此，异言异服逗留京城，或其心怀窥测，其事断不可行。但该国王具表陈恩，非若使臣等自行禀请之事，可以面加驳斥，已颁给敕书明白谕驳。此次该国航海远来，念其尚为恭顺，是以诸加体恤，今该贡使到后，多有陈乞，屡为繁渎。看来此等外夷究属无知，今又不准其留人在京，该国王奉到敕谕后，或因不遂所欲，心怀觖望，恃其险远，藉词生事，亦未可定。虽该国远隔重洋，该贡使目睹天朝体制森严，四夷畏服，断无意外之虞。设该国无知妄行，或于澳门小有滋扰，该处贸易之西洋人等并非所属，未必与彼一心。当先安顿在彼，使其各安生业，不致为所勾结，则嘆咭唎即有诡谋，亦断不能施其伎俩。但此不过为先事防范，豫行指示。长麟惟当存之于心，不可略有宣露，稍涉张皇，转致夷人疑虑。至郭世勋在巡抚任内有年，近又廉署督篆，办理诸务均属妥协。长麟到任后，不可以新授总督，多有更张，诸事惟当与郭世勋和衷商榷，绥靖海洋，方为不负委任。至外省遇有外藩经过之事，照料接待，往往不能适中。或因朕令稍加恩视，即踵事增华，过于优厚，以致长其骄恣。或令稍加裁抑，即过于减损，又失怀柔之道。节经降旨训谕，该督抚等总当酌量事体轻重，照料得宜，方为妥善。此次嘆咭唎贡使回国，所有饭食等事自应照例供给，俾无乏缺。至于礼貌一切，总宜自存体统，示以威重。伊等如妄有干请，即当词严义正，严加驳斥，不可过事优容，致启其冒渎无厌也。将此由五百里传谕长麟，并谕吉庆、郭世勋知之。

---

① 《清实录·高宗纯皇帝实录》卷一四三四。

敕谕嘆咭唎国王曰，咨尔国王，远在重洋。倾心向化，特遣使恭赍表章。航海来庭，叩祝万寿，并备进方物，用将忱悃。朕披阅表文，词意肫恳，具见尔国王恭顺之诚，深为嘉许。所有赍到表贡之正副使臣，念其奉使远涉，推恩加礼。已令大臣带领瞻觐，锡予筵宴，叠加赏赉，用示怀柔。其已回珠山之管船官役人等六百余人，虽未来京，朕亦优加赏赐，俾得普沾恩惠，一视同仁。至尔国王表内，恳请派一尔国之人住居天朝，照管尔国买卖一节，此则与天朝体制不合，断不可行。向来西洋各国有愿来天朝当差之人，原准其来京，但既来之后，即遵用天朝服色，安置堂内，永远不准复回本国，此系天朝定制，想尔国王亦所知悉。今尔国王欲求派一尔国之人住居京城，既不能若来京当差之西洋人，在京居住，不归本国，又不可听其往来常通信息，实为无益之事。且天朝所管地方至为广远，凡外藩使臣到京，译馆供给、行止出入，俱有一定体制，从无听其自便之例。今尔国若留人在京，言语不通，服饰殊制，无地可以安置。若必似来京当差之西洋人，令其一例改易服饰，天朝亦从不肯强人以所难。设天朝欲差人常住尔国，亦岂尔国所能遵行？况西洋诸国甚多，非止尔一国，若俱似尔国王恳请派人留京，岂能一一听许？是此事断断难行，岂能因尔国王一人之请，以致更张天朝百余年法度？若云尔国王为照料买卖起见，则尔国人在澳门贸易非止一日，原无不加以恩视。即如从前博尔都噶里雅、意达哩亚等国，屡次遣使来朝，亦曾以照料贸易为请，天朝鉴其悃忱，优加体恤。凡遇该国等贸易之事，无不照料周备。前次广东商人吴昭平有拖欠洋船价值银两者，俱饬令该管总督，由官库内先行动支帑项，代为清还，并将拖欠商人重治其罪，想此事尔国亦闻知矣。外国又何必派人留京，为此越例断不可行之请？况留人在京，距澳门贸易处所几及万里，伊亦何能照料耶？若云仰慕天朝，欲其观习教化，则天朝自有天朝礼法，与尔国各不相同。尔国所留之人即能习学，尔国自有风俗制度，亦断不能效法中国，即学会亦属无用。天朝抚有四海，惟励精图治办理政务，奇珍异宝并不贵重。尔国王此次赍进各物，念其诚心远献，特谕该管衙门收纳。其实天朝德威远被，万国来王，种种贵重之物梯航毕集，无所不有。尔之正使等所亲见，然从不贵奇巧，并无更需尔国制办物件。是尔国王所请派人留京一事，于天朝体制既属不合，而于尔国亦殊觉无益。特此详晰开示，遣令贡使等安程回国。尔国王惟当善体朕意，益励款诚，永矢恭顺，以保乂尔有邦，共享太平之福。除正副使臣以下各官及通事兵役人等，正赏加赏各物件，另单赏给外，兹因尔国使臣归国，特颁敕谕。并锡赉尔国王文绮珍物，具如常仪，加赐彩缎、罗绮、文玩器具诸珍，另有清单，王其只受，悉朕眷怀，特此敕谕。

又敕谕曰，尔国王远慕声教，向化维殷，遣使恭赍表贡，航海祝厘。朕鉴尔国王恭顺之诚，令大臣带领使臣等瞻觐，锡之筵宴，赍予骈番，业已颁给敕谕。赐尔国王文绮珍玩，用示怀柔。昨据尔使臣以尔国贸易之事，禀请大臣等转奏，皆系更张定制，不便准行。向来西洋各国及尔国夷商赴天朝贸易，悉于澳门互市，历久相沿，已非一日。天朝物产丰盈，无所不有，原不藉外夷货物，以通有无。特因天朝所产茶叶、磁器、丝斤，为西洋各国及尔国必需之物，是以加恩体恤，在澳门开设洋行，俾得日用有资，并沾余润。今尔国使臣于定例之外，多有陈乞，大乖仰体天朝加惠远人、抚育四夷之道。且天朝统驭万国，一视同仁，即在广东贸易者，亦不仅尔嘆咭唎一国。若俱纷纷效尤，以难行之事，妄行干渎，能曲徇所请。念尔国僻居荒远，间隔重瀛，于天朝体制，原未谙悉。是以命大臣等，向使臣等详加开导，遣令回国。恐尔使臣等回国后，禀达未能明晰，复将所请各条，缮敕逐一晓谕，想能领悉。据尔使臣称，尔国货船将来或到浙江宁波珠山及天津、广东地方，收泊交易一节，向来西洋各国前赴天朝地方贸易，俱在澳门设有洋行，收发各货，由来已久。尔国亦一律遵行多年，并无异语。其浙江宁波、直隶天津等海口，均未设有洋行，尔国船只到彼，亦无从销卖货物，况该处并无通事，不能谙晓尔国语言，诸多未便。除广东澳门地方仍准照旧交易外，所有尔使臣恳请向浙江宁波珠山及直隶、天津地方泊船贸易之处，皆不可行。又据尔使臣称，尔国买卖人要在天朝京城另立一行，收贮货物发卖，仿照俄罗斯之例一节，更断不可行。京城为万方拱极之区，体制森严，法令整肃，从无外藩人等在京城开设设货行之事。尔国向在澳门交易，亦因澳门与海口较近，且系西洋各国聚会之处，往来便益。若于京城设行发货，尔国在京城西北地方，相距辽远，运送货物亦甚不便。从前俄罗斯人在京城设馆贸易，因未立恰克图以前，不过暂行给屋居住。嗣因设立恰克图以后，俄罗斯在该处交易买卖，即不准在京城居住亦已数十年。现在俄罗斯在恰克图边界交易，即与尔国在澳门交易相似。尔国既有澳门洋行发卖货物，何必又欲在京城另立一行？天朝疆界严明，从不许外藩人等稍有越境搀杂，是尔国欲在京城立行之事必不可行。又据尔使臣称，欲求相近珠山地方小海岛一处，商人到彼，即在该处停歇，以便收存货物一节。尔国欲在珠山海岛地方居住，原为发卖货物而起，今珠山地方既无洋行，又无通事，尔国船只已不在彼停泊，尔国要此海岛地方亦属无用。天朝尺土俱归版籍，疆址森然，即岛屿沙洲亦必划界分疆，各有专属。况外夷向化天朝，交易货物者亦不仅尔嘆咭唎一国，若别国纷纷效尤，恳请赏给地方居住买卖之人，岂能各应所求？且天朝亦无此体制，此事尤不便准行。又据称，拨给附近广东省城小地方一处，居住尔国夷商，或准令澳门居住之人，出入自便一节。向来西洋各国夷商居住澳门贸易，画定住址地界，不得逾越尺寸。其赴洋行发货夷商，亦不得擅入省城。原以杜民夷之争论，立中外之大防，今欲于附近省城地方，另拨一处给尔国夷商居住，已非西洋夷商历来在澳门定例。况西洋各国在广东贸易多年，获利丰厚，来者日众，岂能一一拨给地方分住耶？至于夷商等出入往来，悉由地方官督率洋行商人随时稽察，若竟毫无限制，恐内地民人与尔国夷人间有争论，转非体恤之意。核之事理，自应仍照定例，在澳门居住方为妥善。又据称嘆咭唎国夷商自广东下澳门由内河行走，货物或不上税，或少上税一节。夷商贸易往来，纳税皆有定则，西洋各国均属相同。此时既不能因尔国船只较多，征收稍有溢额，亦不便将尔国上税之例独为减少，惟应照例公平抽收，与别国一体办理。嗣后尔国夷商贩货赴澳门，仍当随时照料，用示体恤。又据称尔国船只请照例上税一节，粤海关征收船料向有定例，今既未便于他处海口设行交易，自应仍在粤海关按例纳税，毋庸另行晓谕。至于尔国所奉之天主教，原系西洋各国向奉之教，天朝自开辟以来，圣帝明王垂教创法，四方亿兆率由有素，不敢惑于异说。即在京当差之西洋人等居住在堂，亦不准与中国人民交结，妄行传教，华夷之辩甚严。今尔国使臣之意，欲任听夷人传教，尤属不可。以上所谕各条，原因尔使臣之妄说，尔国王或未能深悉天朝体制，并非有意妄干。朕于入贡诸邦诚心向化者，无不加之体恤，用示怀柔。如有恳求之事，若于体制无妨，无不曲从所请。况尔国王僻处重洋，输诚纳贡，朕之锡予优嘉，倍于他国。今尔使臣所恳各条，不但于天朝法制攸关，即为尔国代谋，亦俱无益难行之事。兹再明白晓谕，尔国王当仰体朕心，永远遵奉，共享太平之福。若经此次详谕后，尔国王或误听尔臣下之言，任从夷商将货船驶至浙江、天津地方，欲求上岸交易，天朝法制森严，各处守土文武，恪遵功令。尔国船只到彼，该处文武必不肯令其停留，定当立时驱逐出洋，未免尔国夷商徒劳往返，勿谓言之不豫也。其凛遵毋忽，特此再谕。

廿八日戊子(1793 年 10 月 2 日)

乾隆帝下谕军机大臣，嘆咭唎在西洋诸国中较为强悍，且闻其向在海洋有劫掠西洋各国商船之事，是以附近西洋一带夷人畏其恣横，今不准其留人在京。该国王奉到敕谕后，或因不遂所欲，藉词生事，不可不豫为之防。在西洋各国赴天朝贸易，畏服声教由来已久，未必肯为附从。第恐嘆咭唎素习桀骜，船多人众，别夷商等不免被其恫喝。吉庆业于二十一日起程赴浙，山东距浙江甚近，九月初十日内即可抵任。长麟接奉此旨后，即委员将巡抚关防，迎赴嘉兴一带交吉庆接收。长麟即赴粤东新任，以便与郭世勋恪遵节次谕旨，随时留心，密为查察。朕又思嘆咭唎国贡使欲由广东回国之意，必以此次向天朝进贡，大皇帝十分优待，并妄称许令总理西洋各国贸易之事，向各夷商等夸大其词，欲思从中抽分税银，以为渔利之计。西洋各国夷商，本素畏嘆咭唎强横，今又假天朝声势，捏造谕旨、诓诱夷商，均未可定。长麟到粤，总在该贡使之先，务须会同郭世勋、苏楞额，先向西洋别国各夷商详晰晓谕。以嘆咭唎入贡天朝极为恭顺，但该贡使到京后，有欲驻京经管贸易之事，俱经驳斥。现在伊等由广东回国，恐有假捏大皇帝圣旨，欲向尔等总理贸易，抽分税银等事，断不可信其谎言，转于尔等有损无益。特先为谕知尔等，以免将来为其所愚，如此明白晓谕，各夷商行头自必心怀感激。且其与嘆咭唎是否和睦情形，亦可知其大概，即行迅速覆奏。再闻澳门有西洋尼僧在彼焚修，各夷商俱极信奉，遇事听其指挥剖断，未知噗咭唎夷人是否信奉？如此尼僧向不与噗咭唎一气交结，可将以上晓谕夷商各情节，亦使之闻之，令其暗中作主。若与通同一气，即不必告知，恐转有洩漏。总之此事与其事至而后图，维不若先时而加防范，俾该夷使不得行其贪利狡谋，方为妥协。该督等务宜遵照节次谕旨，不动声色，随时留心查察，不可稍事张皇。此不过朕思虑所及，豫为指示，以期有备无患，想亦必无其事。万一该国有煽惑情弊，该督等当抚别国商人，使其各安生业，不与噗咭唎勾合。仍一面据实速奏，候朕裁夺，再该使臣入贡时，沿途海口曾经降旨，饬令该督抚，转饬各营汛排列队伍，以壮观瞻。今该使臣到粤回国时，并著该督等，即饬各标营，所有墩台营汛及旗帜器械，务宜鲜明整肃。俾该夷人等见天朝兵威壮盛，不敢稍萌轻忽，并禁止洋行别国夷商与彼往来，至有勾结之事。将此传谕长麟，并谕郭世勋、苏楞额知之。乾隆帝又谕，现在噗咭唎国贡使瞻觐事竣，于九月初三日即令起程，由内河水路前赴广东澳门。附该国贸易船只放洋回国，已派侍郎松筠沿途照料，所有经过各省，须专派大员管领兵弁接替护送。直隶省著派庆成、山东省著派富成、江南省著派王柄、江西省著派王集、广东省著派托尔欢，各该员务须迎至入境交界处所，协同妥为照料管束。①

三十日庚寅(1793 年 10 月 4 日)

谕噗咭唎贡使由内河水路赴广东澳门附船回国。②

九月初一日辛卯(1793 年 10 月 5 日)

乾隆帝下谕军机大臣，前因噗咭唎表文内恳求留人在京居住。朱准所请，恐其有勾结煽惑之事。且虑及该使臣等回抵澳门，词煽惑别国夷商垄断谋利，谕令粤省督抚等禁止勾串，严密稽查。昨又据该使臣等向军机大臣呈禀，欲于直隶天津、浙江宁波等处海口贸易，并恳赏给附近珠山小海岛一处，及附近广东省城地方一处，居住夷商，收存货物，重种越例干渎，断不可行。已发给敕谕，逐条指驳，饬令使臣等迅速回国矣。外夷贪狡好利，必性无常，噗咭唎在西洋诸国中较为强悍，今既未遂所欲，或致稍滋事端。虽天朝法制森严，万方率服，噗咭唎僻处海外，过都历国，断不敢妄生衅隙。但观该国如此非分干求，究恐其心怀叵测，不可不留心筹计，豫为之防，因思各省海疆最关紧要，近来巡哨疏懈，营伍废弛，必须振作改观，方可有备无患。前已屡次谕知该督抚等督饬各营汛，于噗咭唎使臣过境时，

---

① 《清实录·高宗纯皇帝实录》卷一四三五。
② 《清实录·高宗纯皇帝实录》卷一四三五。

务宜铠仗鲜明，队伍整肃，使之有所畏忌，弭患未萌。今该国有欲拨给近海地方贸易之语，则海疆一带营汛，不特整饬军容，并宜豫筹防备。即如宁波之珠山等处海岛及附近澳门岛屿，皆当相度形势，先事图维，毋任暎咭唎夷人潜行占据。该国夷人虽能谙悉海道，善于驾驶，然便于水而不便于陆，且海船在大洋，亦不能进内洋也。果口岸防守严密，主客异势，亦断不能施其伎俩。著传谕各该督抚饬属认真巡哨，严防海口，若该国将来有夷船驶至天津、宁波等处妄称贸易，断不可令其登岸，即行驱逐出洋。倘竟抗违不遵，不妨慑以兵威，使知畏惧。此外如山东庙岛地方，该使臣曾经停泊，福建台湾洋面又系自浙至粤海道，亦应一体防范，用杜狡谋。各该督抚惟当仰体朕心，会同该省提督及沿海各镇等，不动声色，妥协密办，不可稍有宣露，致使民情疑惧。如或办理疏懈，抑或过涉张皇，俱惟该督抚等是问，此系朕思虑所及，先行指示，想来亦不至有此事也。再暎咭唎贡使航海来京，虽曾至宁波海口，然只暂行寄碇，并未耽延多日。所有珠山一带，何处岛屿可以居住，何处港澳可以停泊，岂能遽悉其详？谅必有内地汉奸，私行勾引前来，希图渔利，此等奸民，最为可恶。长麟现已赴粤，吉庆到任后，应即严切查察，究出勾引奸商数人，从重治罪，以示惩儆。即或一时不能查出，亦须时刻留心，认真访拿。毋任海滨奸民勾结外夷，此为最要。再粤海关抽收夷商税课，原应按例征收，严禁吏胥需索。暎咭唎商船来粤，较之西洋别国为多，将来该国货船出入，固不便遽减其税，亦不得绿毫浮收，致该夷商等得以藉口。并著传谕苏楞额督率稽查，公平收纳，豫与西洋别国相同，不可独露市惠红毛之意，转使骄矜长智也。将此传谕各该督抚遵照妥办，并谕沿海各提镇知之。

初七日丁酉(1793 年 10 月 11 日)

乾隆帝下谕军机大臣，长麟奏，暎咭唎夷船五只尚令在定海停候，并查出从前该国夷人曾在浙江贸易，现已密谕铺户，严行禁止。所办甚为周到，可嘉之至。已另降谕旨，加恩将长麟赏给宫衔，并著赏大荷包一对、小荷包四个，以示奖励。该夷船五只俱未开行，松筠正可护送该贡使，径由水路赴浙，到定海上船旋国，实为省便。著松筠于途次面谕该贡使，以原船五只尚在定海停待，尔等正可仍至定海上船，较之到粤路程，可少大半，并可省行走大江，及起岸经过梅岭之烦。且管船夷人原欲恳求令其先赴定海，今一同行走，岂不更为省事？该贡使等自必感激乐从。但到定海时，想所买茶叶、丝斤不过几日即可购办齐集，松筠务须会同长麟、吉庆妥协办理，即令开船回国，勿任藉词，稍有逗留。松筠俟该贡使开洋后，即可回京覆命。长麟亦即赴粤，遵照节次谕旨密为妥办。如该贡使即于定海开船由外洋旋国，不提再到澳门，固属甚善，若提及欲仍至澳门暂泊，该处系西洋各国夷人贸易口岸，未便禁其前往。长麟务须由内地星速赴粤，自可赶在该贡使到澳门之前豫为料理。此事系长麟一手经办，较为熟谙，如此旨到时，长麟未经赴粤则已，若接奉前次令其赴粤谕旨，已将抚篆迎交吉庆，即从衢州一带赴粤。于何处接奉此旨，即于该处转回，与松筠、吉庆一同办理，此为最要。又搭赴夷船，情愿进京当差之安纳、拉弥额特二名，是否真系佛兰西人，抑系暎咭唎国人，假托混入，长麟无从办识。今询之在京居住之西洋人罗广祥等，据称安纳、拉弥额特等二名久在澳门居住。上年西洋人窦云山等自粤来京时，安纳等即带口信，欲觅便赴京效力。伊二人实系暎咭唎贡使，未来之先即至澳门等语，所言亦难深信。并著长麟确切查访，据实具奏，再行送京。至长麟查出浙江人郭姓，从前曾经勾结夷商，今已病故。伊子郭杰观略省夷语，已经严行管住一节，郭姓曾有勾结夷商之事，伊子又能略通夷语。虽现无勾串情弊，然此人留于浙江，究不可信。著即派妥员伴送，由别路进京备询，伊系无罪之人，虽不必令带刑具，但沿途务须留心防范，毋致脱逃。起解时，并不可令暎咭唎国人闻知遇见，想该抚等自能妥办也。

十一日辛丑（1793 年 10 月 15 日）

乾隆帝下谕军机大臣，松筠奏遵旨传示该贡使等欣感情形一折，内称该贡使向松筠述称，意欲沿途买物，当经松筠谕以尔等需买茶叶、丝斤，业奉恩旨，准在宁波置买，沿途地方贸易商人向不与外国交易。若欲在途买物，断不可行等语，所谕甚当。该贡使等见小贪利，实为可笑。松筠遵旨严辞阻止，谅不敢再行渎请，至伊等到定海后，购买茶叶、丝斤等物，必须官为经理，定立价值，公平交易。勿令牙行、铺户人等经手，致启奸商勾结等弊，想松筠等自能妥协办理。此等外夷在内地购买物件，若令其自行交易，诚恐人地生疏，铺户等不无居奇苛刻。且奸商市侩易于暗中勾结，是以不得不派员为之经理。但伊等贸易之事，若竟官为经手，则似伊等私事官为承办，不足以昭体制。惟当令其自行交易，从中弹压，勿令铺户牙行，故为昂贵，并有私相勾结等事，以昭严肃而示体恤。又据松筠奏，经过各处城乡市镇，不令该贡使随从人等上岸，亦不许民人近船观看，稍滋事端一节，但该贡使等万里远来，旋回本国，经由内地所过城乡市镇，自不应令伊等上岸游观。至于临清、济宁及淮安、镇江、苏扬一带，人烟辐辏、商旅云集，亦不妨令在船顺道观览，俾知天朝富庶。只须留心防范，毋致藉词登岸逗留，致滋他弊。若竟闭置舟中，亦非体恤远人之意。但从来内外大小臣工，办事难得适中，非过即不及，松筠等不可不加意体会，总须于严切之中仍寓怀柔，俾其知感知畏，方为得当。

十四日甲辰（1793 年 10 月 18 日）

乾隆帝下谕，据书麟等奏查江苏省东海水师营所辖洋面与山东洋面毗连，向来互相推诿一折内称，山东洋面盗案应听山东巡抚查参外，所有船户杨恒发等被劫二案，止称在黑水洋，未据报明在何省境内。但两省皆有黑水洋面，该管将弁即应赶紧缉拿。首先推诿之前任东海营都司王良柱业经病故，所有接任都司今升游击色克图，因前官推诿，亦不即行查勘，未便姑容。请将色克图革职，发往军台效力赎罪等语。水师所辖洋面，各有分界，即有两省交界处所遇有盗劫，亦应会同缉拿。向来江苏、山东所辖海洋划界未能明晰，以致彼此互相推诿，案悬多年，盗无弋获，所有两省该管将弁俱有应得处分。今江苏、山东两省均有黑水洋面，山东省疏防将弁，尚未查明参奏，而书麟等将游击色克图先行劾参，且杨恒发等被盗二案，止称在黑水洋，并未查出究系何省洋面，犯案年月又非色克图本任，据拟军台，不足以示平允。自应将失事洋面及实系何人任内之事详确查明，据实核办。现在山东巡抚系江兰护理，此事非伊才具所能查办，即将来惠龄到任，亦未必能办理妥协。且惠龄现署四川督篆，交代起程尚属需时，所有山东巡抚员缺，著福宁调补，即赴新任。其湖北巡抚，节著惠龄补授，惠龄未到任以前，湖北巡抚印篆，著毕沅兼署。福宁接奏此旨，即一面起程，一面知会奇丰额。两人同赴江苏、山东交界地方，驻扎海滨，不必自行出洋。各派熟谙将弁前赴洋面，会同查勘、详定地界，将江苏、山东盗劫各案究系何省所管、何员任内之事，详悉确查，一体办理，以昭核实。所有书麟参奏之折，俟福宁奇丰额会查奏到，再行核办。①

十七日丁未（1793 年 10 月 21 日）

乾隆帝下谕军机大臣，松筠奏嘆咭唎贡使于十四日行抵德州，并沿途钦遵谕旨，随时妥办各折，诸凡皆妥，览奏欣慰。此事松筠在军机处行走，面聆谕旨，其颠末系所深悉。松筠起身时，朕复详加面谕，今该贡使等沿途行走，甚为安静，能知小心畏法，自无虑其耽延。但其人心志诡诈，总宜持之以法，毋任使巧。现据吉庆奏，于初五日已抵浙任事，长麟因其细心，亦已有旨令其回浙同办。计松筠于十月半间可抵浙江，与长麟、吉庆会晤。松筠将朕面为指示之处，详悉告知伊等。三人公同商办，自然诸事合宜，副朕委任。如该贡使置买茶叶、丝斤，即行回国，固属甚善，倘藉词逗留，松筠等定能面为晓谕也。

廿二日壬子（1793 年 10 月 26 日）

乾隆帝下谕军机大臣，据吉庆奏，嘆咭唎船只因连日风顺，小船于初八日开行，大船三只亦拟于初九日开行。经总兵马瑀晓谕该夷官等，以业经奏准等待贡

---

① 《清实录·高宗纯皇帝实录》卷一四三六。

使，必须候旨遵行。随据该夷官等答称，原欲等候贡使，今因病体沉重难以久留，倘贡使就到，我留大船一只，并舵水人等共一百二十余名在此等候。吉庆飞咨马瑀等，将所留大船一只，派员看守，不令开行等语。嘆咭唎船只到定海时，因患病人多，恳留调治，经长麟准其暂留候旨，今又藉称病重，忽欲先行，固属夷性反覆靡常。现据吉庆谕令留船一只，甚为宽大，足供贡使乘坐之用，亦只可如此办理。著传谕松筠即向该贡使谕知，仍赴浙乘坐原船归国，倘或该贡使等藉称船少，又欲迁延观望，即应严辞斥驳。谕以此系尔等夷官不肯停待，自欲先行，并非浙江地方官饬令开船。今已留大船一只足敷乘坐，自应速赴浙江登舟，毋得托故逗留，别生枝节。又同日据长麟奏，招募采取蛋鱼之人，于有水师各省拨给一二十名，分派赏给双分战粮，以备制胜夷船之用等语，所虑未免过当。嘆咭唎夷性狡诈，此时未遂所欲，或致寻衅滋事，固宜先事防范。但该国远隔重洋，即使妄滋事端，尚在二三年之后，况该贡使等日睹天朝法制森严，营伍整肃，亦断不敢遽萌他意。此时惟当于各海口留心督饬，严密巡防，以期有备无患。若即招募蛋户备用，此等于营伍技艺，本不谙习，若令伊等舍其本业，入伍食粮，即赏给双分战粮，亦恐不副其愿。而在营久候，转致入水生疏，于事尤属无益。且各省营制，向无此等蛋籍，今以之分隶各营，顶补额缺，岂不贻笑营伍？况各省拨给一二十名在营，为数甚少，焉能得力？即使嘆咭唎或有衅端，不妨临时加价雇用，又何必豫行招募，致滋纷扰？长麟虽能用心思，但所奏此一节，未免失之迁阔，竟可无庸办理。

廿三日癸丑(1793 年 10 月 27 日)

乾隆帝下谕军机大臣，松筠奏，连日途次泊舟时，该贡使过船求见，款曲禀述，似有冀图转达天听之意等语。该使臣连次过船求见松筠，婉词禀述，自以松筠系钦差照料伊等之人，可将其感激悔惧之意代为奏达。但朕此时不值特降谕旨，计该贡使十月望间方可到杭州省城，再由省城前往宁波上船，候风放洋，已在十月底十一月初间，该贡使等应在洋面度岁。著发去御书福字一个、绣蟒袍一件、锦缎五匹、葫芦大荷包一对、小荷包六个赐于该国王，又御书福字一个，赏给贡使以下人等。并另赏正使锦缎大缎各一匹、大荷包一对、小荷包四个，副使大锦缎一匹、大荷包一对、小荷包二个。著松筠等，该贡使将次上船时，传旨赏给，并谕以大皇帝念尔国王诚心效款，遣尔等远涉重洋，进京祝嘏。大皇帝嘉尔等恭顺，已优加宴赉，且以尔等沿途安静，今当旋国之时新正将近，特赐尔国王御书福字一个，俾尔国王得荷天朝敷锡，永迓新正祥禧，并蟒缎、荷包等件，用昭恩眷。又御书福字一个，系赏尔正副贡使及合船人等。因尔等在洋度岁，俾得共仗大皇帝洪福，吉祥如意，安稳涉洋。并另赏尔等缎匹、荷包，尔等益当感激大皇帝有加无已之恩。此一节著松筠于到宁波后，届期会同长麟、吉庆遵照办理。松筠仍先向该贡使面谕，以尔等前此在京所请各条，不但与天朝体制不符，亦于尔国无益，是以未便准行。已于敕谕内逐条明白晓示，尔国王素属晓事，断不因所请未遂，致怪尔等。至天津、宁波等处，向无洋行通事与外夷交易之例，是以未允所请，其澳门贸易已百有余年。况此次尔国王又遣尔航海远来，输诚纳贽，极为恭顺，岂有不准尔国贸易之理？尔等尽可安心旋国，一一转告尔国王知悉，将来尔国夷商到澳门贸易者，仍与各国一体公平抽税，照料体恤，尔等转不必过虑也。

廿五日乙卯（1793 年 10 月 29 日）

乾隆帝下谕军机大臣，松筠奏嘆咭唎贡使只领恩赏奶饼，感激欢忭，及松筠晓谕该贡使情形一折，所办甚是。但松筠所言西洋各国夷商俱在澳门交易，而红毛各船不当在黄埔湾泊一节，今据福康安称，前在广东时，即于黄埔地方查勘。本系该国货船停泊之处，澳门转无嘆咭唎船只，今松筠所言，竟属知其一不知其二。松筠未曾到过广东，于彼处情形自未能熟谙，即长麟亦恐不能知悉。此次该贡使既欲于回国之便，到广东黄埔地方，看视伊国贸易之人，只好听其自便。惟该使臣到黄埔时，著长麟遵照前次谕旨，不动声色，先为密谕澳门西洋外国夷商，勿为夷使所惑，此为最要。至该贡使到宁波后，乘坐原船由外洋行走，如得顺风，较之长麟由内河到粤，自为迅速。今松筠请令长麟在杭州省城，见过使臣后，即驰赴粤省。该使臣由杭城前赴宁波，置买茶叶、丝斤，再迟二十余日，开船放洋。长麟自必先到粤东，会同郭世勋豫为筹办，诸事得以从容，自当如此。

廿九日己未（1793 年 11 月 2 日）

乾隆帝下谕军机大臣，据松筠奏嘆咭唎贡使恳请仍由广东行走等语。前因吉庆奏，嘆咭唎夷船已在定海开行四只，留大船一只等候贡使，足敷乘坐。是以谕令松筠传谕该贡使等，仍当赴浙乘坐原船归国。今据松筠奏，遵旨传谕后，该贡使又称，现在行李物件甚多，人数亦复不少，海内有极热之处，若我等都上原船拥挤一处，易生疾病，只求代奏格外施恩。准将沉重箱件分拨从人照料，由定海上船，我等止带随身行李，仍走广东等语。当经松筠峻辞斥驳，而该贡使等泪随言下，看来尚系实情，亦只可准其所请。著松筠再向该贡使等传谕，以尔国原船，现留大船一只在浙停泊等候，原可由浙放洋回国，不应纡道广东。今大皇帝俯念尔等下情，或致拥挤患病，曲加体恤，准尔等携带随身行李，仍由广东行走。其沉重物件，即著尔等分拨从人照料，由定海上船回国。此系大皇帝轸恤远人，逾格恩施，尔等当倍加感激。但尔国船只系尔等乘坐前来，别船虽有头领，其停泊开行，自应听尔正副使分付，方为正理。即如本部堂乘坐之船，令其在何处等候，断无不凛遵指示。

若在船官役、兵丁擅自开行，必将官员参究、兵役治罪。今尔等在浙船只并不候尔等之信，辄敢先行开洋，可见尔国法度不能严肃，任其来去自便。尔等回国后，当告知尔国王，加以惩治。俾该贡使闻知，感激之下益加凛畏也。松筠到浙会同吉庆前赴定海，将该贡使分拨从人及沉重物件，照料开船后，松节即当自浙回京复命，毋庸再赴广东。长麟即带同贡使由水路行走，至江西过岭赴粤，令其附搭该国贸易便船回国。长麟惟当遵照，即次松筠所告训谕，妥协办理，以副委任。

三十日庚申（1793 年 11 月 3 日）

乾隆帝下谕，喊咭唎国遣使赴京，祝釐纳赆，朕因系远夷所进方物，物命分赏，俾内外大臣共知声教覃敷之盛。督抚等接奉后，谢恩折内自应将所赏物件系喊咭唎国呈进之处叙明，昨朱圭奏到折内，即将此意叙入。乃本日蒋兆奎谢恩之折，止称奉到恩赏哔叽褂料一件，而于喊咭唎所进，并未一字提及，竟似无故而特加赏赉，所奏殊不明晰。朱圭学问稍优，是以措词尚能合体，而蒋兆奎由州县出身，文理荒疏，遂一任庸劣幕友，填砌肤词，以致失当。现在各省督抚等谢恩之折自已在途，其中或有如蒋兆奎之未经叙明者，亦已不及更正。此事尚无关紧要，若于办理地方事务，有应行入告者，亦漫不经心，任听劣幕率意铺叙，岂不为其所误？嗣后于题奏事件，务宜加倍留心，以期立言得当。然朕总不以语言细故，定督抚之贤否，非甚关政治之要也。①

十月初三日癸亥（1793 年 11 月 6 日）

乾隆帝下谕，松筠奏遵旨详谕喊咭唎贡使，欣感悦服情形一折，诸凡皆妥。至该贡使等又向松筠言及，欲照俄罗斯之例，留人在京学艺，实属妄行干渎，总不知足，殊为可恶。虽松筠严词拒绝，所驳甚是。同日据吉庆奏，喊咭唎所留大船一只，即系该贡使原坐之船，极为宽大，现派员弁等驻宿看守等语。此事前据吉庆奏到后，即令松筠谕知该贡使等，以现留船只足敷乘坐仍当赴浙，上其原船归国。嗣据松筠奏，该贡使等以行李物件甚多，人数不少，若拥挤一处易生疾病，求将沉重箱件，分拨从人照料，由定海上船。贡使等止带随身行李，仍由河路，前赴广东行走。经松筠峻词斥驳，而该贡使等泪随言下，似系实情，是以姑准所请办理。今据吉庆奏，现留大船即系该贡使原坐之船，则该贡使等前向松筠所称船小人多，易生疾病之处，或系托辞。著再传谕松筠等察看情形，如可设法，向贡使等好言开

---

① 《清实录·高宗纯皇帝实录》卷一四三七。

谕，令其乘坐原船，即由定海放洋及早归国，岂不更为省便？倘该贡使等再三陈恩，必欲由广东行走，有不得已之实情难以拒绝，亦止可俯从所请，不过沿途稍费供支而已。仍当令长麟带同贡使，由水路至江西，过岭赴粤，附搭该国贸易便船回国，以示怀柔。

初十日庚午（1793 年 11 月 13 日）

乾隆帝下谕军机大臣，据松筠奏遵旨传谕该贡使等，感激凛畏缘由一折。据称，贡使等向松筠告称，前蒙恩准在宁波置买茶叶、丝斤，但我等所带银两无多，现在浙省停泊之船原系货船，不知可否将洋货兑换等语。前因该贡使恳请在宁波置买茶叶、丝斤，原已降旨允准，今该贡使等又以银两无多为词，欲将洋货在彼兑换，总不知足，实为可鄙。经松筠谕以宁波地方向无洋行，无从交易，应赴澳门、黄埔将货物交易，自应如此办理，并著长麟于到粤时酌量妥办。浙江向无洋行，亦不值为伊等特调粤省洋行之人，远赴浙省也。同日据吉庆奏称，宁波地方不产丝斤，额贩亦少，现在饬令绍兴府购备丝斤运往海口，以便贡使置买等语。该贡使等欲将货物兑换茶叶、丝斤，业经松筠驳饬，今吉庆已将丝斤购备运往。如该贡使等购买无多，不妨酌量准其交易。倘伊等因松筠饬谕，不复在彼置办，即听其前赴澳门、黄埔购买，更觉省事。若听其一事，彼又生法求恩不已矣。

乾隆帝下谕，魁伦奏琉球国贡船到关照例免税一折。该国进贡船只到关，所带货物自应照例免税，但贡船于八月初一、三十等日先后进江，迄今业逾两月，其货物俱已查明。经魁伦具奏，该督抚具奏之折何以至今未到，浦霖有一奏亦未明晰。至该国所遣使臣系属年例进贡，现距年节两月有余，为期尚宽。著传谕伍拉纳等即饬伴送之员，按程从容行走，并咨会沿途各省一体遵照，只须于封篆前，届时照例到京，以便与年班各外藩同与宴赉也。

十三日癸酉（1793 年 11 月 16 日）

钦差侍郎松筠、两广总督觉罗长麟、浙江巡抚觉罗吉庆奏称，据嘆咭唎贡使禀称，原乘船开赴澳门，现在定海止存一舟，舟中人多病，同行拥挤，又虑传染，仍恩由广东赴澳门原船。察其语出至诚，已遵前奉谕旨，俯从所请。臣长麟于初十日管押贡使赴粤。臣松筠、吉庆同日督令夷官等，将所拨重载前抵宁波，候风妥速开洋，并咨浙江提督王汇赴定海整肃营伍，以昭威重。再前赏嘆咭唎国王及贡使御书福字、袍缎、荷包等件，臣等公同商酌，在浙先行传旨颁赏毕。该贡使等免冠屈膝，欢悦感激倍常。乾隆帝下谕，诸凡皆妥，欣悦览之。

十四日甲戌(1793 年 11 月 17 日)

乾隆帝下谕军机大臣，据松筠等奏拨令嘆咕唎贡使等分道起程一折，所办诸凡皆妥，已于折内批示。至折内称，长麟于初十日管押该贡使等启程赴粤，松筠、吉庆即于是日督令该夷官等，前赴宁波上船等语。该贡使及夷官等，经松筠、长麟等查照派拨，分路起程，可期行走迅速，固属甚善。但长麟一路除正副贡使外，尚有随从夷人几名，及伊等携带随身行李外，尚有何箱笼？松筠等一路所带夷官共若干人，其箱桶等项物件共计若干，折内并未声叙，尚欠明晰。计此旨到日，松筠、长麟等早经分道行走，此事无关紧要，亦不必专折具奏。著于奏事之便，将夷人名数及箱桶物件等项，两路如何分拨带领前往之处，各开清单，随折具奏。至该夷官等到宁波后，欲买茶叶、丝斤一事，前因吉庆奏宁波地方不产丝斤，已令绍兴府购备，运往海口。业经降旨，谕令松筠等，如该夷官购买无多，不妨酌量准其交易。倘伊等不复在彼置办，即令其前赴澳门、黄埔购买，更觉省事。想松筠等接奉前旨，自能妥协办理，将此各谕令知之。寻松筠、觉罗吉庆奏称，贡使经臣等驳饬后，不敢再求于宁波贸易。至夷官等行走亦安静，惟向伴送官言及杭绸，意甚欣羡。臣等酌议略备茶丝赏给，比抵镇海县宣布皇仁，分赐夷官四人各杭绸四匹、茶叶五十斤、丝六斤。随从兵丁酌给茶布，皆感激欢忭。并酌备牛、羊、面食等项，俟其登原船时，给守船夷官从人。再臣长麟所带贡使外，副使之子及通事、医生、家人、兵役共七十四人，行李箱笼百三十一件，臣等所带夷官四名外，家人、兵役共九人，随带箱笼六百六十件。乾隆帝下谕嘉奖。①

十六日丙子(1793 年 11 月 19 日)

乾隆帝下谕军机大臣，郭世勋等奏嘆咕唎小贡船二只于九月二十七日抵粤，现令其在虎门内壕墩地方停泊。又据覆奏，嘆咕唎贡使到粤后，若希图在黄埔地方盖屋居住，当严行斥饬，并禁止内地奸人指引各等语，所办均妥。惟所称现到小船二只，催令购办食物后，即开行回国，不任挨延时日一节，所见尚欠周到。该贡使等，现经长麟于十月初十日带同起身，由内河赴粤，所有该国贡船自当留于粤省，俾该使臣等乘坐回国岂不省便？若即饬令开行，将来贡使抵粤无原船可坐，又须搭附商船，倘商船一时乏便，伊等在粤必更藉口耽延。此次该贡使至浙，原令其乘坐原船旋国，嗣因夷官等擅先开行，止留一只在彼，该贡使以不敷乘坐为词，恳请由内河行走，致多纡折。今郭世勋将船只饬令先开，由该贡使本欲在粤逗留，又

---

① 《清实录·高宗纯皇帝实录》卷一四三八。

可托词无船，复萌故智，迁延观望，别有干求，此为最要不可行之事。著传谕郭世勋等，所有该国先到船只，务令其在粤停泊等候。其续到之大船二只，一并饬令湾泊等待贡使。并著长麟于途次接奉此旨，带同贡使趱程行走，以便及早到粤，乘坐原船回国，免致另觅商船，有羁时日。再正副贡使等，现系长麟带同行走，所有一切调度，全在该督随时酌办，此折著速行加紧回奏。其松筠一路止系从役人等，及粗重行李无关紧要，将来上船开行之后，此船亦必经过广东与前船会合一处，长麟到时，如该国先到之船尚未开行，而在浙后开之船亦已赶到，固属甚善。惟当饬令速行，置备物件，于数日内开行，勿任逗留。若原船已经开行，又无商船之便，伊等在黄埔居住等候，止当密为稽察，毋许勾结滋事。其一切食用可以不必照内地之例，官为料理，致令贡使等得以从容坐食，更有耽延。又据苏楞额奏，凡遇红毛货船进口与各国夷船，一律丈量收税，不稍露示惠形迹等语。前因嗼咭唎遣使航海远来，输诚纳贽，是以格外加恩，将携带货物免其纳税，系指此次贡船而言。外省办事往往胶柱鼓瑟，或因有此旨意存拘泥，竟将该国别项贸易商船概行免税，转致西洋各国心生冀望，纷纷吁请一体免税，成何事体？著传谕苏楞额务遵前旨，固不可例外浮收，亦不得于贡船之外，概行减税。惟当按照定例收纳，以昭平允。寻郭世勋、苏楞额奏，查嗼咭唎贡船四只先后到粤，所泊蚝墩等处，经臣派员弹压，初到量给酒米等物，余俱通事代买，再此次货物免税，已出旷恩，该国别项船仍旧收税。

十七日丁丑（1793 年 11 月 20 日）

乾隆帝下谕军机大臣，昨据郭世勋等具奏嗼咭唎船只到粤即饬开行一折。因降旨谕知该抚，务令该夷船停泊等候，以便贡使到粤即乘原船回国，免致藉词逗留。本日复据郭世勋等奏，贡使虽赴浙江，而贡船四只先行到粤，长麟自必令该贡使等仍由内地赴粤，不若即将现到贡船，令其等候装载贡使等语，所奏恰与昨旨相符，自应如此办理。且现据松筠等具奏，该贡使等恳请赶赴澳门，仍坐原船回国，并写具夷信，即求发到澳门，交给船上夷人，令其等候。可见该贡使等亦欲令原船在粤湾泊等候，今闻船只未开，适如所愿，想亦无可藉口。长麟务须带同贡使趱程行走，以便及早到粤，迅速放洋。设或该贡使等置办货物后，尚欲在粤稽延，不肯即行登船，长麟当谕以尔等原恳赶赴澳门，乘坐原船回国。今原船业已在此等候，足敷装载，自应即速开行回国，如此明白晓谕，伊等自不敢再有推诿。该贡使等登舟后，若尚停泊候风，止当密为稽察，毋许勾结滋事。其一切食用，可以不必照内地之例，官为照料，致令从容坐食，更有耽延也。至郭世勋昨奏到粤夷船不许逗留一节，朕恐其拘泥前旨，不能随机筹办，致将来贡使抵粤无原船可坐，又须附搭商船，藉词延缓，是以降旨详谕。今郭世勋奏到办理情形与昨降之旨适合，殊属可嘉。

廿八日戊子（1793 年 12 月 1 日）

乾隆帝下谕军机大臣，长麟奏管带嘆咭唎贡使趱出浙境日期及该夷使等悦服恭顺情形一折，览奏俱悉。又据奏，该贡使向护送之道将等称，该国王此次进贡实是至诚，我们未来之前，国王曾向我们商议，此次回去，隔几年就来进贡一次，是早经议定的。惟道路太远，不敢定准年月，将来另具表文，再来进献。若蒙恩准办理，即将表章贡物，呈送总督衙门转奏。也不敢强求进京，只求准办，就是恩典等语，此尚可行。著长麟即传知该使臣，以尔国王此次差尔航海远来，纾诚纳赆，大皇帝原深为嘉许，赏赉优加。嗣因尔等不谙中国体制，冒昧渎请，天朝定例綦严，应准应驳，无不按例而行，尔等所请于例不合，是以未准。大皇帝并无嗔怪尔等之心，尔等不必害怕。今据尔禀称，将来尚欲另具表文，再来进贡，大皇帝鉴尔国王恭顺悃忱，俯赐允准。但海洋风信靡常，亦不必拘定年限，总听尔国之便。贡物到粤，天朝规矩凡外夷具表纳贡，督抚等断无不入告之理。届时表贡一到，即当据情转奏，大皇帝自必降旨允准，赏赐优渥，以昭厚往薄来之义。尔等回国时，可将此意告知尔国王，以此次尔国所请，未邀允准，系格于定例，大皇并无怪意，尔国王尽可安心。将来具表进呈，亦必恩准，从优赏赉。如此明切晓谕，不特该使臣闻之，益加悦服，将来回国告知该国王，亦必弥深欣感也。至此次该国贡船，因其初次效忱，是以将所带货物免其税课。嗣后该国进贡，除贡船装载物件外，其余应纳应免，惟在该督等会同监督，查照往例，临时酌办，固不可于例外加征，亦不可越例宽免，使夷人等多得便宜，妄生冀幸也。来使光景，仍即速行回奏。

是月，钦差侍郎松筠、浙江巡抚觉罗吉庆奏称，臣等于本月二十三日至夷船泊处，颁赐牛、羊、面食，其附夷船愿进京当差之安拉、讷弥勒特二人，系佛兰西人与否，无从辨识。谕以浙江海口，无西洋人进京例，令仍附嘆咭唎贡船回。于二十七日起碇，计前途得风，十一月初旬内可抵黄埔，其时长麟带同贡使亦可抵粤。该夷人已悉宁波不产丝茶，无洋行交易，自不萌来浙之念，奸商亦无从勾结。臣吉庆仍随时密访，申严海口之禁。乾隆帝下谕嘉奖。①

十一月初一日庚寅（1793 年 12 月 3 日）

乾隆帝下谕军机大臣，浙省解到前与嘆咭唎夷商贸易郭端之子郭杰观，经军

---

① 《清实录·高宗纯皇帝实录》卷一四三九。

机大臣审讯，郭杰观只系训蒙乡愚，并无与嘆咭唎交通勾结情事。且伊父郭端前与珍商经手交易，铺户、银两俱被夷商拖欠，此时铺户等自不肯再向夷商贸易，而嘆咭唎货船此后已不准再到宁波，亦无从与该处民人交结。郭杰观著交原解官带回省释，仍著吉庆饬知该地方官，随时留心查察，毋令滋事。①

十八日丁未(1793 年 12 月 20 日)

乾隆帝下谕军机大臣，向来安南、缅甸、南掌等国，俱有例进象只，因其远道抒忱，均予收纳。现在銮仪卫有象三十九只，为数已多，若年复加增，不但象房不敷豢养，抑且虚縻廪给。著传谕云贵、两广督抚等，嗣后外藩所献方物内如有象只一项，该督抚接到咨会，即可檄知该国，以天朝梯航毕集，现有象只甚多，除别项贡品俱准其呈进外，所有象只不必收受送京，在各省既可免长途伴送之费，而该国亦可省购觅之劳，实为两便。②

十二月初八日丁卯(1794 年 1 月 9 日)

乾隆帝幸瀛台，琉球国使臣于西苑门外瞻觐。③

十八日丁丑(1794 年 1 月 19 日)

乾隆帝下谕，山东青莱一带皆濒海之区，本年因即墨之田横岛等处洋面劫案频仍，而该处地方官互相诿卸，至有改报黑水洋之事。现已据该抚亲至海滨勘定，以莺游山为界，严饬文武各官加紧巡防，自不致仍前推诿。但恐该处盗风究未尽息，著传谕福宁将山东洋面情形详加察看，有无似康熙年间盗劫情弊。该抚直抒所见，务将如何缉盗之处详悉奏闻，以期海洋宁谧。

二十日己卯(1794 年 1 月 21 日)

乾隆帝下谕军机大臣，前因海岛居民日众，令各督抚编查户口入于年底汇奏。本日据福宁奏，查明原无居民海岛六十一处，并无新建房屋居住之人。其长山岛三十三处，共有居民三千二百余户，男女大小二万三千余名口等语。海中岛屿易为匪

---

① 《清实录·高宗纯皇帝实录》卷一四四〇。
② 《清实录·高宗纯皇帝实录》卷一四四一。
③ 《清实录·高宗纯皇帝实录》卷一四四二。

类潜踪,是以前降谕旨,嗣后毋许民人私自建房居住,以防其勾结滋事。至沿海滩地居民日多,筑堤圈堰亦于河流有碍,是以一并禁止。今阅福宁所奏,山东一省海岛居民即有二万余名,各省海岛住者想亦不少,此等民人相沿居住为日既久,人数又多,势难概令迁徙。惟当遵照前旨,不准添建房屋,以致日聚日众。所有现住民人仍应留心访察,严密稽查,勿任勾结匪徒,滋生事端。其沿河地方,并宜一体饬属随时查察,弗令多占河滩,有碍河道。该督抚等总宜实力奉行,不得以汇奏塞责。①

乾隆五十九年　甲寅　公元 1794 年

正月十八日丙午(1794 年 2 月 17 日)

乾隆帝下谕,据礼部奏,琉球国使臣呈称,国王此次恭进谢恩方物,恳照五十五年准予赏收,免抵下次正贡等语。该国王因前此特赐福字、如意等件,专遣使臣呈进方物。向来俱令抵作下次正贡,原以昭体恤,省陪臣之劳往来而示柔怀,今据该使臣呈称伊等临行时,国王再三嘱令将所进方物,恳请准予赏收,免抵下次正贡,具见该国王抒忱效悃,诚恳可嘉。所有此次呈进方物既已赏收,著照所请,下次正贡时仍当优加锡赉,用彰厚往薄来至意。该部即传谕该使臣,令于回国时转告该国王知之。

廿五日癸丑(1794 年 2 月 24 日)

军机大臣会同兵部议覆、闽浙总督觉罗伍拉纳奏称,遵旨查勘珠山即舟山,距定海县城五里。对岸有岛名五奎山,隔洋面六里,峰势高出众山,全洋岛屿俱可瞭望。且外洋船只前赴定海者,皆于此停泊,实为扼要。请添设一汛,即于定海镇标中左右三营内,抽拨水师兵五十名,派千总一员率领驻扎。并拨驾营船往来巡哨,以资防守,应如所请。但此项兵丁若令常川驻扎,恐日久怠玩,应令照汛弁戍兵之例,每届半年,轮换一半。乾隆帝从之。

---

① 《清实录·高宗纯皇帝实录》卷一四四三。

是月，浙江巡抚觉罗吉庆奏称，遵旨查浙省海洋界连福建，每当南风顺利，闽省渔船多赴浙江采捕。鱼汛旺盛则获利益，偶然乏食辄肆抢劫，本地渔船亦有被诱入伙者，然时聚时散，并无定所，与康熙年间洋盗依据海岛情形迥异。臣抵任以来留心稽察，不敢略存懈忽。又奏，弭盗之法，全在编立岛岙保甲，使无处藏匿，以杜其踪。严禁偷米出洋以绝其食，严拿代卖盗赃之人，无从销变，自不起盗劫之心。又奏，稽察出口照票，以防混冒，再严禁火药、硝磺出洋，实力整顿。乾隆帝下谕，言颇得要，以实为之，毋久而懈。①

四月

据福建巡抚奏报，吕宋番船户郎安直黎带番梢四十名，载货往广贸易，在洋遭风，收泊厦港。随饬厅营拨兵役防护，督令牙行交易货物，俟事竣遣令回国。②

六月

据福建巡抚奏报，琉球回国贡船驶至五虎门外洋，陡遭飓风，船身被浪漂没。当经委员将夷官人等护送至省，安置馆驿，给予口粮，令料理回国。③

十月初九日癸亥（1794 年 11 月 1 日）

乾隆帝下谕军机大臣，长麟等奏荷兰国遣使赍表纳贡，恳求进京叩祝一折，此是好事。披阅长麟等译出原表，该国王因明年系朕六十年普天同庆，专差贡使，赍表到京叩贺，情辞极为恭顺。著长麟等即传谕该使臣等知悉，并派委妥员护送起程，只须于十二月二十日封印前一二日到京，俾得与蒙古王公及外藩诸国使臣，一体同邀宴赉。并著知会沿途经过省分，令各该督抚一体派员按例照料，以便如期到京。再荷兰国所进表文，在京西洋人不能认识，并著长麟等于居住内地之西洋人，有认识荷兰国字体兼通汉语者，酌派一二人随同来京，以备通译。④

---

① 《清实录·高宗纯皇帝实录》卷一四四五。
② 《清实录·高宗纯皇帝实录》卷一四五一。
③ 《清实录·高宗纯皇帝实录》卷一四五五。
④ 《清实录·高宗纯皇帝实录》卷一四六二。

十二月初一日甲寅（1794 年 12 月 22 日）

乾隆帝下谕军机大臣，上年喋咕唎遣使来京恭进表贡，所有经过各省曾令各该督抚给与筵宴。此次荷兰国遣使来京，本日据陈淮具奏，未经给宴。但该国慕化输诚，航海远至，自因知上年喋咕唎使臣到京时，得蒙天朝恩锡优渥，宴赉骈番，是以闻风踵至。今该使臣等在途经过省份未与筵宴，是同一西洋进贡使臣，转似区分厚薄，失中国正大之体，该贡使等闻知，未免稍觉觖望。除俟该贡使等到京后，一体酌加赏赉外，著传谕各该督抚，将来该使臣等回程经过时，俱仍仿照喋咕唎使臣之例酌给筵宴。筵宴时并宣谕该使臣等，此次尔等慕化远来，大皇帝鉴尔恭顺。从前尔等进京时原应筵宴，但因尔等赶于年内到京，沿途行走限期紧迫，恐致耽延时日，是以未经筵宴。今尔等回程纾徐，仍遵旨赏尔筵宴等语，向其明白宣示，该使臣等闻知，自必益臻欢感也。①

十七日庚午（1795 年 1 月 7 日）

乾隆帝下谕，长麟等奏，荷兰国贡使搭坐商船来粤，船商现已装货完毕放洋，业据船商将入口、出口船料税银等项全数交纳等语。荷兰国贡使远来纳赆，恭顺可嘉。所有该贡使搭坐商船，除进口货物照例纳税外，其应纳船料及出口买带货物，著加恩免其交税。今此项出船料等税业据全交，著长麟等俟该贡使回国时仍行给还，以示柔远怀来至意。

廿四日丁丑（1795 年 1 月 14 日）

乾隆帝下谕军机大臣，上年喋咕唎贡使到京，曾请派该国之人住居内地，照管买卖。及该国船只照例上税各条，当令军机大臣面加驳饬，并于该使臣回国时，发给敕谕二道，谕知该国王敬谨遵照。想该国王震慑声威，接奉敕谕，义正词严，自不敢再行渎请，但夷性贪得便宜，恐日久复萌故智。所有前发敕谕，虽曾令松筠面向长麟告知，究未必能如缮写之详明，而该省又无档案可查，设将来该国复有仍前渎请之事，该督抚等一时办理，不能得有把握。著将上年颁给喋咕唎敕谕二道，钞录发交长麟等密为存记，并令入于交代，以便日后接任之员遵照妥办。②

---

① 《清实录·高宗纯皇帝实录》卷一四六六。
② 《清实录·高宗纯皇帝实录》卷一四六七。

乾隆六十年　乙卯　公元 1795 年

正月十六日己亥（1795 年 2 月 5 日）

乾隆帝敕谕荷兰国王曰，朕仰承昊绰，寅绍丕基，临御六十年来，四海永清，万方向化，德威远播，嘏福毕臻，统中外为一家，视臣民若一体。推恩布惠，罔间寰瀛，亿国梯航，鳞萃徕贺。朕惟励精图治，嘉纳款诚，与尔众邦共溥无疆之庥，甚盛事也。咨尔国重洋遥隔，丹悃克抒，敬赍表章，备进方物，叩祝国庆。披阅之下，周详恳切，词意虔恭，具见慕义输忱，良可嘉尚。尔邦自贸易澳门，历有年所，天朝怀柔远人，无不曲加抚恤。如博尔都噶里亚、意达哩亚、嘆咭唎等国，效顺献琛，天朝一视同仁，薄来厚往。尔邦谅备闻之，今来使虽非尔国王所遣，而公班衙等能体尔国王平时慕化情殷，嘱令探听天朝庆典，具表抒忱。兹值天朝六十年国庆，公班衙等因道远不及禀知尔国王，即代为修职来庭，则感被声教之诚，即与尔国王无异，是以一律优待，示朕眷怀。所有赍到表贡之来使小心知礼，已令大臣带领瞻觐，锡予筵宴，并于禁苑诸名胜处悉令游览，使其叨兹荣宠，共乐太平。除使臣恩赍叠加，及各官通事、兵役人等正赏、加赏各物件，另单饬知外，兹因尔使臣归国，特颁敕谕。锡赍尔王文绮珍物如前仪，加赐彩缎、罗绮、文玩、器具诸珍，王其只受，益笃忠贞，保乂尔邦，永副朕眷。钦哉。[1]

四月初九日己丑（1795 年 5 月 26 日）

乾隆帝下谕，长麟等奏，广东商民陈裕来等出洋遭风，漂至安南，经该国王照料资送，由琼山镇进关等语。安南国王阮光缵自袭封以来，甚为恭顺，今因内地商民遭风被难，即饬照料资送来关，尤为小心敬慎，殊属可嘉。著赏给锦缎四匹以彰优眷，该督等所拟照会，现令军机大臣改定著即照缮，一并发往只领，将此各谕令知之。

---

[1] 《清实录·高宗纯皇帝实录》卷一四六九。

十一日辛卯（1795 年 5 月 28 日）

台湾彰化匪徒陈周全等作乱，陷县城，寻复之。①

五月

福建巡抚浦霖奏，接准盛京将军衙门咨称，琉球国番民米精兼个段那田、真势等三人在洋遭风，漂入朝鲜国。又准浙江巡抚吉庆咨称，琉球国番民比嘉等三人在洋遭风，漂至象山县地方，并委员护送来闽，照例抚恤，送回本国。②

七月初一日庚戌（1795 年 8 月 15 日）

乾隆帝下谕，据陈大用奏，本月十九前抵吴淞海口督拿洋盗。接据都司叶永锡等禀报，十七日早见有匪船三十余只，从浙洋梅山开行，望江南塌饼门外洋直驶，随率各船迎往，施放枪炮，击损贼船，打毙贼匪多人，各贼靡然，官兵俱皆无事等语，所奏殊不成话。盗匪船只既从浙洋驶至江南外洋，官兵跟踪追缉，自应将贼匪如何击杀，究竟生擒几人，打毙几人，及官兵如何出力缉捕之处详悉具奏。乃折内称，各贼靡然，官兵无事。试思官兵捕拿盗匪，当贼四窜之际，尚当察访侦拿，岂当贼船业已遇见，反任其潜逸？而官兵转致束手，幸保无事，即可塞责，有是理乎？向来洋盗不过偶遇一二行劫商旅船只，今乃于官运米船，公然抢劫，且盗船前后共有五六十只之多。似此肆行无忌，日聚日多，且恃有岛屿藏身，岂不又至酿成前明倭寇？关系非小。若不严行缉拿惩治，何以肃洋面而靖地方？昨因吉庆奏到，盗匪窜驶北洋，曾降旨谕令苏凌阿于七月初十日出伏后，酌量河工可以分身时，前赴上海等处海口严拿。但现在盗船已从浙洋驶至江南塌饼门外洋，陈大用未曾经历戎行，于海洋缉捕事宜难资倚恃，目下现届末伏，河工有兰第锡、康基田在彼，亦足资分投照料。著传谕苏凌阿不必等候出伏，于何日接奉此旨，即速起程，前赴上海镇洋等处海口，严督官兵实力堵拿。苏凌阿系该省总督，该处弁兵等见总督大员亲驻海口督缉，自必更加出力，可期即时缉获。再前据吉庆奏，拿获盗船有闽右十号字样，自系闽省兵船为盗所劫，可见从前伍拉纳等所奏节次，拿获洋盗，俱系虚捏。业经降旨，令长麟等一体购线缉捕，即有窜逸者，非在江苏山东邻境，即系潜回福建原籍。此事著责成闽浙、江苏、山东各省督抚董饬所属，上紧严拿。只须分

---

① 《清实录·高宗纯皇帝实录》卷一四七六。
② 《清实录·高宗纯皇帝实录》卷一四七九。

驻各海口，令将弁等往来梭织巡缉，不必亲身放洋，务期将各盗船尽数弋获，净绝根株。如视同海捕具文，致令免脱稽诛，将来获犯后，审出该犯在何省藏匿，惟疏踪之该省督抚提镇是问，不能稍从宽贷也。

十一日庚申（1795 年 8 月 25 日）

乾隆帝下谕，秦承恩奏盘获西洋人犯，委员解京等语。此案陈玛禄以外洋夷人潜来内地，希图煽惑传教。刘瑚、袁安德系内地民人，受雇同行，随路访寻同教，与从前四十九年西洋人呢玛方济各等在陕行教，经该省盘获，解京治罪之案相同。现据该抚将该犯等委员解京，著传谕刑部堂官，俟该犯等解到后，即行查照呢玛方济各之例，审明定拟。①

十八日丁卯（1795 年 9 月 1 日）

乾隆帝下谕军机大臣，朱珪等奏洋商石中和拖欠夷货价银，审拟具奏一折，已批该部议奏矣。粤省洋商承售夷货，先将价值议定，俟转售后陆续给价。其未售之货，俟下次洋船到时，一面归清旧欠，一面又交新货，不能年清年款，固属实在情形。但洋商等承售洋货，即新旧牵算，每有拖欠亦应予以限制。此案石中和积欠夷商货银，除变产抵还外，尚欠五十九万八千余两，为数实属过多。现据该夷商呈控，业经照例惩办，将无著银两令通行分限代还，自可依限清理。但此后各行商等似此拖欠过多，或该国王闻知，以内地行商拖欠夷人帐目，多至数十万两，或竟具表上闻，实属不成事体。著传谕粤东督抚及粤海关监督，嗣后洋商拖欠夷人货价，每年结算不得过十余万两。如有拖欠过多者，随时勒令清还。即自今岁为始，通饬各洋商一体遵照办理。

廿四日癸酉（1795 年 9 月 7 日）

乾隆帝下谕，长麟等奏琉球国货船在浙江温州洋面被劫一折，实属不成事体。各省附近洋面地方，近年屡有劫盗之案，节经严饬督抚等董率将弁实力查拿，乃盗风仍未尽熄，竟至外国货船亦被抢劫，可见地方文武于捕盗并未认真办理，以致洋面劫盗肆行无忌。现据长麟等奏，查照该国通事开报失单，著落地方官赔补，所办尚未允协。目下该国通事如尚未回棹，即著长麟等传谕该通事，宣示朕旨，以中国洋面盗风未戢，该国货船竟有被劫之事，朕亦引以为愧。所有该国被劫货价，即著

① 《清实录·高宗纯皇帝实录》卷一四八二。

落失事地方官加一倍赔偿，此案盗犯并严饬地方文武躧缉务获，勿令远扬。向来办理洋盗，罪止斩枭，此等行劫外国船只盗犯，拿获之日竟当凌迟处死，庶盗匪共知畏惧，洋面可期宁谧。其该管督抚及疏防各员，并著查明交部严加议处。

乾隆帝下谕军机大臣，长麟等奏琉球国货船一只在温州洋面被劫一折，已降旨将该督抚等交部严加议处矣。闽浙洋面地方文武，平时不能实力巡查，至于盗劫频闻，已非绥靖海疆之道，今竟劫至外夷船只。该夷人回国告知该国王，以内地洋面漫无查察，任听海盗公行，岂不贻笑外国？实属不成事体。况地方遇有此等要件，自应由驿驰奏，何得视同泛常，仍照例差人赍递，可谓不知轻重。长麟、魁伦俱著传旨，严行申饬。仍著该督抚即董饬所属，将此案盗犯上紧严拿，务期必获。不得视为海捕具文，致令盗犯远扬，自蹈咎戾。

廿六日乙亥（1795 年 9 月 9 日）

南掌国使臣入觐。①

八月十一日己丑（1795 年 9 月 23 日）

乾隆帝下谕军机大臣，吉庆奏琉球货船在洋被劫一案。前经拿获盗犯林玉顶等，供出盗首林发枝、蔡大等曾在温州南麂山外洋行劫，并于所获盗船内，起出番衣、番布旗等物，是琉球货船，其为林发枝等劫去无疑等语。此案盗犯胆敢在浙江洋面抢夺官米，并行劫外夷货船，实为可恶，必赏按名拿获，从重惩治。现在盗首林发枝、蔡大已逃入闽洋，尚未就获。著再传谕长麟、魁伦，务即遵照此旨，严饬水师将弁，与浙省兵船合力兜擒，并于各隘口派兵役严密稽查，以期必获。毋得视为海捕具文，致令首犯漏网稽诛。但海洋风信靡常，盗犯踪迹往来无定，此时虽已向南窜，安知匪徒等不因闽省搜捕紧急又思北窜？浙江洋面系吉庆专管，仍著责成该抚董率文武留心侦缉，不可因现回省城，日久生懈。至琉球国货船被劫物件，据吉庆奏，即遵前旨著落失事地方官，照数加一倍赔偿，委员解交闽省，给与该夷人收领等语。并著长麟等于给发时，即令通事传知该夷人等，以此系大皇帝念伊远来被劫，格外体恤，特加一倍给还，俾该夷人敬聆恩谕，回国告知该国王，自必倍深感激也。②

---

① 《清实录·高宗纯皇帝实录》卷一四八三。
② 《清实录·高宗纯皇帝实录》卷一四八四。

十月十八日乙未（1795 年 11 月 28 日）

乾隆帝下谕，据魁伦奏琉球国贡使到闽，委员护送进京及遣送朝鲜国遭风难民回国二折。琉球国贡使于本年五月内即已到闽，朝鲜国遭风难民，亦于三月内抵省安插，具应早为具奏。乃伍拉纳、浦霖在任时并不即时奏办，是伊等废弛贻误，于地方内外诸事一概署之不问，但知受贿延挨时日而已，可见死有余辜。长麟、魁伦接任后亦应查明早奏，何以迟至此时，始行具奏，咎实难辞。除长麟业经革职外，魁伦著交部议处，所有朝鲜遭风难民，闽省既无通晓伊等言语之人，自应即交护送琉球国贡使之委员于十二月封篆内，一并伴送进京，俟朝鲜年班贡使回国时顺便带回，以示体恤。①

十一月十五日壬戌（1795 年 12 月 25 日）

乾隆帝下谕，吉庆等奏拿获积年洋匪，并叠次行劫之伙盗分别办理一折。此案盗匪业经审明正法，余著照所拟完结矣。该抚等所办差强人意，可嘉之至，已于折内批示。洋匪四出劫抢，节经降旨，令该督抚等实力缉拿。今吉庆等督饬舟师分布各洋严密堵缉，总兵孙全谋在定海外洋，了见匪船十余只向南驶窜，该镇即将兵船分作两帮，迅往兜捕。参将李镇所带一帮，连夜跟追，施放枪炮，打翻匪船一只，淹毙数十名，各匪被炮打伤，落水身死者十余名。守备吴奇贵首先跳过匪船，砍倒二贼，生擒盗首陈言，并获伙盗多名，办理尚属认真可嘉。吉庆、王汇、孙全谋均著交部议叙。又据另片奏，李镇前在南策门捕盗兵丁放炮炸裂一案，吴奇贵任内有失察潘相旺透漏火药一案，虽均有应得处分，但此次拿获盗匪，李镇带领兵船奋力穷追，尚属出力，吴奇贵首先过船生擒盗犯，尤为奋勇，其前项处分均著宽免。李镇仍著交部从优议叙，吴奇贵遇有都司缺出即行升补，以示奖励。其未净之贼，仍著上紧捕捉，务令洋面肃清。②

十六日癸亥（1795 年 12 月 26 日）

乾隆帝下谕，朱圭奏拿获海洋盗犯审明办理一折，前据福建省奏到，拿获在洋行劫官米，并琉球货物各盗，其案内尚有未获之犯。此次广东所获各盗，与福建虽系隔省，但盗匪踪迹靡定，于行劫官米及琉球货船有无帮同为匪之处，折内未据讯

---

① 《清实录·高宗纯皇帝实录》卷一四八九。
② 《清实录·高宗纯皇帝实录》卷一四九〇。

及。著朱圭再行提讯确情，毋任狡展。至梁兴发各犯是否被淹身死，抑系乘间脱逃，并著严拿务获，不得稍有漏网。昨据吉庆等奏，拿获积年洋匪并叠次行劫伙盗，所办尚为认真。各督抚等若皆如吉庆等督率所属，实力查拿，自可期盗风敛戢，绥靖海疆。并著传谕沿海各督抚，一体留心实力督办，毋得稍存玩懈，致干咎戾。寻朱圭奏，讯据各犯坚供，粤洋西路离东路甚远，实未到过闽浙。梁兴发等妥系受伤落水，自必身死，似系实在情形。①

十二月初六日癸未（1796 年 1 月 15 日）

乾隆帝下谕军机大臣，魁伦奏，十月内据诏安县禀报，该处洋面有由广东驶至盗船，内有数只系番子盗船，头缠红布。又据魁伦之幕友林性称，有伊认识之生员等三人，曾遇盗脱回。知盗首名李发枝，船共十二只，内有一只系安南人，其余系广东、福建、浙江等省人，皆头缠红布，装作番状，听得安南盗船约有十只等语。安南自阮光平内附以来，极为恭顺，倘因此等洋面盗劫之事加之诘责，非所以示绥怀。著传谕魁伦等，嗣后闽、浙、广东洋面，惟当督饬海口将弁，一体实力搜捕。遇有此等盗船，无论其果系安南并各外夷盗匪，抑系内地匪徒假装服饰，一经拿获，即概行正法，不必行文查询。至魁伦奏，现在捐廉雇觅渔船，委员带同渔户，协捕盗匪，将来择其精壮出力者，挑补水师、兵丁等语。既可杜绝渔户等为贼送水及接济贼粮等事，并可作为眼目，而挑补水师亦可望其得力，固属一法，但须为之以实，方足以资缉捕之用也。其李发枝等要犯并著魁伦等督饬将弁，设法查拿务获，以净根株，将此各密谕知之。

初七日甲申（1796 年 1 月 16 日）

乾隆帝下谕军机大臣，据朱圭奏拿获海洋盗犯审明定拟一折，已交军机大臣会同该部速议具奏矣。惟阅折内称，李关六等各在夷地捕鱼度活，四月间在洋行劫后驶回夷地，消赃俵分等语。所云夷地自即系安南一带海滨，贫民捕鱼为活，虽难禁止，然亦不应听其私往夷地久住，以致纠约为匪，行劫消赃。著传谕该署督即严饬沿海文武，嗣后随时查禁，毋令渔户人等潜赴夷地，滋生事端。

十一日戊子（1796 年 1 月 20 日）

乾隆帝下谕，据玉德奏，查明出洋巡哨之外委王再门管驾兵船，飘至江南崇明县属

---

① 《清实录·高宗纯皇帝实录》卷一四九一。

海口，弁兵船只均无伤损等语。外委王再门出洋巡哨，不避危险，前经被风飘至外洋，兹复飘往江南境内，甚属奋勉。王再门著加恩，遇有水师守备缺出即行超补。①

廿五日壬寅（1796 年 2 月 3 日）

乾隆帝允朱圭收噗咭唎国王表贡，赐敕嘉赉，交该国大班波朗赍回，并以其表言劝廓尔喀投顺，于赐敕内以无须该国兵力，告之。

廿七日甲辰（1796 年 2 月 5 日）

乾隆帝赐琉球国王尚温敕谕。②

嘉庆元年　丙辰　公元 1796 年

二月二十日丙申（1796 年 3 月 28 日）

嘉庆帝下谕军机大臣，盗匪在洋往来行劫，及经官兵追捕，又究入外洋。其船中日用淡水、食米从何而来，必系沿海渔船人等私为接济，以致盗匪得有食米。久住海洋，虽海滨贫民，向藉捕鱼为生，势难概行禁止。然当于渔汛之时严密盘诘，查其船中人口若干、带米若干，按口计食。倘有多带粮米，立即查究，则渔户等知所儆惧，不敢仍前夹带偷卖，而盗犯等无所得食，自不能常在洋面。况盗犯所得赃物，必须上岸销售，地方文武果能于各隘口实力严查，遇有形迹可疑之人携带物件，即行究拿。如此断其接济之路，复四面兜截，自无虞其远扬漏网。将此谕令魁伦吉庆行之。③

四月初二日丁丑（1796 年 5 月 8 日）

嘉庆帝下谕军机大臣，据吉庆奏严拿奸徒偷漏硝黄并咨明各省一体查禁一折。

---

① 《清实录·高宗纯皇帝实录》卷一四九二。
② 《清实录·高宗纯皇帝实录》卷一四九三。
③ 《清实录·仁宗睿皇帝实录》卷二。

硝黄火药，例干严禁，近来海洋盗匪每遇商船，即放炮为号。海洋乃出硝黄之地，此等硝黄若非奸徒偷卖，盗匪又从何处购觅？是欲杜私贩透漏情弊，必先于出产地方严行查禁。著传谕各该督抚，饬令地方官严行查察，于官为给照采办之外，毋许丝毫私售，使奸徒不能贩运偷卖，而盗匪即无从接济。该督抚等务当饬属严禁，毋得日久生懈。①

五月廿九日癸酉（1796 年 7 月 3 日）

嘉庆帝下谕，魁伦奏海洋盗首獭窟舵，即张表，带领首伙各犯四百七十三名自行投首，并呈缴船只、炮械等物一折。海洋盗匪王流盖、獭窟舵、林发枝等屡在洋面肆劫，今王流盖业经被炮击毙，獭窟舵带领伙盗全行投出，其未获者仅止林发枝一犯，魁伦所办尚属可嘉。从前盗匪庄麟投出时，曾拔用千总，并赏大缎一匹。今獭窟舵著赏给守备职衔，并赏戴蓝翎，仍赏大缎二匹，用示奖励。至折内所称，该匪等请出洋缉捕，现在择其强壮勇往者，令跟随官兵缉捕，此或一法，但宜倍加慎重，不可稍存大意。现在逾格施恩，獭窟舵尤必感激奋勉，亟图报效。著传谕魁伦等，面向獭窟舵宣示恩谕，责以捕盗之事。如能将林发枝擒获献功，固当格外优赏，否则或林发枝听闻此信，亦思投首免罪，其余伙盗自皆闻风解散，庶可永久绥靖海疆。再獭窟舵既经投出，其船内存贮米粮，应尽数先给伊等食用，俟此项米石食竣，即照兵丁之例，一体赏给盐菜口粮。獭窟舵既令其出洋捕盗，即照守备分例赏给。将来捕盗事竣，此等投出之人，岂能日久官为廪给？或令其散归本籍，各谋生业，或令其当兵，以免伊等乏食，又致故智复萌。总之宜散不宜聚，方为妥善。至所呈缴船只，自必轻便坚固，即可作为捕盗之用。魁伦现在办理此事，特为详晰指示，以便遵照妥办，俟续有投出者，俱当照此一律办理。②

十一月二十日辛酉（1796 年 12 月 18 日）

嘉庆帝下谕，据魁伦奏，现因缉捕洋匪经费不敷，请于闽省藩库借银八万两，除归还司库垫款三万余两外，尚存银四万有余，以为续后支给之用等语。该兵丁等奉派出洋，冲风破浪，若令于所得饷银内自备口粮，不足以示体恤。自应照该督所请，于藩库项下照数借给，于缉捕较为有益。至营船原为捕盗之用，乃折内称营船笨重不能得力，是何言乎？魁伦务须督饬所属实力查拿，以清洋面而安商旅。又据哈当阿奏查拿盗匪一折，盗船乘风逃逸，踪迹往来无定，惟四面兜捕，方可缉捕净

---

① 《清实录·仁宗睿皇帝实录》卷四。
② 《清实录·仁宗睿皇帝实录》卷五。

尽。现在闽洋盗风未戢，皆哈当阿失于于巡捕所致，咎实难辞。著传旨申饬，务须饬属严拿，不可以盗踪已离台湾即为安靖，以致远扬漏网，致干咎戾。

廿一日壬戌（1796 年 12 月 19 日）

嘉庆帝下谕军机大臣，吉庆奏访出洋匪聚集并藏匿船只各处在安南境内，且有该国隐匿贼匪之情。此时若行文该国，反致贼匪闻信潜逃，所见尚是。刻下暂且无庸行文晓示该国，俟派往访查官员呈报到日，吉庆当不露声色，妥为办理，即将贼首擒获，以绝根株。①

十二月廿三日甲午（1797 年 1 月 20 日）

嘉庆帝下谕内阁，勒保奏，缅甸国王遣使叩关朝贡，勒保以上年该使臣进京叩祝甫经回国，檄令云南司道将原赍表文贡物，仍令来使带回一折，所办实属大错。缅甸国王久列藩封，输忱向化。从前所定十年进贡之期，原示体恤远人之意，兹该国王以本年恭逢国庆，特遣使臣赍表备物，申虔称贺。勒保自应据实具奏，请旨遵行，乃率意径行，遽令该使臣将原赍表文、贡物仍行带回。该国地居炎徼，遣使远来，乃于半途率令回国，致令徒劳跋涉，阻其向化之诚，殊失柔远绥怀之意，勒保著交部严加议处。嘉庆帝下谕军机大臣，缅甸国王遣使叩关，欲求朝贡，勒保率行截回，未免阻其向化之诚。现令军机大臣代拟檄谕，明白开导。②

嘉庆二年　丁巳　公元 1797 年

正月廿七日戊辰（1797 年 2 月 23 日）

嘉庆帝奉乾隆帝命，敕谕暹罗国王以示体恤。③

---

① 《清实录·仁宗睿皇帝实录》卷一一。
② 《清实录·仁宗睿皇帝实录》卷一二。
③ 《清实录·仁宗睿皇帝实录》卷一三。

六月廿八日丁酉(1797 年 7 月 22 日)

　　嘉庆帝下谕军机大臣，魁伦等奏，琉球国王世孙尚温因传位大典，于常贡外备物申贺，忱悃可嘉，未便驳回，致阻其向化之诚。至朝鲜难民李唱宝等出洋遭风，漂至琉球国，该国给与衣食，并将难民等附搭贡船至闽，所有护送之人，著该督抚等量加奖赏。①

十二月廿一日丙辰(1798 年 2 月 6 日)

　　嘉庆帝侍乾隆帝幸瀛台，朝鲜国正使、副使，琉球国正使、副使等于西苑门外瞻觐。②

嘉庆三年　戊午　公元 1798 年

正月廿八日癸巳(1798 年 3 月 15 日)

　　嘉庆帝奉乾隆帝敕谕琉球国中山王世孙，以示体恤。③

五月初四日丁卯(1798 年 6 月 17 日)

　　嘉庆帝下谕军机大臣，魁伦等奏，入春以后因南风渐起，有外洋匪船窜越闽洋，并接吉庆等咨会，一体堵缉等语。外洋盗匪经吉庆、魁伦等节饬镇将上紧查拿，渐次敛戢。兹南风正盛之时，复有洋匪窜入，粤闽洋面相连，自应彼此知会，并力查拿。著吉庆、魁伦等各饬水师镇将实力侦擒，使洋匪不敢复思偷越，洋面可日就肃清，不可始勤终怠为要。④

---

① 《清实录·仁宗睿皇帝实录》卷一八。
② 《清实录·仁宗睿皇帝实录》卷二五。
③ 《清实录·仁宗睿皇帝实录》卷二六。
④ 《清实录·仁宗睿皇帝实录》卷三〇。

十二月三十日己未(1799 年 2 月 4 日)

嘉庆帝御保和殿，筵宴朝正外藩。朝鲜、暹罗等各国正副使，随文武大臣，以次就坐。①

嘉庆四年　己未　公元 1799 年

正月

据奏报，闽浙两省遇盗合捕，不分畛域，海口陆路，毋庸添设重兵，商船出洋，不宜禁止。嘉庆帝下谕，汝等平素留心训练，整饬营伍，以卫生民。朕于甲辰年随驾南巡至杭，营伍骑射皆所目睹，射箭箭虚发，驰马人堕地，当时以为笑谈，此数年来果能精练乎？至于洋盗尤宜严缉，总当力禁海口出洋贩船内，如米豆、铁器等项，洋盗无所接济，自然涣散矣，勉为良臣，以副委任。又奏，浙省缉盗章程，缮单呈览，一、水师三镇，酌定船只兵数，择要停泊巡缉；二、严禁米石出洋；三、严禁奸徒偷漏硝黄、火药出洋济匪；三、严禁私贩铁斤、铁器出洋；四、设立甲长、舔长，稽查通盗、匪犯私贩违禁食物；五、酌拟兵船乘便护送商船，以免盗劫。嘉庆帝下谕，所办甚是，惟应实心实力，莫作空谈。②

九月廿九日甲申(1799 年 10 月 27 日)

嘉庆帝下谕军机大臣，吉庆等奏，农耐夷人阮进定等与安南交兵，因遭风漂入粤洋，恳请赏给食米，放回本国，自应略为抚恤。但阮光缵现奉正朔，此等与彼为敌之夷人，若加以重待，傥阮光缵遣人来问，汝等何辞以对？况朕当亲政之初，该夷人等未必不妄生希冀，欲图翻案。黎阮曲直，此时本无庸置议，且阮氏畏服天朝已有年所，而农耐地方，闻洋面盗匪，多于彼处销赃，亦非善类。汝等若不严饬回洋，则农耐请助之人即至，转生枝节。然亦不可将阮进定等缚送安南，惟当略为赏

---

① 《清实录·仁宗睿皇帝实录》卷三六。
② 《清实录·仁宗睿皇帝实录》卷三八。

恤任其归去，乃吉庆等欲令附搭商船，设被安南侦知，转似助彼仇敌，岂抚驭远藩之道？吉庆、陆有仁俱著申饬，该督等当遵旨妥办，切勿轻开边衅慎之，将此谕令知之。①

十一月

两广总督吉庆等遵旨覆奏，西洋夷商来粤贸易，向系以货易货，或有不敷价值，亦系互用番银，尚无携带纹银出洋之事。惟贩来钟表、玻璃等物，以无用易有用，未免稍损元气，若内地不以此等为要物，夷商自无从巧取。嘉庆帝下谕，朕从来不贵珍奇，不爱玩好，乃天性所禀，非矫情虚饰。粟米布帛乃天地养人之物，家所必需。至于钟表，不过为考察时辰之用，小民无此物者甚多，又何曾废其晓起晚息之恒业乎？尚有自鸣鸟等物，更如粪土矣。当知此意，勿令外夷巧取，渐希淳朴之俗，汝等大吏共相劝勉，佐成朕治。②

嘉庆五年　庚申　公元 1800 年

正月十九日壬申(1800 年 2 月 12 日)

嘉庆帝下谕内阁，朕闻闽省漳、泉地方营汛兵弁，平时于汛地漫不稽查，偶遇有缉捕盗匪，辄向地方官需索供给费用。甚或有不法兵弁，私通巨盗，得受贿赂，反为之容隐藏匿，以致缉捕徒劳，案悬不结。海洋地方所设营汛兵丁，原以资捕盗之用，今不但不实力查拿，而转受盗赃为其通信，并闻此等恶习，不独漳、泉为然。即沿海各省分营兵等亦有暗通洋匪利其赃贿，名为海俸之事，顶凶承认，以致真盗漏网。似此玩法养奸，何以绥靖海疆，肃清洋面？特此通谕沿海省份各督抚及提镇等，务须一体实心查察，严行饬禁，傥有前项不法兵弁，即当据实核办，按律惩治，毋得视为具文，仍致有名无实，各干重谴。

---

①　《清实录·仁宗睿皇帝实录》卷五二。
②　《清实录·仁宗睿皇帝实录》卷五五。

廿六日己卯（1800 年 2 月 19 日）

琉球国中山王世孙尚温遣使奉表谢恩及进贡方物，赏赉如例，停止筵宴。①

二月十一日甲午（1800 年 3 月 6 日）

嘉庆帝下谕，吉庆等奏，洋匪陈得昇经渔户宋新潍等遵谕出海招安，即率领伙众眷口二百余人，并船只、器械等物，恳恩投首。吉庆等自应俟陈得昇进港后，查询明确，分别递籍安插，严加约束。盗首陈得昇著照所请，赏给外委顶带，留于该处，令其招徕余匪，仍遵照前旨。严禁胥吏等不得因陈得昇等曾为盗匪，有意勒索，或致别生事端，将此谕令知之。②

廿三日丙午（1800 年 3 月 18 日）

嘉庆帝下谕内阁，各省沿海水师，向例设有统巡、总巡、分巡及专汛各员出洋巡哨，近因各省奉行日久，渐有代巡之弊。即如统巡一官，系总兵专责，今则或以参疏游击代之，甚至以千总、把总、外委及头目兵丁等，递相代巡。遇有参案到部，则又声明代巡之员，希图照离任官例，罚俸完结，殊非慎重海疆之道。著通谕沿海省份各督抚，嗣后均令总兵为统巡，以副参游击为总巡，以都司守备为分巡。倘总兵遇有事故，只准副将代巡，或副将亦有事故，准令参将代巡，不得以千总、外委等滥行代替，以杜借端规避之弊。至山东水师三汛，向不参送统巡疏防职名，殊未允协，嗣后该省亦应一律遵办，以昭画一。此次通谕之后，各督抚等务令水师各员亲身出洋，梭织巡查，以期绥靖海洋。倘敢仍前代替，藉端推诿，一经部臣查出，或被科道纠参，则惟各该督抚等是问，将此通谕知之。

嘉庆帝下谕军机大臣，据吉庆等覆奏总兵黄标、钱梦虎在三沙洋面查拿盗匪实在情形一折。盗匪在洋肆劫最为商民之害，沿海镇将自当实力巡拿，俾盗匪敛迹，以期海疆绥靖。但洋面捕盗必须生擒活口，或验明首级，方可定其真伪。此次弁兵在三沙洋面于黑夜之中攻击匪船，盗匪因见兵船众多，且拒且逃，该兵弁等未能过船拿获活口，亦不及割取首级。在黄标、钱梦虎二人于洋面捕盗，素为出力，自无捏饰虚报情事，第恐该镇等属下员弁，或将商船认作盗船，查拿禀报，希图邀功，亦未可定，尤宜核实办理。嗣后吉庆等遇有禀报拿获洋盗案件，必须认真确查，以

① 《清实录·仁宗睿皇帝实录》卷五八。
② 《清实录·仁宗睿皇帝实录》卷五九。

期毋枉毋纵，至投首之人既免其死罪，自应妥为安插。但该匪等一时改悔投诚，难保其日久不萌故智，总宜加意防范，勿令复滋事端为要，将此谕令知之。①

五月廿九日庚戌（1800年7月20日）

嘉庆帝下谕军机大臣，阮元等奏艇匪骤入浙境即驰赴台州，督饬防剿一折。自应上紧搜捕，竭力堵御，仍行逼回闽、粤洋面，以便该二省迎头截剿，断不可令其登岸，致沿海居民，猝被滋扰。朕闻浙省海疆土盗甚多，艇匪凤尾蔡牵等帮肆行勾结为害，押人勒赎。更有奸民通盗，宁波之姚家浦为最，地方官总因处分太重，故不严办。阮元尤当严行查察，勿令潜行勾结，并严禁沿海匪民接济粮米、淡水等物。李长庚向来在洋捕盗，素有威望，曾经赏戴花翎。此次追剿艇匪，应令温州、黄岩两镇听其关会，协同策应，以期号令专一，肃清洋面。将此谕令知之。②

七月十六日丙申（1800年9月4日）

嘉庆帝下谕军机大臣，阮元奏，生擒各海山逸盗三百余名，所办尚好。惟凤尾帮二十余船，仍遁往大陈山，而闽洋蔡牵帮船，又窜入浙境，水澳帮船复驶往三盘，是温、台洋面盗船尚多。阮元务须督饬该镇等会同闽、粤兵船，不分畛域，三面截击，毋任在浙洋日久游奕。将此谕令知之。

廿七日丁未（1800年9月15日）

嘉庆帝下谕暹罗国王郑华，据两广总督吉庆、广东巡抚瑚图礼递到国王进香祭文一道、表文一道，鉴王忱悃，增朕悲怀。惟外藩使臣向无谒陵之例，上年安南国王阮光缵遣使赴京进香，曾经敕谕以高宗纯皇帝业经奉移山陵，计使臣到京，已在永远奉安之后。令该国使臣不必来京，并将所备仪物赍回，用示体恤。今暹罗国王遣使赴京，事同一例。朕怙冒万国，于海徼藩封并无歧视，所有该国王呈进仪物方物，仍饬疆吏发交使臣赍回，以免跋涉。该国王具悉朕意，益矢虔恭，永承优眷，钦哉，特谕。③

---

① 《清实录·仁宗睿皇帝实录》卷六〇。
② 《清实录·仁宗睿皇帝实录》卷六八。
③ 《清实录·仁宗睿皇帝实录》卷七一。

八月十七日丁卯（1800 年 10 月 5 日）

嘉庆帝下谕，玉德奏，闽、浙洋匪叠遭飓风，现在浙洋仅存凤尾水澳盗船十只，闽洋亦剩蔡牵盗船三十余只，而两省兵船共六十八只，现饬镇将会同搜捕等语。闽省盗船每多驶入浙洋，自因浙省土盗为之勾引，至附近海边居民，向有海俸之名，最为锢毙。该督抚仍须不动声色，密为禁绝，但不可稍涉张皇，以致胥役纷纷四出查拿，扰累闾阎。将此谕令知之。①

十二月十七日乙丑（1801 年 1 月 31 日）

嘉庆帝下谕军机大臣，琉球国正使向必显等现已到闽，若令守候多时，殊非体恤远人之道。且该国王欲令使臣于明春到京，原为七年朝正，得以随班行礼。今朕明年释服后即应御殿，该使臣到京后，自可随班行礼，何必迟至次年？著玉德传知该使臣，并派员伴送，令于明年四月十五日以前到京，俾不致久于旅馆，并可早遂其瞻觐之忱。至护送册封正副使之署游击陈瑞芳在琉球病故，该国王备葬费五百两，表奏请旨，已足将恭顺之意，何必复有赠遗及其子孙？所有另备银两，自不应再为收受，著玉德一并谕知该使臣可也。②

嘉庆六年　辛酉　公元 1801 年

四月初六日壬子（1801 年 5 月 18 日）

嘉庆帝下谕内阁，礼部奏，琉球国使臣呈称，该国此次恭进谢恩方物，恳予赏收，免抵下次正贡。该国王因特赐御书扁额等件，专遣使臣呈进谢恩方物，曾经该部具奏，降旨准作下次正贡，原以昭体恤而示柔怀。今据该使臣呈称，伊等临行时国王再三谆嘱，恳请准予赏收，免抵下次正贡，具见该国王抒忱效悃，诚

---

① 《清实录·仁宗睿皇帝实录》卷七三。
② 《清实录·仁宗睿皇帝实录》卷七七。

恳可嘉。著照所请此次所进方物，准予赏收。下次正贡届期，该国遣使来京时，再当优加赏赉，用昭柔惠远藩至意。该部即传谕该使臣，令于回国时转告该国王知之。①

十月十二日乙卯（1801 年 11 月 17 日）

嘉庆帝下谕军机大臣，吉庆奏，顺德县民人赵大任被风漂至农耐，经该国长阮福映差人唤至富春，代为修船，给与口粮。带有该国长禀词，内称上年该国有遭风难番，曾邀恤赏，交给文禀，叙述感激之意等语。该国长阮福映递禀之意，不过欲嘉其恭顺，希冀奏明，或可邀天朝恩助。但农耐与安南，现在争夺未定之时，吉庆等所称不可稍存偏向，所见极是。此时覆给该国长札谕内，惟当谕以上年恤赏该国难番，系属天朝抚绥各国外夷常例，并未专折奏闻大皇帝圣鉴。今民人赵大任漂至尔国，尔国照料回粤，并带有文禀，本部堂深悉尔国感谢之忱。但上年抚恤尔国难番之事，既未具奏，此时尔国禀词，亦不便代为奏达。如续有文禀，或乞兵相助，则当明示驳饬，谕以两无偏向。至前此吉庆、谢启昆先后奏到，俱称安南富春城被农耐抢占后，业经安南收复，今赵大任供词，尚称七月内在富春城内面见农耐国长阮福映。是否该民人从富春回粤时，尚在安南未经收复之前，抑系安南收复后，复被农耐夺取，著吉庆查明遇便覆奏。安南与农耐彼此构衅交兵，原与内地无涉，吉庆等当持以镇静，不必过问。至将来如果安南为农耐所并全境俱失，该国王阮光缵叩关请命，彼时吉庆等自当奏明请旨，抑或农耐将安南并吞之后具禀到粤，亦即奏闻，候旨办理。②

十一月十四日丁亥（1801 年 12 月 19 日）

嘉庆帝下谕军机大臣，吉庆等奏，洋盗陈添保携眷内投，并将缴出安南印敕进呈。据折内称，陈添保因捕鱼遭风，于乾隆四十八年经阮光平掳去，封为总兵等语。可见积年洋盗滋扰，皆由安南窝留所致，即阮光平在日，已将内地民人掳去加封伪号，纵令在洋劫掠，阮光平身受皇考重恩，如此丧心蔑理，实非人类。今阅该国伪诏内，有视天下如一家、四海如一人之语，尤属夜郎自大。若论其种种狂悖，本应声罪致讨，惟该国现与农耐构兵，转不值乘其危急，加以挞伐。揆诸天理，该国灭亡亦在旦夕，更无庸以文诰化诲，亦毋庸给予照会。所有敕印等件现令销毁，

---

① 《清实录·仁宗睿皇帝实录》卷八二。
② 《清实录·仁宗睿皇帝实录》卷八八。

该督等惟当严饬将弁，巡缉各洋，遇有安南盗匪窜入，立即拿获惩办，其投出之陈添保并家属伙盗等，即照该督所请，于海洋较远之南雄府地方，分别妥为安插。仍不时严密稽查，毋令出洋滋事，将此谕令知之。①

十二月廿七日己巳（1802 年 1 月 30 日）

嘉庆帝下谕内阁，据礼部奏，朝鲜国贡使曹允大等赍贡生至京。另赍奏本一件，抄录进呈。该国王以冲年袭封，奉职屏藩，适该国邪匪纠连，谋为不靖。即董率臣工珍除魁党，宁谧国都，并将办理颠末，胪章入告，所奏已悉。惟本内所称邪党金有山、黄沁玉、千喜等，每因朝京使行，传书洋人，潜受邪术等语，此则非是。京师向设有西洋人住居之所，只因洋人素通算学，令其推测躔度。在钦天监供职，从不准与外人交接，而该洋人航海来京，咸知奉公守法，百余年来，从无私行传教之事，亦无被诱习教之人。该国王所称邪党金有山等来京传教一节，其为妄供无疑。自系该国匪徒，潜向他处得受邪书，辗转流播，及事发之后，坚不吐实，因而捏为此言，殊不可信。该国王惟应严饬本国官民敦崇正道，勿惑异端，自不至滋萌邪蘖。至所称余蘖或有未净，恐其潜入边门，所虑亦是。已降旨，饬令沿边大吏一体严查，设遇该国匪徒潜入关隘，一经盘获，即发交该国自行办理，以示朕抚辑怀柔至意。著礼部将此旨行令该国王知之。

嘉庆帝下谕军机大臣，晋昌等奏抚恤外国遭风夷民并派员护送来京一折，所办殊未妥协。此等不识国名夷人在洋遭风，漂至朝鲜国地方，经该国由凤凰城移送沈阳。晋昌面加询问，给予衣食优加赏恤，即应令其仍附原船，任其自回本国，方为正办。何必拘泥元年旧案，护送来京？朕即位初元，外藩朝觐者多，是以饬令吉林将军将鄂通国难民送京，以便查办。本年例应朝贡者，惟暹罗一国，此次遭风夷人，既询系不识国名，若暹罗国不能通其言语，即护送来京，亦属无益。现在该夷人等如未进关，著晋昌速行截回，倘已入关，即著直隶总督陈大文转饬沿途州县，将该夷人等交原派之员送回盛京。并著晋昌赏给盘费，仍交朝鲜国令附原船，送至本国，毋致稽留为要。②

---

① 《清实录·仁宗睿皇帝实录》卷九〇。
② 《清实录·仁宗睿皇帝实录》卷九二。

嘉庆七年　壬戌　公元 1802 年

三月初十日庚辰 (1802 年 4 月 11 日)

嘉庆帝下谕军机大臣，阮元奏，乍浦汛口外委郎廷槐率同兵役，盘获盗船一只，搜出私硝八百余斤，并获犯沈大庭，讯出私贩硝斤，欲卖给海匪蔡牵等情。盗匪在洋行劫，所得赃物总须上岸销售，况一切食用之物，若非有奸民暗中接济，盗匪必不能在洋面存身。是欲靖盗源，总在严查济盗奸民，方为有裨。如售买硝黄，本干严禁，果能实力查拿，盗匪何从得有火药？而粮米为口食所必需，若能禁止出洋，则盗伙立形饥窘。至上岸销赃，必有一定处所，更当密为访察，侦探踪迹，自必易于擒捕。著传谕该抚督，饬近海各口岸地方营汛各官弁认真巡察，严拿济盗奸民，务期绝迹。①

是月，协办大学士两广总督吉庆奏，住居澳门之大西洋夷人禀称，有嘆咭唎夷船湾泊零丁洋，距澳甚近，欲登岸借居夷房，恐其滋事，恳求保护。当即饬谕嘆咭唎夷船回国，毋许登岸，澳门夷人情形安静。嘉庆帝下谕，有犯必惩，切勿姑息，无隙莫扰，亦勿轻率。②

四月十八日戊午 (1802 年 5 月 19 日)

嘉庆帝下谕军机大臣，吉庆等密奏，据总兵黄标禀称，差线人赴雷州洋面招安，于盗船拾获贼匪传单逆词，并抄录呈览。粤东洋面为盗匪出没之所，近闻陆路奸民亦有天地会匪拜盟纠结等事，今于盗船内拾获传单，语多悖逆，在盗匪等自因官兵追捕严紧，是以编造逆词，希图煽惑愚氓，乘机劫掠。其单内既有高溪字样，谅必实有其人从中勾结，不可不速行查究。该督等务须饬拿务获，严办示惩，并详细察访有无勾通内地会匪之事。但当不动声色，密之又密，以消萌蘖而靖人心。仍于各海口整配兵船，随时防范，毋少疏懈。至雷州三面环海，陆路稍觉兵单，吉庆

---

① 《清实录·仁宗睿皇帝实录》卷九五。
② 《清实录·仁宗睿皇帝实录》卷九六。

等自应酌量添拨官兵，严饬将弁认真巡缉，以清洋面。将此谕令知之。寻奏，检查乾隆五十七年钦奉谕旨，饬查高溪寺，经前抚臣郭世勋饬属遍查，并无其寺。曾经覆奏在案，臣等密访天地会匪，果有勾结洋盗之事，现购线密拿究治。再雷州现已添募新兵、增设民壮，足资防守。其高廉沿海亦均酌筹防御，可保无虞。嘉庆帝下谕，严密查办，不可张皇。①

八月初六甲辰（1802 年 9 月 2 日）

嘉庆帝下谕，吉庆奏，农耐遣使恭进表贡，并缚送莫观扶等三犯来粤正法各情形，览奏俱悉。从前阮光平款关内附，极为恭顺，我皇考鉴其忱悃，锡以封土，阮光平感被殊荣，躬亲诣阙。皇考恩礼有加，骈番锡赍。原以阮光平克矢畏怀，始得仰承宠遇，迨阮光缵嗣服交南，复颁敕命，俾其世守勿替。乃近年以来，闽、粤二省洋面盗船内，闲有长发之人，闻系该国纵令出洋行劫，朕未肯轻信。尚以长发匪徒，或系该国贫民随盗入伙，曾降旨谕令查拿，总未见擒献一人。今阮福映、缚致、莫观扶等三犯，讯取供词，均系内地盗犯。该国招往投顺，封为东海王及总兵等伪职，仍令至内洋行劫商旅。是阮光缵不但不遵旨查拿，而且窝纳叛亡，宠以官职，肆毒海洋，负恩反噬，莫此为甚。至敕书印信颁自天朝，名器至重，尤当敬谨护守，与国存亡。乃阮光缵不知慎重，于阮福映上年攻取富春时，辄行舍弃潜逃，罪无可逭。至阮福映此次使臣，吉庆当谕以尔国长恭进表内所叙情节，业经转奏，蒙大皇帝俯察尔国恭顺之诚，深为嘉奖。阮光平臣事天朝，先大皇帝锡之敕命，恩赍优加。乃其子阮光缵，竟敢窝留内地盗犯，通同劫掠，丧心背恩，实为天理所不容。是以亡不旋踵，今弃国潜逃，并天朝所给敕印，亦不能守。是阮光缵不特上负先大皇帝怙冒洪慈，抑且为阮光平不孝之子，获罪甚重。尔国长遣使恭缴敕印，并缚献通盗，深得事大之理，恭进表贡，具见至诚。但天朝每遇外洋诸国遭风船只，无不一视同仁，给资妥送，从无因此遽纳贡献之事。且尔国长邦家未定，并非素备藩封，揆之体制，尚不应在职贡之列。尔等可即赍回，转向尔国长告知，如此明白檄谕，方为得体。其所缴敕印，著吉庆暂为收贮。再前据清安泰奏，阮光缵为阮种所获，阮种是否即系阮福映，未据声叙。本日吉庆折内称，农耐使臣起程尚在阮光缵被获之前，是以未得此信。前次谕令吉庆等，如阮光缵率属内投，妥为安置，令伊罪状昭著，实无足惜。若叩关求纳，吉庆当将阮福映缴来敕印，并盗犯莫观扶等供词，令其阅看。面加诘责后，传旨革去王爵，即于该处监禁，候旨定夺。傥阮光缵已为阮福映所获，阮福映不敢自专，将伊解送镇南关，亦当照此办理，其莫观扶等三犯，俱照大逆律办。如各犯家属，有应缘坐者，一体查办。此时吉庆当遵前旨，迅赴镇南关，勒兵防守，持以镇静。俟阮福映攻得安南全境，遣使请封，或得

---

① 《清实录·仁宗睿皇帝实录》卷九七。

阮光缵实在下落，再行奏闻候旨。将此传谕知之。①

十二月十九日丙辰（1803 年 1 月 12 日）

嘉庆帝下谕内阁，安南国为南徼藩服，前此黎维祁与阮光平构兵，先经率属内投，继复弃国潜遁。皇考高宗纯皇帝以黎维祁巽懦无能，不能自振，天厌黎氏，不宜复加扶植。惟念其流离失所，将黎维祁送京入旗，授职养赡。其时阮光平修表叩关，吁求内附，并请亲诣阙廷，祝厘瞻觐。皇考高宗纯皇帝鉴其诚悃，锡之敕印，封阮光平为安南国王，阮光平受封之后，时修职贡，终其身只承恩眷。及伊子阮光缵嗣封，比年来闽粤洋面，屡有劫盗，经疆吏访闻入告，该国竟有潜通窝纳之事。朕以诚信怀远人，尚谓事涉疑似，只令饬知该国一体查缉，旋据阮光缵自陈惶悚，坚称实不知情。本年八月，吉庆奏到农耐国长阮福映遣使赍进表贡，缚送盗犯莫观扶等三名，系内地奸民。经安南招往，授以伪职并给与印扎，行劫内洋，审讯明确，已伏厥辜。是阮光缵豢养盗贼，通同劫掠，负恩背叛，情迹显然，实为王章所不宥。设阮光缵此时尚膺封土，必应声罪致讨，以惩凶诈。乃伊国连年与农耐战攻，上年阮福映拔取富春时，阮光缵辄将天朝所颁敕印遗弃潜逃，其罪更无可逭。阮光缵不念皇考高宗纯皇帝覆帱深恩，又不能继伊父之志，于臣为不忠，于子为不孝，今已自取灭亡，益见倾覆之理昭然不爽。阮福映能为天朝缉捕逋逃缚献，请旨定夺，并将安南旧领敕印，遣使呈缴深为恭顺。兹表陈构兵颠末，本系为伊先世复仇，虽得其国土，不敢擅专。虔遣陪价纳贡请封，除将表文请赐建国名号之处，交大学士会同六部尚书议奏外，所有安南阮光缵获罪覆灭，及阮福映恭顺出力缘由，先行通谕中外知之。②

嘉庆八年 癸亥 公元 1803 年

正月廿九日乙未（1803 年 2 月 20 日）

嘉庆帝下谕内阁，据玉德等奏，查明琉球国二号贡船，在洋遭风漂至台湾地方冲礁系碎，救援人口上岸抚恤缘由一折。外藩寻常贸易船只遭风漂至内洋，尚当量

---

① 《清实录·仁宗睿皇帝实录》卷一〇二。
② 《清实录·仁宗睿皇帝实录》卷一〇六。

加抚恤，此次琉球国在大武仑洋面，冲礁击碎船只，系属遣使入贡装载贡品之船，尤应加意优恤。其捞救得生之官伴水梢人等，著照常例加倍给赏。至所装贡物，除常贡各件业经沉失外，其正贡船只，据称既与常贡船同时开驾，至今尚未到闽，自系同时遭风。现经玉德等移知浙粤等省沿海口岸，一体确查，如查无踪迹，或亦已漂没沉失，所有正贡常贡物件，均毋庸另备呈进。该督等即缮写照会，行知该国王。以此次该国遣使入贡船只，在洋遭风冲礁击碎，人口幸无伤损，所有贡物、行李尽皆沉失，此实人力难施，并非该使臣等不能小心护视所致。现已奏明，特奉恩旨优加抚恤，其沉失贡物，远道申虔，即与赍呈赏收无异，谕令不必另行备进。所有此次赍贡使臣等回国，该国王毋庸加以罪责，以副天朝柔怀远人至意。嗣后遇有外藩贡船遭风漂没沉失贡物之事，均著照此办理。①

六月廿六日己丑（1803 年 8 月 13 日）

改安南国为越南国，封阮福映为国王。嘉庆帝下谕内阁，前此农耐国长阮福映表陈与安南构兵颠末，系为先世复仇，恭遣陪价赍缴阮光缵遗弃旧颁敕印，并缚献海洋逋盗，恪恭请命。朕鉴其航海输诚，特予嘉纳。曾经明降谕旨，将安南阮光缵获罪覆灭，及阮福映恭顺出力缘由，先行宣示中外。嗣节据该国长请锡新封，陈明该国系先有越裳之地，今并有安南，不愿忘其世守，吁恳仍以南越名国，经疆吏据情入告。部臣议驳，以南越命名与徼外封域未协，特念其叩关内附敬抒悃忱，命用越南二字，以越字冠于上仍其先世疆域，以南字列于下，表其新锡藩封。并令广西抚臣孙玉庭，一面檄知阮福映，一面委员伴送赍进表贡使臣赴京，谕其缓程行走，以示天朝柔远之意。兹复据孙玉庭奏称，阮福映接奉钦定越南恩命，倍深感激，情词欢忭，出于至诚。该使臣业已起程北上，计七月下旬即可到京等语。应即加之宠命封为越南国王，所有应行颁给该国王印信敕书等件，著各该衙门查照定例，先期豫备，并著钦天监衙门于颁行时宪书内，将安南二字改为越南，永遵正朔。至将来册封时，著派广西臬司齐布森将新颁敕印，带同来使赍捧出关，前往宣示诏旨，俾该国王长承恩眷世守勿替。将此通谕知之。②

八月初五日丁卯（1803 年 9 月 20 日）

越南国王阮福映遣陪臣表贡方物，降敕褒奖，宴赍如例。③

---

① 《清实录·仁宗睿皇帝实录》卷一○七。
② 《清实录·仁宗睿皇帝实录》卷一一五。
③ 《清实录·仁宗睿皇帝实录》卷一一八。

嘉庆九年　甲子　公元 1804 年

二月十三日癸酉(1804 年 3 月 24 日)

嘉庆帝命遣送编置佐领及安置各处之安南人回国。嘉庆帝下谕内阁，前据阮福映具表叩关，吁请锡封，业经加恩封为越南国王，抚有交南，备位藩服。因思从前随同黎维祁内投，编置佐领之安南人等，虽经给有廪糈，团聚安居，但远离乡土，已阅多年，情殊可悯。著加恩准令回国，以遂其怀归之志。并可将黎维祁骸骨还葬故墟，俾正首邱。著该旗都统等，按照册开安南人户，佐领一员，传旨赏给银十两；骁骑校一员，赏给银八两；领催以下男妇大口，每人赏给银五两，小口，每人赏给银三两，均于广储司库支领给发。令其分起行走，沿途资送广西，交与巡抚百龄，遣送出关，知会该国王收领。除江宁安插者，已谕知陈大文遵照办理外，其在热河张家口者，著该都统等即查照送京，交该旗一例遣送。至前经发往奉天、黑龙江、伊犁等处之安南人等，并著该将军等查明释回，一体赏给，资送粤西，遣令出关，以示格外矜恤至意。

廿三日癸未(1804 年 4 月 3 日)

嘉庆帝下谕军机大臣，本日御史周廷森条奏，各省水师战船，向照部颁定式，只能在海边巡查，不能放洋远出，请改照商船制度，以收实用一折。各省水师均设有战船，惟船身笨重，不便驾驶，多有雇用商船出洋堵拿盗匪者。且该匪等如遇战船，知系官兵缉捕，转得驾舟逃逸。是以各处出洋缉盗，往往用商船暗伏兵丁，乘其不备，以为掩捕之计。今该御史既有此奏，亦为整饬水师起见，但各省战船亦难一律纷纷改造。前此长麟在广东时，曾捐办米艇数十只，而闽浙两省近亦仿照商船之式改造，于巡洋捕盗，颇为得力。因思江省滨海之区，近日屡有盗劫之案，自应严加搜捕，所有该处战船，著陈大文即行仿照广东、闽浙等省之例，妥为筹办。或另制船只，或改造战船，详议具奏。惟是出洋固须船只便利，而尤在兵丁技艺娴熟，方有实济，若水师日就废弛，即多设捕盗船只仍无裨益。该督务须转饬各镇将认真操演，以期肃清洋面为要。至盗匪在洋肆劫，多由陆地奸徒私运粮米接济，并代为销赃，节经降旨饬禁。陈大文务于各海口严行申谕文武员弁，留心稽察，毋许将粮米私行出洋。如查有窝家奸线一经拿获，即加惩办，勿得视为具文。将此谕令知之。①

五月十二日庚子（1804 年 6 月 19 日）

嘉庆帝下谕军机大臣，本日据孙全谋奏称，上年十一月内在雷州洋面探闻盗首郑一、乌石二等窜回粤洋，共有匪船二百余只，内有百余只，聚泊遂溪县广洲湾洋面。其余六七十只，分投各洋面游奕。孙全谋督率兵船五十八号于十二月二十等日驰赴攻剿，贼船随拒随逃，官兵伤毙二十名。缘孙全谋所带兵船内有九号小料民船，配兵无多。其余各兵船在洋驾驶日久，船底渗漏，仅有兵船三十九号跟踪追捕。讵盗船百余只，窜至平海黄茅洋面，见官兵稀少，胆敢放炮迎敌，伤毙千总一员、兵丁四名。俱经札达倭什布外，并自请交部治罪等语。洋盗郑一、乌石二等匪船二百余只，在广洲湾等处分屯游奕，经官兵两次追捕，伤毙兵丁二十余名，戕及弁员。此系上年十二月间之事，该督接到札禀后，自应据实具奏，一面认真督办，乃检查倭什布节次奏到各折，并未详晰陈奏，殊不可解。洋盗为广东大患，此事尚不留心，别项事自必更形疏懈。伊系弃瑕录用之人，尤不应如此怠忽。粤省洋匪自越南受封以后，已无窝留逋逃之数，自当渐就肃清。乃至盗船数百，连帮聚泊，游奕各洋，岂地方文武尚不亟思上紧扑捕乎？试思盗船有二百余只之多，而兵船只有五十八号，即一律整齐，已觉寡不敌众，何况此内半有损坏，仅剩三十余船追捕大帮贼匪，无怪乎官兵之被戕，而匪徒之远扬也。近闻该省船只于制造完竣后，只在海口停泊，以致日久浸渍，此即营员出洋懈弛之明证。但既有损坏，地方官即当随时修整，乃亦因循观望，一有调发之事，始雇觅小料民船数号，搪塞了事。朕所深知，大率营员惮于出洋，辄以无船可驾为词，地方官则以营员平素并不出洋，空船停泊，徒置无用。一旦议令修艌，每称所费不赀，似此互相推诿，日渐废弛，海洋何能安辑？倭什布系该省总督，文武皆其统辖，著即严切查明，分饬所属痛改积习，和衷办公，若阳奉阴违，仍前贻误，或稍有讳饰，一经朕访闻得实，或别经劾奏，惟倭什布是问。所有孙全谋自请治罪之处，此时且暂缓交部，仍著该提督上紧督缉，务净根株如再有迟误，即当一并治罪，不能曲贷矣。将此传谕倭什布并孙玉庭孙全谋知之。②

九月初六日壬辰（1804 年 10 月 9 日）

军机大臣议覆两广总督倭什布等覆奏防剿洋盗事宜，一、沿海村庄准殷实之

---

① 《清实录·仁宗睿皇帝实录》卷一二六。
② 《清实录·仁宗睿皇帝实录》卷一二九。

户，捐建望楼，责令公正衿耆，派拨壮丁轮流瞭望，拿获匪徒，解官审办。有以防奸为名，构衅寻斗者，从重治罪，衿耆一并惩处；二、编立保甲，所以清盗源；三、修理艚艍船只。查艚艍船改造米艇，原为驶驾出洋起见，业经动帑修造整齐，应仍令出洋巡缉。其未经改造艚艍十四只，俟届限时，仍照艚艍式样修造，以资防守；四、米艇停泊虎门，为中权扼要之区，宜多屯舣以便随时调遣；五、沿海村庄，愿出壮丁自卫身家，毋庸派人领班经理，拿获真盗，仍动项奖赏；六、派委员弁查验渔船，应严查委员等扶同捏报，及纵役卖放，勒索刁难，半年内能获真盗，详请越格署补，其怠惰者彻回，以昭惩劝；七、调防兵丁于腹地陆路营内派往，远离汛营，应加体恤。水师各营岁领洋赏银三千两，实属虚糜，应如议停止，即为调防兵丁口粮之用；八、请令委员并验商船，如有得贿纵漏，准民人赴县府首告，审实后将委员揭参，其诬捏挟仇首告者，查出倍惩。从之。①

十一月廿七日壬子(1804年12月28日)

嘉庆帝下谕内阁，前据奏请，仍禁商船配带炮械出洋，降旨谕令玉德等体察情形，详议具奏。兹据奏称，往贩外夷之大洋船，该商等赀本重大，应仍准其照例，每船携带炮位、火药、鸟枪、腰刀、弓箭等项，不得逾例多带。其在内地南北两洋贸易商船，一概不准配带炮械等语。外洋商贩船只赀重道远，若不准令配带炮械，设中途遇盗不足以资防御。然准令配带，漫无稽核，恐出洋以后盗匪乘机劫夺，转致藉寇兵而赍盗粮，并恐奸商牟利以之济匪，亦所不免。嗣后除内洋船只，不准配带外，其外洋商船著照所议，准其按照旧例，携带炮位、器械等件，不得有逾定额。仍著于船只出洋时，饬令海口员弁将携带炮械数目验明，并无多带填给执照放行。俟该商进口时，仍将原领执照送官查验，并令该商将在洋曾否御盗，据实呈明。倘炮械或有短缺，即令其将因何失落缘由，详悉声明——登记以备稽考。如有捏报情事，别经发觉，即将该商按例惩治。②

十二月廿一日丙子(1805年1月21日)

嘉庆帝幸瀛台，暹罗国正使等四人于西苑门外瞻觐。③

---

①　《清实录·仁宗睿皇帝实录》卷一三四。

②　《清实录·仁宗睿皇帝实录》卷一三七。

③　《清实录·仁宗睿皇帝实录》卷一三八。

嘉庆十年　乙丑　公元 1805 年

二月初七日辛酉（1805 年 3 月 7 日）

嘉庆帝下谕军机大臣，据倭什布等奏嘆咭唎国呈进表贡，请旨遵行一折。该国王重译输诚，情词恭顺，从前乾隆六十年间，曾经附进表贡。蒙皇考高宗纯皇帝俯赐赏收，加以锡赉，赐之敕书。此次既据该国王备进方物，自应照例赏收，著那彦成等查照办理，并将贡品赍京呈递，再行颁给敕书赏件，俾遂忱悃而示怀柔。至所称该国有护货兵船四只来广一节，近闻外洋货船到粤，均有兵船护送，亦不独嘆咭唎国为然。必系因洋面不能肃清，自为守卫之计，迤驶至澳门，已近内地口岸，或有窃掠之事，岂不贻笑外夷？该督等当严饬地方文武整饬巡防，使澳门一带商船停泊，得以安静无虞。至伊等护货兵船向来必有湾泊处所，总当循照旧规，勿令任意越进为要。再阅译出该国原表，内称有别项事情要我出力，我亦十分欢喜效力等语，此言似非无因。自系闻洋面时有盗警，或需伊国兵力帮同缉捕，是以隐跃其词。海洋地面番舶往来，原应内地官兵实力查缉，焉有借助外藩，消除奸匪之理？那彦成到任后，惟当遵照节次谕旨，修明武备整顿营伍，使奸徒闻风自远，以慑外夷而靖海疆，方为不负委任，将此谕令知之。[①]

四月初一日甲寅（1805 年 4 月 29 日）

嘉庆帝下谕内阁，前所条奏调剂闽浙盐务一折，经大学士等议，请敕交闽浙总督详悉妥议具奏，到日再行核覆。兹据玉德奏称，该省盐埕系灶丁用本开成，世守恒产，按埕征输丘折，并无另有私埕。各路商人只有完课领引，赴场向灶买盐运销，并不在场晒盐，亦无民地尽为商有之事。又称若将漳泉四府盐斤，听民自晒自销，则盐埕尽归民有，不免更起争夺。且恐私贩充斥，有妨邻省纲地等语，所奏自系实在情形。闽省盐务，前经叠次办定章程奉行，已日久相安，此时固不必轻议更张，况议立一法，必须通盘筹画，行之方无窒碍。闽省毗连省分甚多，即如江西之建昌、抚州等府应食淮盐地方，现在犹虑闽盐偷越，不得不减价敌私，设法行销。

[①] 《清实录·仁宗睿皇帝实录》卷一四〇。

若将漳泉等府盐斤，听民自晒自销，则小民趋利若鹜，贩负载涂，随处充斥，查禁益难，必致淮纲大有妨碍。从前晋省盐务，自改归地丁之后，私盐往往侵越淮盐引地，查缉难周。若闽盐再有偷漏，则淮纲南北口岸，岂不尽被私贩侵占？于鹾课殊有关系。其余接壤之浙江、广东等省，情形均可类推。至海洋盗匪多系地方无赖，啸聚为奸，何至贫民无业，遽致流为窃劫？是即盐归民运，在安分者或资生业，而桀黠愚顽，未必即能尽化为良。且漳、泉一带民俗犷悍，利之所在，易起争端，更不免益滋斗很，讼狱繁兴，尤不可不大为之防。所有闽省盐务，仍著循照旧章办理。该督惟当随时体察，以期裕课恤商，勿致积欠累累，徒使官民受困，方为妥善。

三十日癸未（1805 年 5 月 28 日）

嘉庆帝下谕内阁，据刑部奏，审明广东民人陈若望私代西洋人德天赐，递送书信地图，并究出传教习教各犯，分别定拟一折。西洋人信奉天主教，在该国习俗相沿，原所不禁，即京师设立西洋堂，亦只因推算天文，参用西法。凡该国情愿来京学艺者，均得在堂栖止，原不准与内地民人往来滋事。乃德天赐胆敢私行传播，讯明习教各犯，不惟愚民、妇女被其煽惑，兼有旗人亦复信奉。并用汉字编造西洋经卷至三十一种之多，若不严行惩办，何以辟异说而杜歧趋？且该国原系书写西洋字，内地民人无从传习，今查出所造经卷，俱系刊刻汉字，其居心实不可问。此在内地愚民已不得传习，而旗人尤不应出此，关系人心风俗者甚巨。所有寄信人陈若望，在堂讲道之汉军周炳德，会长民人刘朝栋、赵廷畛、朱长泰，汉军汪茂德或往来寄信，或辗转传惑，著照刑部所拟，发往伊犁，给额鲁特为奴，仍先用重枷枷号三个月，以示惩儆。民妇陈杨氏以妇女充当会长，尤属不安本分，著发往伊犁，给兵丁为奴，不准折枷收赎。汉军佟恒善，经反覆开导，执迷不悟，俱著枷号三个月，满日发往伊犁，给额鲁特为奴。周炳德、汪茂德、佟恒善既自背根本，甘心习学洋教，实不齿于人类，均各销除旗档。至一经晓谕，即情愿出教之民人王世宁、柯添幅、尹思敬、吴西满、汉军佟明、佟四、蔡勇通尚知悔过，应行省释。但恐该犯等因一时畏罪饰词，未必出于至诚，仍著该管旗籍各官严加管束，如敢再行传习，即加倍治罪。德天赐以西洋人来京当差，不知安分守法，妄行刊书传教，实为可恶。该部奏请或饬令回堂，或遣回本国，均属未协。德天赐著兵部派员解往热河，在额鲁特营房圈禁，仍交庆杰随时管束，毋许与内地旗民往来交涉，以杜煽惑。管理西洋堂事务大臣常福、于德天赐寄信、刊书、传教等事，未能先时查察，著交内务府议处。其失察旗人习教之历任都统、副都统等，著军机大臣查明，奏请交部分别议处。该堂存贮经卷，交军机大臣会同刑部，派员检查销毁，毋许存留。其刊刻板片，并著五城、顺天府步军统领衙门一体查销，并出示晓谕军民人等，嗣后倘再有与西洋人往来习教者，即照违旨例从重惩究，决不宽贷。余著照刑部所议行。①

五月十七日庚子（1805 年 6 月 14 日）

嘉庆帝下谕，佟澜、色克、舒敏、李庆喜因传习天主教革职，交刑部审办。兹据刑部奏称，佟澜等到案，俱各供情愿出教，请革职免其治罪等语。佟澜等均系旗人，且任职官辄敢背弃根本，学习洋教。现虽据供明真心改悔，但恐因一时畏罪求免。伊等全家久为邪说所惑，一经释放，或仍私相崇奉，其言殊难凭信。佟澜、色克、舒敏、李庆喜仍著在刑部羁禁，将伊等家属传至，令其当面告诫。各将洋教不祀祖先、不供门灶等事，全行改革，仍交各该旗查明伊全家出教属实，由该管参佐领具结详报，再行释放。如释放后再敢私行习教，即加倍治罪，决不宽贷。

二十日癸卯（1805 年 6 月 17 日）

嘉庆帝下谕，前因京师西洋堂人有与旗民往来习教，并私刊清汉字书籍传播之事，叠经降旨，严行饬禁，并令将各堂所贮书籍，检出缴销，当交军机大臣，将检出书籍查看，旋据签出各条呈览。朕几余披阅，如教要序论，内称其天主是万邦之大君，圣年广益内称，所信降生之耶苏系普天下各人物之大君，又称中国呼异端为左道，未必非默默中为承行主旨而有是言。又称凡在天地大主之下自君王以至士庶，人人弃邪归正，圣教大行，未有不久安长治者。又称我敬之主，真正是天地人物之主，又称凭他有道之邦，多系世俗肉身之道，又称圣人欲乘此机会传教中华，又婚配训言内，称外教者如同魔鬼奴才等语，支离狂妄，怪诞不经，不一而足。而其中尤为悖谬者，则称听父母所命，相反于天主之命为大不孝，有圣女巴尔拔拉不肯听从逆命，被顽父亲手杀之，天主义怒至公，即以暴雷击死之，为人父母亲友阻人事主者，当以此为鉴等语，蔑伦绝理，直同狂吠。又称当时有一贝子，终日行非理之事，福晋极力劝之不从，一日有一群魔鬼拉贝子下地狱，天主以福晋有德行，默启他使知伊夫火海永远苦难，可见不听善劝，决不免天主永罚等语，尤为肆口乱道。贝子、福晋之称，西洋人何从知悉？自系从前与旗人往来谈论，知此称号，妄行编载，事属已往，今亦不加深究。至其所称贝子被魔鬼拉入地狱之语，皆系凭空捏撰，毫无影响。似此造作无稽，充其伎俩，尚有何言不可出诸口，何事不可笔之书？若不及早严行禁止，任令传播，设其编造之语，悖谬更有重于此者，势不得不大加惩办，与其日后酿成巨案，莫若先事豫为之防。前已谕令派出管理西洋堂事务

---

① 《清实录·仁宗睿皇帝实录》卷一四二。

之大臣禄康等公同议立章程，随时稽察。兹特揭出书籍所载各条，指示申谕，嗣后旗民人等，务当恪守本朝清语骑射，读圣贤书，遵守经常，释、道二氏尚不可信，况西洋教耶？亟应涤除旧染，勿再听信邪言，执迷不悟，背本从邪，自不齿于人类，有负朕谆谆训诫至意矣。将此通谕知之。①

七月十四日甲子(1805 年 9 月 6 日)

嘉庆帝下谕，给事中永祚奏称，广东、福建两省洋盗屡被击剿穷蹙，恐窜至奉省锦州各海口，潜踪登岸，溷迹商贾民人云集之际，潜入大营肆窃等语，实不成话。闽粤洋匪不过在外海劫掠商船，从未有上岸滋扰之事。日前据玉德奏称，李长庚等督率舟师围捕，匪船皆畏惧官兵，窜匿无踪，难以找寻。是该匪方逃命之不暇，何敢公然登岸？况洋匪原恃在海面游奕，得以逞其伎俩，若该匪果肯登岸，则一旦失所凭藉，官兵无难立行扑捕净尽，且目下秋令已深，西北风渐作，匪船即欲由粤、闽窜入浙洋，已苦风色不利，焉能远窜至奉省锦州各海口乎？该给事中于海洋道路情形全未明晓，矢口妄谈，纰缪已极。至所称将海船商贩、舵丁等，开具年貌、履历，登载号簿，并取具该商等所贩货物清单，只许正商上岸售兑，货物卖完后，报知旗民地方官出口日期各等语。海船商贩原听其随时赴各海口旧卖货物，若如该给事中所奏办理，势必纷纷滋扰。是以谒陵省方大典，转为累商病民之事，尚复成何政体乎？永祚所见不独愚昧，且其说传播，徒滋摇惑，当将伊折交本日在园之王大臣阅看，无不以为所奏谬妄。永祚著交部议处。②

十月十七日丙申(1805 年 12 月 7 日)

嘉庆帝下谕嘆咭唎国王知悉，朕寅承骏命，只通鸿图，求宁观成，光宅区宇，译传风之化，鉴归善之诚。震叠怀柔，外薄四海，无有远迩，同我太平，复煕憬琛，梯航鳞集。朕益惟宵旰盱理，兢业万几，允冀祉锡无疆，化绥有截。尔邦远界海域，恪守藩维，遥申向日之忱，载肃来庭之使。循览陈奏，情词恪恭，已令将贡品进收，俾遂殷悃。至尔邦民人前来贸易，历有岁年，天朝一视同仁，无不曲加体恤，亦无需尔邦出力之处。兹国王特趷表抒诚，极陈爱戴，并饬港脚等处地方官员，凡遇天朝兵民人等，倍加敬谨，具见尔国王慕义向化，深所褒嘉。是用颁敕奖励，并锡赉文绮等物。尔国王其只承渥眷，弥矢荩怀，长荷天朝之宠灵，益凛友邦

① 《清实录·仁宗睿皇帝实录》卷一四四。
② 《清实录·仁宗睿皇帝实录》卷一四七。

之修睦，率职共球，延禧带砺，以副朕怀远敷仁至意。①

十一月十二日辛酉（1806 年 1 月 1 日）

嘉庆帝下谕军机大臣，本日朕恭阅皇考高宗纯皇帝实录，乾隆四十九年十一月内钦奉圣谕，以西洋人蔓延数省，皆由广东地方官未能稽察防范所致。向来西洋人情愿进京效力者，尚须该省督抚奏明允准后，遣员伴送来京，何以此次罗玛当家竟公然分派多人，赴各省传教？澳门距省甚近，地方官平日竟如聋聩，毫无觉察，自有应得处分。倘嗣后仍有西洋人潜出滋事者，一经发觉，惟该督抚是问，即当重治其罪等因。又奉圣谕，以孙士毅奏委员伴送西洋人德天赐等四人进京，已敷当差，嗣后可无庸选派，俟将来人少需用之时，另行听候谕旨等因，仰见皇考禁绝邪说，训诫严明至意。当德天赐等进京效力之时，在京西洋人已敷当差，即谕令停止选派，可见西洋人等来至内地，授徒传教，为害风俗，早在圣明鉴察之中。粤省澳门地方洋舶往来，该国人等自因赴广贸易，与内地民人勾结，始能惑众传教，如果粤省稽察严密，何至私越内地乎？本年因江西省拿获为西洋人送信之陈若望，及山西省民人李如接引西洋人若亚敬传教等案，业经根讯明确，分虽惩创。嗣后著该督抚等饬知地方官，于澳门地方严查西洋人等，除贸易而外，如有私行逗遛、讲经传教等事，即随时饬禁，勿任潜赴他省，致滋煽诱。其有内地民人暗为接引者，即当访拿惩办，庶知儆惧，并当晓谕民人等以西洋邪教例禁綦严，不可受其愚惑，致蹈法网，俾无知愚民，各知迁善远罪，则西洋人等自无所肆其簧鼓。即旧设有天主堂之处，亦不禁而自绝，此尤潜移默化之方。该督抚等惟当善为经理，实力稽查，绝其根株，正其趋向，亦整风饬俗之要务也。将此谕令知之。②

十二月初八日丁亥（1806 年 1 月 27 日）

嘉庆帝下谕军机大臣，吴熊光奏报抵粤日期，并投诚洋匪现俱遣散情形一折。据称办理洋匪，全在地方文武严查海口，不使米石出洋。再协力巡防，实心剿捕，使之不能近岸，日久必穷蹙无归，自未便轻信投诚，止图招抚等语，所见甚是。洋匪窜聚海面，自必有内地奸民接济米石食物，始能存活。如果地方文武严密稽察，勿令米粮等项稍有透漏，重以巡防擒捕得力，匪踪必日见廓清，方为正办。若专事招抚，日久必有流弊。吴熊光既见及此，惟当督饬所属，实心实力，妥为办理，以靖海洋。至现在已准投首各匪，自不便再行驳斥。其所赏顶带等亦毋庸彻回，致启

---

① 《清实录·仁宗睿皇帝实录》卷一五一。
② 《清实录·仁宗睿皇帝实录》卷一五二。

疑惧，前已节次降旨，训示甚明。所有遣散入伍安插各匪，当饬令该管营员地方官随时管束稽查，如有不安本分稍滋事端者，即应按律严办，俾知儆畏，嗣后惟当尽心缉捕。如果有畏惧穷蹙，诚心投首者，未尝不可加之赏宥，酌量收抚，但不得擅给顶带，遣员招致。属员中如有恣意招抚者，当切实训饬，切勿轻信其言。至那彦成在粤招抚洋匪，固属措置失宜，然能将匪首李崇玉一犯全伙诱获，亦有微劳。前据那彦成奏委员解京，究竟是否确系正犯，著吴熊光就近密行访查覆奏，将此谕令知之。①

嘉庆十一年　丙寅　公元 1806 年

正月初四日壬子（1806 年 2 月 21 日）

　　嘉庆帝下谕军机大臣，玉德奏称，蔡逆竖旗滋事，自称镇海王于上年十一月二十三日抢入凤山县城，经官兵攻散后，贼船复驶入鹿耳门，在府城外登岸劫掳，并勾结嘉义县匪徒洪四老等乘机滋事等语。玉德久任总督，查办有年，折内谓该逆在洋稽诛十余年，皆因亡命走险。试问此十余年来，谁司缉捕之责，任其亡命走险至此乎？此时贼势鸱张，不得不大加惩办，所有军火、粮饷、器械、船只等项，照军兴例动帑经理，一切均责成该督，不可稍有贻误。并传知水陆、文武各员弁，有能将蔡逆擒获者，朕必重加恩赏。再行晓谕台湾士民，悉力堵御，留心盘诘，一面悬立赏格，俾知奋勉。将此传谕知之。

二十日戊辰（1806 年 3 月 9 日）

　　嘉庆帝下谕，据吴熊光等奏查明俄罗斯国来广贸易情形一折。俄罗斯国向例只准在恰克图地方通市贸易，本有一定界限。今该国商船驶至粤东，恳请赴关卸货，自应照例驳回，乃延丰擅准进浦卸货，实属冒昧。且该国商船于十月初八、十七等日先后进口，延丰于二十九日始行具奏，又于咨商总督后，并不候那彦成回咨，辄以竟见相同之语，捏词入告，其咎甚重。前经降旨，将延丰降为七品笔帖式，尚不足以示惩，延丰著即革职，仍令在万年吉地工程处效力行走。接任监督阿克当阿因

①　《清实录·仁宗睿皇帝实录》卷一五四。

延丰已准该夷商起卸一船货物，亦即不候那彦成移知，率准后船进浦卸载。吴熊光、孙玉庭未经详查明确，遽准开船回国，均属办理未协，不能无咎。吴熊光、孙玉庭、阿克当阿均著交部议处，嗣后遇有该国商船来广贸易者，惟当严行驳回，毋得擅准起卸货物，以昭定制。

廿七日乙亥（1806 年 3 月 16 日）

琉球国中山王尚温遣使表贡方物，赏赉筵宴如例。①

二月廿七日乙巳（1806 年 4 月 15 日）

嘉庆帝下谕内阁，闽省洋盗蔡牵勾结陆路匪徒，在台湾滋扰，亟应剿除净尽，以靖海疆。前经朕特派赛冲阿前往督同该省提镇水陆官兵，赴台剿办，连日节据该处提镇等奏报，歼获逆匪数百名，蔡逆势已穷蹙。兹再派德楞泰为钦差大臣，同护军统领扎克塔尔、温春、提督薛大烈，并带领巴图鲁侍卫章京五十员名驰驿前往剿办。于三月初四日由京起程，酌分二起行走，所有经过地方，著该督抚等将应行支应事宜，妥为豫备，俾行程迅速，以期克日蒇事。

嘉庆帝下谕军机大臣，伯麟等奏称，缅甸国恳求豫期进贡，密探得该国系因与暹罗连年争战，力不能敌，欲借进贡以压伏暹罗，并有求助之意。伯麟等因拟定谕稿，谕令缅甸土司将贡物妥为运回等情一折，所办俱是。缅甸国贡期向经奏准以十年为度，今该国自嘉庆五年进贡，至今甫及五载，乃因与暹罗构兵，力蹙势穷，欲藉进贡以求援助。经伯麟等密饬该镇州等探悉实情，自应照例驳回，即照所拟谕稿发往。至折内称，探知此次进贡之请，系由孟干怂恿，在该国王前讨好，希图仍作蛮暮土司，实属巧诈等语。孟干前因酷虐激变夷民，经该国王将其拿回，今该国王仍欲令伊为蛮暮土司，总可置之不问。至该国与暹罗构兵，强弱胜负，亦只听其自为，断无天朝代伊等筹画之事。惟该国此时但求进贡，尚未显露求援之意，设该国竟遣使前来，明白伯麟等恳请援助，彼时即当直言正辞。谕以天朝抚绥外藩，一视同仁，毫无区别，若因尔国不能御敌，用兵相助，傥有时尔国势强，暹罗力弱，前来乞助，天朝又将何以处之？尔国惟当力图自强，永保国土，无得为此非分之请。如此明示以大义，该国自必不敢复希冀助兵也。将此谕令知之。②

---

① 《清实录·仁宗睿皇帝实录》卷一五六。
② 《清实录·仁宗睿皇帝实录》卷一五七。

三月十六日甲子(1806 年 5 月 4 日)

　　嘉庆帝下谕内阁，御史蔡维钰奏江浙米价腾贵，请严申出洋例禁一折。各省盗
匪在洋肆劫，设非有内地奸民私行接济口粮，则该匪等何由得食？必致束手待毙。
是米石出洋之禁，即遇价平岁稔之时，亦当严密查禁，勿使少有偷漏。况江浙等省
频年积歉，小民口食尚有不敷，乃各该地方官全不实心查察，任令商贩等乘机渔
利，因缘为奸，甚或不肖员弁，亦有交通之弊。似此既妨民食，又资盗粮，近年来
海洋盗风不靖，实由于此。著传谕各该督抚饬属严禁，于各商船领票出口时，逐一
认真盘验，毋得阳奉阴违。倘各该省并不实力查禁，将来设有放米出洋之案，别经
发觉，则惟各该管督抚是问。①

五月十二日己未(1806 年 6 月 28 日)

　　嘉庆帝下谕军机大臣，各省濒海地方洋盗啸聚窜扰，总由内地匪徒暗中接济水
米，始得日久在洋存活，而米尤为贼船所少。闻蔡牵等不惜重价向内地民人私买米
石，是以奸民趋之若鹜，如果地方文武均能实力奉行，使各口岸一无透漏，则洋匪
等饮食无资，立形坐困，可不攻而自毙。若徒视为具文，不能禁米出洋，惟恃水师
官兵剿捕，纵稍有擒歼，仍不能制其死命。即如此次蔡牵等帮船在洋肆窜，节经李
长庚等统带舟师围剿，该逆等犹得苟延残喘，未必不由于此。是弭盗之法，全在查
禁口岸济盗米石，较之缉捕尤为紧要。各该督抚屡经训谕，不过以覆奏塞责，闲或
查办一二案，逾时又不免懈弛。若云沿海地方辽阔，则凡口岸处所，均有该管营
县，果能各顾地界，彼此声息相通，联络侦缉，奸匪伎俩自无所施，又何虑不能周
察乎？总在该督抚饬属共矢，实心协同妥办，将此谕令知之。②

六月初三日己卯(1806 年 7 月 18 日)

　　嘉庆帝下谕军机大臣，朕恭阅皇考高宗纯皇帝实录，恭载乾隆五十五年八月内
钦奉谕旨，沿海各省设立战船，原以捍御海疆，巡哨洋面，关系綦重，水师兵丁自
以试演水务为急。乃该弁兵等辄称船身笨重，雇用民船，其意以民船出海捕盗，俱
用本船舵水，不须兵丁驾驶，是以藉词推诿。该弁兵止习马射枪炮等项，而于水师
营务转不留心学习，用违所长，殊非核实之道。著各督抚等严饬舟师，实力训练，

---

① 《清实录·仁宗睿皇帝实录》卷一五八。
② 《清实录·仁宗睿皇帝实录》卷一六〇。

俾驾驶娴熟，于战船出入风涛，务期帆舵得力。各督抚于考拔时令其操驾篷船，泅水出没，留心验看，如果合式，方准拔补。似此行之日久，自能悉臻纯熟便于行驶，于水师实有裨益。各督抚等如果实力钦遵，则水师、兵丁自能娴习驾驶于出海巡哨，又何须别资舵工？乃近来该弁兵等于操驾事宜，全不熟习，遇放洋之时，仍系另行雇募。此等舵工技艺高下回殊，其雇值亦贵贱悬绝，向来各省商船俱不惜重价雇募，能致得力舵工，至兵丁等出赀转雇，价值有限，往往合该兵丁等数名分例，亦仅得次等舵工。是名为舟师，实不谙习水务，又岂能责其上紧缉捕乎？若水师不能操舟，即如马兵不能乘骑，岂非笑谈？战船出没风涛，呼吸之间，一船生命所系，若非操驾得力，有恃无恐，焉能追驶如意？此于水师捕务关系不浅。嗣后著沿海各督抚均作通饬所管舟师，勒期训练，务令弁兵等于转帆捩舵，折戗驾驶。及泅水出没各技艺，人人娴习，择其最优者派令充当舵工，专管操驾。如果超众出力，以一兵而收数兵之效，念其所得分例有限又何妨？即以把总超拔，优给粮饷，傥能屡次出洋，加倍勤奋，于本船缉捕有效。并著该督抚据实奏闻，自必随时施恩升擢。如此明示奖励，则水师弁兵岂不人人踊跃、奋勉争先？更可收得人之效。该督抚等务当实力奉行，酌量妥办具奏，以期水师营伍日有起色，绥靖海洋。将此各传谕知之。①

嘉庆十二年　丁卯　公元 1807 年

正月初四日丙午(1807 年 2 月 10 日)

嘉庆帝下谕军机大臣，赛冲阿奏，琉球国进贡船只遭风飘至澎湖洋面，其二号船冲礁击碎，现在查明抚恤一折。此次琉球贡船航海内渡，在洋陡遇飓风，以致船只被击损坏，官伴水梢人等幸经渔船救济得生，情殊可悯。现在正贡船已经派员护送，安稳内渡，所有二号船只沉失贡物，毋庸再令补进。阿林保当即照会该国王，以该贡使等在洋遭风，人力难施，非由奉使不慎所致。业经奏闻，蒙大皇帝恩施，谕令无庸将沉失贡物补行呈进，亦无庸将该贡使等加以咎责，俾知感激，以副怀柔。至该贡使携带银货、行李均已失水，现经赛冲阿给与恤赏，著阿林保于贡使等内渡时，再行酌量加以赏赉。至该贡使等自闽起程，可令缓程行走，于四月底到

---

① 《清实录·仁宗睿皇帝实录》卷一六二。

京。前据永保等奏，南掌国贡使于上年十月起身，亦已谕令于本年四月二十日以后到京，五月间正可一同锡宴，并邀恩赉也。将此传谕知之。①

七月初五日乙巳(1807 年 8 月 8 日)

以故琉球国中山王尚温孙灏袭爵，命翰林院编修齐鲲为正使，工科给事中费锡章为副使，往封。②

九月初九日丁未(1807 年 10 月 9 日)

嘉庆帝下谕暹罗国王郑华，嘉庆十二年九月，据两广总督吴熊光奏称，有船商金协顺、陈澄发装载暹罗国货物，来粤贸易，并请于起货后，装载粤省货物，回赴暹罗。经地方官查明，金协顺系福建同安县人，陈澄发系广东澄海县人，饬传暹罗国贡使丕雅史滑厘询问，据称金协顺、陈澄发二船委系由该国新造来粤，因该国民人不谙营运，是以多倩福潮船户代驾，并非冒捏、呈递译书禀结等情。天朝绥怀藩服，准令外域民人赴内地懋迁货物，惠逮远人，恩至渥也。惟是中外之限，申画厘然，设关讥禁，古有明训。我朝抚御诸邦，如朝鲜、越南、琉球等国，各以本地物产来中土贸易，皆系其本国民人附朝贡之便，赍带前来，从未有中国之人代彼经纪者，今金协顺、陈澄发以闽广商民代暹罗营运，即属违禁。中土良民谨守法度，断不敢越制牟利，其私涉外域者，此中良莠不齐，设将贩运货物隐匿拖欠，致启讼端，亦于该国诸多未便。本应将金协顺等饬法治罪，念其船只系由该国制造，给令代驾，从前未经严立科条，此次且从宽免究，并施恩准其起货售兑，仍给照令其置货回帆。特降敕谕知该国王宣明例禁，嗣后该国王如有自置货船，务用本国人管驾，专差官目带领同来，以为信验，不得再交中国民人营运。若经此次敕禁之后，仍有私交内地商民冒托往来者，经关津官吏人等查出，除不准进口起货外，仍将该奸商治罪，该国王亦难辞违例之咎。柔远能迩，宽既往以示含宏之义，宅中驭外，申明禁以严逾越之防。尔国王其凛遵毋忽，特谕。

嘉庆帝下谕军机大臣，吴熊光奏，请禁内地商民代驾暹罗货船进口贸易，所虑甚是。外洋诸国夷人自置货船来广贸易，自应专差夷目亲身管驾，不得令内地商人代为贩运。今金协顺、陈澄发皆以内地客商领驾暹罗国船只载货贩卖，虽询明委系该国王所遣，并无假冒、捏饰及夹带违禁货物情事，但该国王何以遽肯造船交伊等管带，情节不无可疑。且恐日久相沿，必致奸徒潜往外夷赊欠诓骗，或竟冒为夷货

① 《清实录·仁宗睿皇帝实录》卷一七三。
② 《清实录·仁宗睿皇帝实录》卷一八三。

代盗销赃，不可不防其渐。吴熊光请敕下礼部，于该国贡使到京时传知饬禁。恐该贡使回国传述，未能详切，现已另降敕谕，申明内外体制，令该国王凛遵毋忽。所有金协顺等船二只既已驶至内地，姑准其起货纳税，另制新货，给照回帆。自此次饬禁之后，如再有代驾夷船进口者，即当查明惩办。至澄海县商民领照赴暹罗等国买米，接济内地民食，虽行之已阅四十余年，但此项运米船只，据报回棹者不过十之五六，而回棹之船所载米石，又与原报数目不符，安知非捏词影射，藉以通盗济匪？自应停止给照，将此谕令知之。①

十月初二日庚午（1807 年 11 月 1 日）

南掌国使臣于神武门外瞻觐。

初三日辛未（1807 年 11 月 2 日）

颁赐南掌国王缎匹。②

十一月初十日丁未（1807 年 12 月 8 日）

予故琉球国中山王尚温，并追封国王故世子尚成，祭赏如例。③

廿八日乙丑（1807 年 12 月 26 日）

嘉庆帝下谕，阿林保等奏，琉球国接贡船只遭风击碎，淹毙人口，请将接护迟延之水师副将徐涌革职，及拦阻不力之署同知于天泽、代理海坛左营游击候补守备何文上交部严加议处等情一折。琉球国接贡船只在洋遭风，若该副将于接到札委后立即前往，或尚可阻止开行，并乘时救护。乃徐涌于接到委札，辄以现带兵船仅有七只，禀请添派兵船帮同往护为词，试思以兵船七只护一夷船，有何不敷？尚如此饬词推诿，若令其出洋捕盗，必更迁延躲避，似此怯懦无能，实属有负职守仅予革职，尚属轻纵。徐涌著革职发往乌噜木齐效力赎罪，署同知于天泽等，于夷船开出澳口放洋，阻止不力，亦难辞咎。署平潭同知候补知府于天泽、代理海坛左营游击

① 《清实录·仁宗睿皇帝实录》卷一八五。
② 《清实录·仁宗睿皇帝实录》卷一八六。
③ 《清实录·仁宗睿皇帝实录》卷一八七。

候补守备何文上，著交吏、兵二部严加议处。①

十二月十九日丙戌(1808 年 1 月 16 日)

嘉庆帝下谕内阁，阿林保等奏，请捐赏疏球船只遭风沉失该国王世孙银两一折。该国王世孙因来年有册封使臣到国，发交夷官银五千两，备办迎接应用物件，仪制攸关。今因船只在洋遭风此项银两漂失，该夷官等呈恳借给以资购备，自应加之体恤，量予恩施。所有该国沉失银五千两，著加恩赏给库项银二千五百两，其余银二千五百两，准该省督抚司道大员捐资发给，均免其缴还，用示怀柔至意，余著照所请行。②

嘉庆十三年　戊辰　公元 1808 年

正月初八日乙巳(1808 年 2 月 4 日)

嘉庆帝下谕军机大臣，伯麟奏，缅甸夷人将戛于腊追逐远遁后，进至车里土司界内驻扎，现在妥为谕遣，并派兵弹压缘由一折。缅甸与戛于腊构衅已久，此次因戛于腊窜入九龙江地方，因而带兵追至。该二国蛮触互争，原非敢侵犯边界，但戛于腊既经远遁，则缅甸夷兵亦当全数退散，何得在彼屯扎？今经该督伯麟派员谕遣之后，已陆续退去数千人，尚剩三四百人未去，殊恐日久滋事。自应向其明白晓谕，以九龙江系天朝车里土司地方，非尔国驻兵之所，戛于腊业已逃奔，尽可无庸留兵防备，若留兵日久，稍滋事端均干严谴。一面仍通饬沿边土司，毋得容留戛于腊入界。至暹罗与缅甸构衅已久，该二国俱臣服天朝，将来设同时入贡，诸有未便。上年暹罗业经遣使朝贡，若因明年为朕万寿，暹罗缅甸均欲遣使来京，则当传旨晓谕暹罗以该国甫经入贡，不必复行遣使来京，以示体恤。而缅甸使臣自不与暹罗贡使接晤，亦可泯其猜嫌，仍不致稍露形迹也，将此谕令知之。

---

① 《清实录·仁宗睿皇帝实录》卷一八八。
② 《清实录·仁宗睿皇帝实录》卷一九〇。

廿七日甲子(1808 年 2 月 23 日)

琉球国中山王尚灏遣使表贡方物，赏赉筵宴如例。①

九月廿六日己丑(1808 年 11 月 14 日)

嘉庆帝下谕军机大臣，吴熊光等奏嘆咭唎国夷兵擅入澳门一事，嘆咭唎国夷人藉称大西洋国地方被咈嘣唡占踞，该国因与大西洋邻好，恐西洋人之在澳门者被咈嘣唡欺阻贸易，辄派夷目带领兵船前来帮护，所言全不可信，而且断无此理。现在先后到船九只皆带有炮械、火药等物，竟敢湾泊香山县属鸡颈洋面，并有夷兵三百名公然登岸，住居澳门三巴寺、龙嵩庙，分守东、西炮台，实属桀骜可恶。该督等现将该国夷船停止开舱，派员剀切晓谕，俟夷兵退出澳门，方准起货，并称该夷人若再延捱，即封禁进澳水路，绝其粮食，所办尚是。但究竟如何严切晓谕，及现在作何准备之处，全未奏及，所办太软。边疆重地，外夷敢心存觊觎，饰词尝试，不可稍示以弱。此时如该国兵船业经退出澳门则已，如尚未退出，吴熊光即著遴派晓事文武大员前往澳门，严加诘责，以天朝禁令綦严，不容稍有越犯。大西洋与咈嘣唡彼此构衅，自相争杀，原属外夷情事之常，中国并不过问。即如近年缅甸、暹罗二国互相仇杀，节经叩关求援，大皇帝一视同仁，毫无偏向。至于中国外藩自有一定疆界，试思中国兵船从无远涉外洋，向尔国地方屯扎之事，而尔国兵船，辄敢驶进澳门登岸居住，冒昧已极。若云因恐咈嘣唡其侮西洋，前来帮护，殊不知西洋夷人既在中国地方居住，咈嘣唡焉敢前来侵夺，以致冒犯天朝？即使咈嘣唡果有此事，天朝法令具在，断不能稍有姑容，必当立调劲兵，大加剿杀，申明海禁，又何必尔国派兵前来代为防护？若云洋匪未净，欲思效力天朝，尤属无谓。海洋盗匪屡经剿办，不过东窜西逃，既经兵船四路擒拿，不日即可歼尽余孽，又何藉尔国兵力乎？看来竟系尔国夷人见西洋人在澳门贸易，趁其微弱之时，意图占住，大干天朝厉禁矣。尔国臣事天朝，平素遣使进贡，尚称恭顺，乃此次无知冒犯，实出情理之外，本当即行拿究，姑先明白晓谕，尔若自知悚惧，即速彻兵开帆，不敢片刻逗遛，尚可曲恕尔罪，仍准尔国贸易。若再有延捱，不遵法度，则不但目前停止开舱，一面即当封禁进澳水路，绝尔粮食，并当调集大兵前来围捕，尔等后悔无及。如此逐层晓谕，义正词严，该夷人自当畏惧凛遵。吴熊光等仍当密速调派得力将

---

① 《清实录·仁宗睿皇帝实录》卷一九一。

弁，统领水陆官兵，整顿豫备。设该夷人一有不遵，竟当统兵剿办，不可畏葸姑息，庶足以伸国威而清海澨，此于边务夷情大有关系。该督抚不此之虑，而唯鳃鳃于数十万税银往复筹计，其于防备机宜，全未办及。吴熊光、孙玉庭均懦弱不知大体，且吴熊光充当军机章京有年，曾经擢用军机大臣，尤不应如此愦愦。吴熊光、孙玉庭著传旨严行申饬，伊等此次来折，仅由马上飞递，亦属迟缓。此旨著由五百里发往，著吴熊光等即速遵照办理，并传谕常显知之。①

十月初一日癸巳（1808 年 11 月 18 日）

嘉庆帝下谕军机大臣，前因吴熊光等奏，嘆咭唎国夷兵擅入澳门，吴熊光等仅令停止开舱，若延挨不退，即封禁进澳水路，所办懦弱，不知大体。当经降旨严饬，并令军机大臣将奏到嘆咭唎国所递原禀翻译进呈。朕详加披阅，禀内所叙之词多不恭顺，如所称该国王多派战船兵丁赴中国海面，若咥嘛哂国人来至澳门，豫备防堵等语，殊不成话。该国王既知为中国海面，即不应派兵擅入，况咥嘛哂国夷人并未来至澳门，何得藉词越进？天朝兵精粮足，即使外藩部落或敢桀骜思逞，不难声罪致讨，若蛮触相争，叩关求救，天朝一视同仁，亦断无偏护，何须该国王豫筹防堵耶？又称咥嘛哂系各国仇人，该国王派兵作敌，以期保护中国、博勒都雅、嘆咭唎三国买卖等语，尤属谬妄。试思天朝臣服中外，夷夏咸宾，蕞尔夷邦何得与中国并论？又称天朝海面盗案甚多，商贩被劫，该国王派备兵船情愿效力剿捕等语，竟系意存轻视。现在海洋水师兵船梭织巡缉，沿海各口岸断绝接济盗匪日形穷蹙，岂转待外夷相助？种种措词背谬，于边务夷情大有关系。该督等接阅夷禀，早当驱逐驳饬，乃只以停止开舱封禁进澳水路，绝其粮食虚言，由寻常马递入告。且该督等具奏后，该国夷船曾否退去，亦未据续行驰报，吴熊光不应如此糊涂懈怠，实出意想之外。试思边防重地，任令外夷带兵阑入，占据炮台，视为无关紧要，不知有何事大于此事者？该督等接奉此旨，即著将夷船现在情形及如何密饬筹备之处，速行奏闻，将此谕令知之，无论退去未退去，即由五百里具奏。

十二日甲辰（1808 年 11 月 29 日）

嘉庆帝下谕军机大臣，粤东有嘆咭唎国夷兵擅入澳门一事，特降谕旨，将永保调广东巡抚，俾资协理。永保接奉此旨，著即由驿驰赴新任。此事先据吴熊光等

① 《清实录·仁宗睿皇帝实录》卷二〇一。

奏称，该国夷船九只驶至鸡颈洋面，计有夷兵三百名登岸居住，占据东西炮台。本日又据称，该国夷船续到四只，夷兵连前共有七百余人，一任逗遛观望，并未严行驱逐，竟不调兵防守，所办错谬已极，叠经降旨严饬。虽据该国夷人禀称，系因咭嘛哂占踞西洋，该国与大西洋邻好，派兵前来帮护，殊不可信。永保曾经从事戎行，到粤后如该国夷兵尚未退去，即应示以军威，俾知震慑，惟当酌量情形，熟筹妥办，以期绥靖海疆。至该抚职任封圻，于一切地方事务，固应实心整饬，而缉捕洋匪，尤为该省要务，所有水陆营伍，并著协同总督认真整顿，用副委任。

廿八日庚申（1808 年 12 月 15 日）

嘉庆帝下谕内阁，吴熊光奏嘆咭唎国夷船尚在澳门挨延观望情形一折。吴熊光身任封圻重寄，接据禀报，早应驰赴该处躬亲督办，乃任其登岸住守两月有余，及接奉严旨，仍不即时亲往设法驱逐，又未将派委何员及如何筹办之法，详悉具奏，是吴熊光平日因循废弛，只知养尊处优，全不以海疆为重，大负委任。吴熊光著传旨严行申饬，先降为二品顶带，拔去花翎，仍交部严加议处，用宗薄惩。

嘉庆帝下谕军机大臣，吴熊光奏，嘆咭唎夷兵进入澳门，占据炮台，已有旨将永保调任广东巡抚。本日据吴熊光五百里奏报嘆咭唎夷人现在情形，仍系一派空言，并未能将该夷人逐去，亦未见有调度。看来吴熊光一味软弱，全不可靠。永保接奉此旨，即著昼夜加紧驰赴广东，径赴澳门督办。朕专派永保前往，即系钦差，永保到省后，且无庸接管巡抚印务，惟专心办理此事。谕知该夷人等，以尔等此次擅自带兵进澳，占据炮台，大属冒昧，原应立加惩办。姑念尔国向来臣事天朝，尚为恭顺，是以不肯遽事剿除。现在大皇帝派我前来督办，业将水陆各路官兵调集若干，如果敛兵早退，将来尚可准令贸易，倘迟回观望，即当统领大兵，分路剿捕，尔等不但身被诛夷，并将来永远不准朝贡贸易。中国物产富饶，岂藉尔等区区货物？尔等慎勿自贻后悔。如此义正词严，剀切晓谕，该夷人能早退去，固属甚善，如必须示以兵威，其应如何酌筹调遣，已谕知吴熊光不得掣肘，永保当悉心经理，一面调派，一面速行驰奏。①

十一月廿一日壬午（1809 年 1 月 6 日）

嘉庆帝下谕，吴熊光于嘆咭唎夷船擅入澳门，并不亲身前往设法驱逐，业经

---

① 《清实录·仁宗睿皇帝实录》卷二〇二。

照部议革职。因思阳春身任将军，职居总督之前遇有海疆要务，本应具奏。况前据吴熊光奏称，该将军挑派满营官兵，豫备调遣，何以并无一字奏及？孙玉庭以巡抚大员，于吴熊光办理软弱错谬之处，未能据实参劾，转以支饰空言，随同列衔具奏，皆有应得之咎，阳春、孙玉庭均著交部议处。

嘉庆帝下谕军机大臣，昨据吴熊光等奏喷咭唎夷兵全数退出澳门一折，此次该国夷人自七月来至澳门，住守数月有余，夷情叵测，必有所为而来，何以又无故而去？且所称见圣谕严明、兵威壮盛，业已不敢抗违之语，所见系何谕旨，所派系属何兵，并未一一声叙。况夷禀尚未呈递，吴熊光辄称夷船风信一过，即不能开行，如果切实恳求，即准其开舱，俾夷船不致迟留等语，竟欲以开舱见好于夷人，岂非示之以弱乎？外夷来至内地贸易，输纳税课，原因其恪守藩服，用示怀柔，并非利其财货，若沾沾以征榷为重，无怪该夷人肆意居奇、意存轻视也。永保驰抵粤东，即会同韩崶，详查喷咭唎夷船因何擅入内地，自七月至今呈递夷禀几次，吴熊光如何批示，所称水陆两途严密布置官兵，所派系属何兵，节次奏称派员剀切晓谕并圣谕严明之语。所见系何谕旨，所派系属何员，因何全行退出，有无豫准开舱贸易之事，逐一奏闻。仍严切晓谕喷咭唎夷人，以尔等擅入澳门，实属冒昧，断不能仍准贸易。傥自知悔罪畏服，倍加恭顺，于二三年后再行恳请。彼时尔国货船亦只准在澳门以外停泊，俟奏闻大皇帝候旨遵行，设再欲携带兵船，即当永断贸易，声罪致讨。傥永保到彼后，吴熊光等业已准令开舱，即当查明因何允准，是否系该国夷人具禀恳求，抑系吴熊光先行准令开舱，该夷人始行退去之处，一并据实具奏，不可稍有隐饰。①

十二月二十日辛亥（1809 年 2 月 4 日）

嘉庆帝下谕军机大臣，本日吴熊光覆奏，前此降旨询问各情，据称此喷咭唎货船开舱，系在夷兵开帆之后。该夷商等央恳洋商，转求常显，经常显告知吴熊光，始派员前赴黄埔察看情形。见该夷商数百人情词迫切，至于泪下，是以始知会常显查验开舱等语。但阅其进呈夷禀内吴熊光批词，有俟夷兵退后，仍准照常贸易之言。看来开舱虽在夷兵既退之后，而吴熊之许其开舱，则在夷兵未退之先。该夷兵见许其开舱，然后扬帆始去，如此光景，恐难保其不乘闲复来。永保到粤后，著遵照节次谕旨，访查明确，据实具奏，毋稍徇隐。设或该夷兵竟敢复来，应作何豫行准备之处，并著悉心筹画，妥协经理，不可稍涉大意。②

---

① 《清实录·仁宗睿皇帝实录》卷二〇三。
② 《清实录·仁宗睿皇帝实录》卷二〇五。

嘉庆十四年　己巳　公元 1809 年

二月廿三日癸丑（1809 年 4 月 7 日）

琉球国中山王尚灏遣使表谢册封。①

六月十八日丁未（1809 年 7 月 30 日）

嘉庆帝下谕军机大臣，据百龄等奏，接据太平府赍到越南国王阮福映表函，并咨呈恩长公文一件。内称南掌国王召温猛于乾隆六十年锡封后，因被伊伯召蛇荣占据，未敢归国，自怀敕印，流寓越南昭晋州地方，十有余载。迨嘉庆十二年，召温猛自诣兴化镇申诉，该国王以敕印不敢存留，遣员赍送前来，并将召温猛与家属送至谅关口候旨等语。百龄于接据文表及钞奉敕诰等件后，以事阅多年，未便遽将敕印赏还，令其归国，可否将原颁敕印先行送京，仍饬将召温猛等在该国境内暂住，请旨定夺。自应如此办理，召温猛于乾隆六十年锡封南掌国王后，何以播迁在外十有余年？该国于嘉庆五年、十年两次遣使进贡，俱有印信表文可以查核。其六十年所颁印式，现亦令部中详查，除俟查明再行核办外，著传谕百龄，即将缴到敕印速行送京。一面移知阮福映，以此事现已奏明大皇帝，颇加奖许，仍著该国王将召温猛等留在该国地方，暂为居住。所有赍送到关原颁敕印，现遵旨收缴送京，俟到京后，大皇帝续降谕旨，再行知照该国王钦遵可也。将此谕令知之。②

十月初四日辛卯（1809 年 11 月 11 日）

越南国王阮福映遣使表贺万寿，并进贡方物。③

---

①　《清实录·仁宗睿皇帝实录》卷二〇七。

②　《清实录·仁宗睿皇帝实录》卷二一四。

③　《清实录·仁宗睿皇帝实录》卷二一九。

十二月廿三日戊申(1810 年 1 月 27 日)

暹罗国王郑华遣使表贺万寿，进贡方物。①

嘉庆十五年　庚午　公元 1810 年

正月十五日庚午(1810 年 2 月 18 日)

嘉庆帝下谕军机大臣，百龄奏派员出关，传谕南掌国酋长召温猛出奔迁徙情形一折。据称召温猛巽懦无能，不克凝承锡命，不即声罪，已足示矜恤亡酋，今流寓夷邦，只可听其去住等语，所见俱是。召温猛前于乾隆五十九年请封时，已在播迁之际，迨只受敕印后，又未能返其国都，力图恢复，只在外潜匿，流徙越南国境。且于召蛇荣设谋索害时，仓猝逃遁，竟致遗弃敕印，似此懦弱不振，岂能复掌国事？伊既与阮福映有旧，自应听其在越南国居住。著百龄传谕阮福映，以召温猛既受锡封，不克自立，辗转播迁，褒弃天朝敕印，本有应得之罪，姑念其流离失所，不加声责，但内地不应收留，应听越南国自为安置。至所称南掌国于嘉庆五年、十年进贡，系何人伪托，请交滇省督臣查覆一节，该国虔修职贡有年，并无得罪天朝之处，此时亦可不必逐细追究也。将此传谕百龄，并谕伯麟知之。②

二月十五日己亥(1810 年 3 月 19 日)

嘉庆帝下谕军机大臣，百龄、韩崶奏，各路洋匪悔罪投诚，分别办理，又海洋巨寇张保仔禀恳投诚各折。盗匪张保仔两次俱禀，开呈大小船二百七十余号、大小炮一千余门、头目伙众共一万四千余人，恳乞投首，此事尚未可信。如果该匪真心来投，自应将船只器械全数呈缴，何必呈恳留匪船至数十号之多？若因随同官兵出洋剿捕，赎罪立功，投首后岂无师船派拨，又安用该匪豫为筹计？自系该匪以近日

---

① 《清实录·仁宗睿皇帝实录》卷二二三。
② 《清实录·仁宗睿皇帝实录》卷二二四。

各口岸严禁接济，无以为生，势穷力绌，假意投诚，冀作缓兵之术。该匪等素性狡猾，反侧靡常，傥情形稍涉可疑，仍当乘势攻剿，以期净绝根株，切勿轻信疏防，致蹈贼人鬼蜮伎俩。所谓受降如受敌，不可不慎之又慎，即使该匪真心畏罪，率众来投，亦须分别安插，使之散而不聚，声势无由联络。再饬各地方官密加钤束，庶不致有疏虞，若只图一时苟且将就，不顾将来流弊，非万全之策也。所有此次奏明归籍之各股投诚贼匪，亦须一律妥为经理，不可稍有疏忽。①

三月初一日乙卯（1810 年 4 月 4 日）

嘉庆帝下谕军机大臣，百龄等奏洋盗张保仔、郑保养率众投诚，先经来船面见，经百龄谕，将船只、炮械全数呈缴，并将眷属人等先行上岸居住。方允代奏，该匪等犹豫不肯，适有嘆咕唎货船出口，开炮扬帆，该匪愈觉惊惧，将帮船移赴外洋游奕等语。张保仔一犯，在洋肆劫多年，最为凶悍，其向线民等恳乞内投一节，看来本不出于至诚。今该匪虽到船面见百龄，自陈悚惧，而船只、炮械不肯全行缴出，家属人等又不肯遣令上岸居住，转欲籍出洋搜捕为名，请将帮船给与七八十号。嗣见嘆咕唎货船开炮出口，旋即畏惧惊逃，可见其性本游移，殊为狡诈不实。设百龄如其所请，则该匪乞降之后，仍可带船出洋，仍前伺劫。海洋辽阔，稽察难周，是伊一股匪船，竟是奉官屯聚，更可纵其所为，为害滋甚。百龄识其诈谋，不允所请，并一面饬令水陆官兵严加防堵，所办甚是。此等剧贼，断无招徕之理，百龄等惟当策励官兵。如张保仔一股仍在洋劫掠，必当相机剿办。其前此乞降之言，置之不论，至其伙盗内如实有呈缴炮械，同家属登岸诚心乞降者，则仍可允准。如此次折内所叙温添寿、钟阿有等二百五十余名，原不妨贳其一命，分别遣散。但总不可将剿捕防御事宜，稍为松劲，以期办理净尽海洋宁谧，此为至要。至节次投诚盗匪已将及万人，亦应妥为安插，随时留心防范，不可稍涉大意。将此谕令知之。②

五月廿八日辛巳（1810 年 6 月 29 日）

嘉庆帝下谕内阁，方维甸奏，商船贸易口岸牌照不符，官谷难运，酌议三品通行一折。据称台湾商船向来鹿耳门港口，对渡厦门、鹿仔港，对渡泉州蚶江、八里岔港口，对渡福州五虎门，各有指定口岸。然风信靡常，商民并不遵例对渡，往往因牌照不符，勾串丁役，捏报遭风，既可私贩货物，又可免配官谷，弊窦甚多，应

---

① 《清实录·仁宗睿皇帝实录》卷二二五。
② 《清实录·仁宗睿皇帝实录》卷二二七。

行酌改章程等语。商船往来贩易，驶赴海口，自应听其乘风信之便，径往收泊。若必指定口岸令其对渡，不但守风折戗，来往稽迟，且流弊丛生，转难究诘。现在台湾未运官谷，积压至十五万余石之多，皆由商船规避不运所致，不可不速筹良策。著照方维甸所请，嗣后准令厦门、蚶江、五虎门船只，通行台湾三口，将官谷按船配运。即实在遭风船只，尚堪修理载货者，亦不得藉口遭风，率请免配，以杜假捏之弊。将船照内核实注明，分别咨报，以便到台后配运官谷，并层层稽查互相考核之处，均著照该督所请行。①

十月二十日辛丑（1810 年 11 月 16 日）

嘉庆帝下谕，据百龄等奏暹罗国赍贡使臣抵粤一折。该国贡船在香山县荷包外洋突遇飓风击坏，沉失贡物，此实人力难施，并非使臣不能小心防护。其沉失贡物，不必另行备进，用昭体恤。所有郑佛恳请敕封之处，著该衙门照例查办，俟该使臣回国，即令领赏。②

嘉庆十六年　辛未　公元 1811 年

正月廿八日戊寅（1811 年 2 月 21 日）

暹罗国王郑佛遣使表贡方物。③

三月初一日己酉（1811 年 3 月 24 日）

嘉庆帝下谕内阁，钱楷奏外洋鸦片烟透入内地，贻害多端，请饬严禁一折，所奏甚是。鸦片烟一项流毒无穷，无赖匪徒沉迷癖嗜，刻不可离，至不惜以衣食之资，恣为邪僻，非特自甘鸩毒，伐性戕生。而类聚朋从，其踪迹殆不可问，大为人心风俗之害。前经降上旨饬禁，而奸商贩鬻如故，流行浸广，皆由滨海各关查禁不

---

① 《清实录·仁宗睿皇帝实录》卷二二九。
② 《清实录·仁宗睿皇帝实录》卷二三五。
③ 《清实录·仁宗睿皇帝实录》卷二三八。

力，纵容偷越所致。著责成各处海关监督，严加禁遏，并交广东、福建、浙江、江苏沿海各督抚认真查察。嗣后海船有夹带鸦片烟者，立行查拿，按律惩办。如委员胥吏有卖放者，均予重惩。倘竟透入内地货卖，一经发觉，著穷究来从何处，买自何人，不得以买自不识姓名商船，搪塞朦混。当将失察卖放之监督及委员吏役人等，一并惩办不贷。

十一日己未(1811 年 4 月 3 日)

嘉庆帝下谕军机大臣，前据陈凤翔奏，于本月初一日开放御黄坝，今已十日，尚未据奏到开坝后是何情形。现在黄水高于清水五尺有余，而下游将近海口之大淤尖地方又形浅滞，即使本年粮运尚可勉强通行，日久终恐贻误，不可不豫为之计。因思海船试运一事，上年据章煦覆奏，吴淞一带尚有沙船可雇，果能试行有效，则来年即可踵行，比之拨运截卸一切事宜，皆为径捷。惟地方官办理之始，不无畏难，此事全在该督抚实力讲求，认真经理。将此时应洒配若干船只，应拨用何项米石，如何设法交卸，及旗丁水手如何安置，均即熟筹妥办，今岁不拘粮石多寡，务即赶紧试行，切勿坐视因循，又以海洋涉险为词，率行推卸。仍一面催趱重运北上，至浙省虽向无海运出口章程，其应如何帮雇船只之处，蒋攸铦亦应一体筹商，互相经理，方为不负委任，将此传谕知之。寻据两江总督勒保等会议，不可行者有诸事，一、漕运惟元至元十九年始为海运，至明永乐十三年而罢。然元明虽系海运，而内河漕运仍不废，今以清黄交会之水消长靡常，欲易河运为海运，俾得专治河淮，为一劳永逸之计。若海运与河运并行，则御黄坝仍不能闭。凡漕运官弁一切不能少减，徒增海运之费。二、江南至天津海道，必从吴淞江出口，由崇明南茶山而北。东过山东成山，至绿水大洋。西过之罘山，又西北由大沽海口始达天津。其间吴淞口之阴沙、黄河口之大沙五条沙，以及山东猫儿岛、沙门岛等处，沙礁丛杂，皆海道极险之处，天庾正供，非可尝试于不测之地。三、海行欲避外洋之险。前代曾欲从胶西开凿陆地，径通直沽海口，劳费不赀，迄无成功。雍正初，朱轼亦奏开山东胶莱运道，卒以工力难施而止。四、海运若由旗丁领运，则旗丁不习海洋，如责成船户收兑，则船户非如旗丁有册编审，必致散漫无稽，又难约束。且河运有总漕及巡漕御史等统领稽察，复有各省粮道及地方文武押送查催，尚不免短缺霉变等事。若改海运，断不能设立多官出洋巡视，将来船户偷盗私卖，捏报沉失，甚至通盗济匪等流弊，皆所必有。甫经肃清之洋面，转恐匪类萌生。五、海行风信靡常。凡商贾市舶，往往飘至外洋，经年累月而后返，并有竟不能返者。漕船向在内河，可以随地催趱，一出海洋，其迟速平险，皆非人力可施，设有耽延，所关匪细。六、海运需筹经费。查至元间，每石给中统钞八两五钱，迨及至大延祐间加至十三两。彼时相距不过数十年，而其费已加至三分之一，方今物力昂贵，以古准今其费必甚浩大。七、海运即需用船，计造海船一只，其大可装载二三千石者，估需工价不下万金。以全漕而论，需船一千七八百号，即需银一千七八百万两，一造船既不能行，不得已议雇商船。若照民间贩运给值，则需费不赀，实难为继。若只给以官价，则在官支发之数已多，而船户犹形苦累。即如闽洋剿匪添船，多系随时短雇，大小多寡不等，悉按受载石数，每月每石给银七分。截至上年二月，已发过官价银十九万余两，船户等除领官价外，又得行商津贴，仍以赔累为辞，规避官雇。今欲长雇运漕，尤恐避匿不前，难于雇觅，况重洋巨浸，必须船身坚大，始敢开行吴淞一带。头号沙船向赴天津贸易者，止有四五十只，每只带米不过千石，受载无多。间省惟赴津大船，始谙北洋水道，亦属不敷供运。至粤省相距更远，其船向不能北行。浙省则更无船可雇。八、查元明海运，每年必有漂失之米，统计到仓米石欠交者，每石自数合至一斗数升不等。今时生齿日繁，常虑地之所产，不敷人之所食，岂堪再有漂失之数？九、海运即需添设水师防护。若令现有水师分段护送，兵船少而漕船多，遥为声援，鞭长莫及，必致有名无实。若每船配兵一二十名，即须设兵三四万名，所需粮饷，又复不赀。十、京师百货之集，皆由粮船携带，若改由海运，断不能听其以装米之船，多携货物将来，京城物价必骤加昂贵。并恐官民日用之物，皆致缺少，于生计亦有关碍。十一、运丁所用兵工短纤等项，以每船二十人而论，现用者计八九万人，穷民赖以资生。若改海运，均需另募熟悉海道之人，而此常年运漕之八九万人，一旦失业，难保不流而为匪，亦非安辑之道。嘉庆帝下谕，前因洪湖洩水过多，运河浅涸，恐新漕北来阻滞，是以令该督等兼筹海运，以为有备无患之策。至其事之需费浩繁，诸多格碍，朕亦早经计及。今据分款胪陈，以为必不可行，自系实在情形，此后竟无庸再议及此事，徒乱人意。河、漕二务，其弊大相乘，其利亦相因。漕运由内河行走已阅数百年，惟有谨守前人成法，将河道尽心修治，河流顺轨，则漕运按期遄达原可行所无事。即万一河湖盈绌不齐，漕船不能畅行，亦惟有起剥盘坝，或酌量截留，为暂时权宜之计。断不可轻议更张，所谓利不百不变法也。①

五月廿九日丙午 (1811 年 7 月 19 日)

嘉庆帝下谕内阁，刑部议覆御史甘家斌奏请严定西洋人传教治罪专条一折。西洋人素奉天主，其本国之人自行传习，原可置之不问，至若诓惑内地民人，甚至私立神甫等项名号，蔓延各省，实属大干法纪。而内地民人安心被其诱惑，递相传授，迷罔不解，岂不荒悖？试思其教不敬神明，不奉祖先，显畔正道。内地民人听从传习，受其诡立名号，此与悖逆何异？若不严定科条，大加惩创，何以杜邪术而

①　《清实录·仁宗睿皇帝实录》卷二四○。

正人心？嗣后西洋人有私自刊刻经卷，倡立讲会，蛊惑多人及旗民人等向西洋人转为传习，并私立名号，煽惑及众，确有实据，为首者竟当定为绞决。其传教煽惑而人数不多，亦无名号者，著定为绞候。其仅止听从入教，不知悛改者，发往黑龙江给索伦达呼尔为奴，旗人销去旗档。至西洋人现在住居京师者，不过令其在钦天监推步天文，无他技艺足供差使，其不谙天文者，何容任其闲住滋事，著该管大臣等，即行查明。除在钦天监有推步天文差使者，仍令供职外，其余西洋人俱著发交两广总督。俟有该国船只到粤，附便遣令归国。其在京当差之西洋人，仍当严加约束，禁绝旗民往来，以杜流弊。至直省地方，更无西洋人应当差役，岂得容其潜往传习邪教？著各该督抚等实力严查，如有在境逗遛者，立即查拿分别办理，以净根株。①

七月十四日庚寅（1811 年 9 月 1 日）

嘉庆帝下谕内阁，据管理西洋堂事务大臣福庆等奏，查得西洋人贺清泰、吉德明现在年老多病，又毕学源尚能谙晓算法，此三人请令留京，其高临渊、颜时莫、王雅各伯、德天赐，四人学业未精，留京无用，请俱遣令归国等语。贺清泰、吉德明、毕学源三人著准其留京，饬令在西洋堂安静居住，其高临渊等四人，著交步军统领衙门，于伊等起程时，派参将游击二员酌带兵丁数名，伴送至良乡县。直隶总督另于文职同知通判内，武职都司游击内，拣派妥员，带同兵役接替伴送出境。其山东以下经过各省，均照直隶一体派员接替，递至广东，交该督松筠收管，俟有便船，饬令附载归国。其沿途所过地方，及到粤居住之日，均不许令与内地民人交接往来。倘有意外之事，惟伴送之文武官弁是问，慎之。

十六日壬辰（1811 年 9 月 3 日）

严禁西洋人潜住内地。嘉庆帝下谕内阁，西洋人住居京师，原因其谙习算法，可以推步天文，备钦天监职官之选。昨据管理西洋堂务大臣查明在京者共十一人，除福文高、李拱辰、高守谦三人现任钦天监监正、监副，南弥德在内阁充当翻译差使，又毕学源一人，通晓算法，留备叙补，贺清泰、吉德明二人，均年老多病不能归国。此外，学艺未精之高临渊等四人，俱已饬令回国。现在西洋人之留京者，只有七人。此七人中其有官职差使者，出入往来，俱有在官人役，随地稽查，不能与旗民人等私相交接。其老病者，不过听其终老，不准擅出西洋堂，外人亦不准擅入。管理大臣及官员弁兵，巡逻严密，谅不至听有传教惑众之事。至外省地方，本

---

① 《清实录·仁宗睿皇帝实录》卷二四三。

无需用西洋人之处，即不应有西洋人在境潜住。从前外省拿获习教人犯，每称传播始于京师，今京师已按名稽核彻底清厘。若外省再有传习此教者，必系另有西洋人在彼煽惑，地方匪徒私自容留，不可不加之厉禁。除广东省向有西洋人来往贸易，其居住之处，应留心管束，勿任私行传教。有不遵禁令者，即按例惩治外。其余各直省，著该督抚等饬属通行详查。如现有西洋人在境，及续有西洋人潜来者，均令地方官即行查拿具报，一面奏闻，一面递交广东遣令归国。如地方官查办不力，致令传教惑众，照新定条例严参重处。若内地民人私习其教，复影射传惑者，著地方官一律查拿，按律治罪，将此通谕知之。①

十月初一日丙午（1811 年 11 月 16 日）

琉球国中山王尚灏遣使表贡方物。

十四日己未（1811 年 11 月 29 日）

嘉庆帝下谕内阁，本日礼部具奏，福建原派伴送琉球国贡使来京之同知那绫病故，请上旨饬令直隶总督派员来京伴送起程，并照例行知沿途督抚，派员接替护送等语。直隶总督温承惠，现在山海关一带查阅营伍，著交顺天府府尹，先行拣派明干之员二人由京伴送琉球国贡使起程。即行知直隶藩司方受畴，于知府丞倅中拣派二员，于河闲一带接替护送出境。其经过之山东、江苏、浙江、福建，各督抚一体遵照，派员于各省交界处所，接替伴护。至向例贡使来京，由入境省分派员护送。原应遴派二三员，沿途妥为照料，此次琉球国贡使来京，张师诚仅派同知一员，以致该员病故，无人伴送回闽，办理殊属不合。张师诚著交部察议，嗣后福建、广东、广西、云南等省，遇有外藩使臣入贡，著各该督抚均于文武员弁内，拣派明干者两三员伴送来京，以昭慎重。毋得止委一员，致有贻误。②

十二月十四日戊午（1812 年 1 月 27 日）

嘉庆帝下谕军机大臣，阳春等奏，噶哩噶达部落夷人马杳，带同通事汉人赵金秀到藏朝佛。该大臣等察看马杳面貌光景，与西洋人相似，恐其素习天主教，假借朝佛之名，希图暗中传教等语，所虑甚是。近来西洋夷人散布各处，传习天主邪教，意图煽惑，甚不安分，必应加意严防。夷人马杳，据称系噶哩噶达部落，其地

① 《清实录·仁宗睿皇帝实录》卷二四六。
② 《清实录·仁宗睿皇帝实录》卷二四九。

滨海，路通西洋，向不信奉佛教。今迂道远赴西藏，显系托名朝佛，潜来窥伺，或有隙可乘，即渐图传教惑众，断不可任其久留藏中。著瑚图礼等，即将该夷人驱逐出境，并通饬藏卫各卡伦，于该夷人出境后，随时防范，勿令再行混入。嗣后如有西洋一带夷人，以朝佛为名前来藏地，即概行阻回，毋令入境，以杜奸萌。其汉奸赵金秀，以内地民人，由京师至广东，度越重洋，随夷人深入藏地，甚属可恶。著解交常明严审，从重定拟具奏，将此各传谕知之。①

廿二日丙寅（1812 年 2 月 4 日）

缅甸国使臣孟干于神武门外瞻觐。

廿八日壬申（1812 年 2 月 10 日）

缅甸国王孟陨遣使表贡方物。②

嘉庆十七年　壬申　公元 1812 年

二月二十日癸亥（1812 年 4 月 1 日）

嘉庆帝下谕军机大臣，据给事中何学林奏，风闻贵州传习天主教，各乡聚集数十人及百余人不等，省城之北门外尤甚。又思州府等处有成群拐匪，各据巢穴，诱拐妇女至数十人，即贩往湖南、江西发卖，地方官俱不行查办等语。黔省地处远僻，易容宄慝，地方官当随时防范，如意侦缉，以杜奸萌。兹该给事中所称，天主教及拐贩两种匪徒，聚积渐多。如思州平越等处距省尚远，或系府县官隐匿不报，至省城北门外传习天主教者实繁有徒。该抚驻扎省垣，岂竟毫无闻见，乃漫不留心，所司何事？颜检系曾获重咎之人，经朕弃瑕录用，仍畀以封疆重任，倍当激发天良，力图报效。今该省有此奸匪，伊未能早行查办，已有失察之咎。著该抚即督率所属，将省城关外各处传习天主教匪徒，及思州等处拐匪，分饬严密

---

① 《清实录·仁宗睿皇帝实录》卷二五一。
② 《清实录·仁宗睿皇帝实录》卷二五二。

查拿。将首恶按律严惩，俾随从者咸知改悔，革面革心，渐净根株，以靖地方而除积患。若因循姑息，酿成大案，其咎更重于失察书吏侵蚀钱粮矣。思之慎之，将此谕令知之。

廿七日庚午(1812 年 4 月 8 日)

嘉庆帝下谕军机大臣，闽省自前年办理降匪之后，洋面已就肃清。近日复有零星土匪驶窜各洋，屡见奏报。现据武隆阿等奏，有漳泉土盗窜台伺劫，并据称该镇等差役赍递奏折，舟行至东碇洋面，有被盗劫失折匣之事，可见该省洋匪仍未净尽。近年粤省舟师巡缉严密，洋面土盗不敢停留粤界，而闽省洋面仍劫掠频闻，是闽省水师缉捕懈弛，远不及粤省，不可不速加整饬。著传谕汪志伊等，严饬水师各将弁分探盗踪、认真搜缉、悉数殄除，务令海氛永靖。倘日久疏懈，致匪船勾结成帮，办理又形棘手，则该督等不能辞养痈之咎也。①

四月初四日丙午(1812 年 5 月 14 日)

嘉庆帝下谕军机大臣，据和宁等奏称，奉天海口自开冻以来，山东民人携眷乘船来岸者甚多，咸称因本处年成荒歉，赴奉谋生。各贫民已渡至海口，人户较多，势难阻回，酌拟于省城饭厂，加米煮赈散放。请饬令山东巡抚严饬登莱各属，毋准再放流民上船渡海等语。山东省上年登莱等处地方歉收，节次降上旨，令该抚督饬地方官妥为抚恤。昨同兴前来陛见时，朕曾谆谆面谕，并虑及该处灾民有渡海赴奉省谋食之事。兹和宁等具奏情形，果不出朕所料，总由山东地方官于抚恤事宜，全不认真经理，以致灾黎，流离远徙。上年奉省收成，本不丰稔，冬闲即有灾民出边，就食吉林，曾将观明等惩办。今山东灾民又赴奉省，是奉省本境米粮尚不能自给，又益以外来就食之户，岂不更形拮据？现在和宁等已设法调剂，著传谕同兴，即督率登莱各地方官，将该处穷民上紧赈恤。但令糊口有资，人情重去其乡，亦孰肯远涉海洋？自干例禁，并晓谕各海口，以东省现已多方赈恤，禁止该处民人再航海前赴奉省。该抚务即实心经理，毋再玩泄为要。至和宁等奏称，现来奉省贫民，除有亲友可依外，其穷苦者，拟加米煮赈，于省城饭厂散放至四月十五日停止。届期工作大兴，兼值耕耘多需人夫，则灾民尽可佣工度日等语。著即照依所奏妥协办理，毋令失所，将此传谕同兴，并谕和宁等知之。②

---

① 《清实录·仁宗睿皇帝实录》卷二五四。
② 《清实录·仁宗睿皇帝实录》卷二五六。

十二月廿二日辛酉（1813 年 1 月 24 日）

嘉庆帝幸瀛台，暹罗国使臣于神武门外瞻觐。

廿九日戊辰（1813 年 1 月 31 日）

嘉庆帝御保和殿，筵宴朝正外藩，朝鲜、暹罗国正副使等，随文武大臣，依次就坐。①

嘉庆十八年　癸酉　公元 1813 年

正月廿七日乙未（1813 年 2 月 27 日）

琉球国中山王尚灝、暹罗国王郑佛遣使表贡方物。②

六月十四日己酉（1813 年 7 月 11 日）

嘉庆帝下谕内阁，自鸦片烟流入内地，深为风俗人心之害。从前市井无赖之徒私藏服食，乃近日侍卫官员等颇有食之者，甚属可恶。沉湎荒淫，自趋死路，大有关系，深惑人心，不可不严行饬禁。著刑部定立科条，凡商贩售卖鸦片烟者，应作何治罪，侍卫官员等买食者，应议以何等罪名，军民人等买食者，应议以何等罪名，区分轻重，奏定后通行颁示。俾群知警戒，以挽浇风。③

七月初十日甲戌（1813 年 8 月 5 日）

嘉庆帝下谕，刑部议奏，侍卫官员买食鸦片烟者，革职杖一百，加枷号两个

---

① 《清实录·仁宗睿皇帝实录》卷二六四。
② 《清实录·仁宗睿皇帝实录》卷二六五。
③ 《清实录·仁宗睿皇帝实录》卷二七〇。

月。军民人等杖一百，枷号一个月，均著照所议办理。近日侍卫官员中，朕风闻即有违禁买食者，姑因事未发觉，免其查究。若不知悛改，将来或经举发，即照新例惩办，不能宽贷。再太监供役内廷，闻亦有买食者，其情节尤为可恶，著总管内务府大臣先通行晓谕。如有违禁故犯者，立行查拿枷号两个月，发往黑龙江，给该处官员为奴。至鸦片烟一项，由外洋流入内地，蛊惑人心，戕害生命，其祸与鸩毒无异。奸商嗜利贩运，陷溺多人，皆由各处海关私纵偷越。前曾降上旨，各省海关监督等严行查禁，乃数年来迄未遏止。并闻各海关竟有私征鸦片烟税银者，是竟导奸民以贩鬻之路，无怪乎流毒愈炽也。著再严饬广东、福建、浙江、江苏等省沿海各关，如查有奸民私贩鸦片烟冒禁过关，一经拿获，将鸦片烟立时抛弃入海，奸商按律治罪。倘管关监督等阳奉阴违，并私收税课，著该省督抚实力查参，将该监督先行革职，由驿具奏，朕必从重惩治。其各处辗转营贩之徒，并著五城顺天府步军统领衙门及各直省督抚等，一体严查，安律究办。①

九月廿一日甲申（1813 年 10 月 14 日）

嘉庆帝下谕，蒋攸铦奏暹罗贡船失火一折，暹罗国因届例贡之年，备表进贡，其正贡船在外洋失火焚烧，副贡船先已抵粤。著该督派员将现到贡使，即行护送来京，将所存贡品十种呈进，其正贡船沉失贡物，不必另行备进，以昭体恤。②

十二月廿二日乙卯（1814 年 1 月 13 日）

嘉庆帝下谕，前据蒋攸铦奏，暹罗国正贡船只在洋失火，所载贡使、人役及表文、方物等件俱无下落，仅有副贡船抵粤。当经降上旨，将该国副贡使及所存贡品十种派员送京，无庸补备正贡。今又据蒋攸铦奏，该副使郎拔察哪丕汶知突，因在海船感冒风寒，又闻正贡船失火焚烧，致受惊恐，现在患病，难以起程，请俟医治痊愈，再行护送入都等语。该副贡使患病受惊，正需调理，长途跋涉，甚非所宜。现已届年节，不必再令进京，著加恩令将所存贡品十种，就近交贮粤省藩库，由该督委员解京。其副贡使令在粤休息，妥为调治。该国王抒忱纳贽，其正副贡使适因事故不能到京，而航海申虔，即与赍呈无异。所有例赏该国王及贡使、人役、物件，著礼部查明奏闻，将赏件发交该督转行颁给该副贡使，令其于病痊之日赍领回

---

① 《清实录·仁宗睿皇帝实录》卷二七一。
② 《清实录·仁宗睿皇帝实录》卷二七四。

国。并将此上旨传知该国王，以示怀柔远人之意。①

嘉庆十九年　甲戌　公元 1814 年

十月二十日丁丑(1814 年 12 月 1 日)

嘉庆帝下谕内阁，据蒋攸铦等奏，请将南澳、东莞等处原设炮台择要改建等语。粤省南澳接连闽洋，又东莞虎门海口为夷商出入门户，向俱设立炮台，驻兵防守。惟海道迁改，今昔形势不同，自应因时制宜，扼要移建以资防御。著照所请，将南澳长山尾下炮台裁撤，上炮台改为望楼，其炮位移设隆澳。东莞县虎门南山西北角添设炮台一座，其横档原设炮台，即于该处东面城脚，增筑月墙移置。该督等即派员勘估，于冬季兴工，勒限完竣。所有弁兵、炮械，仍照原额酌量分派。应需工料银两，准其于普济堂余存经费内支给，工竣造册报部查核。②

十一月廿八日乙卯(1815 年 1 月 8 日)

嘉庆帝下谕军机大臣，朕闻本年八九月间，有嘆咕唎护货兵船违例闯入虎门，又有嘆咕唎夷人司当东，前于该国入贡时，曾随入京师，年幼狡黠。回国时，将沿途山川形势，俱一一绘成图册。到粤后，又不回本国，留住澳门已二十年，通晓汉语。定例澳门所住夷人不准进省，司当东在粤既久，夷人来粤者，大率听其教诱，日久恐致滋生事端。著蒋攸铦等查明司当东有无教唆勾通款迹，如查有实据，或迁徙安置，奏明妥办，将此谕令知之。③

十二月初二日戊午(1815 年 1 月 11 日)

嘉庆帝下谕军机大臣，蒋攸铦等奏密陈夷商贸易情形，及酌筹整饬洋行事宜一折，所奏俱是。粤省地方濒海，向准各国夷船前来贸易，该夷商远涉重洋，懋

---

① 《清实录·仁宗睿皇帝实录》卷二八一。
② 《清实录·仁宗睿皇帝实录》卷二九八。
③ 《清实录·仁宗睿皇帝实录》卷二九九。

迁有无，实天朝体恤之恩。然怀柔之中仍应隐寓防闲之意，近来嘆咭唎国护货兵船，不遵定制，停泊外洋，竟敢驶至虎门，其诡诈情形，甚为叵测。蒋攸铦示以兵威，派员诘责，该大班始递禀谢罪，此后不可不严申禁令。该夷船所贩货物，全藉内地销售，如呢羽、钟表等物，中华尽可不需。而茶叶、土丝在彼国断不可少，傥一经停止贸易，则其生计立穷。书云："不宝远物，则远人格。"该督等当深明此意，谨守定制，内固藩篱，不可使外夷轻视。嗣后所有各国护货兵船仍遵旧制，不许驶近内洋，货船出口，亦不许逗遛。如敢阑入禁地，即严加驱逐，傥敢抗拒，即行施放枪炮，慑以兵威，使知畏惧。所有该督等，请严禁民人私为夷人服役，及洋行不得搭盖夷式房屋，铺户不得用夷字店号。及清查商欠，不得滥保身家浅薄之人承充洋商，并不准内地民人私往夷管之处，均照所议行，将此谕令知之。①

廿二日戊寅（1815 年 1 月 31 日）

嘉庆帝幸瀛台，琉球国使臣向斌等二人于西苑门外瞻觐。

三十日丙戌（1815 年 2 月 8 日）

嘉庆帝御保和殿，筵宴朝正外藩，朝鲜、琉球国正副使等随文武大臣，依次就坐。②

嘉庆二十年　乙亥　公元 1815 年

正月廿四日庚戌（1815 年 3 月 4 日）

琉球国中山王尚灏遣使表贡方物。③

---

① 《清实录·仁宗睿皇帝实录》卷三〇〇。
② 《清实录·仁宗睿皇帝实录》卷三〇一。
③ 《清实录·仁宗睿皇帝实录》卷三〇二。

三月廿三日己酉（1815 年 5 月 2 日）

嘉庆帝下谕，蒋攸铦等奏，酌定查禁鸦片烟章程，请于西洋货船到澳门时，先行查验，并明立赏罚，使地方官知所惩劝等语。鸦片烟一项，流毒甚炽，多由夷船夹带而来。嗣后西洋货船至澳门时，自应按船查验，杜绝来源。至粤省行销鸦片烟，积弊已久，地方官皆有失察处分。恐伊等瞻顾因循，查拿不力，嗣后有拿获鸦片烟之案，除查明地方委员等，有得规故纵情事，应严参办理外，其仅止失察者，竟当概行宽免处分。至所请拿获兴贩烟斤自二百斤至五千斤以上，分别纪录加级，及送部引见，并军民人等拿获奖赏，以及诬良治罪之处，俱著照该督等所请行。蒋攸铦等奏，暹罗国副贡使吁请在粤守候正贡船到，一同领赏，暂缓回国等语。上年暹罗国遣使呈进补贡，其正贡船在洋遭风漂失，曾经降上旨令蒋攸铦等，将副贡船赍到方物存贮藩库，并照例赏给该副贡使筵宴，令其先行回国，以示体恤。兹据奏该正贡使寄副贡使书信称，现在正贡船收泊越南洋面，俟南风当令，方能开行，六七月间可以到广，该副贡使情愿守候，暂缓回国等情。该国王前因正贡失火，复备补贡，遣使远涉重洋，敬纾忱愊，自应准其来京，如正贡船于七月间到广，著该督抚派员护送该正副使起程，于九月底到京，万寿即令其随班祝嘏宴赍。如九月方能到广，即令于十二月到京，与年班各外藩一体瞻觐可也，将此谕令知之。①

七月初五日戊子（1815 年 8 月 9 日）

嘉庆帝下谕，御史高翔麟奏严禁私米出洋一折。各省滨海地方私贩米石出口，例禁綦严。而射利奸民往往托贩卖海鲜为名，潜装米石，夹带偷运。地方官不加查察，或营弁差役知情故纵，牙侩囤积，私赍盗粮，以致内地米价日增。著通谕沿海各督抚，严饬地方文武员弁实力稽查，有犯必惩。不特海洋无米接济，可杜盗源。而内地米谷无处偷漏，粮价自见平减，于民食大有裨益也。将此谕令知之。②

九月十二日甲午（1815 年 10 月 14 日）

嘉庆帝下谕内阁，蒋攸铦等奏，暹罗国王闻上年贡船被风损坏，复备副贡船遣使补备方物到粤一折。暹罗国所进嘉庆十八年正贡船在洋焚烧，其副贡船所赍贡

---

① 《清实录·仁宗睿皇帝实录》卷三〇四。
② 《清实录·仁宗睿皇帝实录》卷三〇八。

品，业经进呈。十九年该国王敬补方物，分装正副船入贡，适遇飓风漂散，现在正副船已先后收泊其表文方物，由该贡使赍送赴京。该国王因闻贡船遭风之信，复备补贡方物来粤，其恭顺实属可嘉。该国向系三年一贡，明年又届入贡之期，著加恩即将此次赍到方物，作为嘉庆二十一年例贡，交粤省藩库存贮。俟明年委员解京，其使臣巧銮纹是通留于粤省，俟本年进京各贡使旋粤时，一体筵宴。俾令回国，并传知该国王明年无庸另备表文方物，航海远来，以示怀柔至意。

十九日辛丑（1815 年 10 月 21 日）

嘉庆帝下谕内阁，常明奏拿获潜入川境传教之西洋人审明办理一折。西洋人徐鉴牧即李多林，前在内地传教获案定罪后，释回出洋，胆敢仍来内地，潜至四川，变易姓名辗转传教。复创造不经之言，煽诱愚氓，以致川省习染西洋邪教者日多。常明能督饬所属，将该犯访获讯明，即恭请王命正法，俾习教者群知警戒，所办甚好，常明著交部议叙。新津县知县王衡，因稽查保甲于邻境，访获传教首犯洵属能事，著送部引见。唐伯猴等十四名抗不改悔，著与朱荣等案内柳怀德等十名，一并永远枷号。此次枷号之唐伯猴等二十四名，及先经枷号之张万效一名，俱饬该地方官随时稽查。如再有传教等事，审明即行正法，其本案内唐伯惠以下各犯罪名，仍交刑部核议。①

十月廿一日壬申（1815 年 11 月 21 日）

嘉庆帝下谕内阁，翁元圻奏访获西洋人潜至内地传教讯明大概情形一折。此案兰月旺以西洋夷人潜入内地，远历数省，收徒传教，煽惑多人，不法已极。著翁元圻严切讯究，审明后将该犯问拟绞决，奏明办理。其供出之犯按名查拿务获，并飞咨各该省一体严缉究办。耒阳县知县常庆查缉认真，著于此案办竣后送部引见，再行施恩。

廿二日癸酉（1815 年 11 月 22 日）

嘉庆帝下谕内阁，马慧裕等奏查获沿习天主教各犯审明分别定拟一折。此案张义盛一犯，先因查禁天主教停止念经，嗣因患病，又复讽诵。兹拿获到官，坚不改悔，实属始终怙恶，著照所拟发往新疆给额鲁特为奴。张大才等九犯及张天赐等七十八名口，既经悔悟投首，著该督等提集当堂，均令逐一跨过十字架。应杖徒者照

---

① 《清实录·仁宗睿皇帝实录》卷三一〇。

例折责安置，余者免罪释放，仍立簿登记。如有复犯，加重治罪。其访拿获犯之应城县知县奚大壮，著该督抚查明，如平日官声尚好，即奏明送部引见，再行施恩。①

十一月初八日己丑(1815年12月8日)

嘉庆帝下谕军机大臣，蒋攸铦等奏，查明洋商拖欠夷人货帐银两，业经停利归本，请勒限分年清还一折。此项洋商节年拖欠夷人货帐银两，据该督等查明各行欠项，自嘉庆十七年至十九年，共还过银一百三十万两零，现尚欠夷帐一百六万零。按照欠数多寡，分定年限归还。该商等经此次清厘之后，自遵照定限，一律清还，毋令再有拖欠。惟是该夷人以货易货，乃垄断盘剥，任令疲商赊欠。即明知亦有不得过十万之旧章，朦胧匿报，亦应严行饬禁。近年内地银两为外夷贸易携去者，动逾百万，日久几同漏卮。著该督抚及该监督留心稽察，如外夷有以奇巧货物，携至洋行重价求售者，该监督断不准用重价购买呈贡，亦不许私行留用。此等物件，饥不可食，寒不可衣，令其将中土财贝，潜就消耗，太觉不值，殊为可惜。果能实力禁绝，该夷人等知内地不宝异物不能行销，则来者渐少，易去银两亦必日减，亦节财流之一道也。将此谕令知之。②

嘉庆二十一年　丙子　公元1816年

二月初六日丙辰(1816年3月4日)

嘉庆帝下谕军机大臣，御史王耀辰奏，江苏上海沿关一带，外通黄浦，为海船出入之所。其间有奸商借开设米铺为名，暗用小舟于屋内偷运土人，名为大袋米，大袋米出时，粮价立即腾贵等语。江苏各属为产米之区，前年偶遇旱灾，粮价立形昂贵。自系该处奸商计图渔利，有偷运出洋之弊。内地米粮，藉供民食，若任令偷运出口，不特洋面匪徒借资接济，而内地粮少价昂，于闾阎口食亦殊有关系。著百龄等即饬该管道员严查关口，并派员密行察访，如有奸商囤户借开设米铺为名私运

① 《清实录·仁宗睿皇帝实录》卷三一一。
② 《清实录·仁宗睿皇帝实录》卷三一二。

出洋，及关口奸胥猾役得钱卖放者，立即严拿惩办，毋稍疏纵。将此谕令知之。①

五月廿九日戊申(1816 年 6 月 24 日)

嘉庆帝下谕军机大臣，董教增等奏，嘆咭唎国遣夷官禀称该国遣使进贡，于上年十一月起程，由浙江舟山一路水程入都，从前进贡即系由此路行走，约本年五六月间可到天津等语。嘆咭唎国遣使进贡，由海洋水程至天津入都，业经准其入贡。第洋面风信靡常，该国贡船现在未知行抵何处，著福建、浙江、江苏、山东各督抚各饬知沿海州县，一体查探该国贡船经过之处。如在洋面安静行走，即毋庸过问，倘近岸停泊，或欲由彼改道登岸，即以该国遣夷官向两广总督具禀后，业经奏明大皇帝，准其由天津登岸。天朝定例綦严，不许擅自改道，亦不准私行登岸，仍密饬沿海文武员弁加意防范，毋稍疏懈。将此各谕令知之。②

闰六月十六日甲午(1816 年 8 月 9 日)

嘉庆帝下谕，现在嘆咭唎国遣使入贡，该使臣等到京后，城内居住会同四译馆，城外居住洩水湖公馆。著派护军统领秀宁、格布舍各带章京十员、护军一百名，在于该使臣馆舍外昼夜巡查看守，严禁该夷人等，擅自出入，不许内地居民私往窥视。如不遵者即行锁拿，奏交刑部治罪。其赴礼部筵宴时，并著该护军统领带领章京护军等，严行弹压，用昭整肃。

廿八日丙午(1816 年 8 月 21 日)

嘉庆帝下谕军机大臣，本年嘆咭唎国遣使入贡，其贡船于本月初间，行抵天津海口。嗣贡使人等陆续登岸赴津，其原贡船五只，并船内官役水手等五百八十余人，并未报明。忽于二十日放洋东去，可恶已极。经苏楞额、广惠询问该贡使等，据称船只先回粤东等候回国，未将缘故先行告知，是伊等不是等语。该国夷人居心狡诈，虽称贡船驶往广东，恐于经过江南、浙江洋面时，又欲乘便在该二省海口收泊，俱不可不防。著百龄、胡克家、额特布豫饬沿海口岸文武员弁，如该贡船驶至，欲行停泊，即谕以该国贡使已奉大皇帝谕上旨，令由广东回国。该贡船应速往广东等候，此处不准停泊。传谕后即饬令开行，不准一人上岸，断不可令其寄碇逗遛。并著蒋攸铦、董教增、祥绍不时差探，一俟该贡船抵粤，即派委妥员，将其船

---

① 《清实录·仁宗睿皇帝实录》卷三一六。
② 《清实录·仁宗睿皇帝实录》卷三一八。

只羁留先行具奏，饬令安静守候贡使等到粤，仍乘原船归国，切勿疏懈。又似在津时纵令私自开行，以致办理诸多窒碍也。将此各传谕知之。

廿九日丁未（1816 年 8 月 22 日）

嘉庆帝下谕内阁，直省沿海地方，如广州、福州、浙江之乍浦、江南之京口，俱设有水师驻防。其绿营在各沿海省份者，设有外海水师，岁时操演，按期会哨，定制周详。天津为畿辅左掖，大沽等海口直达外洋，从前曾建设水师驻防，后经裁撤。该处拱卫神京，东接陪都，形势紧要，自应参考旧制，复设水师营汛，以重巡防。其应如何分驻满汉官兵，增设统辖大员及一切建置事宜，操防规制，著大学士、军机大臣会同该部详细妥议具奏。①

七月初六日癸丑（1816 年 8 月 28 日）

嘉庆帝下谕内阁，前因嘆咭唎国贡船在天津海口，私自开行南去，降上旨将祥启革职。昨祥启到京，经军机大臣讯问具奏，其过尚有可原，特赏给三等侍卫前往新疆换班。此次嘆咭唎国贡使，仍令由天津乘坐原船回国，屡经谕知苏楞额、广惠，并未有上旨传谕祥启。本日召见祥启，据奏伊接准苏楞额等来札，只令防范夷船进口，并禁止夷人登岸滋事。其贡使等仍乘原船回国之处，苏楞额等亦未行知。是该贡船私自放洋，非祥启意料所及，朕于臣工功过，赏罚一秉至公。祥启之过，尚不至于斥革，是以加恩录用，并非曲为宽贷也。

初八日乙卯（1816 年 8 月 30 日）

嘉庆帝敕谕嘆咭唎国王曰，尔国远在重洋，输诚慕化。前于乾隆五十八年，先朝高宗纯皇帝御极时，曾遣使航海来庭。维时尔国使臣恪恭成礼，不愆于仪，用能仰承恩宠，瞻觐筵宴，锡赉便番。本年尔国王复遣使赍奉表章，备进方物。朕念尔国王笃于恭顺，深为愉悦，循考旧典，爰饬百司。俟尔使臣至日，瞻觐宴赉，悉仿先朝之礼举行。尔使臣始达天津，朕饬派官吏在彼赐宴，讵尔使臣于谢宴时，即不遵礼节。朕以远国小臣未娴仪度，可从矜恕，特命大臣于尔使臣将次抵京之时，告以乾隆五十八年，尔使臣行礼，悉跪叩如仪，此次岂容改异？尔使臣面告我大臣，以临期遵行跪叩，不致愆仪，我大臣据以入奏。朕乃降上旨于七月初七日，令尔使臣瞻觐，初八日于正大光明殿赐宴颁赏，再于同乐园赐食，初九日陛辞，并于

---

① 《清实录·仁宗睿皇帝实录》卷三一九。

是日赐游万寿山，十一日在太和门颁赏，再赴礼部筵宴，十二日遣行，其行礼日期仪节，我大臣俱已告知尔使臣矣。初七日瞻觐之期，尔使臣已至宫门，朕将御殿，尔正使忽称急病，不能动履。朕以正使猝病，事或有之，因只令副使入见，乃副使二人亦同称患病，其为无礼莫此之甚，朕不加深责，即日遣令归国。尔使臣既未瞻觐，则尔国王表文亦不便进呈，仍由尔使臣赍回。但念尔国王数万里外奉表纳贽，尔使臣不能敬恭将事，代达悃忱，乃尔使臣之咎，尔国王恭顺之心，朕实鉴之。特将贡物内地理图画像、山水人像收纳，嘉尔诚心，即同全收。并赐尔国王白玉如意一柄、翡翠玉朝珠一盘、大荷包二对、小荷包八个，以示怀柔。至尔国距中华过远，遣使远涉，良非易事，且来使于中国礼仪，不能谙习，重劳唇舌，非所乐闻。天朝不宝远物，凡尔国奇巧之器，亦不视为珍异。尔国王其辑和尔人民，慎固尔疆土，无闲远迩，朕实嘉之。嗣后毋庸遣使远来，徒烦跋涉，但能倾心效顺，不必岁时来朝，始称向化也。俾尔永遵，故兹敕谕。

嘉庆帝下谕内阁，此次嘆咭唎国进贡使臣至天津海口登岸，特命苏楞额、广惠传上旨赐宴，令其谢宴行三跪九叩礼，如合式即日带领进京，如不谙礼仪，具奏候上旨。其原船勿令驾驶，仍由原路回津，泛海还国。苏楞额、广惠故违上旨意，径行带来，又纵令原船私去，伊二人之咎在此。因事已不妥，又命和世泰、穆克登额迎赴通州演礼，以七月初六日为限，限内行礼。即日带来，满限尚未如仪，即行参奏候上旨。和世泰、穆克登额于初五日含混具奏，初六日径自带来，朕于未初二刻御勤政殿，召见伊二人，先询以演礼之事。伊二人免冠碰头云并未演礼，及至再问，以既未演礼，何不参奏？和世泰云，明日进见，必能如仪，此一节伊二人之咎，已同前二人矣。至初七日早膳后，卯正二刻，朕传上旨升殿，召见来使。和世泰初次奏称不能快走，俟至门时再请，二次奏称正使病泄，少缓片刻，三次奏称正使病倒，不能进见，即谕以正使回寓赏医调治，令副使进见。四次奏称副使俱病，俟正使痊愈后，一同进见。中国为天下共主，岂有如此侮慢倨傲、甘心忍受之理？是以降上旨逐其使臣回国，不治重罪，仍命广惠护送至广东下船。近日召见廷臣，始知来使由通州直至朝房，行走一夜。来使云，进见朝服在后，尚未赶到便便服，焉能瞻谒大皇帝？此等情节，和世泰见面时何不陈奏？即或遗忘，或晚闲补奏，或次日一早具奏俱可，直至将次升殿，总未奏明情节。伊二人之罪重于苏楞额矣，若豫先奏明，必改期召见，成礼而返。不料庸臣误事至此，朕实无颜下对臣工，惟躬自引咎耳。四人之罪，俟部议上时再行处分，先将此上旨通谕中外，及蒙古王公等知之。

十二日己未(1816 年 9 月 3 日)

嘉庆帝下谕内阁，此次嘆咭唎国遣使入贡，其在天津谢宴不能如仪，匆遽带领登舟北来，乃苏楞额、广惠之咎。及至通州，未曾演礼，含混具奏，径带来京，乃和世泰穆克登额之咎。迨初七日朕传上旨升殿，召见来使，该贡使等由通州起程，行走竟夜。未至馆舍，先抵宫门，因朝服未到，不敢瞻觐。彼时和世泰若据实奏闻，朕必降上旨改期，俾达其万里来庭之意，乃以失体之词，连次入奏，以致遣还来使，不能成礼。和世泰办理舛误，固咎无可辞，但是日廷仪已备，除军机大臣托津因病给假，董诰、卢荫溥并无殿上执事外，其御前行走之王公大臣等及内务府大臣，均身在殿廷，目睹其事。颇有心知当以实奏闻，恳请改期者，乃坐视和世泰惶遽失措，无一人肯为指引，而事后召见，竟有旁观者清之语。既知和世泰茫无主见，何不代奏？即或不敢代奏，何不提醒和世泰令其实告？平时和颜悦色，临事坐视偾事，仕途险巇，一至于此，可胜浩叹。在和世泰获咎，其事甚小，诸臣独不为国事计乎？嗣后当屏除私见，共矢公忠，以谋国是，勿谓事不干己，心存膜视，以仰副朕谆谆诰诫之至意。

十六日癸亥（1816 年 9 月 7 日）

嘉庆帝下谕内阁，日前御史罗家彦条奏嘆咭唎国入贡一事，朕因该贡使虽有失礼之愆，其国王万里输忱，奉表纳赆，实为恭顺，酌收其图画数件，并颁赏该国王珍玉数事，早经降上旨办理。该御史于数日后闻知信息，折内将赏收图画等词，撦拾具奏，作为己意，明系沽名，自为见长地步。近日各御史条奏率多私见，并非出于公论，甚属可鄙。言官言事，首在慎密，切勿为人驱使，此等情弊甚大，均在朕鉴察之中，慎勿巧为尝试也。①

九月十三日己未（1816 年 11 月 2 日）

嘉庆帝下谕，嘆咭唎贡使回国，沿途经过省份各派藩臬一员护送，直隶派出臬司盛泰。昨盛泰前来行在，于召见时偶询及该夷使沿途行走情形，据奏称曾与该夷官论及该国表文，又问伊国兵船数目等语。嘆咭唎贡使遣回时，其表文朕并未阅看。盛泰系护送之员，并未降上旨，令其诘问该贡使，乃无端论及表文，并该国兵船数目，实属胆大妄为，甚属狂纵。盛泰著即革职，发往盛京，交晋昌以苦差委用，以为越分多事者戒。②

---

① 《清实录·仁宗睿皇帝实录》卷三二〇。
② 《清实录·仁宗睿皇帝实录》卷三二二。

十月初一日丙子(1816 年 11 月 19 日)

　　嘉庆帝下谕军机大臣，蒋攸铦等遵上旨覆奏办理嘆咭唎贡使到粤回国事宜一折。嘆咭唎国贡使不能行谢宴礼仪，乾隆五十八年到粤时，并未给与筵宴，此次自无庸强令入宴行礼。该督等所奏，颁赏使臣筵席三桌，仍赏给牛羊等物，所办甚是。至另片所请，再行颁发谕旨，宣明该贡使等失礼之咎，令该国王自行查办，殊可不必。前该督所奏刊刷告示，发给该国来粤贸易各船。朕即谕以六合之外，存而不论，降旨饬令停止，该督尚未接到，复为此奏。总之此事苏楞额一误于前，和世泰再误于后，朕权衡裁度，恩威并济，厚往薄来，办理已为允协，此后无庸多烦词说。该贡使如此狡诈，即颁发谕旨，伊归国后，亦岂不能隐匿、捏造虚词以自文其过？竟当置之不论，较为得体。俟该贡使到粤，该督于接见时，当堂堂正正谕以此次尔等奉国王之命，来天朝纳贡，不能成礼，即属尔等之咎。仰荷大皇帝深仁大度，不加谴罚，仍赏收尔国王贡物。颁赏珍品，此乃天高地厚之恩，尔等回国不可不知感激。至尔国向在粤东贸易，即系尔国一定口岸，傥将来再有进贡之事，总须在粤东收泊，候督抚具奏，请上旨遵办。毋得径往天津，即驶至彼处，该官吏亦必遵旨驳回，尔等岂非徒劳跋涉？如此明白宣谕，伊等自当畏威怀德，不必与之辨论曲直也。朕又思嘆咭唎国于乾隆五十八年入贡时，恳请在浙江宁波贸易。此次该国贡船来往经过浙洋并未寄碇，其意似专欲来天津贸易，以遂其垄断之谋。该督总当设法，将伊国来津之意严行杜绝，使之不萌此念，即来亦不能径达，方为妥善。至夷商五人仍准该国在粤贸易，自不必全行驱逐，致启其疑，即听从其便可也。将此谕令知之。①

嘉庆二十二年　丁丑　公元 1817 年

正月廿六日庚午(1817 年 3 月 13 日)

　　琉球国中山王尚灏遣使表贡方物。②

---

①　《清实录·仁宗睿皇帝实录》卷三二三。
②　《清实录·仁宗睿皇帝实录》卷三二六。

六月廿八日庚子（1817 年 8 月 10 日）

嘉庆帝下谕军机大臣，蒋攸铦奏，拿获诈抢咪唎坚夷船匪犯李奉广等，分别斩决枭示，并另片奏将夷人量加赏恤等语。此案咪唎坚国夷船在香山外洋停泊，蜑民李奉广等诈抢拒捕，杀伤夷人五命。该督将李奉广等拿获，恭请王命分别斩枭，并传齐该国在粤夷商，环视行刑。俾知天朝法度森严，咸知畏服，所办甚是。至将夷人量加赏恤一节，则办理错误。此夷船如系装载该国货物，运赴粤省销售，被内地奸民抢劫杀伤，除将匪犯正法外，自应优加赏恤，以示怀柔。兹该夷人所带鸦片烟坭是例禁之物，如该夷人私运入口，即应按律治罪。今因其横被劫夺，戕害数命，不行究治，已属恩施，何得再加赏恤？蒋攸铦即通行晓示各夷商，以鸦片烟坭产自外夷，不准私入内地。天朝例禁綦严，此次夷船私贩烟坭，因其未经进口，又遭劫掠。是以只将烟坭烧毁，免其治罪。嗣后各夷船倘再有私带鸦片烟坭者，进口之日，兵役等照例严搜，一经搜出，除将烟坭焚毁沉溺外，必将私贩之人从重治罪，决不宽贷。如此严切晓谕，先令各夷商一体周知，共知儆惧，将来有犯必惩，更不能托词未悉例禁也。将此谕令知之。①

七月廿六日戊辰（1817 年 9 月 7 日）

嘉庆帝下谕，蒋攸铦奏请严禁茶叶海运一折，闽皖商人贩运武彝松罗茶叶，赴粤省销售，向由内河行走，自嘉庆十八年渐由海道贩运，近则日益增多。洋面辽阔，漫无稽查，难保不夹带违禁货物，私行售卖。从前该二省巡抚并不查禁，殊属疏懈，念其事属已往，姑免深究。嗣后著福建、安徽及经由入粤之浙江三省巡抚严饬所属，广为出示晓谕。所有贩茶赴粤之商人俱仍照旧例，令由内河过岭行走，永禁出洋贩运。倘有违禁私出海口者，一经拿获，将该商人治罪，并将茶叶入官。若不实力禁止，仍听私运出洋，别经发觉，查明系由何处海口偷漏，除将守口员弁严参外，并将该巡抚惩处不贷，漏税事小，通夷事大，不可不实心实力，杜绝弊端。②

九月十四日乙卯（1817 年 10 月 24 日）

嘉庆帝下谕内阁，御史熊墀奏请严饬修造战船实力巡洋一折。山东胶莱海口额

---

① 《清实录·仁宗睿皇帝实录》卷三三一。
② 《清实录·仁宗睿皇帝实录》卷三三二。

设战船，遇有损朽应按年限修造，至巡哨员弁亦应亲身出洋，认真巡缉。今该御史奏该处战船竟有停厂十余年，或七八年，不行修造完竣，营员雇船应用。其例应出巡之副将参游等，并不出洋，仅委千把微弁，虚应故事，均属废弛。著陈预严饬厂员，将应修各船依限修造竣工，核实验收。并通饬巡哨各营员，务按期亲身出洋巡缉，如有推诿捏报者，严行参处，以重海防。

廿七日戊辰(1817 年 11 月 6 日)

　　嘉庆帝下谕内阁，朕因浒墅关近年关税短绌，昨于阿尔邦阿来京召对时，询以历年关税致绌之由。据奏，内河关税向比海关例课为重，近年海洋平静，各商船多由海运经行，既图船身宽大，多载货物，兼可少纳税课，以致内河例课，多不能足额等语。商船出海贩运，其所带货物，应准出洋与不准出洋者，本有定例。如茶叶米石等项，皆干严禁，原不能悉听商船之便，不行查察，径自放行。著通谕海关省分各督抚，严饬管理关税之员于商船到口时，验其所带货物。除例准出洋者，令其纳课放行外，其例不准出洋货物，一概截留，不许出口。如管关之员贪得税余，私行卖放者，一经查出，即行参处。庶内河外洋，各守章程，不致此盈彼绌，以平权务，以杜弊端。①

十月初一日辛未(1817 年 11 月 9 日)

　　越南国王阮福映遣使表贡方物。

嘉庆二十三年 戊寅 公元 1818 年

二月十四日壬午(1818 年 3 月 20 日)

　　嘉庆帝下谕内阁，御史蒋诗奏请严查保甲肃清海禁各一折。编立保甲，藉以诘奸除暴，原在设法互相稽查。若仅按册点名，则扶同隐混，仍属有名无实。至沿海各口岸茶叶、米谷、铁器，不准偷越出洋，久经载在禁令。该御史所奏，俱系申明

---

① 《清实录·仁宗睿皇帝实录》卷三三四。

旧例，著各该督抚严饬所属地方官，实力奉行，以期奸宄荡除。海防严密，毋得视为具文，日久生懈。①

五月十一日戊申（1818 年 6 月 14 日）

嘉庆帝下谕军机大臣，阮元奏再陈豫防嘆咭唎事宜一折。国家抚驭外夷，具有一定规制，尺寸不可稍逾。遵守者怀之以德，干犯者示之以威。嘆咭唎在粤贸易，其货船及护货兵船停泊处所，久有定例。如该夷人恪守旧章，照前贸易，仍当一例怀柔。若该夷人不遵定制，妄希进口，有违禁令，亦先当剀切晓谕，宣示德威，妥为镇抚，以杜其觊觎之心。倘竟敢恃其强悍，扬帆直进，擅越界址，则不能不开炮轰击，使之慑我兵威。总之怀远之道，当先以理胜，使直常在我，则彼无所藉口。断不可孟浪从事，先启兵端，亦不可过示怯弱，使彼无所畏惧也。将此谕令知之。②

十一月初一日乙未（1818 年 11 月 28 日）

嘉庆帝下谕军机大臣，阮元等奏，暹罗国进贡正船在洋遭风，副船先已抵粤一折。暹罗国王因来年朕六旬万寿庆节，遣使备进方物，实属恭顺。现在副贡船已抵粤省，惟正贡船在洋遭风，不能赶于年节到京。著阮元等令该副贡使暂行在粤休息，一面确查正贡使下落，如能随后到粤，由该督等酌量派员护送，于明年九月到京。倘正贡船竟无下落，即令副贡使于明年九月内到京，将副贡船所载方物，一同赍进。其正贡船内漂失方物，行文该国王，令其不必补贡，以示怀柔。如查明实已漂没，仍奏明量加恩恤。③

十二月廿一日甲申（1819 年 1 月 16 日）

琉球国正副使毛维新等二人于神武门外瞻觐。④

---

① 《清实录·仁宗睿皇帝实录》卷三三九。
② 《清实录·仁宗睿皇帝实录》卷三四二。
③ 《清实录·仁宗睿皇帝实录》卷三四九。
④ 《清实录·仁宗睿皇帝实录》卷三五二。

嘉庆二十四年　己卯　公元 1819 年

正月廿六日己未(1819 年 2 月 20 日)

琉球国中山王尚灏遣使表贡方物。①

六月十七日丁未(1819 年 8 月 7 日)

嘉庆帝下谕内阁,伯麟等奏,南掌国王遣使进贡,并呈恳颁赐敕印,据情代奏一折。南掌国自内附以来,乾隆五十九年曾经颁给敕印,嗣因该国王召温猛懦懦不振,流徙越南。经越南国王将敕印恭缴,念其流离,不加声责,该国事听其以召蛇荣代办。现据召蛇荣之子修职贡,吁恳再颁敕印,著加恩俯允所请,再行颁给,以示怀柔。②

九月二十日己卯(1819 年 11 月 7 日)

嘉庆帝御勤政殿。南掌国、暹罗国使臣于阶下瞻觐,命随往同乐园赐食。③

十月初一日庚寅(1819 年 11 月 18 日)

越南国王阮福映、暹罗国王郑佛、南掌国王召蟒塔度腊,各遣使表贺万寿,并进贡方物。④

---

① 《清实录·仁宗睿皇帝实录》卷三五三。
② 《清实录·仁宗睿皇帝实录》卷三五九。
③ 《清实录·仁宗睿皇帝实录》卷三六二。
④ 《清实录·仁宗睿皇帝实录》卷三六三。

十二月十八日丙午（1820 年 2 月 2 日）

嘉庆帝下谕军机大臣，董教增奏闽省厦门洋船请仍贩运茶叶一折，所奏甚属非是。前此闽、浙等省贩粤茶叶，多由海道运往，经蒋攸铦以洋面辽阔，漫无稽查，恐有违禁夹带等弊，奏请仍照旧例，改由内河行走。业经明降谕旨，通行饬禁。自谕禁之后，洋面日见肃清，海口无从偷漏，即黠夷如嘆咕唎不能串通奸商，私相售买，亦皆遵奉禁令。今董教增忽请准厦门洋船仍贩茶叶，则与由海贩粤何异？明系受奸商怂恿，冒昧陈请，董教增著传上旨申饬，所奏不准行，将此谕令知之。

嘉庆二十五年　庚辰　公元 1820 年

正月廿六日癸未（1820 年 3 月 10 日）

暹罗国王郑佛遣使表贡方物。①

十二月廿一日癸卯（1821 年 1 月 24 日）

琉球国使臣二人于神武门外瞻觐。②

---

① 《清实录·仁宗睿皇帝实录》卷三六六。
② 《清实录·宣宗成皇帝实录》卷一一。